Thomas Biedermann
Erträge eines Studenten

Thomas Biedermann

Erträge eines Studenten

Eine Zusammenstellung von Seminararbeiten

Verlag Thomas Biedermann

Die Deutsche Bibliothek – CIP-Einheitsaufnahme

Biedermann, Thomas:
Erträge eines Studenten
Eine Zusammenstellung von Seminararbeiten/
Thomas Biedermann
Hamburg: Verlag Thomas Biedermann, 2000
ISBN 3-9806256-0-5

Straßburger Str.1
22049 Hamburg
Tel. 0 40/69 79 35 25
Fax 0 40/69 79 35 26
www.verlag-thomas-biedermann.de
tb@verlag-thomas-biedermann.de

Schrift: Adobe Caslon 10/12
Umschlaggestaltung, Scans, Grafiken, Satz: Thomas Biedermann
Herstellung: Libri Books on Demand
Printed in Germany
ISBN 3-9806256-0-5

Inhaltsverzeichnis

Abbildungsverzeichnis

Dieter Wirth: Die Familie in der Nachkriegszeit. Desorganisation oder Stabilität?

Die politische Kultur der Bundesrepublik Deutschland – Untersuchung anhand dreier Beispiele

Deutschland in der Nachkriegszeit 1945-1949. Bürokratie, Militär, Parteien, Wirtschaft: Neubeginn oder Restauration?

Vorwort

Das vorliegende Buch ist eine Zusammenstellung aller Seminararbeiten, die ich in einem Studium der Politischen Wissenschaft, Soziologie und Volkswirtschaftslehre geschrieben habe. Da ich meine Diplomarbeit als Buch herausbringen möchte, dachte ich, daß ich zunächst einmal alle Seminararbeiten veröffentlichen kann, um Erfahrung damit zu sammeln, wie man ein Buch herausgibt.

Der Bogen der Seminararbeiten spannt sich in der Politikwissenschaft von der Regierungslehre der Bundesrepublik Deutschland über Politische Theorien und Ideengeschichte bis zu Internationaler Politik und Vergleichender Regierungslehre, in der Soziologie von Soziologischen Theorien über Probleme gesellschaftlicher Entwicklung bis zu Speziellen Soziologien wie Kultursoziologie und Religionssoziologie.

Es werden Themen behandelt wie der Bundesrat, die EG, Demokratisierung, die Volkspartei, die DKP, Internet in China, die Vereinten Nationen als Weltstaat, die Familie in der Nachkriegszeit, die politische Kultur, der Berufungsgedanke und der Idealtypus bei Max Weber oder auch der Vergleich bei Emile Durkheim und Max Weber.

Noch eines: Da sich das Thema „Bildung" immer wieder in der Diskussion befindet, möchte ich hierzu noch etwas sagen. Ich habe insgesamt mehr als 30 Hochschulsemester studiert, da ich zwei Mal das Studienfach gewechselt habe. Ich habe in meinem Studium in verschiedene Bereiche hineingeschaut und auch einmal „über den Tellerrand" geschaut, so daß ich somit sehr weitreichend gebildet bin. Ich habe mich während des Studiums nebenbei selbständig gemacht, als Layouter, um mir den Lebensunterhalt zu finanzieren. Ich habe in Hamburg verschiedene Kunden, für die ich Zeitschriften, Zeitungen, Broschüren, Flyer usw. erstelle. Zudem habe ich vor zwei Jahren einen eigenen Verlag gegründet, um politikwissenschaftliche Bücher herauszugeben. Ich will auch nach dem Studium meine Computerkenntnisse mit meinem Studium verbinden und in dieser Richtung eine Arbeitsstelle suchen. Aus diesem Grund kann ich dem nur beipflichten, daß „Bildung ein Recht für sich" ist.

Hamburg, im August 2000 *Thomas Biedermann*

Der Bundesrat – Stellung, Geschichte, Organisation und Aufgaben

Inhaltsverzeichnis

1. Die Stellung des Bundesrates

Art. 50 GG: Durch den Bundesrat wirken die Länder bei der Gesetzgebung und Verwaltung des Bundes mit.

Der Bundesrat ist neben Bundespräsident, Bundestag, Bundesregierung und Bundesverfassungsgericht eines der fünf ständigen Verfassungsorgane im föderalen System der Bundesrepublik Deutschland. Als einheitliches Bundesorgan steht er gleichberechtigt neben den oben genannten anderen Bundesorganen. Da er laut Art. 50 GG die Länder bei der Gesetzgebung und Verwaltung des Bundes vertritt, ist er somit das föderale Bundesorgan. Er entscheidet mit über die Politik des Bundes und ist in dieser Weise Bindeglied zwischen Zentral- oder Bundesstaat und den Gliedstaaten, den Ländern. Die föderale Aufgabe in der Bundesrepublik Deutschland sieht es vor, Zentralstaat und Bundesländer zu verbinden, damit u.a. reger Erfahrungsaustausch die politische Wirksamkeit der in den Bundesorganen beschlossenen Gesetze fördert. Der Bundesrat stellt hier Bindeglied, aber auch Gegengewicht zu den politischen Zentralorganen Bundestag und Bundesregierung dar. Denn gemäß seiner Zusammensetzung und Aufgabe bringt der Bundesrat auch länderpolitische Überlegungen in die bundespolitischen Debatten und Gesetzgebungen mit hinein. Der Bundesrat führt also die politischen und verwaltungsmäßigen Erfahrungen der Länder in die Gesetzgebung und Verwaltung des Bundes ein. Gleichzeitig trägt er jedoch genauso wie die anderen Verfassungsorgane des Bundes gesamtstaatliche Verantwortung für die Bundesrepublik Deutschland.

Der Bundesrat wird oft als sog. „zweite Kammer“ im politischen System der Bundesrepublik Deutschland angesehen. Dies trifft nicht ganz zu, denn er nimmt eine Mittelstellung ein zwischen den beiden Organisationstypen „Senat“ und „Bundesrat". Er ist so etwas wie ein gemäßigter Bundesrat, oder auch eine „abgeschwächte Bundesratslösung“[1]. Der Senatstyp, wie er in den Vereinigten Staaten vertreten ist, ist ein gleichwertiges Organ gegenüber der „ersten Kammer“ (in den Vereinigten Staaten das Repräsentantenhaus). Seine Mitglieder werden durch unmittelbare Wahlen der Bevölkerung der Gliedstaaten oder durch Wahlen der Volksvertretungen der Gliedstaaten berufen. Die Mitglieder des Senats sind daher in ihrem Stimmrecht unabhängig von Weisungen der Gliedstaaten.

1 Bundeszentrale für politische Bildung (Hrsg.), Der Föderalismus in der BRD, Bonn 1984, S. 21

Anders ist das im Falle des Bundesratstypus. Die Mitglieder dieser föderativen Kammer werden von den Länderparlamenten der Gliedstaaten gewählt und sind an die Weisungen ihrer Länderparlamente gebunden.

Die Mittelstellung, die der Bundesrat der Bundesrepublik Deutschland einnimmt, ergibt sich nun u.a. aus der Situation, daß zwar die Mitglieder - wie beim Bundesrat üblich – von den Länderparlamenten gewählt werden und somit weisungsabhängig sind, die Anzahl der Mitglieder sich aber nach leicht geänderten Richtlinien bestimmt. Nicht die Einwohnerzahl der Länder ist alleinig ausschlaggebend, auch wurde nicht allein nach dem Prinzip der Gleichberechtigung verfahren: Es wurde vielmehr ein Mittelweg gewählt zwischen der demokratisch angemessenen Berücksichtigung der Einwohnerzahl und dem Prinzip der Gleichberechtigung der Länder. Daher hat jedes Land mindestens drei Stimmen, Länder mit mehr als vier Millionen Einwohner haben vier, Länder mit mehr als sechs Millionen Einwohner haben fünf Stimmen. Der Bundesrat ist also keine vollwertige „zweite Kammer", die das Grundgesetz auch nicht vorsieht (das Grundgesetz will u.a. den föderativen Charakter mit gegenüber den Landesregierungen weisungsabhängigen Mitgliedern stärker zur Geltung kommen lassen), sondern eine „abgeschwächte“ Form, die dem Bundestag als ein unabhängiges Bundesorgan gegenüberstehen will, das ein volles, eigenständiges Vetorecht aufweisen kann, aber z.B. nicht die gleichen parteipolitischen Strukturen haben soll. Nach wie vor bleibt, daß die Beteiligung des Bundesrates am Gesetzgebungsverfahren das wichtigste Kriterium dieser „Kammer“ ist in Bezug auf seine Vollwertigkeit.

2. Geschichte des Bundesrates

Es erscheint mir interessant zu untersuchen, ob der Bundesrat eine historisch „neue“ Institutionen ist, d.h. im Verlauf der Entstehung der Bundesrepublik Deutschland – also in den 50er Jahren – entstanden ist, oder ob er seinen Ursprung in ähnlichen Institutionen in den früheren Staatsformen in Deutschland, also z.B. während der Weimarer Republik, hat.

In der Weimarer Republik existierte – sozusagen als Vorgänger des heutigen Bundesrates – der Reichsrat der Weimarer Reichsverfassung. Dieser Reichsrat hatte keine solche starke Bedeutung für das politische System bzw. für die Gesellschaft wie der heutige Bundesrat. Es besaß vor allen Dingen der Reichstag eine große Bedeutung und Macht, da alle Macht vom Volke ausgehen sollte. Die Länder waren im Reichsrat der Weimarer Republik durch die Mitglieder ihrer Regierungen vertreten, wobei die Stimmenzahl der Länder in Abhängigkeit der Einwohnerzahl der Länder bestimmt wurde; diese Mitglieder konnten sich – wie im heutigen Bundesrat – durch Bevollmächtige vertreten lassen. Und jedes Land mußte – ebenfalls wie im heutigen Bundesrat – seine Stimmen einheitlich abgeben. Lediglich die Hälfte der preußischen Stimmen, die den Provinzialverwaltungen zustand, war nach Maßgabe eines Landesgesetzes nicht an Weisungen der Regierungen gebunden.

Dieser Reichsrat hatte nicht die Möglichkeit der Gesetzesinitiative. Die Reichsgesetze wurden vom Reichstag beschlossen, gegen die der Reichsrat nur Einspruch einlegen konnte. Diesen konnte der Reichstag mit Zweidrittelmehrheit zurückweisen. Dann hatte der Reichspräsident zu entscheiden, ob er das Gesetz verkündete oder ob er einen Volksentscheid darüber anordnete.

Während der Kaiserzeit ergab sich wieder ein ganz anderes Bild der Situation. Hier hatte der Bundesrat der Reichsverfassung von 1871 eine stärkere Stellung als der heutige Bundesrat, da er neben dem Kaiser das oberste Reichsorgan war. Mit Zustimmung des Kaisers konnte der Bundesrat sogar den Reichstag auflösen.

Wie im heutigen Bundesrat, konnte jede Landesregierung so viele Mitglieder im Bundesrat ernennen, wie es Stimmen hatte – abgestuft natürlich gemäß der Einwohnerzahl des Bundeslandes. Die Stimmen hatten gleichfalls einheitlich abgegeben werden müssen. Die Gesetzgebung wurde durch den Bundesrat und den Reichstag ausgeführt; die Übereinstimmung der Mehrheitsbeschlüsse beider Versammlungen war zu einem Reichsgesetz erforderlich und ausreichend.

Nur schwer vergleichbar ist der heutige Bundesrat mit der Deutschen Bundesversammlung des Deutschen Bundes nach der Bundesakte vom 8. Juni 1815; denn der Deutsche Bund war kein Bundesstaat, sondern ein Staatenbund, und die Deutsche Bundesversammlung das alleinige Zentralorgan des Deutschen Bundes.

3. Organisation des Bundesrates

3.1. Zusammensetzung des Bundesrates

Art. 51 Abs. 1 GG:

> Der Bundesrat besteht aus Mitgliedern der Regierungen der Länder, die sie bestellen und abberufen.

In dieser Weise ist geregelt, daß die Mitglieder des Bundesrates aus den Länderparlamenten der Bundesländer stammen. Der Landtag bestellt sie und beruft sie auch ab. Nur wer Mitglied der Landesregierung ist, dort also Stimme und Sitz hat, kann in den Bundesrat aufgenommen werden. Die Landesregierung trifft die Entscheidung, wer Mitglied im Bundesrat sein wird. Unterschieden wird zwischen ordentlichen und stellvertretenden Mitgliedern. Normalerweise kann die Landesregierung nur soviele Mitglieder benennen, wie sie Stimmen hat im Bundesrat. Daneben besteht aber die Möglichkeit, weitere Mitglieder der Landesregierung als stellvertretende Mitglieder des Bundesrates zu benennen und im Bundesrat mitwirken zu lassen. Da die stellvertretenden Bundesratmitglieder laut Geschäftsordnung des Bundesrates die gleichen Rechte besitzen wie die ordentlichen Mitglieder, sieht es in der Praxis meistens so aus, daß alle Mitglieder der Landesregierung zu Mitgliedern in den Bundesrat benannt werden.

Als ordentliche Mitglieder gehören dem Bundesrat in der Regel die Regierungschefs der Länder an; desweiteren die Landesminister für Bundesangelegenheiten, die meistens auch Bevollmächtigte des Landes beim Bund sind. Dann auch die Innen-, Justiz-, Wirtschafts- und Finanzminister. Die übrigen Mitglieder der Landesregierung werden – wie oben erwähnt – zu stellvertretenden Mitgliedern ernannt. Die Opposition in den einzelnen Ländern hat im Bundesrat keine Möglichkeit, sich unmittelbar Gehör zu verschaffen. Da die Mitglieder des Bundesrates nicht gewählt, sondern von der Landesregierung ernannt werden, existieren in diesem Sinne auch keine Bundesratswahlen. Der Bundesrat ist ein „ewiges Organ“[2]. Er kennt keine Wahlperioden. Die Mitglieder werden nach Mehrheitsbeschluß der Landesregierung in den Bundesrat ernannt. Verliert jemand seinen Sitz im Landesparlament, so verliert er auch automatisch seinen Sitz im Bundesrat. Da die Mitglieder der Ländervertretungen demokratisch – durch Wahlen – vom Volk bestimmt werden, sie aber wiederum die Mitglieder des Bundesrates ernennen, wirkt sich hier die „Stimme des Volkes“ aus: Landtagswahlen bestimmen auch die Zusammensetzung des Bundesrates. Sie sind gleichzeitig Wahlen, die den Bundesrat betreffen. Der Wähler bestimmt also mit, wer im Bundesrat einen Sitz erhält.

Auf diese Weise erneuert sich auch ständig die Zusammensetzung des Bundesrates, denn nach jeder Wahl eines Landesparlaments entsendet die neugebildete Landesregierung ihre Mitglieder in den Bundesrat. Auch hier wird dadurch ersichtlich, daß der Bundesrat ein „ewiges, sich ständig erneuerndes Organ“[3] ist, das keine Amtsperiode kennt. Obwohl der Bürger also direkt nur die neue Landesregierung wählt, bestimmt er jedoch gleichzeitig indirekt – auf Bundesebene – die Zusammensetzung des Bundesrates.

---

2 Bundeszentrale für politische Bildung (Hrsg.), a.a.O., S. 22
3 Ebd.

3.2. Stimmenverteilung des Bundesrates

Art. 51 Abs. 2 GG:

> Jedes Land hat mindestens drei Stimmen, Länder mit mehr als zwei Millionen Einwohnern vier, Länder mit mehr als sechs Millionen Einwohnern fünf Stimmen.

Das Grundgesetz ist hier – wie schon erwähnt – einen Mittelweg gegangen zwischen föderativer und demokratischer Repräsentation der einzelnen Länder im Bundesrat. Weder hat es die Stimmenverteilung allein nach dem Grundsatz ausgerichtet, jedes Land gleichwertig im Bundesrat vertreten zu wollen, noch ist es einer Stimmenverteilung gemäß den Einwohnerzahlen der einzelnen Länder nachgegangen. Diese abgestufte Stimmenverteilung hat den Vorteil, daß die großen Länder die kleinen nicht übertrumpfen können. Genausowenig haben aber die kleinen Länder die Möglichkeit, die großen Länder zu majorisieren. All diesem schiebt die abgestufte Stimmenverteilung einen Riegel vor.

Die Bundesländer Bremen, Hamburg und das Saarland erhalten auf diese Weise drei Stimmen, die Länder Berlin, Hessen, Rheinland-Pfalz und Schleswig-Holstein je vier Stimmen und die Länder Baden-Württemberg, Bayern, Niedersachsen und Nordrhein-Westfalen je fünf Stimmen. Der Bundesrat hat also insgesamt 45 Stimmen, d.h. 45 ordentliche Mitglieder. Das Land Berlin hat aufgrund eines Vorbehaltes der westlichen Schutzmächte (Nr. 4 des Genehmigungsschreibens der Militärgouverneure zum Grundgesetz vom 12. Mai 1949) eine Sonderstellung – ebenso wie im Bundestag. Die vier Berliner Mitglieder sind nicht voll stimmberechtigt. Das bedeutet, daß der Bundesrat praktisch 41 voll abstimmungsberechtigte Mitglieder besitzt; eine absolute Bundesratmehrheit stellen somit 21 Stimmen dar, eine Zweidrittelmehrheit 28 Stimmen. Obgleich die Berliner Mitglieder nicht voll stimmberechtigt sind, – d.h., sie dürfen bei Entscheidungen mit Wirkung nach außen, also bei Gesetzesbeschlüssen und Entscheidungen über Rechtsverordnungen und Verwaltungsvorschriften sowie bei der Wahl von Mitgliedern des Bundesverfassungsgerichts, nicht mitwirken – , haben sie doch jederzeit die Möglichkeit, ihre Auffassungen zu Fragen der Gesetzgebung am Rednerpult darzulegen und auch in den Ausschußberatungen auf die Gestaltung der Beschlüsse Einfluß zu nehmen.

3.3. Abstimmungen

Art. 51 Abs. 3 Satz 2 GG:

> Die Stimmen eines Landes können nur einheitlich und nur durch anwesende Mitglieder oder deren Vertreter abgegeben werden.

Jedes Land kann seine Stimmen nur einheitlich abgeben, d.h. als „Ja", „Nein" oder Enthaltung. Dies bedeutet, daß sich die Landesregierungen vor den einzelnen Bundesratssitzungen darüber einigen müssen, wie sie ihre Stimmen vergeben, so, wie es das Grundgesetz eben vorschreibt. Diese Einigung, die in der Landesregierung stattfinden muß, ist manchmal eine schwere Belastung für Koalitionsregierungen. Die einheitliche Abgabe der Stimmen bewirkt gleichzeitig, daß sich die Stimmen eines einzelnen Landes nicht gegenseitig aufheben.

Die Mitglieder des Bundesrates sind an die Weisungen ihrer Landesregierungen gebunden. Die Landesregierung entscheidet über die Vergabe der Stimmen – es soll der Wille der Landesregierung, nicht der des einzelnen Bundesratsmitglied zum Ausdruck kommen – und teilt dies dem Stimmführer im Bundesrat mit; dessen Aufgabe besteht darin, die Stimmen bei den einzelnen Verhandlungen oder Gesetzesabschlüssen für sein Bundesland abzugeben. Dies auch dann, wenn keine weiteren Vertreter seines Landes bei der Sitzung anwesend sind. Normalerweise ist der Stimmführer – wie oben erwähnt – an die Beschlüsse seiner Regierung gebunden; es kommt jedoch auch vor, daß ihm von seiner Regierung gewisse Ermessensfreiheiten eingeräumt werden, um sich mit anderen Bundesländern abzustimmen oder um neue, bei der Beschlußsitzung der Landesregierung noch nicht bekannte Ereignisse oder Umstände miteinbeziehen zu können.

Die Abstimmung im Bundesrat erfolgt in der Regel nicht geheim, sondern durch Handheben (Akklamation). Nur bei Verfassungsänderungen und anderen besonders wichtigen Entscheidungen erfolgt die Abstimmung „durch Aufruf der Länder" in alphabetischer Reihenfolge, wobei das Stimmverhalten auch im Sitzungsbericht festgehalten wird – dies ist bei der Vielzahl der Abstimmungen, die in jeder Sitzung durchgeführt werden, nicht immer der Fall.

3.4. Präsident und Präsidium

Art. 52 Abs. 1 GG:

> Der Bundesrat wählt seinen Präsidenten auf ein Jahr.

Art. 52 Abs. 2 GG:
Der Präsident beruft den Bundesrat ein. Er hat ihn einzuberufen, wenn die Vertreter von mindestens zwei Ländern oder die Bundesregierung es verlangen.

Art. 57 GG: Die Befugnisse des Bundespräsidenten werden im Falle seiner Verhinderung oder bei vorzeitiger Erledigung des Amtes durch den Präsidenten des Bundesrates wahrgenommen.

Der Bundesrat wählt sich jedes Jahr einen Präsidenten aufs neue. Hinzu kommen drei Vizepräsidenten, die dem Bundesratspräsidenten zur Seite stehen. Der Bundesratspräsident und die drei Vizepräsidenten zusammen bilden das Präsidium des Bundesrates.

Zum Präsidenten des Bundesrates wird der Ministerpräsident eines Bundeslandes gewählt; die Wahl richtet sich – wie im folgenden erklärt – nach der Einwohnerzahl des Bundeslandes. Im Jahre 1950 haben die Ministerpräsidenten der Länder im sog. „Königsteiner Abkommen" beschlossen, daß zuerst der Ministerpräsident desjenigen Bundeslandes Bundesratspräsident wird, welches die meisten Einwohner hat. Als nächstes folgt ihm der Ministerpräsident des Bundeslandes mit der nächstgeringeren Einwohnerzahl. Als letzter in der Runde kommt der Ministerpräsident an die Reihe, dessen Bundesland die geringste Einwohnerzahl hat. Die Reihenfolge beginnt somit mit dem Bundesland Nordrhein-Westfalen als einwohnerstärkstem Land und endet mit dem Stadtstaat Bremen als einwohnerschwächstem Land. Nach Beendigung des Turnus beginnt die oben aufgezählte Reihenfolge von neuem.

Dieser Turnus hat den Vorteil, daß zum einen jedes der elf Länder innerhalb von elf Jahren einmal an die Reihe kommt, den Bundesratspräsidenten zu stellen; zum anderen hat er den Vorteil, daß die Wahl des Bundesratspräsidenten nicht wechselnden Mehrheitsverhältnissen und parteipolitischen Verhältnissen unterworfen wird.

Erster Vizepräsident wird der Bundesratspräsident des Vorjahres, zweiter Vizepräsident der Ministerpräsident des Landes mit der kleinsten Einwohnerzahl und dritter Vizepräsident der Regierungschef des Landes mit der zweitkleinsten Einwohnerzahl. Diesem folgt dann der Ministerpräsident des Landes mit der nächstgrößeren Einwohnerzahl. Hier läßt sich also auch ein Turnus feststellen.

Derzeitiger Bundesratspräsident ist der rheinland-pfälzische Ministerpräsident Bernhard Vogel, der nach dem Rücktritt (zum 1. Vizepräsidenten), d.h. nach Ablauf der Amtszeit des hessischen Ministerpräsidenten Dr. Walter Wallmann dieses Amt übernommen hat.

Der Bundesratspräsident ruft die Plenarsitzungen des Bundesrates ein und leitet sie. Darin liegt seine Hauptaufgabe, und darin wird er von seinen drei Vizepräsidenten unterstützt. Er vertritt den Bundesrat nach außen und somit die Bundesrepublik Deutschland in allen Angelegenheiten des Bundesrates. Zudem ist er oberster Dienstherr aller Beamten und Angestellten des Bundesrates.

Eine weitere wichtige Aufgabe kommt dem Bundesratspräsidenten zu, wenn der Bundespräsident verhindert oder vorzeitig aus dem Amt geschieden ist: Nach Art. 57 GG vertritt er den Bundespräsidenten in seinem Amt. Insbesondere bei Auslandsaufenthalten oder Urlaubsabwesenheit des Bundespräsidenten tritt dieser Fall ein. Aufgaben des Bundesratspräsidenten sind dann z.B. die Ausfertigung von Gesetzen, die Ernennung und Entlassung von Beamten u.a.m.

Das Präsidium des Bundesrates, also der Bundesratspräsident und die drei Vizepräsidenten zusammen, gestalten und entwerfen den Haushaltsplan des Bundesrats, der bisher immer in engen Grenzen gehalten wurde. Derzeit beläuft er sich auf 14,5 Mill. DM (1988)[4]. Er wurde im Vergleich zu 1987 um 16,7 % aufgestockt und beträgt damit 0,005 % der Gesamtsumme des ganzen Haushaltsetats der Bundesrepublik Deutschland. Die drei Vizepräsidenten stehen dem Bundesratspräsidenten zur Seite, unterstützen ihn vor allem bei seiner Hauptaufgabe, der Einberufung und Leitung der Plenarsitzungen, und sie vertreten ihn im Verhinderungsfall in seinem Amt.

Der „Ständige Beirat“, der beim Präsidium besteht, wird von den elf Bevollmächtigten der Länder beim Bund gebildet und ist vergleichbar mit dem Ältestenrat anderer Parlamente. Er ist beratend für Präsident und Präsidium tätig und nimmt wichtige Informations- und Koordinationsaufgaben wahr.

3.5. Mitglieder

Art. 51 Abs. 1 GG:

> Der Bundesrat besteht aus Mitgliedern der Regierungen der Länder, die sie bestellen und abberufen. Sie können durch andere Mitglieder ihrer Regierung vertreten werden.

---

4 Mannheim Morgen, 24. Nov. 1987, S. 5

Art. 43 Abs. 2 GG:

> Die Mitglieder des Bundesrates und der Bundesregierung sowie ihre Beauftragten haben zu allen Sitzungen des Bundestages und seiner Ausschüsse Zutritt. Sie müssen jederzeit gehört werden.

Der Bundesrat besteht aus Mitgliedern der Regierungen der Länder. Nur wer in der Landesregierung einen Sitz hat, kann im Bundesrat ein Amt übernehmen. Es ergibt sich aus der jeweiligen Landesverfassung, wer der Landesregierung angehört. Es sind dies in allen Bundesländern der Ministerpräsident mit Ausnahme von Bremen und Hamburg und von Berlin, wo es der Bürgermeister bzw. der Regierende Bürgermeister ist, und die Minister mit Ausnahme der Stadtstaaten, wo es die Senatoren sind (in Bayern sind es zusätzlich noch die Staatssekretäre, in Baden-Württemberg die Staatssekretäre mit Kabinettsrang).

Die Mitgliedschaft im Bundesrat endet entweder mit dem Austritt aus der Landesregierung oder dadurch, daß die Landesregierung die Abberufung beschließt.

Die Mitgliedschaft im Bundesrat bedeutet somit eine Doppelfunktion für den Amtsinhaber: Er ist sowohl Mitglied in der Landesregierung als auch Mitglied im Bundesrat, er operiert somit sowohl auf Landes- als auch auf Bundesebene. Auswirkungen der Bundespolitik auf die Landespolitik und umgekehrt sind für ihn sofort spürbar, weshalb er die jeweiligen Überlegungen auch ständig in seine Arbeit miteinbeziehen muß.

Eine Mitgliedschaft im Bundestag ist für Bundesratsmitglieder nicht möglich. Die Geschäftsordnung des Bundesrates regelt dies so. Diese Inkompatibilität bedeutet daher, daß ein Bundesratsmitglied bei seiner Wahl in den Bundestag dem Bundesratspräsidenten mitteilen muß, welches Amt er auf Dauer beibehält und welches er zurückgibt bzw. ablehnt. Für die Informationsbeschaffung und den Informationsfluß ist es wichtig zu sehen, daß die Bundesratsmitglieder das Recht haben, in allen Sitzungen des Bundestages und seiner Ausschüsse teilzunehmen. Dies wirkt einer „Abschottung“ auf Nur-Bundesrats-Angelegenheiten entgegen; es eröffnet den Bundesratsmitgliedern die Möglichkeit, „über ihren Horizont“ hinauszusehen und kann sich in schwierigen Entscheidungssituationen schwerwiegend auswirken. Sie haben zudem das Recht, jederzeit im Bundestag bzw. in seinen Ausschüssen sich zu äußern.

3.6. Ausschüsse

Art. 52 Abs. 4 GG:
Den Ausschüssen des Bundesrates können andere Mitglieder oder Beauftragte der Regierungen der Länder angehören.

Art. 53 GG: Die Mitglieder der Bundesregierung haben das Recht und auf Verlangen die Pflicht, an den Verhandlungen des Bundesrates und seiner Ausschüsse teilzunehmen. Sie müssen jederzeit gehört werden. Der Bundesrat ist von der Bundesregierung über die Führung der Geschäfte auf dem Laufenden zu halten.

Der Bundesrat bildet – wie der Bundestag auch – ständige Ausschüsse, die die parlamentarische Detailarbeit leisten. In ihnen werden die Vorlagen aus Bundesregierung, Bundestag oder von einem Bundesland geprüft und bearbeitet. Jedes der elf Länder entsendet in jeden Ausschuß ein Mitglied und besitzt dort eine Stimme. Auch Berlin ist voll stimmberechtigt. Der Bundesrat hat derzeit folgenden Ausschüsse:

- Agrarausschuß
- Ausschuß für Arbeit und Sozialpolitik
- Ausschuß für Auswärtige Angelegenheiten
- Ausschuß für Fragen der Europäischen Gemeinschaft
- Finanzausschuß
- Ausschuß für Innerdeutsche Beziehungen
- Ausschuß für Innere Angelegenheiten
- Ausschuß für Jugend, Familie und Gesundheit
- Ausschuß für Kulturfragen
- Rechtsausschuß
- Ausschuß für Städtebau und Wohnungswesen
- Ausschuß für Verkehr und Post
- Ausschuß für Verteidigung
- Wirtschaftsausschuß

In den sogenannten politischen Ausschüssen, den Ausschüssen für Auswärtige Angelegenheiten, für Innerdeutsche Beziehungen und für Verteidigung werden die Länder in der Regel durch ihre Ministerpräsidenten vertreten. In den anderen Fachausschüssen sind die Länder durch ein Kabinettsmitglied vertreten. Die Länder können sich jedoch auch durch „Beauftragte“ vertreten lassen, so daß in den Ausschüssen sehr oft nicht die Minister, sondern Fachexperten, also beauftragte Ministerialbeamte, sitzen. Diese können auch während der Sitzung wechseln, so daß zu jedem Tagesordnungspunkt der jeweilige Fachexperte anwesend ist. Die Länder können auf diese Art und Weise in bester Arbeit die Gesetzgebung des Bundes mitgestalten, kontrollieren und verbessern.

Da die Bundesregierung die Möglichkeit hat, an den Ausschußsitzungen teilzunehmen und sich auch Gehör verschaffen kann, sitzen sich in den Ausschußsitzungen meistens die jeweiligen Experten der Länderexekutive und der Bundesexekutive gegenüber; denn auch der Bundeskanzler bzw. die Bundesminister können sich von fachkundigen Ministerialbeamten vertreten lassen. Auf diese Weise ist der für die Arbeit in den einzelnen Ausschüssen wichtige Dialog zwischen Bund und Ländern gewährleistet.

3.7. Vermittlungsausschuß

Eine besondere Art von Ausschuß ist der Vermittlungsausschuß im Bundesrat, der dazu dient, daß sich Bund und Länder, also Bundestag und Bundesrat, in Bezug auf die Gesetzgebung einig werden. Bundesrat und Bundestag sind gleichstark in ihm vertreten; jedes Land (einschließlich) Berlin hat seine Stimme, so daß sich für den Bundesrat elf Stimmen ergeben. Die andere Hälfte stellt der Bundestag, der seine Plätze nach dem Stärkeverhältnis der Fraktionen verteilt. Der Vermittlungsausschuß besteht somit aus 22 Mitgliedern. Für jedes Mitglied gibt es einen Stellvertreter, der jedoch nur im Vertretungsfall teilnehmen darf. Sowohl für den Bundestag als auch für den Bundesrat besteht die Möglichkeit, ihren Vertreter auszuwechseln, jedoch besteht diese Möglichkeit für jede Fraktion und jedes Land im Laufe einer Wahlperiode des Bundestages nur viermal. Die Sitzungen werden von einem der beiden Vorsitzenden – einer ein Bundesrat-, der andere ein Bundestagmitglied – geleitet, die sich vierteljährlich abwechseln und sich gegenseitig vertreten. Die Mitglieder des Vermittlungsausschusses sind im Gegensatz zu ihren Kollegen im Bundesrat nicht an Weissungen gebunden.

Einberufen werden kann der Vermittlungsausschuß vom Bundesrat, vom Bundestag oder von der Bundesregierung. Der Bundesrat kann den Vermittlungsausschuß zu allen vom Bundestag beschlossenen Gesetzen anrufen. Bundestag und Bundesregierung können den Ausschuß nur einberufen, wenn der Bundesrat einem zustimmungsbedürftigem Gesetz seine Zustimmung versagt hat. Jedes der drei Gremien kann den Vermittlungsausschuß nur einmal einberufen. Der Vermittlungsausschuß beschließt mit Mehrheit.

Zwar kann der Vermittlungsausschuß den Inhalt eines Gesetzes selbst nicht beschließen, sondern nur Vorschläge machen, dennoch besitzt er eine einigungsfördernde Wirkung, die nicht unterschätzt werden darf. Der Vermittlungsausschuß ist im Laufe der Zeit zu einem wichtigen Gremium im Gesetzgebungsverfahren geworden.

4. Aufgaben des Bundesrates

4.1. Gesetzgebung

Art. 50 GG: Durch den Bundesrat wirken die Länder bei der Gesetzgebung des Bundes mit.

Art. 76 GG: 1) Gesetzesvorlagen werden beim Bundestag durch die Bundesregierung, aus der Mitte des Bundestages oder durch den Bundesrat eingebracht.
2) Vorlagen der Bundesregierung sind zunächst dem Bundesrate zuzuleiten. Der Bundesrat ist berechtigt, innerhalb von sechs Wochen zu diesen Vorlagen Stellung zu nehmen. Die Bundesregierung kann eine Vorlage, die sie bei der Zuleitung an den Bundesrat ausnahmsweise als besonders eilbedürftig bezeichnet hat, nach drei Wochen dem Bundestage zuleiten, auch wenn die Stellungnahme des Bundesrates noch nicht bei ihr eingegangen ist; sie hat die Stellungnahme des Bundesrates unverzüglich nach Eingang dem Bundestage nachzureichen.
3) Vorlagen des Bundesrates sind dem Bundestage durch die Bundesregierung innerhalb von drei Monaten zuzuleiten. Sie hat hierbei ihre Auffassung darzulegen.

Art. 77 GG: 1) Die Bundesgesetze werden vom Bundestag beschlossen. Sie sind nach ihrer Annahme durch den Präsidenten des Bundestages unverzüglich dem Bundesrate zuzuleiten.
2) Der Bundesrat kann binnen drei Wochen nach Eingang des Gesetzesbeschlusses verlangen, daß ein aus Mitgliedern des Bundestages und des Bundesrates für die gemeinsame Beratung von Vorlagen gebildeter Ausschuß einberufen wird. Die Zusammensetzung und das Verfahren dieses Ausschusses regelt eine Geschäftsordnung, die vom Bundestage beschlossen wird und der Zustimmung des Bundesrates bedarf. Die in diesen

Ausschuß entsandten Mitglieder des Bundesrates sind nicht an Weisungen gebunden. Ist zu einem Gesetz die Zustimmung des Bundesrates erforderlich, so können auch der Bundestag und die Bundesregierung die Einberufung verlangen. Schlägt der Ausschuß eine Änderung des Gesetzesbeschlusses vor, so hat der Bundestag erneut Beschluß zu fassen.
3) Soweit zu einem Gesetze die Zustimmung des Bundesrates nicht erforderlich ist, kann der Bundesrat, wenn das Verfahren nach Absatz 2 beendigt ist, gegen ein vom Bundestag beschlossenes Gesetz binnen zwei Wochen Einspruch einlegen. Die Einspruchsfrist beginnt im Falle des Absatzes 2 letzter Satz mit dem Eingange des vom Bundestage erneut gefaßten Beschlusses, in allen anderen Fällen mit dem Eingange der Mitteilung des Vorsitzenden des in Absatz 2 vorgesehenen Ausschusses, daß das Verfahren vor dem Ausschuß abgeschlossen ist.
4) Wird der Einspruch mit der Mehrheit der Stimmen des Bundesrates beschlossen, so kann er durch Beschluß der Mehrheit der Mitglieder des Bundestages zurückgewiesen werden. Hat der Bundesrat den Einspruch mit einer Mehrheit von mindestens zwei Dritteln seiner Stimmen beschlossen, so bedarf die Zurückweisung durch den Bundestag einer Mehrheit von zwei Dritteln, mindestens der Mehrheit der Mitglieder des Bundestages.

Art. 78 GG: Ein vom Bundestage beschlossenes Gesetz kommt zustande, wenn der Bundesrat zustimmt, den Antrag gemäß Artikel 77 Abs. 2 nicht stellt, innerhalb der Frist des Artikels 77 Abs. 3 keinen Einspruch einlegt oder ihn zurücknimmt oder wenn der Einspruch vom Bundestage überstimmt wird.

Art. 79 Abs. 2 und 3 GG:
(Änderung des Grundgesetzes)
2) Ein solches Gesetz bedarf der Zustimmung von zwei Dritteln der Mitglieder des Bundestages und zwei Dritteln der Stimmen des Bundesrates.
3) Eine Änderung dieses Grundgesetzes, durch welche die Gliederung des Bundes in Länder, die grundsätzliche Mitwirkung der Länder bei der Gesetzgebung oder die in den Artikeln 1 und 20 niedergelegten Grundsätze berührt werden, ist unzulässig.

Laut Artikel 50 des Grundgesetzes wirken „die Länder bei der Gesetzgebung des Bundes mit". Dies zeigt deutlich die Ebene, auf der der Bundesrat arbeitet, nämlich als Organ des Bundes auf Bundesebene. Hier können sich die Länder in die bundespolitische Arbeit miteinbringen und an der Gestaltung der Arbeit des Bundes teilnehmen.

Eine der wesentlichsten Aufgaben des Bundesrates ist in dieser Hinsicht die Möglichkeit, an der Gesetzgebung teilzunehmen.

Alle drei „großen" Organe des Bundes, der Bundestag, die Bundesregierung und der Bundesrat, haben das Recht auf Gesetzesinitiative. Nur ist der Weg der Gesetzesinitiative jeweils ein anderer. Gleich ist, daß eine Gesetzesvorlage als letztes immer dem Bundestag zugeleitet wird, der über sie in mehreren Lesungen berät.

Ergreift der Bundesrat die Initiative einer Gesetzeseinleitung, so muß er sie zunächst der Bundesregierung zuleiten, die ihrerseits die Gesetzesvorlage innerhalb von drei Monaten und mit einem Kommentar versehen dem Bundestag vorlegen muß.

Kommt die Gesetzesvorlage von der Bundesregierung, so ist sie verpflichtet, diese Gesetzesvorlage zunächst dem Bundesrat zuzuführen, der innerhalb von sechs Wochen hierzu Stellung nehmen kann. In dieser Arbeit, zu Gesetzesentwürfen der Bundesregierung Stellung zu nehmen bzw. selbst die Gesetzesinitiative zu ergreifen, liegt die Hauptarbeit des Bundesrates. Kaum ein Gesetz verläßt ohne einen Kommentar die Reihen des Bundesrates.

In besonders eiligen Fällen hat die Bundesregierung die Möglichkeit, ihren Gesetzesentwurf nach drei Wochen direkt dem Bundestag zuzuleiten, auch wenn noch keine Stellungnahme des Bundesrates vorhanden ist. Diese muß jedoch nach ihrer Fertigstellung unverzüglich dem Bundestag nachgereicht werden.

Der normale Verlauf einer Gesetzesinitiative durch die Bundesregierung ist der folgende:

Ist die Arbeit des Bundesrates abgeschlossen, so geht der Gesetzesentwurf an die Bundesregierung zurück, die ihrerseits nun das Recht auf eine Gegenäußerung hat. Alle drei Dinge, Gesetzesentwurf, Stellungnahme des Bundesrates und Gegenäußerung der Bundesregierung, werden an den Bundestag weitergeleitet.

Ergreift der Bundestag die Möglichkeit zur Gesetzesinitiative, so geht der Gesetzesentwurf direkt aus dem Bundestag hervor, ohne eine Weiterleitung an ein anderes Gremium. Denn es ist der Bundestag selbst, der die jeweiligen Gesetzesvorlagen zur Beschlußfassung vorträgt. Meistens durchlaufen die Gesetzesvorlagen mehrere (ein bis drei) Lesungen im Plenum und eventuell auch mehrmals verschiedene Ausschüsse. Danach ist der Weg der Gesetzesinitiative beendet. Die Beschlußfassung erfolgt dann folgendermaßen:

Alle vom Bundestag beschlossenen und aufgestellten Gesetzesvorlagen werden zuerst dem Bundesrat zugeleitet, damit dieser von seinen verfassungsmäßigen Rechten Gebrauch machen kann. Je nach der Reichweite der Mitwirkungsrechte werden Einspruchgesetze, die den Regelfall bilden, und Zustimmungsgesetze unterschieden. Alle vom Bundestag beschlossenen Gesetzesvorlagen gelten zunächst als Einspruchgesetze, sofern sie nicht durch eine ausdrückliche Bestimmung des Grundgesetzes als Zustimmungsgesetze gekennzeichnet sind.Bei Einspruchgesetzen hat der Bundesrat nur die Möglichkeit, eine Ermahnung oder einen Kommentar abzugeben. Erfolgt bis zwei Wochen nach Eingang der Gesetzesvorlage beim Bundesrat keine solche Mahnung, dann ist das Gesetz zustande gekommen. Legt der Bundesrat jedoch einen „Einspruch“ ein, d.h. ruft er einen Vermittlungsausschuß zusammen, der einen Änderungsvorschlag zu der Gesetzesvorlage ausarbeitet, so geht die Gesetzesvorlage mit dem Änderungsvorschlag zusammen an den Bundestag zurück. Einen vom Bundesrat mit einfacher Mehrheit beschlossenen „Einspruch“ kann der Bundestag mit einfacher Mehrheit zurückweisen. Wurde der Änderungsvorschlag mit einer Zweidrittelmehrheit beschlossen, so bedarf es auch im Bundestag einer solchen Zweidrittelmehrheit, um den „Einspruch“ zurückzuweisen.

Kommt es in einem solchen Falle zu einer Zweidrittelmehrheit im Bundestag, so ist die Gesetzesvorlage beschlossen und das Gesetz kann verabschiedet werden. Im anderen Fall ist das Gesetz nicht zustande gekommen.

Bei Zustimmungsgesetzen ist die Situation eine andere. Hier kann kein Gesetz, das der Zustimmung des Bundestages bedarf, ohne oder gegen den Willen des Bundesrates zustande kommen. Es lassen sich mehrere Gruppen von Gesetzen bilden, die einer Zustimmung des Bundesrates bedürfen:

- Gesetze, die die Verfassung ändern (sie benötigen eine mit Zweidrittelmehrheit beschlossene Zustimmung des Bundesrates),
- Gesetze über das Verfahren von Gebietsänderungen der Bundesländer,
- Gesetze, die das Finanzaufkommen der Länder berühren (z.B. Steuergesetze),
- Gesetze, die Gemeinschaftsaufgaben von Bund und Ländern zum Gegenstand haben,
- Gesetze, die in die Verwaltungshoheit der Länder eingreifen,
- Gesetze, die im Falle eines Gesetzgebungsnotstandes verabschiedet werden,

- Gesetze, die im Zusammenhang mit einem Verteidigungsfalle erlassen werden.

Wichtig ist in diesem Zusammenhang zu sehen, daß Gesetze, die auch nur eine einzige Regelung enthalten, die die Zustimmung des Bundesrates brauchen, insgesamt der Zustimmung bedürfen. Wegen solcher Einzelbestimmungen können Gesetze, die in ihrem Kernbereich nicht zustimmungsbedürftig sind, in Randbestimmungen aber z.B. Länderinteressen berühren, sehr wohl zustimmungsbedürftig sein.

Der Bundesrat kann auf Antrag einen Vermittlungsausschuß ins Leben rufen, wenn er mit der Gesetzesvorlage des Bundestages nicht einverstanden ist. Erarbeitet der Vermittlungsausschuß einen Änderungsvorschlag, so wird dieser mit der Gesetzesvorlage dem Bundestag wieder zugeleitet, der über ihn beratschlagt. Nimmt der Bundestag den Änderungsvorschlag an, so wird er dem Bundesrat wieder zugeleitet, der wiederum über ihn abstimmen muß. Lehnt der Bundestag den Änderungsvorschlag ab, hat der Bundesrat über den ursprünglichen Gesetzesentwurf zu entscheiden. Dies gilt auch, wenn der Vermittlungsausschuß die Änderungswünsche des Bundesrates ablehnt oder wenn überhaupt kein Vermittlungsvorschlag zustande kommt.

Versagt der Bundesrat einem zustimmungsbedürftigem Gesetz die Zustimmung, so kann es vorkommen, daß die Bundesregierung oder der Bundestag von ihrem Recht Gebrauch machen und den Vermittlungsausschuß anrufen. Der Vermittlungsausschuß kann insgesamt bis zu dreimal angerufen werden, jedoch nicht mehr als einmal von jedem Bundesorgan. Kommt es zu einer Zustimmung, so wird der Gesetzesentwurf der Bundesregierung zugeleitet, die ihn gegenzeichnet. Der Bundespräsident fertigt ihn dann aus und verkündet das neu zustande gekommene Gesetz.

Kommt es zu keiner Zustimmung, ist die Gesetzesinitiative gescheitert.

Da ca. 50 % der Bundesgesetze zustimmungsbedürftig sind, kann man daraus die Macht des Bundesrates im Gesetzgebungsprozeß ersehen.

Für das Zustandekommen eines Gesetzes gilt also folgendes:

Einspruchsgesetze kommen zustande, wenn

- der Bundesrat nicht innerhalb von drei Wochen den Vermittlungsausschuß anruft,
- der Bundesrat den Vermittlungsausschuß anruft, nach Abschluß dieses Verfahrens jedoch nicht innerhalb von zwei Wochen Einspruch einlegt,
- der Bundesrat Einspruch einlegt, diesen jedoch zurücknimmt, oder
- der Bundesrat Einspruch einlegt, der Bundestag jedoch den Einspruch mit der entsprechenden Mehrheit zurückweist.

Zustimmungsgesetze kommen nur dann zustande, wenn der Bundesrat ausdrücklich zustimmt.

Ein Gesetzesvorhaben ist gescheitert, wenn

- die Gesetzesvorlage in der Schlußabstimmung des Bundestages keine Mehrheit findet,
- ein Einspruch des Bundesrates nicht mit der erforderlichen Mehrheit zurückgewiesen wird, oder
- der Bundesrat die Zustimmung zu einen zustimmungsbedürftigen Gesetz verweigert, Bundesregierung und Bundestag den Vermittlungsausschuß nicht anrufen oder aber auch nach Anrufung des Vermittlungsausschusses der Bundesrat dem Gesetz nicht zustimmt.

4.2. Rechtsverordnungen und Verwaltungsvorschriften

Art. 80 GG: 1) Durch Gesetz können die Bundesregierung, ein Bundesminister oder die Landesregierung ermächtigt werden, Rechtsverordnungen zu erlassen. Dabei müssen Inhalt, Zweck und Ausmaß der erteilten Ermächtigung im Gesetze bestimmt werden. Die Rechtsgrundlage ist in der Verordnung anzugeben. Ist durch Gesetz vorgesehen, daß eine Ermächtigung weiter übertragen werden kann, so bedarf es zur Übertragung der Ermächtigung einer Rechtsverordnung.

2) Der Zustimmung des Bundesrates bedürfen, vorbehaltlich anderweitiger bundesgesetzlicher Regelungen, Rechtsverordnungen der Bundesregierung oder eines Bundesministers über Grundsätze und Gebühren für die Benutzung der Einrichtungen der Bundeseisenbahnen und des Post- und Fernmeldewesens, über den Bau und Betrieb der Eisenbahnen, sowie Rechtsverordnungen auf Grund von Bundesgesetzen, die der Zustimmung des Bundesrates bedürfen oder die von den Ländern im Auftrage des Bundes oder als eigene Angelegenheit ausgeführt werden.

Nach Art. 80 GG ist es der Bundesregierung, einem Bundesminister oder einer Landesregierung gesetzlich möglich, Rechtsverordnungen zu erlassen.

Rechtsverordnungen sind allgemeinverbindliche Vorschriften zur Durchführung von Gesetzen. Zu den meisten Rechtsverordnungen ist die Zustimmung des Bundesrates vorgeschrieben. Auch hierbei ist ersichtlich, welche

Mitwirkungsmöglichkeiten und somit welche Macht der Bundesrat besitzt. Denn ohne eine gleichberechtigte Miteinbeziehung des Bundesrates beim Erlaß einer Rechtsverordnung ist es nicht möglich, diese zu verwirklichen. Ein Bundesminister oder die Bundesregierung können die Rechtsverordnung nur unter Miteinbeziehen der vom Bundesrat vorgeschlagenen Änderungen verkünden, oder sie müssen davon absehen.

Die Rechtsverordnungen, um die es sich hierbei handelt, sind z.B. solche, die das Eisenbahnwesen oder das Post- und Fernmeldewesen betreffen.

Der Bundesrat hat ebenso bei diversen Verwaltungsvorschriften seine Zustimmung zu geben. Verwaltungsvorschriften sind Anweisungen der Bundesregierung für den inneren Dienstbetrieb der Behörden und Richtlinien für die Anwendung von Gesetzen und Rechtsverordnungen. Sie berühren meist die Kompetenzen der Länder und sind desöfteren allein aus diesem Grunde heraus zustimmungsbedürftig.

4.3. Kontrolle des Bundestages bzw. der Bundesregierung

Art. 53 GG: Die Mitglieder der Bundesregierung haben das Recht und auf Verlangen die Pflicht, an den Verhandlungen des Bundesrates und seiner Ausschüsse teilzunehmen. Sie müssen jederzeit gehört werden. Der Bundesrat ist von der Bundesregierung über die Führung der Geschäfte auf dem Laufenden zu halten.

Nach Art. 53 Satz 3 GG ist die Bundesregierung verpflichtet, den Bundesrat über die Führung der Geschäfte auf dem Laufenden zu halten. Dies betrifft nicht nur den Bereich der Gesetzgebung und Verwaltung, sondern auch die Unterrichtung über die allgemeine politische Lage oder über die Außenpolitik. Der Bundesrat kann außerdem jedes Mitglied der Bundesregierung in seine Plenar- und Ausschußsitzungen berufen und ihm Fragen stellen.

Die Mitglieder der Bundesregierung haben dagegen das Recht, jederzeit an allen Sitzungen und Ausschüssen des Bundesrates teilzunehmen und müssen dort auch gehört werden.

4.4. Weitere Aufgaben

Art. 84 Abs. 4 und 5 GG:

4) Werden Mängel, die die Bundesregierung bei der Ausführung der Bundesgesetze in den Ländern festgestellt hat, nicht beseitigt, so beschließt auf Antrag der Bundesregierung oder des

Landes der Bundesrat, ob das Land das Recht verletzt hat. Gegen den Beschluß des Bundesrates kann das Bundesverfassungsgericht angerufen werden.
5) Der Bundesregierung kann durch Bundesgesetz, das der Zustimmung des Bundesrates bedarf, zur Ausführung von Bundesgesetzen die Befugnis verliehen werden, für besondere Fälle Einzelweisungen zu erteilen. Sie sind, außer wenn die Bundesregierung den Fall für dringlich erachtet, an die obersten Landesbehörden zu richten.

Art. 37 GG: 1) Wenn ein Land die ihm nach dem Grundgesetze oder einem anderen Bundesgesetze obliegenden Bundespflichten nicht erfüllt, kann die Bundesregierung mit Zustimmung des Bundesrates die notwendigen Maßnahmen treffen, um das Land im Wege des Bundeszwanges zur Erfüllung seiner Pflichten anzuhalten.
2) Zur Durchführung des Bundeszwanges hat die Bundesregierung oder ihr Beauftragter das Weisungsrecht gegenüber allen Ländern und Behörden.

Art. 94 Abs. 1 GG:
1) Das Bundesverfassungsgericht besteht aus Bundesrichter und anderen Mitgliedern. Die Mitglieder des Bundesverfassungsgerichts werden je zur Hälfte vom Bundestage und vom Bundesrate gewählt. Sie dürfen weder dem Bundestage, dem Bundesrate, der Bundesregierung noch entsprechenden Organen eines Landes angehören.

§ 9 BVerfGG:
Wahl des Präsidenten und seines Stellvertreters. Bundestag und Bundesrat wählen im Wechsel den Präsidenten des Bundesverfassungsgerichts und seinen Stellvertreter. Der Steilvertrete ist aus dem Senat zu wählen, dem der Präsident nicht angehört.

Art. 53a Abs. 1 GG:
1) Der Gemeinsame Ausschuß besteht zu zwei Dritteln aus Abgeordneten des Bundestages, zu einem Drittel aus Mitgliedern des Bundesrates. Die Abgeordneten werden vom Bundestage entsprechend dem, Stärkeverhältnis der Fraktionen bestimmt; sie dürfen nicht der Bundesregierung angehören. Jedes Land

wird durch ein von ihm bestelltes Mitglied des Bundesrates vertreten; diese Mitglieder sind nicht an Weisungen gebunden. Die Bildung des Gemeinsamen Ausschusses und sein Verfahren werden durch eine Geschäftsordnung geregelt, die vom Bundestage zu beschließen ist und der Zustimmung des Bundesrates bedarf.

Art. 61 Abs. 1 GG:

1) Der Bundestag oder der Bundesrat können den Bundespräsidenten wegen vorsätzlicher Verletzung des Grundgesetzes oder eines anderen Bundesgesetzes vor dem Bundesverfassungsgericht anklagen. Der Antrag auf Erhebung der Anklage muß von mindestens einem Viertel der Mitglieder des Bundestages oder einem Viertel der Stimmen des Bundesrates gestellt werden. Der Beschluß auf Erhebung der Anklage bedarf der Mehrheit von zwei Dritteln der Mitglieder des Bundestages oder von zwei Dritteln der Stimmen des Bundesrates. Die Anklage wird von einem Beauftragten der anklagenden Körperschaft vertreten.

Neben der Mitwirkung an der Gesetzgebung und an der Erteilung von Rechtsverordnungen und Verwaltungsvorschriften hat der Bundesrat noch andere Aufgaben inne. So ist es mit der Ausübung der Bundesaufsicht. Dem Bundesrat obliegt die Entscheidung, ob ein Land bei der Ausführung der Bundesgesetze das Recht verletzt hat. Die Kontrolle über die Ausführung der Bundesgesetze hat die Bundesregierung inne. Desweiteren entscheidet der Bundesrat, ob die Bundesregierung die Durchführung des Bundeszwanges angehen soll. Ist nämlich ein Bundesland seinen Pflichten nicht gewissenhaft nachgegangen – z.B. hat es die Bundesgesetze nicht ordnungsgemäß ausgeführt –, so kann die Bundesregierung bestimmte Maßnahmen anordnen, um das jeweilige Bundesland zur Erfüllung seiner Aufgaben anzuhalten. In diesem Falle entscheidet der Bundesrat, ob ein solcher Verstoß gegen geltendes Recht vorliegt.

In Bezug auf das Bundesverfassungsgericht obliegen dem Bundesrat mehrere Aufgaben. Laut § 9 BVerfGG wählen Bundestag und Bundesrat im Wechsel den Präsidenten des Bundesverfassungsgerichts und seinen Stellvertreter. Zudem werden die Mitglieder des Bundesverfassungsgerichts je zur Hälfte vom Bundestag und vom Bundesrat gewählt. Hier wird ersichtlich, daß ein föderativer Einfluß auf die Zusammensetzung des Bundeslverfassungsgerichts vom Grundgesetz gewünscht wird. „Die Verfassungsrichter, die auch über föderative Streitigkeiten zu entscheiden haben," sollen auch „unter regional-föderativen Gesichtspunkten ausgewählt werden."[5]

Der Bundesrat hat auch die Möglichkeit, das Bundesverfassungsgericht anzurufen. Er kann dies tun, wenn er der Ansicht ist, daß

- ein anderes Verfassungsorgan oder Teile von einem solchen ihn in seinen ihm vom Grundgesetz übertragenen Rechten und Pflichten verletzt (sogenannte Organklage),
- der Bundespräsident das Grundgesetz oder ein Bundesgesetz vorsätzlich verletzt,
- eine politische Partei verfassungswidrig ist, oder
- ein Gesetz aus der Zeit vor der Errichtung der Bundesrepublik Deutschland nicht mehr als Bundesrecht gelte.

Der Bundesrat hat desweiteren die Möglichkeit, vor dem Bundesverfassungsgericht als sonstiger „Beteiligter" aufzutreten und seine Meinung und Ansicht zu einem bestimmten Falle darzulegen. Auf diese Weise beeinflußt er nicht unmerklich den Verlauf eines Prozesses.

Befände sich die Bundesrepublik Deutschland im Ausnahmezustand, d.h. würde sie von außen oder von innen her bedroht, so hat das Grundgesetz Abwehr- und Sicherungsmaßnahmen hierfür vorgesehen. Damit sich kein Mißbrauch ergibt, ist der Bundesrat institutionell und verfahrensmäßig in alle Ausnahmemaßnahmen miteinbezogen:

- der Bundesrat ist mit elf Mitgliedern im Gemeinsamen Ausschuß vertreten,
- der Bundesrat hat im Falle des inneren Notstandes Kontroll- und Abwehrrechte,
- der Bundesrat hat im Verteidigungsfalle Mitwirkungs- und Kontrollrechte.

So kann der Bundesrat verlangen, daß z.B. „eine Anordnung der Bundesregierung, mit der diese die Polizei in einem Land und die Polizeikräfte anderer Länder ihren Weisungen unterstellt und Einheiten des Bundesgrenzschutzes einsetzt, wenn anders eine drohende Gefahr für den Bestand oder die freiheitliche demokratische Grundordnung des Bundes oder eines Landes nicht abgewehrt werden kann, aufgehoben wird und daß der Einsatz von Streitkräften einzustellen ist, die von der Bundesregierung zur Unterstützung der Polizei und des Bundesgrenzschutzes beim Schutze von zivilen Objekten

---

5 Bundeszentrale für Politische Bildung (Hrsg.), a.a.O., S. 25

und bei der Bekämpfung organisierter und militärisch bewaffneter Aufständischer eingesetzt werden."[6]

Weitere Befugnisse und Aufgaben hat der Bundesrat in Bezug auf den Personalbereich des Bundes und auf die Mitwirkung in Aufsichtsorganen des Bundes:

- der Bundesrat muß der Ernennung des Generalbundesanwaltes und der Bundesanwälte zustimmen;
- der Bundesrat entscheidet über die Bestellung der Präsidenten der Landeszentralbanken und hat damit entscheidenden Einfluß auf die Zusammensetzung des Zentralbankrates der Deutschen Bundesbank;
- der Bundesrat entsendet Vertreter in die Verwaltungsräte der Deutschen Bundesbahn, der Deutschen Bundespost, der Deutschen Genossenschaftsbank, der Deutschen Pfandbriefanstalt, der Bundesanstalt für Arbeit, in die Rundfunkräte der „Deutschen Welle" und des „Deutschlandfunkes" und in den Verwaltungsbeirat der Bundesanstalt für Flugsicherheit.

6 P. Badura, Staatsrecht, München 1986, S. 325

5. Bibliographie

A. Monographien

Badura, Peter, Staatsrecht, München 1986

Bibliographisches Institut, Meyers kleines Lexikon Politik, Mannheim 1986

Bundeszentrale für Politische Bildung (Hrsg.), Der Föderalismus in der BRD, Bonn 1984

Degenhard, Christoph, Staatsrecht I, Heidelberg 1984

Lehmbruch, G. Parteienwettbewerb im Bundesstaat, Stuttgart 1976

Mickel, W. (Hrsg.), Handlexikon zur Politikwissenschaft, Bonn 1986

Mössner, J. M., Staatsrecht, Düsseldorf 1977

Presse- und Informationszentrum des Deutschen Bundestages, Deutscher Bundestag, Weg der Gesetzgebung, Bonn o.J.

Pütz, J., Allgemeines Staatsrecht und Bundesstaatsrecht,12. Auflage, Berlin 1984

Reuter, Konrad, Bundesrat und Bundesstaat, 4. Auflage, Bonn 1985

Scharpf, F./Reissert, B./Schnabel, F., Politikverflechtung, Kronberg/Ts. 1976

Unruhe/Greve, Grundkurs öffentliches Recht, 2. Auflage, Frankfurt 1977

B. Gesetzesmaterialien

Gesetz über das Bundesverfassungsgericht in der Fassung der Bekanntmachung vom 3. Februar 1971, BGBl. III 1104-1

Grundgesetz für die Bundesrepublik Deutschland vom 23. Mai 1949, BUBI. III Nr. 100-1

Das Gesetzgebungsverfahren der EG

Inhaltsverzeichnis

1. Allgemeines zum Gemeinschaftsrecht (Europarecht im engeren Sinne)

Beim Gemeinschaftsrecht der EG handelt es sich zum einen um das vertragliche bzw. primäre Gemeinschaftsrecht, zum anderen um das „abgeleitete" bzw. sekundäre Gemeinschaftsrecht.

Dem vertraglichen bzw. primären Gemeinschaftsrecht liegen die drei Verträge der Europäischen Gemeinschaft für Kohle und Stahl (1951), der Europäischen Atomgemeinschaft (1957) und der Europäischen Wirtschaftsgemeinschaft (1957) zugrunde, die gewissermaßen als Rahmenverträge fungieren, vergleichbar mit dem Grundgesetz bzw. den „nationalen Verfassungen". Diese drei Verträge wurden durch völkerrechtliche Einigung zwischen den Mitgliedstaaten geschaffen und dienen zum Festsetzen eines „Programms" und von Leitlinien für die Mitgliedstaaten.

Das „abgeleitete" bzw. sekundäre Gemeinschaftsrecht stellt das von den Organen der Gemeinschaft nach Maßgabe der Gründungsverträge erlassene Recht, also die eigentlichen Rechtsakte der Gemeinschaft, dar. Die Gemeinschaftsorgane sind zum Erlaß von Rechtsvorschriften im Rahmen der Grundsätze der drei Verträge befugt. Der Grundsatz der sog. „beschränkten Ermächtigung" (Art. 4, 189 I EWGV, 161 I EAGV, 14 I EGKSV) sorgt dafür, daß Rechtsakte nur dort und nur der Art erlassen werden, wo und wie die Verträge dies ausdrücklich vorsehen; d.h. es besteht keine freie Gesetzgebungsbefugnis wie im Rahmen einer staatlichen Verfassung.

Der Kompetenzbereich des sekundären Gemeinschaftsrechts umfaßt

- ausschließliche Gemeinschaftskompetenzen: z.B. Zolltarife (Art. 28 EWGV)
- konkurrierende Gemeinschaftskompetenzen: Regelfall in den EG-Verträgen, z.B. Agrarpolitik (Art. 39ff. EWGV)
- parallele Gemeinschaftskompetenzen: z.B. Kartellrecht, Forschungspolitik.

Kennzeichen dieser durch das primäre und sekundäre Gemeinschaftsrecht geschaffenen „Gemeinschaftlichen Rechtsordung" ist:

- sie ist von den verschiedenen nationalen Rechtsordnungen jedes Mitgliedstaates unabhängig,
- sie verläuft zu deren jeweiligen innerstaatlichen Rechtsordnung parallel,
- die Mitgliederstaaten habe ihre Souveränität ihr zugunsten eingeschränkt, und

- nicht nur die Mitgliedstaaten selbst, sondern auch die Bürger der Staaten sind ihr unterworfen.

Die Gemeinschaftliche Rechtsetzung ist zumeist in allen Mitgliedstaaten unmittelbar anwendbar (siehe 3.). Jedermann kann sich auf sie berufen und sie gegebenenfalls wie ein nationales Gesetz vor den Gerichten geltend machen. Desweiteren hat Gemeinschaftsrecht Vorrang vor entgegenstehendem nationalem Recht, ohne Rücksicht darauf, ob dieses früher oder später erlassen worden ist.

2. Gesetzgebungsverfahren

2.1. Konsultationsverfahren

Das Konsultationsverfahren ist das urprüngliche und auch heute noch normale Verfahren für Rechtsakte, die nicht von den übrigen Verfahren (siehe 2.2.-2.5.) abgedeckt werden. Das Verfahren wurde von dem Inkrafttreten der Einheitlichen Europäischen Akte (1987) insofern nicht berührt, als es nicht verändert wurde. Die Einheitliche Europäische Akte sieht jedoch mehrere neue Konsultationsmöglichkeiten vor, insbesondere in den Bereichen wirtschaftlicher und sozialer Zusammenhalt (Art. 130 d), Forschung (Art. 130 q) und Umwelt (Art. 130 s).

Das Konsultationsverfahren unterscheidet u.a. eine obligatorische und eine fakultative Anhörung des Europäischen Parlaments zu den legislativen Vorschlägen der Kommission. Im EWG-Vertrag ist die obligatorische Anhörung des Europäischen Parlaments in mehreren gemeinschaftlichen Tätigkeitsbereichen, insbesondere dem freien Warenverkehr (Art. 14), der Gemeinsamen Agrarpolitik (Art. 43), dem Niederlassungsrecht (Art. 54), der Verkehrspolitik (Art. 75) oder den Assoziierungsabkommen (Art. 228) vorgesehen. Im Laufe der Jahre hat sich die institutionelle Praxis entwickelt, die fakultative Anhörung des Europäischen Parlaments auf die meisten legislativen Vorschläge der Kommission auszudehnen, so daß das Europäische Parlament heutzutage zu fast allen Gesetzentwürfen gehört wird.

Die verschiedenen Phasen des Konsultationsverfahrens sind folgende:

a) Die Vorschläge der Kommission werden vom Rat dem Europäischen Parlament zur Stellungnahme übermittelt.

b) Der Präsident des Europäischen Parlaments überweist den betreffenden Vorschlag an den federführenden Ausschuß und gegebenenfalls an weitere mitberatende Ausschüsse.
c) Der federführende Ausschuß prüft die Richtigkeit und Angemessenheit der vorgeschlagenen Rechtsgrundlage. Stellt er diese Rechtsgrundlage in Frage, so kann er nach Anhörung des Rechtsausschusses dem Plenum einen mündlichen Bericht erstatten.
d) Zur Beschleunigung des Beschlußverfahrens sind besondere Verfahren vorgesehen: Dringlichkeitsverfahren, Übertragung der Entscheidungsbefugnis an einen Ausschuß, Verfahren ohne Aussprache, Verfahren ohne Bericht.
e) Der federführende Ausschuß und das Plenum können Änderungsanträge zu dem Vorschlag annehmen und ihn dementsprechend ändern. Das Europäische Parlament kann den Vorschlag auch ohne Änderung annehmen oder ablehnen. Das Europäische Parlament nimmt den Entwurf einer legislativen Entschließung an; damit ist das Konsultationsverfahren abgeschlossen.
f) Der Präsident des Europäischen Parlaments übermittelt dem Rat und der Kommission den Text des Vorschlags in der vom Parlament angenommenen Fassung und die dazugehörige Entschließung als Stellungnahme des Parlaments.
g) Das Europäische Parlament kann die Kommission vor der Abstimmung über den Entwurf einer legislativen Entschließung ersuchen, ihren Vorschlag zurückzuziehen, falls dieser nicht die Mehrheit der abgegebenen Stimmen erhält. Zieht die Kommission ihre Vorschlag daraufhin nicht zurück, so überweist das Parlament den Text an den federführenden Ausschuß zurück, der innerhalb einer Frist von höchstens zwei Monaten Bericht erstatten muß.
h) Das Europäische Parlament kann außerdem die Abstimmung über den Entwurf einer legislativen Entschließung so lange zurückstellen, bis die Kommission ihre Haltung zu jeder Änderung des Parlaments bekanntgegeben hat (auf jeder Tagung unterrichtet die Kommission der Europäischen Gemeinschaft das Europäische Parlament über ihre Weiterbehandlung der vom Parlament angenommenen Stellungnahmen und Änderungen).
i) Der Vorsitzende und der Berichterstatter des federführenden Ausschusses verfolgen den Ablauf des Verfahrens bis zur Annahme des Vorschlags durch den Rat, um zu gewährleisten, daß die Kommission ihre Zusicherungen gegenüber dem Parlament in bezug auf dessen Änderungen eingehalten hat. Der Rat kann ersucht werden, unter bestimmten Voraussetzungen ein erneutes Komsultationsverfahren einzuleiten.

j) Für bestimmte wichtige Vorschläge kann ein Konzertierungsverfahren (siehe 2.2.) mit dem Rat unter aktiver Mitwirkung der Kommission eingeleitet werden, sofern der Rat beabsichtigt, von der Stellungnahme des Parlaments abzuweichen.
k) Ist die Anhörung des Parlaments im Vertrag vorgesehen, so bildet die Unterlassung dieser Anhörung eine Vertragsverletzung im Sinne des Artikel 173, d.h. einen grundlegenden Formfehler, der zur Annulierung des betreffenden Rechtsaktes führt (Isoglucose-Urtel des Gerichtshofs der Europäischen Gemeinschaft vom 29. Oktober 1980, Rechtssachen 137/79 und 138/79, in denen das Parlament als Kläger aufgetreten war).

2.2. Konzertierungsverfahren

Das Konzertierungsverfahren ist ein sog. Interorganverfahren zwischen dem Ministerrat der Europäischen Gemeinschaft und dem Europäischen Parlament als Organe der Haushaltsbehörde. Mit der Übertragung erweiterter Befugnisse im Haushaltsbereich auf das Europäische Parlament infolge des Vertrages zur Änderung bestimmter Haushaltsvorschriften von 1970, die zu einer Aufteilung der Befugnisse zwischen dem Rat und dem Europäischen Parlament führte, wurde die Herstellung eines guten Einvernehmens zwischen diesen beiden Teilen der Haushaltsbehörde besonders wichtig. Sowohl im Haushalts- wie auch im Gesetzgebungsverfahren erschien es unerläßlich, bereits im Laufe der Verfahren divergierende Standpunkte der beiden Institutionen anzunähern, um so Konflikte bei der Schlußentscheidung zu vermeiden. In diesem Sinne verabschiedete der Rat am 22. April 1970 drei Entschließungen, deren erste die Selbstverpflichtung des Rates enthält, den Haushaltsvoranschlag für die Ausgaben des Europäischen Parlaments nicht zu ändern. Die beiden anderen beziehen sich auf die Zusammenarbeit zwischen Rat und Europäischem Parlament im Rahmen des Gesetzgebungs- und des Haushaltsverfahrens, das sogenannte Konzertierungsverfahren.

Das Konzertierungsverfahren im Rahmen des Gesetzgebungsverfahrens bezieht sich auf gemeinschaftliche Rechtsakte mit finanziellen Auswirkungen. Mit der Entschließung Nr. 2 von 1970 wurde die Kommission ersucht, dem Parlament für seine Stellungnahme zu gemeinschaftlichen Rechtsakten mit finanziellen Auswirkungen sofort mit den Vorschlägen die nötigen Angaben zu liefern und Schätzungen über die finanziellen Auswirkungen dieser Rechtsakte beizufügen. Der Rat verpflichtet sich, bei der Prüfung dieser Rechtsakte aufs engste mit dem Parlament zusammenzuarbeiten und diesem die Gründe zu erläutern, die ihn gegebenenfalls dazu bewogen, von der Stellungnahme des

Parlaments abzuweichen. Diese Entschließung wurde erst 1975 durch die gemeinsame Erklärung des Europäischen Parlaments, des Rates und der Kommission über das Konzertierungsverfahren umgesetzt (ABl. C 89 vom 22.4.1975). Dieses Konzertierungsverfahren hat einen anderen Rang als die Konzertierung im Rahmen des Haushaltsverfahrens. Denn auf dem Gebiet der Gesetzgebung kommt die Entscheidungsbefugnis dem Rat zu, der auf Vorschlag der Kommission und nach Ablauf der verschiedenen Kooperations- und Konsultationsverfahren mit dem Parlament in letzter Instanz die Verordnungen, Richtlinien oder Beschlüsse erläßt. Diese Gesetzgebungsakte haben jedoch oft Ausgaben zur Folge, für die das Parlament die Mittel zu bewilligen hat. Um sich nicht gezwungen zu sehen, Ausgaben zu bewilligen, die es nicht oder anders wünscht, ist das Parlament bestrebt, an den gesetzgeberischen Entscheidungen mit finanziellen Auswirkungen schon frühzeitig beteiligt zu werden. Dieses Bestreben wurde vom Rat als legitim angesehen, und so kam es zu der vorgenannten gemeinsamen Erklärung von 1975.

Im Rahmen des damit eingeführten Verfahrens kommen die drei Organe in einem Konzertierungsausschuß zusammen, der sich aus dem Rat und Vertretern des Europäischen Parlaments zusammensetzt; die Kommission nimmt an den Arbeiten des Ausschusses teil. Das Konzertierungsverfahren wird eingeleitet, wenn es um Rechtsakte von allgemeiner Tragweite geht, die ins Gewicht fallende finanzielle Auswirkungen haben und deren Erlaß nicht schon aufgrund früherer Rechtsakte zwingend ist. Für die genannten Rechtsakte wird das Konzertierungsverfahren nur eingeleitet, wenn der Rat beabsichtigt, von der Stellungnahme des Parlaments abzuweichen. In diesem Fall übermittelt er dem Europäischen Parlament den „gemeinsamen Vorschlag" der Mitglieder des Rates zur Kenntnisnahme.

Seit seiner Einführung fand das Konzertierungsverfahren mehrmals Anwendung, und zwar insbesondere bei der Annahme der Haushaltsordnung für den Haushaltsplan der Gemeinschaft, der Revision des Regionalfonds, bestimmten Problemen der Ausführung des Haushaltsplans in bezug auf die Hilfe für die nichtassoziierten Entwicklungsländer und bei dem Vorschlag zur Ermächtigung der Kommission zur Aufnahme von Anleihen für die Förderung der Investitionen in der Gemeinschaft.

Aufgrund des Berichtes der „Drei Weisen" über die europäischen Institutionen hat sich der Europäische Rat im Dezember 1980 um eine Verbesserung des Konzertierungsverfahrens bemüht. Die Kommission unterbreitete Rat und Parlament im Dezember 1981 den Entwurf einer zweiten gemeinsamen Erklärung mit dem Ziel der Verstärkung der Rolle des Europäischen Parlaments im Gesetzgebungsverfahren der Gemeinschaft. Dieser Vorschlag wurde vom Parlament mit Änderungen am 14. Dezember 1983 verabschiedet. Darin ist neben der Einführung einer zweiten Phase innerhalb der Konzertierung vorgesehen, daß das Kriterium der finanziellen Auswirkungen aufgehoben werden soll, folglich ein Konzertierungsverfahren bei allgemeinen und besonders wichtigen Gesetzgebungsakten der Gemeinschaft anwendbar sein soll. Angesichts der Erfahrung, daß der Rat auf viele Anträge des Europäischen Parlaments auf Einleitung eines Konzertierungsverfahrens nicht oder nicht positiv geantwortet hat, soll die Durchführung des Verfahrens nunmehr zwingend erfolgen. Zwar ist eine neue gemeinsame Erklärung zum Konzertierungsverfahren bisher nicht zustande gekommen, aber durch die Einheitliche Europäische Akte und insbesondere durch das darin vorgesehene Kooperationsverfahren wurden auf anderer Ebene Schritte zur größeren Beteiligung des Parlaments am Gesetzgebungsverfahren und Schaffung einer Prozedur zur Annäherung der Standpunkte der beiden Institutionen getan.

2.3. Kooperationsverfahren

Dieses durch die Einheitliche Europäische Akte eingeführte Verfahren ist auf den Binnenmarkt, die Sozialpolitik, den wirtschaftlichen und sozialen Zusammenhalt sowie auf die Forschung und die technologische Entwicklung anwendbar.

Dieses Verfahren sieht zwei Lesungen vor. Die erste Lesung ist mit dem Verfahren für die Konsultation des Europäischen Parlaments (siehe 2.1.) identisch. Die weiteren Schritte nach dieser ersten Lesung sind:

a) Zum Abschluß der ersten Lesung legt der Rat mit qualifizierter Mehrheit einen gemeinsamen Standpunkt fest, den er gegenüber dem Parlament unter Angabe der Gründe, die ihn zu diesem gemeinsamen Standpunkt geführt haben, rechtfertigen muß. Der Rat und die Kommission müssen alle erforderlichen Informationen erteilen.
b) Der gemeinsame Standpunkt wird dem Europäischen Parlament zugeleitet, das über eine Frist von drei Monaten verfügt, um einen Beschluß zu fassen. Das Parlament kann den gemeinsamen Standpunkt unverändert oder stillschweigend annehmen, aber es kann ihn auch mit Abänderungen versehen oder ablehnen. Über die Abänderung oder Ablehnung eines gemeinsamen Standpunkts muß das Parlament mit der absoluten Mehrheit seiner Mitglieder beschließen.
c) Schlägt das Parlament keine Abänderung vor oder billigt es den gemeinsamen Standpunkt stillschweigend, so verabschiedet der Rat den betreffenden Rechtsakt gemäß dem gemeinsamen Standpunkt endgültig.

d) Wurde der Text geändert, so überprüft die Kommission innerhalb einer Frist von einem Monat den gemeinsamen Standpunkt unter Berücksichtigung der vom Europäischen Parlament vorgeschlagenen Abänderungen und ändert den Vorschlag in diesem Sinne.
Die von der Kommission nicht übernommenen Abänderungen des Parlaments werden dem Rat zusammen mit einer Stellungnahme der Kommission übermittelt. Der Rat kann diese Abänderungen einstimmig annehmen.
e) Der Rat verabschiedet mit qualifizierter Mehrheit den von der Kommission überprüften Vorschlag und kann diesen nur einstimmig ändern. Der Rat muß binnen drei Monaten einen Beschluß fassen, sonst gilt der Vorschlag der Kommission als nicht angenommen. Diese Frist kann im gegenseitigen Einvernehmen zwischen Rat und Parlament um einen Monat verlängert werden.
f) Allerdings sieht die Einheitliche Akte für die Festlegung des gemeinsamen Standpunktes durch den Rat keine Frist vor, was bei einer schlecht funktionierenden Beschlußfassung im Rat ernstliche Probleme aufwerfen kann.
g) Um zu vermeiden, daß der Vorschlag der Kommission hinfällig wird, sieht die Geschäftsordnung des Europäischen Parlaments die Möglichkeit vor, den Rat im Hinblick auf die Erzielung eines Kompromisses um eine Aussprache zu ersuchen.

Hat das Parlament nach Ablauf der Frist für die Festlegung des gemeinsamen Standpunktes diesen weder geändert noch abgelehnt, und hat ihn der Rat nicht verabschiedet, so kann der Präsident des Parlaments beim Europäischen Gerichtshof eine Untätigkeitsklage gegen den Rat einreichen (Art. 175 EWG-Vertrag).

2.4. Zustimmungsverfahren

Die Einheitliche Europäische Akte räumt dem Parlament in bezug auf den Beitritt von Drittstaat zur EWG und auf Assoziierungsabkommen eine Mitbestimmungsbefugnis ein (Zustimmungsverfahren).

a) Beitrittsverträge:
Der Artikel 237 EWG-Vertrag sieht vor, daß zur Beschlußfassung durch den Rat die Zustimmung des Europäischen Parlaments erforderlich ist. Das Parlament muß mit der absoluten Mehrheit seiner Mitglieder beschließen.

Ein Verfahren zur Unterrichtung des Europäischen Parlaments durch Kommission oder Rat ist vor Beginn der Verhandlungen mit dem beitrittswilligen Staat, während der Verhandlungsphase und nach Abschluß der Verhandlungen vor der Unterzeichnung des Abkommens vorgesehen (Art. 32 der Geschäftsordnung).
Vor dem Beginn der Verhandlungen mit dem beitrittswilligen Staat sowie nach Abschluß der Verhandlungen und vor der Unterzeichnung eines Abkommens kann eine Aussprache im Plenum, zu der Rat und Kommission eingeladen werden, veranstaltet werden.

b) Assoziierungsabkommen:
Für die Assoziierungsabkommen sieht Artikel 238 EWG-Vertrag das gleiche Verfahren wie für die Beitrittsabkommen vor. In Artikel 33 der Geschäftsordnung ist ferner ein Verfahren zur Unterrichtung des Europäischen Parlaments in den verschiedenen Phasen der Ausarbeitung und des Abschlusses des Abkommens festgelegt.

2.5. Kodezisionsverfahren

Das Kodezisionsverfahren wurde durch die Maastrichter Verträgen zur Politischen Union, die 1991 verabschiedet wurden, aber noch nicht ratifiziert sind, eingeführt. Mit diesem Verfahren werden dem Europäischen Parlament erstmals entscheidende Mitwirkungsrechte in der Gesetzgebung eingeräumt. Im Text des Vertrags taucht der Begriff „Kodezision“ oder „Mitentscheidung“ nicht auf; gemeint ist das in Art 189 b EG-V beschriebene Verfahren.

Das neue Verfahren ist aus dem Kooperationsverfahren entwickelt worden. Gibt es nach je zwei Lesungen in Rat und Parlament keinen Konsens, liegt nicht – wie im Kooperationsverfahren – die letzte Entscheidung beim Rat. Es kommt vielmehr zu einem Vermittlungsverfahren, in dem Rat und Europäisches Parlament ohne die sonstige Schlüsselrolle der Kommission Kompromisse suchen sollen. Ein Vermittlungsergebnis bedarf der Billigung im Rat (qualifizierte Mehrheit) und im Europäischen Parlament. Bleibt das Vermittlungsverfahren erfolglos, kann der Rat trotzdem beschließen; das Europäische Parlament kann jetzt nur noch ein Veto einlegen und damit den Rechtsakt zu Fall bringen. Außer in der ersten Lesung gelten für alle weiteren Verfahrensschritte Fristen.

Anwendbar ist das Verfahren vorerst nur im Binnenmarktbereich, soweit hier nach 1992 Neuregelungs- bzw. Aktualisierungsbedarf besteht (bisher: Kooperationsverfahren), beim Forschungsrahmenprogramm (unter Beibehaltung des Einstimmigkeitsprinzips im Rat) sowie – jeweils auf die Festlegung von

Prioritäten beschränkt – in der Umwelt-, Kultur-, Verbraucherpolitik und bei den Infrastrukturnetzen. 1996 soll der Anwendungsbereich des Verfahrens überprüft werden.

Das neue – im einzelnen sehr kompliziert ausgestaltete – Verfahren bringt keine echte Mitentscheidung zwischen Rat und Europäischem Parlament, da das Europäische Parlament nur im Vermittlungsverfahren dem Rat wirklich gleichgestellt ist. Der Einfluß des Europäischen Parlaments wird allerdings soweit gestärkt, daß – innerhalb des Anwendungsbereichs des Verfahrens – keine Rechtsakte mehr möglich sind, denen das Europäische Parlament ausdrücklich widersprochen hat. Dieses ist ein weiterer wichtiger Schritt zum Abbau des demokratischen Defizits in der EG.

Die einzelnen Schritte des Kodezisionsverfahrens:

a) Das Europäische Parlament oder der Rat (jeweils mit der Mehrheit ihrer Mitglieder) haben nach Art. 138 bzw. Art. 152 die Möglichkeit, die Kommission aufzufordern, einen Gesetzesvorschlag vorzulegen.
b) Die Kommission legt einen Gesetzesvorschlag vor.
c) Im Europäischen Parlament findet die 1. Lesung über den Gesetzesvorschlag statt. Das Europäische Parlament gibt mit der Mehrheit der abgegebenen Stimmen eine Stellungnahme zu dem Gesetzesvorschlag ab. Es unterliegt dabei keiner Frist, es kann jedoch ein Dringlichkeitsverfahren möglich sein (Art. 75 GO des Europäischen Parlaments).
d) Die Kommission ändert nach der Stellungnahme des Europäischen Parlaments gegebenenfalls den Vorschlag (Art. 189 a Abs. 2).
e) Im Rat findet die 1. Lesung über den Gesetzentwurf statt. Er unterliegt dabei keiner Frist. Der Rat gibt einen Gemeinsamen Standpunkt ab (mit qualifizierter Mehrheit; Einstimmigkeit bei Abweichung vom Vorschlag der Kommission).
f) Die Kommission gibt eine Stellungnahme ab.
g) Der Gesetzentwurf kommt zu einer 2. Lesung in das Europäische Parlament. Das Europäische Parlament unterliegt dabei einer Frist von 3 Monaten, die jeweils im Einvernehmen von Rat und Europäischem Parlament um einen Monat verlängert werden kann.
h) Findet keine Stellungnahme des Europäischen Parlaments innerhalb der Frist statt oder wird der Gesetzentwurf gebilligt (mit Mehrheit der abgegebenen Stimmen), kommt der Entwurf zu einer 2. Lesung in den Rat. Der Rat unterliegt ebenfalls einer Frist von 3 Monaten, die jeweils im Einvernehmen von Rat und Europäischem Parlament um einen Monat verlängert werden kann. Da keine Änderungen durch das Europäische Parlament vorgenommen worden sind, wird der Gesetzentwurf entsprechend des

Gemeinsamen Standpunktes verabschiedet (mit qualifizierter Mehrheit; Einstimmigkeit bei Abweichung vom vorschlag der Kommission).

i) Nimmt das Europäische Parlament Abänderungen am Gesetzentwurf vor (mit Mehrheit der Mitglieder), kann die Kommission zunächst eine Stellungnahme zu den Abänderungen abgeben.
Billigt der Rat nach der 2. Lesung die Abänderungen des Europäischen Parlaments (mit qualifizierter Mehrheit; Einstimmigkeit für Annahme von Änderungen des Europäischen Parlaments, die die Kommission abgelehnt hat), wird der Gesetzentwurf entsprechend des geänderten Gemeinsamen Standpunktes verabschiedet.
Billigt der Rat die Abänderungen des Europäischen Parlaments innerhalb der Frist nicht, wird ein Vermittlungssauschuß, in dem das Europäische Parlament und der Rat gleichberechtigt vertreten sind, einberufen. Der Vermittlungsausschuß unterliegt einer Frist von 6 Wochen, die mit qualifizierter Mehrheit (die Position der Kommission ist ohne Auswirkung) um 2 Wochen verlängert werden.

j) Es besteht jedoch die Möglichkeit, daß das Europäische Parlament nach seiner 2. Lesung eine Ablehnung des Gesetzentwurfs ankündigt. Daraufhin hat der Rat die Möglichkeit, den Vermittlungsausschuß zur Erläuterung seiner Position einzuberufen. Lehnt das Europäische Parlament danach (mit Mehrheit seiner Mitglieder) den Gesetzentwurf ab, ist der Rechtsakt gescheitert.

k) Beim Anrufen des Vermittlungsausschusses im Fall, daß der Rat die Änderungen des Gesetzentwurfs durch das Europäische Parlament innerhalb der Frist nicht billigt, bestehen zwei Möglichkeiten: Kommt der Vermittlungsausschuß innerhalb der Frist zu einem gemeinsamen Entwurf (mit qualifizierter Mehrheit der (12) Ratsmitglieder und Mehrheit der abgegebenen Stimmen der (12) Vertreter des Europäischen Parlaments – die Position der Kommission hat keine Auswirkung), so kommt der Gesetzentwurf zu einer 3. Lesung in das Europäische Parlament und in den Rat, mit einer Frist von 6 Wochen, die jeweils im Einvernehmen von Rat und Europäischem Parlament um 2 Wochen verlängert werden kann.
Stimmen Rat (qualifizierte Mehrheit, Position der Kommission ohne Auswirkung) und Europäisches Parlament (Mehrheit der abgegebenen Stimmen) dem Gesetzentwurf zu, ist der Rechtsakt erlassen.
findet keine Zustimmung zu dem Gesetzentwurf im Rat und im Europäischen Parlament innerhalb der Frist statt, ist der Rechtsakt gescheitert.

l) Kommt der Vermittlungsausschuß innerhalb der Frist zu keinem gemeinsamen Entwurf, so kommt der Entwurf zu einer 3. Lesung in den Rat, mit

einer Frist von 6 Wochen, die jeweils im Einvernehmen von Rat und Europäischem Parlament um 2 Wochen verlängert werden kann.
findet kein Beschluß über den Gesetzentwurf innerhalb der Frist statt, ist der Rechtsakt gescheitert.

m) Bestätigt der Rat den Gemeinsamen Standpunkt über den Gesetzentwurf (mit qualifizierter Mehrheit; Einstimmigkeit bei Abweichung vom Vorschlag der Kommission), gegebenenfalls mit den Abänderungen des Europäischen Parlaments, kommt der Gesetzentwurf zu einer 3. Lesung in das Europäische Parlament. Das Europäische Parlament unterliegt einer Frist von 6 Wochen, die jeweils im Einvernehmen von Rat und Europäischem Parlament um 2 Wochen verlängert werden kann.
n) Wird der Gemeinsame Standpunkt zum Gesetzentwurf abgelehnt, ist der Rechtsakt gescheitert.
o) Findet keine Ablehnung statt, ist der Rechtsakt erlassen.

Die Erlassung des Rechtsaktes findet durch die Ausfertigung durch die Präsidenten des Europäischen Parlaments und des Ratspräsidenten statt.

3. Rechtshandlungen

3.1. Überblick

Was die Rechtsetzungsakte anlangt, so verwenden EGKS einerseits, EWG und EAG andererseits eine unterschiedliche Terminologie. Der Sache nach decken sich aber die verschiedenen Kategorien von Rechtshandlungen, wobei drei Kategorien von Rechtssetzungsakten und eine Kategorie anderer Rechtshandlungen beim Tätigwerden von Rat und Kommission unterscheidbar sind.

Tabelle: Einteilung der EG-Rechtshandlungen

EWG-EAG	EGKS	Adressaten	Wirkung
Verordnung	Allgem. Entscheidung	Alle MS und Gemeinschaftsangehörige	In allen Teilen verbindlich
Entscheidung	Individuelle Entscheidung	Bestimmte MS und bestimmte Personen	In allen Teilen verbindlich
Richtlinie	Empfehlung	Alle oder bestimmte MS	Nur hinsichtlich des vorgegebenen Zieles verbindlich
-	Empfehlung	Bestimmte Personen	
Empfehlung	Stellungnahme	MS oder ausnahmsweise Einzelpersonen (Art. 91 (1) EWGV; 54 (3) EGKSV)	Unverbindlich
Stellungnahme	Stellungnahme		Unverbindlich

Quelle: Beutler/Bieber/Pipkorn/Steil, Die Europäische Gemeinschaft – Rechtsordnung und Politik, Baden-Baden 1979, S. 165

Rechtsakte im engeren Sinn stellen freilich nur jene Rechtsakte dar, die generell-abstrakte Normen enthalten, also dem Begriff des Gesetzes im materiellen Sinn entsprechen. Rechtsakte, die individuell-konkrete Normen enthalten, sind zwar für die betroffenen Parteien auch rechtsgestaltend, stellen sich jedoch als bloßer Vollzug des primären und sekundären Gemeinschaftsrechts dar und können daher nur als Rechtsetzung im weiteren Sinn angesehen werden. Würde man sie wegen ihrer rechtsgestaltenden Wirkung schlechthin zur Rechtsetzung zählen, so müßte man gleiches auch mit den Urteilen des EuGH tun und auch sie zur Rechtsetzung zählen, was nicht üblich ist.

Trotzdem sind auch diese nur im weiteren Sinn als Rechtsetzungsakte zu bezeichnenden Rechtshandlungen zweckmäßigerweise in diesen Zusammenhang gestellt, einerseits, weil der Adressatenkreis auch bei ihnen ein sehr grosser sein kann, und andererseits, weil die Frage, unter welche der verschiedenen Kategorien eine bestimmte Rechtshandlung zu subsumieren ist, ausschließlich von inhaltlichen Kriterien, nicht aber von der äußeren Form, insbesondere der Bezeichnung abhängt.

Die Verträge nennen für Rat und Kommission folgende – im engeren bzw. weiteren Sinn als solche anzusehende – Rechtsetzungsakte:

- die Verordnung (VO), bei der EGKS („allgemeine") Entscheidung,
- die Richtlinie (RL), bei der EGKS Empfehlung, und
- die Entscheidung, bei der EGKS „individuelle" Entscheidung genannt.

Keine Rechtsakte sind die Empfehlungen und Stellungnahmen, da sie nicht verbindlich sind. Das bedeutet freilich nicht, daß sie rechtlich bedeutungslos sind. Denn einerseits sind die Mitgliedstaaten gehalten, sie zumindest ernstlich in Erwägung zu ziehen, andererseits können sich an ihr Fehlen Rechtsfolgen knüpfen, die die Befassung des Gerichtshofes ermöglichen.

3.2. Verordnung

Die Verordnung (VO) ist ein Rechtsetzungsakt generell-abstrakter Art, der die beabsichtigte Regelung selbst enthält. Sie gilt unmittelbar in jedem Mitgliedstaat. Dies bedeutet, daß es zu ihrer Vollziehung keines mitgliedstaatlichen Aktes der Rezeption bedarf. Die notwendige Kundmachung erfolgt im Amtsblatt der Europäischen Gemeinschaften.

Der generell-abstrakte Charakter der Verordnung und ihr Zweck, die Regelung selbst zu enthalten, sind in den Verträgen wenig zutreffend einerseits als „allgemeine Geltung" und andererseits damit umschrieben, daß die Verordnung „in allen ihren Teilen verbindlich" sei. Letzteres soll sie von der Richtlinie abheben; tatsächlich ist aber auch diese in keinem ihrer Teile unverbindlich, weshalb die Formulierung verfehlt erscheint.

Während es im Rahmen von EWG und EAG nur Verordnungen mit Geltung für alle Mitgliedstaaten gibt, sind im Rahmen der EGKS auch solche für nur einige Mitgliedstaaten möglich.

Verordnungen treten, falls sie nicht selbst anderes bestimmen, am zwanzigsten Tag nach ihrer Kundmachung in Kraft.

3.3. Richtlinie

Die Richtlinie (RL) ist ebenfalls ein Rechtsetzungsakt generell-abstrakter Art. Im Gegensatz zur Verordnung hat sie jedoch nur das zu erreichende Ziel festzulegen und den Mitgliedstaaten die Wahl von Form und Mittel zu überlassen. Adressat einer Richtlinie kann jeder Mitgliedstaat sein; sie muß sich nicht notwendigerweise an alle wenden. Empfehlungen der EGKS können überdies an innerstaatliche Rechtssubjekte (Individuen, Unternehmen, Unternehmensverbände) gerichtet sein.

Die gesetzestechnisch etwas mißglückte Formulierung, die RL sei (nur) hinsichtlich des zu erreichenden Zieles verbindlich, bedeutet ja, dass sie ihren eigentümlichen Charakter zu wahren und die ihrem Wesen innewohnende Beschränkung, nur das Ziel, nicht aber die Mittel zu dessen Erreichung vorzugeben, nicht zu überschreiten habe.

Was die Frage anlangt, ob Richtlinie (sowie Verordnung) unmittelbar in den Mitgliedstaaten gelten, so ist dies jedenfalls für die an innerstaatliche Rechtssubjekte gerichteten Empfehlungen der EGKS zu bejahen. Dies trifft aber auch für die Richtlinien nach EWGV und EAGV zu.

Die eigentliche Frage lautet, ob in den Mitgliedstaaten Personen (Unternehmen etc.) aufgrund von an die Mitgliedstaaten gerichteten, von diesen aber noch nicht durchgeführten Richtlinien bereits Rechte zustehen können. Während der Wortlaut der Gemeinschaftsverträge dies eher zu verneinen scheint, hat der EuGH dies bejaht[1] und so eine entsprechende Praxis zugrunde gelegt. Damit soll verhindert werden, daß ein Mitgliedstaat durch sein Nichttätigwerden Ziel und Zweck des Gemeinschaftsvertrages vereitelt, weil im Falle einer Säumigkeit das Recht zur Durchführungsverordnung nicht an die EG-Organe devolviert.

Pflichten können hingegen jedenfalls aus nicht im Amtsblatt kundgemachten Richtlinien für Personen (Unternehmen etc.), an die sie nicht gerichtet sind, nicht entstehen.

3.4. Entscheidung

Die Entscheidung ist eine Rechtshandlung, deren Adressaten sowohl Mitgliedstaaten als auch Subjekte des innerstaatlichen Rechts (Individuen, Unternehmen etc.) sein können. Die Abgrenzung zur Verordnung müßte eigentlich in der Gegenüberstellung der Begriffspaare „generell-abstrakt“ (die Verordnung) und „individuell-konkret“ (die Entscheidung) liegen.

Ein Rechtsakt ist generell oder individuell, je nachdem, ob er sich an einen im Zeitpunkt seines Erlassens unbestimmbaren oder bestimmten, zumindest bestimmbaren Adressatenkreis richtet. Das Gegensatzpaar „abstrakt“ – „konkret“ bezieht sich hingegen nicht auf die Adressaten, sondern auf die Anzahl der geregelten Sachverhalte. In der Regel wird die Individualisierung bzw. Individualisierbarkeit der Adressaten davon abhängen, ob die Regelung konkret, d.h. auf eine bestimmte bzw. bestimmbare Zahl von Fällen bezogen ist; je

1 EuGH Rs 8/81

nachdem, ob dies der Fall ist oder nicht, liegen individuell-konkrete oder generell-abstrakte Rechtsakte vor.

Hingegen erscheint es nicht undenkbar, daß sich eine Regelung zwar auf jenen konkreten Sachverhalt, jedoch auf einen größeren, im Augenblick der Erlassung des Rechtsaktes nicht individualisierbaren Adressatenkreis bezieht. Die „Überschaubarkeit“ des Adressatenkreises ändert nichts am generellen Charakter der Regelung.

Die Begriffe „individuell“ und „konkret“ einerseits sowie „generell“ und „abstrakt“ andererseits müssen also nicht notwendigerweise immer gemeinsam auf einen Rechtsakt zutreffen, weshalb gerade im Gemeinschaftsrecht, dessen Akte, wie oben dargestellt, ausschließlich nach dem Inhalt zu qualifizieren sind, auf keinen von ihnen verzichtet werden kann.

Daher ist dem EuGH auch dort nicht zu folgen, wo er den Begriff der „Bestimmbarkeit“ der Adressaten als Kriterium für das Vorliegen einer Entscheidung durch das Kriterium der „Überschaubarkeit“ des Adressatenkreises ersetzt und bei Vorliegen eines nicht überschaubaren Adressatenkreises das Vorliegen einer Verordnung annimmt. Das Kriterium der „Überschaubarkeit“ bzw. Unüberschaubarkeit“ erlaubt nämlich überhaupt keine exakte Abgrenzung zwischen der Entscheidung und der Verordnung. Die Abgrenzung hängt dann schließlich von der unwägbaren Beantwortung der Frage ab, „wer wie genau wohin schaut“.

Von der an sich zu bejahenden Frage, ob Entscheidungen in den Mitgliedstaaten unmittelbare Geltung haben, ist wiederum die Frage zu unterscheiden, ob aus einer an einen Mitgliedstaat gerichteten Entscheidung für Personen (Unternehmen etc.) in diesem Staat unmittelbar Rechte und Pflichten erwachsen können. Letzteres ist schon mangels entsprechender Kundmachung zu verneinen.

Die Entscheidungen werden durch die Bekanntgabe an diejenigen, für die sie bestimmt sind, wirksam (Art. 191 II EWGV, Art. 163 II EAGV, Art. 15 II EGKSV). Daneben sieht die Geschäftsordnung des Rates die Möglichkeit einer zusätzlichen Veröffentlichung im Amtsblatt vor (Art. 15 III GO des Rates, ABl 1979 L 268).

3.5. Empfehlung und Stellungnahme

Empfehlungen im EWG- und EAG-Bereich (nicht im EGKS-Bereich – siehe Tabelle unter 3.1.) und Stellungnahmen sind nicht rechtsetzende Rechtshandlungen und somit recht unverbindliche Verlautbarungen (Art. 189, Abs. 5 EWGV; Art. 162, Abs. 5 EAGV; Art. 14, Abs. 4 EGKSV). In der Regel wird der Begriff Empfehlung verwendet, wenn das betreffende Gemeinschaftsorgan aus eigener Initiative tätig wird, während die Stellungnahme aufgrund fremder Initiative erfolgt. Empfehlungen können an die Mitgliedstaaten, ausnahmsweise auch an Einzelpersonen gerichtet sein.

Stellungnahmen sind entweder vorbereitende Maßnahmen für spätere Rechtshandlungen oder sie enthalten eine allgemeine Beurteilung bestimmter Vorgänge.

Obwohl rechtlich unverbindlich, entfalten Empfehlungen und Stellungnahmen doch rechtliche Wirkungen. Sie können z.B. Voraussetzung sein für spätere Maßnahmen wie die Erhebung der Klagen nach Art. 169, 170 EWGV. Haben die Mitgliedstaaten ihre Rechtsvorschriften entsprechend einer Empfehlung ausgestaltet und hängt die Anwendung dieser Vorschriften von der Auslegung des Inhalts der Empfehlung ab, so ist in diesem Fall von den zuständigen Gerichten eine Vorabentscheidung des EuGH einzuholen, damit die von der Empfehlung angestrebte Angleichswirkung voll entfaltet werden kann.

Darüber hinaus haben die Empfehlungen und Stellungnahmen oft erhebliche indirekte Wirkungen als Orientierungspunkte für aktuelle Diskussionen um Angelegenheiten der Gemeinschaft (vgl. Art. 155, Abs. 2 EWGV und Art. 124 Abs. 2 EAGV).

4. Ausblick

Seit dem Referendum der Dänen vom 3. Juni 1992, in dem sich die Mehrheit der Dänen (50,7 %) gegen die Ratifizierung der Maastrichter Verträge ausgesprochen hat, ist der weitere Integrationsprozeß der EG ins Stocken geraten.

Die EG-Politiker und -Bürokraten aller Mitgliedstaaten sind nun dazu angehalten, Lösungswege für dieses Dilemma zu finden. Seit dem Treffen der Staats- und Regierungschefs der Europäischen Gemeinschaften (des Europäischen Rates) am 27./28. Juni 1992 in Lissabon gibt es immerhin einige Lichtblicke. Die Einsicht scheint zu wachsen, daß Europa nicht an den Bürgern vorbei geeint werden könne. Unter dem Eindruck weitverbreiteter Europamüdigkeit haben die Staats- und Regierungschefs u.a. konkrete Schritte zur Überprüfung und Vereinfachung der Brüsseler Gesetzgebung angekündigt. Zum Abschluß des Gipfeltreffens in Lissabon beauftragten sie die EG-Kommission und den Ministerrat formell, künftig alle Maßnahmen zu rechtfertigen und bestehende Maßnahmen auf ihre Notwendigkeit hin zu überprüfen.

Das Vertrauen der Bürger will man mit der Verdeutlichung des im Maastrichter Vertrag niedergelegten Subsidiaritätsprinzips wiedergewinnen. Danach werden die zentralen Brüsseler Instanzen verpflichtet, nur dann tätig zu werden, wenn die Mitgliedsländer sich nicht für zuständig erklären. Es wird auch die Möglichkeit erwogen, in einer Protokollnotiz zum Vertrag eine Art Negativkatalog für jene Bereiche festzulegen, um die sich Brüssel keinesfalls kümmern soll.

Mit der Einführung des Rechtfertigungszwangs für alle künftigen Maßnahmen von Kommission und Ministerrat sowie der Überprüfung der bestehenden Regelungen soll dieser Grundsatz verdeutlicht werden. Ende 1993 soll in Brüssel darüber ein Bericht vorgelegt werden. Bundeskanzler Kohl ließ auf dem Lissabonner Gipfeltreffen verlauten, daß „die EG (...) wieder näher an die Bürger herankommen“[2] muß.

Neue Töne sind auch von Jacques Delors zu hören, der vor allem den Briten als unersättlicher Zentralist und Bürokrat gilt. Die Gemeinschaftspolitik, so erklärte er, solle auf ein von allen vereinbartes Minimum beschränkt werden. Eine heimliche Kompetenzausweitung der EG in Bereichen der inneren Sicherheit, der Sozialpolitik, der Justiz- und Kulturpolitik dürfe es nicht geben.[3]

Schon die Maastrichter Verträge enthalten einen Zusatz, der besagt, daß 1996 eine Regierungskonferenz der Mitgliedstaat über zusätzliche Rechte des Europäischen Parlaments beraten soll, da bis zur vollen gesetzgeberischen Kompetenz des Parlaments noch manches zu tun bleibt.

Ebenfalls 1996 soll der Anwendungsbereich des durch die Maastrichter Verträge einzuführende Kodezisionsverfahren (siehe 2.5.) überprüft werden.

Alle diese Vorgänge zeigen, daß ein Überlegen eingesetzt hat und daß „die Dinge ins Laufen kommen“. Es ist nur die Frage, ob die richtigen Lösungswege beschritten werden und an welches Ziel man kommen möchte. Aber so wie der Stand der Dinge in der EG ist, kann er nun einmal nicht bleiben.

---

2 Frankfurter Allgemeine Zeitung vom 29.06.1992, S.1

3 Spiegel, vom 22.06.1992, Nr. 26/46. Jahrgang, S. 31

5. Literaturverzeichnis

ABC der Europäischen Gemeinschaften, Bundesministerium für Wirtschaft, Berlin 1992

Auf dem Weg zur Europäischen Union, Kommission der Europäischen Gemeinschaften, Luxemburg 1992

Beutler/Bieber/Popkorn/Streil, Die Europäische Gemeinschaft – Rechtsordnung und Politik, Baden-Baden 1979

Europa 85, Kommission der Europäischen Gemeinschaften, Luxemburg 1984

Köck, Heribert Franz, Rechtsquellen des Gemeinschaftsrechts; Organe und Verfahren der Rechtsetzung; Vollzug des Gemeinschaftsrechts; Sanktionen, in Korinek, Karl/Rill, Heinz Peter (Hrsg.), Österreichisches Wirtschaftsrecht und das Recht der EG, Schriftenreihe des Forschungsinstituts für Europafragen, Wien 1990

Lenz, Carl Otto (Hrsg.), EG-Handbuch. Recht im Binnenmarkt, Herne 1991

Mickel, W. (Hrsg.) Handlexikon zur Politikwissenschaft, Schriftenreihe der Bundeszentrale für politische Bildung, Bd. 237, Bonn 1986

Nohlen, Dieter (Hrsg.), Pipers Wörterbuch zur Politik, Bd. 1, München 1985

Ders., Wörterbuch Staat und Politik, Bundeszentrale für politische Bildung, Bonn 1991

Schweitzer/Hammer, Europarecht, Frankfurt 1990

Teske, Horst, Die europäischen Gemeinschaften: Aufgaben, Organe, Rechtssystem, Bonn 1984

Uterwedde, Hendrik, Die Europäische Gemeinschaft. Entwicklung, Zwischenbilanz und Perspektiven zum Binnenmarkt, Opladen 1990

Weidenfeld, Werner/Wessels, Wolfgang (Hrsg.), Europa von A-Z, Bonn 1991

Woyke, Wichard (Hrsg.), Handwörterbuch Internationale Politik, Bundeszentrale für politische Bildung, 4. Auflage, Bonn 1990

Kritik der Demokratisierung von gesellschaftlichen Subsystemen

Inhaltsverzeichnis

Wir wollen mehr Demokratie wagen.
Willy Brandt

Vox populi vox Dei.
Petrus von Blois

1. Einleitung

Kaum ein Begriff scheint in seinem Gehalt unklarer und vieldeutiger zu sein als der der Demokratisierung. Es muß sich bei dem Begriff formal um etwas Bewegliches, nicht Statisches, etwas Gewolltes und nicht allein Vorhandenes handeln, da er in eine transitive Form gebracht ist. Diese verleiht dem Begriff der Demokratisierung eine Dynamik im Sinne der Überführung eines gegebenen in einen angestrebten Zustand. Auch wenn man Demokratie als eine statische Ordnung begreift, enthält der Begriff noch die Forderung nach Einleitung und Verwirklichung eines Prozesses zur Überwindung von älteren Strukturen.

Wenn man hingegen Demokratie vom Wortsinn selbst als einen dynamischen Prozeß begreift, dann enthält der Begriff Demokratisierung eine „aktivistische" und strategische Komponente zur Fortentwicklung und Vervollkommnung von Demokratie auf ein gegebenes Ziel hin. Dieser Begriff der Demokratisierung ist zwar mittlerweile üblich geworden, dient allerdings oft als „Sprachhülse"[1] verschiedener Interessen. Dies macht es nicht leicht, Ordnung und Übersicht in die unterschiedlichen Vorstellung zu bringen.

Versucht man die vielfältigen Demokratisierungsforderungen zu systematisieren, so lassen sich mindestens vier Gruppen herausfiltern:

- Demokratisierung als nichtdefinierter Endzustand einer gesellschaftlichen Entwicklung (wobei häufig hinzugefügt wird, daß dieser Endzustand noch gar nicht definierbar sei, die Fähigkeit zu einer Definition könne erst in dem Prozeß der Veränderung der bestehenden Strukturen erlernt werden).
- Demokratisierung als Veränderung der sozialen Grundlagen des politischen Systems im Sinne von mehr Gleichheit, mehr Beteiligung und mehr Mitverantwortung.

1 Hennis, in einem Rundfunkvortrag im Süddeutschen Rundfunk am 30.07.1969 über „Demokratisierung", zit. in: Willke, Gerhard und Helmut, Die Forderung nach Demokratisierung von Staat und Gesellschaft, in: Aus Politik und Zeitgeschichte, Heft B 7/70, S. 36

- Demokratisierung als die Veränderung des politischen Systems durch die Übernahme direktdemokratischer, rätedemokratischer oder ähnlicher Elemente, deren Vereinbarkeit mit dem System repräsentativer Demokratie und den normativen Zielsetzungen dieses Systems zumindest zweifelhaft ist.
- Demokratisierung als die Anwendung der Regeln demokratischer Willensbildung auf soziale Subsysteme.

Fritz Vilmar[2] hat beim letzten Punkt dieser Aufzählung, der Demokratisierung gesellschaftlicher Subsysteme, folgende Bereiche im Auge:

Grafik: Kern-, sekundäre und periphere Bereiche der Demokratisierung

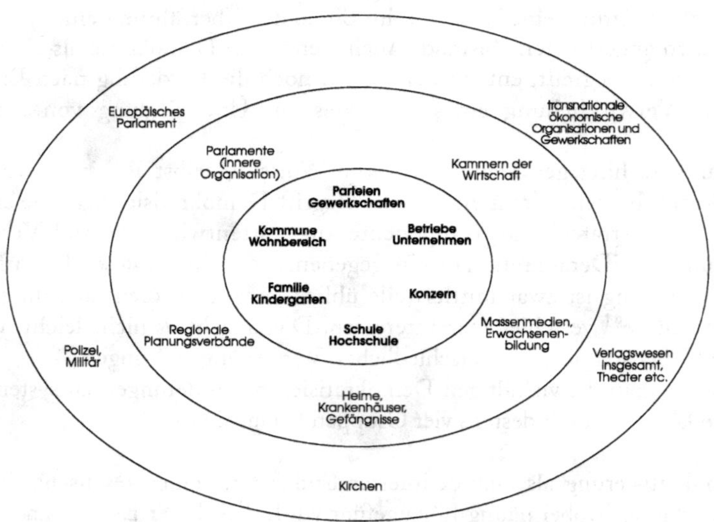

Im folgenden soll auf den letzten Punkt dieser Aufzählung näher eingegangen werden, indem die Demokratisierungsforderung gesellschaftlicher Subsysteme, so z. B. der Familie und Schule, der Hochschulen, der Massenmedien, der Unternehmungen, der Verbände, der Parteien und der Kirchen, kritisiert werden soll.

2 Vilmar, Fritz, Strategien der Demokratisierung, Bd. 1, Darmstadt 1973, S. 111

2. Kurze Kennzeichnung der demokratischen Prozesse

Die demokratischen Prozesse zeichnen sich durch mannigfache Erscheinungsformen aus, und auch die theoretische Vielfalt ist kaum geringer als die der politischen Gestaltung. Dennoch lassen sich die verschiedenen Modelle und ihre Verwirklichung auf ein einfaches Prinzip reduzieren, das allen gemeinsam ist:

Wie jede andere Staatsform ist die Demokratie ein Organisationsmodell, mit dessen Hilfe die Aufgaben, die vom Individuum nicht allein, sondern nur durch Organisation der Gesellschaft erfüllt werden können, befriedigt werden. Die Organisation eines Staates ist nicht Selbstzweck, sondern sie dient der Befriedigung von Bedürfnissen der Gesellschaft. Das bedeutet auch, daß die Anwendung des Demokratiemodells instrumentalen Charakter hat, es dient der Realisierung einer Staatsform, die bestimmten qualitativen Ansprüchen genügt. Dies gilt ebenso für alle gesellschaftlichen Subsysteme, deren jeweilige Organisation nicht Selbstzweck ist, sondern der Erfüllung einer Aufgabe dient.

Das demokratische Regelsystem zeichnet sich gegenüber anderen dadurch aus, daß diejenigen, für die diese „Staatsaufgaben" erfüllt werden, durch Wahlakte darüber bestimmen, in welcher Rangfolge und von welcher der konkurrierenden Eliten sie erfüllt werden: Der Wähler ist Konsument der Staatsaufgaben und bestimmt zugleich durch die verschiedenen Wahlakte die politische Führung, deren Aufgabe die Gestaltung dieser Aufgaben ist. Damit eine langfristige Übereinstimmung zwischen Regierung und Regierten erzielt wird, werden diese Wahlakte in regelmäßigen Abständen wiederholt.

Die Begründung des demokratischen Ordnungsmodells beruht auf der Anerkennung bestimmter Werte: die Erfüllung von Staatsaufgaben in möglichst großer Übereinstimmung zwischen Wählern und politischer Führung, wobei die Wähler grundsätzlich gleichberechtigt sind und über möglichst viele Partizipationschancen verfügen sollen. Die gleichzeitige Realisierung von Zielen wie Freiheit und Autorität, Macht und Kontrolle usw. ist die Aufgabenstellung, die diesem Organisationsmodell Demokratie gesetzt ist und dem es grundsätzlich – bei aller Verbesserungsfähigkeit in der konkreten Ausgestaltung – gerecht wird.

Die wichtigsten Anforderungen, die an das Organisationsprinzip Demokratie gestellt werden, sind Handlungsfähigkeit, d. h. die Erfüllung von Staatsaufgaben, und Kontrolle. Diese sind jedoch nicht Selbstzweck, sondern haben eine deutliche Zielsetzung, die vor allem in der Sicherung von individueller Freiheit gegenüber dem Staat besteht, indem der staatlichen Machtausübung deutliche Schranken gesetzt werden.

Die normative Begründung für die Entscheidung zugunsten des Organisationsprinzips Demokratie besteht u.a. in der Freiheitssicherung. Die Demokratie ist die einzige Staatsform, die institutionell abgesichert ein Höchstmaß an Freiheit gewährleisten kann. Das Instrument dazu ist die Kontrolle der Staatstätigkeit durch die mit Sanktionen ausgestatteten Staatsbürger. Die Tatsache, daß die Staatstätigkeit durch die Bürger kontrolliert wird, führt notwendigerweise zu dem Wettbewerb konkurrierender Eliten um das Mandat zur Erfüllung von Staatsaufgaben. Dieser Wettbewerb gibt dem System eine Innovationskraft, die kein anderes System in dieser Form institutionalisiert kennt.

Die Freiheit des einzelnen wird durch jede Staatstätigkeit in gewisser Hinsicht eingeengt. Das gilt zunächst für die Ordnungsfunktion des Staates selbst, durch die sichergestellt wird, daß die Freiheit des einzelnen ihre Grenzen in der Freiheit des anderen findet. Dies ist die Voraussetzung friedlichen menschlichen Zusammenlebens. Darüber hinaus ist es eine Frage der Güterabwägung jedes einzelnen, ob er zusätzliche Staatstätigkeit, die auch seine Freiheit einengt (z. B. in Form einer Verminderung seines verfügbaren Einkommens durch Steuern), akzeptiert oder nicht. Dies unterliegt grundsätzlich der Disposition des einzelnen. Wenn ihm die Staatstätigkeit zu weit geht, also seine Freiheit zu weit eingeengt wird, kann er von seinen Sanktionen Gebrauch machen. Das Maß an Freiheit ist insofern auch in einer Demokratie nicht ex ante bestimmt. Die Freiheitssicherung erfolgt grundsätzlich durch die Kontrollelemente, die das Organisationsprinzip Demokratie kennzeichnen.

Grundsätzlich sind zwei Sanktionsmittel zu unterscheiden: Widerspruch und Abwanderung. Widerspruch ist das normale Sanktionsmittel, das die politischen Willensbildungsprozesse einer Demokratie kennzeichnet. Für den Freiheitsgrad einer Demokratie ist es jedoch typisch, daß die Möglichkeit der Abwanderung grundsätzlich besteht, während Diktaturen dies zu verhindern suchen bzw. die kontrollierte Abwanderung gelegentlich als Ventil zur Verminderung innenpolitischen Druckes nutzen. Abwanderung ist in einer Demokratie prinzipiell möglich, aber kaum ein häufig genutztes Sanktionsmittel. Es wird vor allem dann genutzt, wenn die Inflation von Staatstätigkeit zu einer erheblichen Beeinträchtigung der Freiheit von Minderheiten führt (Steuerflucht). Widerspruch ist in solchen Fällen kaum wirksam.

Es ergibt sich daraus jedoch folgende Problematik: Kennzeichnend für das Organisationsmodell Demokratie ist zwar, daß es das individuelle Sanktionsmittel Widerspruch gegen eine bestimmte Politik gibt, daß dieses jedoch erst greift, wenn es nach zuvor festgelegten Regeln von einer Mehrheit der Bürger ergriffen wird. D. h., daß auch in einer Demokratie nicht der einzelne über das Maß an verwirklichter Freiheit entscheiden kann, sondern nur im Zusammenwirken mit den anderen Mitgliedern der Gesellschaft. Demokratie ist insofern das Ordnungsprinzip zur Verwirklichung des Mehrheitsprinzips.

Das Problem zahlreicher Verfassungen der Gegenwart ist, daß sie neben der Freiheitssicherung vielfältige andere normative Ziele verfolgen, die in der Regel eine Politik verlangen, die die individuelle Freiheit einengt. Gerade dadurch wird die ohnehin nicht institutionell abgesicherte Schutzfunktion der Verfassung für die individuelle Freiheit weiter eingeengt.

3. Grenzen für die Verwirklichung von Demokratie

Zur Verwirklichung des Organisationsprinzips Demokratie sind eine Reihe von Voraussetzungen erforderlich. Wo diese nicht bestehen, sind Grenzen für die Einführung des Ordnungsprinzips Demokratie gegeben. Hier ist zunächst auf institutionelle Einzelheiten zu verweisen.

Die erste und wichtigste Institution ist die Verwirklichung des Repräsentationsprinzips. Das individuelle Sanktionsmittel ist hierbei das Wahlrecht, durch das in regelmäßigen Abständen ein Repräsentationsorgan, das Parlament, gewählt wird, das für eine bestimmte Frist die Entscheidung über die Art der Erfüllung von Staatsaufgaben übernimmt. Dies ist begründet in dem Gebot der Handlungsfähigkeit. In der Regel wird die Handlungsfähigkeit durch die Einführung zusätzlicher plebiszitärer Elemente, d. h. durch die Einräumung weiterer individuell ausgestatteter Sanktionsmittel neben dem Wahlrecht, insbesondere im Hinblick auf die Konsistenz und die Kontinuität der Entscheidungskriterien beeinträchtigt. Daran scheitern auch alle rätedemokratischen Elemente, wie das imperative Mandat oder das Rückrufrecht der Wähler gegenüber ihren Abgeordneten.

Zur Verwirklichung des schon erwähnten Mehrheitsprinzips in der Demokratie sind bestimmte Organisationen, die Parteien, notwendig, die die Ausübung des individuellen Wahlrechts zu Mehrheitsentscheidungen kanalisieren. Ob dies möglich ist, hängt von zwei Bedingungen ab: erstens von der Zahl und Intensität der sozialen Konflikte und zweitens vom Wahlsystem. Je weniger das Wahlsystem Anreize gibt, sich mit anderen zusammenzuschließen und paralleles Verhalten zu üben, desto geringer ist die Wahrscheinlichkeit der Mehrheitsbildung im Parlament. Und je größer die Zahl und Intensität der sozialen Konflikte ist, desto geringer ist ebenso die Wahrscheinlichkeit der Mehrheitsbildung. Die Hypothese von der integrierenden Wirkung des Mehrheitswahlrechts und desintegrierenden Wirkung des Verhältniswahlrechts bedarf also der Relativierung auf bestimmte Konfliktstrukturen, wobei außerdem zu berücksichtigen ist, daß Verhältniswahlrecht und Mehrheitswahlrecht in Wirklichkeit die Endpunkte eines Kontinuums darstellen, zwischen denen es eine Vielzahl von Wahlsystemen mit sehr unterschiedlichen Integrationseffekten gibt.

Es gilt also: Je größer und intensiver die sozialen Konflikte sind, desto stärker muß die integrierende Wirkung des Wahlsystems sein, wenn Mehrheitsentscheidungen möglich werden sollen.

Neben dieser institutionellen Ausgestaltung des Repräsentationsprinzips und des Mehrheitsprinzips kommen noch zahlreiche weitere institutionelle Regeln hinzu, die für das Funktionieren der Demokratie im Einzelfall wesentlich sind. Sie sind jedoch kaum von so zentraler Bedeutung, so daß die Spannbreite der Lösungsmöglichkeiten hier dementsprechend größer ist.

Neben den institutionellen Bedingungen ist noch einmal auf eine zentrale sozialstrukturelle Voraussetzung zu verweisen. Die Akzeptanz des Mehrheitsprinzips und damit der Demokratie schlechthin ist nur möglich und nur zu erwarten, wenn die Minderheit von heute eine reale Chance hat, morgen selbst Mehrheit zu sein. Das Organisationsprinzip Demokratie unterstellt, daß es genügend Menschen gibt, die sich bei der Ausübung ihres Wahlrechts nicht immer konstant verhalten, sondern gelegentlich wechseln. Nach der berühmten Formulierung von Theodor Heuß ist Demokratie immer „Herrschaftsauftrag auf Zeit“. In der zeitlichen Begrenzung des Mandats liegt nicht nur das zentrale Kontrollinstrument, sondern auch die Legitimationschance des Systems. Wo antagonistische Konflikte eine Gesellschaft spalten und damit das Verhältnis von Mehrheit und Minderheit über Generationen hin zementiert erscheint, ist Demokratie nicht möglich – wie dies z. B. bei den langanhaltenden bürgerkriegsähnlichen Auseinandersetzungen in Nordirland der Fall ist.

4. Exkurs: Grenzen für die Anwendbarkeit des demokratischen Ordnungsprinzips in der Politik

Die klassische Demokratiekritik geht in der Regel davon aus, daß sie die Kompetenz der Wähler wie der Abgeordneten zur Entscheidung hochkomplexer Problembereiche in Frage stellt. Repräsentativbefragungen wie Untersuchungen unter Abgeordneten können für diese Skepsis anschauliche Beweise liefern. Diesem Kompetenzzweifel in bezug auf die Wählerschaft kann jedoch entgegengestellt werden, daß Wahlen keine Abstimmung über Issue-Bündel sind, sondern Vertrauensartikulationen in die sachliche Leistungsfähigkeit und die persönliche Integrität der konkurrierenden Eliten, wobei die führenden Politiker eine Deutungs- und Symbolfunktion übernehmen. Man spricht deshalb mit Recht von der Personalisierung der Politik. Es kann dabei auch nachgewiesen werden, daß diese Vertrauensartikulation auf einem recht konsistenten Politikverständnis aufbaut. Insofern ist die Bedingung des mündigen Bürgers, nicht des allumfassenden Sachverständigen, erfüllt.

Man kann in bezug auf die Abgeordneten darauf verweisen, daß eine Fraktion ein auf wechselseitiger Loyalität aufgebautes arbeitsteiliges Unternehmen ist. Der notwendige Sachverstand zu jeder Frage ist jeweils bei anderen Spezialisten angesiedelt, denen die jeweiligen Nichtspezialisten folgen, weil dies die Voraussetzung dafür ist, daß, wenn ihr Politikbereich zur Entscheidung ansteht, sie also die Spezialisten der Fraktion sind, die anderen auch ihnen folgen werden. In der Tat kennzeichnet diese Praxis die parlamentarische Arbeit.

Dennoch wird dagegen eingewandt, daß die Eigengesetzlichkeit der Demokratie zu bestimmten Politiken führt, die verhindert werden müßten. Hier ist zunächst wiederum auf das Problem der mehrheitlichen Akzeptanz von freiheitsgefährdenden Politiken zu verweisen. Zwei Beispiel werden häufig genannt.

Der demokratische Willensbildungsprozeß führe zu Inflation bzw. zu „politischen Konjunkturzyklen" mit typischen Variationen bestimmter makroökonomischer Größen (Arbeitslosenquote, Inflationsrate, real verfügbares persönliches Einkommen, Steuerquote usw.). Dies wird z. B. damit begründet, daß die Konkurrenz um die Wählerstimmen eine Konkurrenz der Versprechungen sei, deren Erfüllung die Leistungsfähigkeit der Volkswirtschaft überfordere und dementsprechend zur Inflation führe.

Das andere sind systembedingte Diskontinuitäten in der Außenpolitik: Der Wechsel ist das Lebenselixier der Demokratie, innenpolitisch ist er ein außerordentlich fruchtbarer Innovationsbonus, der in der Außenpolitik jedoch gefährlich sein kann, wenn langfristig konstante Konfliktstrukturen das internationale System kennzeichnen. Der innenpolitisch so begrüßenswerte Wechsel führt dann in der Außenpolitik zu eventuell gefährlichen Diskontinuitäten.

Dem wird entgegengehalten, daß der Bürger solche Fehlentwicklungen schon bemerke und auf entsprechend schlechte Politik mit seinem Sanktionsmittel der Abwahl reagieren werde. Diese Sanktion durch den Stimmzettel kann jedoch in vielen Fällen zu spät kommen, so daß durch Inflation oder aussenpolitische Bedrohung leicht irreversible Schäden entstehen können.

Die Konsequenz aus dieser Kritik ist, daß bestimmte Politikbereiche dem demokratischen Willensbildungsprozeß entzogen und „autonomen" Institutionen mit vorgegebener Zielfunktion übertragen werden. In der Bundesrepublik gilt dies z. B. für die Geldpolitik, die Aufgabe der Bundesbank ist. In gewisser Hinsicht kann man auch die Wettbewerbspolitik in diesem Zusammenhang nennen, soweit sie dem Kartellamt übertragen ist. Im Bereich der Außenpolitik übernehmen Bündnisregelungen eine ähnliche Funktion.

Jedoch tangieren weder diese Kritik noch die daraus gezogenen Schlußfolgerungen die Substanz des Organisationsprinzips Demokratie, solange die Einsetzung und Ausgestaltung solcher autonomer Institutionen Sache des Parlaments ist. Denkbar ist durchaus auch, daß die Einsetzung solcher Institutionen und damit auch ihre Auflösung oder Modifikation nur mit qualifizierter Mehrheit erfolgen kann oder z. B. der Bundesbank ihre Autonomie im Grundgesetz garantiert werden kann. Diese Delegation beruht letztlich auf Entscheidungen des Repräsentativorgans, indem durch die Willensakte der betroffenen Bevölkerung entsprechende Mehrheiten zustande gekommen sind. Dieser Delegationsgedanke könnte auch zu einer institutionellen Form weiterentwickelt werden, die zu einem wirksamen Schutz gegen freiheitsgefährdende Politik auf der Grundlage von Mehrheitsentscheidungen führt. Häufig wird diese Rolle den Gerichten zugewiesen, insbesondere in ihrer Ausprägung als Verfassungsgerichte. Unabhängig von der Frage, daß Gerichte nur im Rahmen einer funktionierenden demokratischen Ordnung, nicht zum Schutz einer in ihrer Substanz bereits angegriffenen demokratischen Ordnung wirken können, ist hier die Frage der demokratischen Legitimation aufgeworfen. Auch wenn, wie in der Bundesrepublik, der Wahlmechanismus für die Besetzung dieser Gerichte die Beteiligung der Opposition institutionell erzwingt, bleibt diese Richterwahl immer eine indirekte, sie ist das Ergebnis von Absprachen zwischen Mehrheit und Minderheit und somit auch nur sehr indirekt vom Ergebnis der Parlamentswahlen abhängig. Diese Absprachen garantieren auch, daß unterschiedliche normative Vorstellungen bei der Auswahl der einzelnen Richter mitwirken, Freiheitssicherung also bestenfalls eines von mehreren Kriterien sein kann.

Man könnte sich in diesem Zusammenhang eine Art Zweite Kammer denken, die für einen längeren Zeitraum unmittelbar und direkt gewählt wird und die die ausschließliche Funktion hat, alle Mehrheitsentscheidungen der Ersten Kammer daraufhin zu überprüfen, ob sie freiheitsgefährdende Elemente enthalten und ihr dagegen ein entsprechendes Vetorecht einräumen. Ob dieses Veto nur mit qualifizierter Mehrheit oder gar nicht überstimmt werden kann, kann man dabei dahingestellt sein lassen. Genauso ist es denkbar, daß man dieser Aufsichtskammer auch noch die Übertragung der Beachtung von wenigen anderen übergeordneten Zielsetzungen überträgt, also z.B. die Erhaltung der marktwirtschaftlichen Ordnung oder eine wirksame Sicherheitspolitik zum Schutz gegen äußere Bedrohung. Die Abgeordneten dieser Aufsichtskammer hätten im Gegensatz zu denen der Ersten Kammer kein allgemeines Mandat zu Entscheidung aller anstehenden Fragen, sondern ein Aufsichtsmandat zur Sicherung der zentralen normativen Begründung für das Ordnungsmodell Demokratie, nämlich der Freiheit. Eine solche Kammer würde im Unterschied zur Verfassungsgerichtsbarkeit demokratisch durch allgemeine Wahlen unmittelbar legitimiert sein, und sie hätte die politischen Entscheidungen nur anhand *einer* Zielfunktion zu überprüfen, während dem Verfassungsgericht stets konkurrierende Zielfunktionen, wie sie im Grundgesetz niedergelegt sind, vorgegeben sind.

5. Grenzen in der Anwendung des demokratischen Organisationsprinzips auf Subsysteme

Organisation hat dienende Funktionen. Sie dient der Optimierung der Erfüllung von Aufgaben. Die Frage, ob das Organisationsprinzip Demokratie zur Organisation anderer Subsysteme verwandt werden kann, ist dementsprechend keine Grundsatzfrage, sondern ein Zweckmäßigkeitsfrage, die von den Aufgaben des jeweiligen Subsystems abhängt. Dabei ist zu erinnern, daß die Besonderheit des Organisationsprinzips Demokratie darin besteht, daß die Aufgabenerfüllung von jenen kontrolliert wird, für die sie erfüllt werden. Die Diskussion der Anwendbarkeit dieses Organisationsprinzips auf bestimmte Subsysteme muß dementsprechend stets mit der Frage beginnen, welche Aufgaben das Subsystem für wen erfüllt. Desweiteren ist darauf hinzuweisen, daß in den meisten Fällen der Anwendung des Organisationsmodells Demokratie auf gesellschaftliche Subsysteme das Sanktionsmittel Abwanderung in der Regel wesentlich einfacher genutzt werden kann, so daß sich die Frage stellt, ob ein Sanktionsmittel Widerspruch überhaupt notwendig ist. Dies bleibt aber im einzelnen zu prüfen.

Ein weiteres Problem ergibt sich durch die fortschreitende Verschränkung von Gesellschaft und Staat. Diese bewirkt einen eminent wichtigen Umschlag von gesellschaftlicher zu politischer Macht. Während politische Macht jedoch einer relativen Kontrolle unterworfen ist, gibt es eine demokratische Kontrolle gesellschaftlicher Machtballung bisher noch nicht. Damit entsteht die Gefahr, daß die demokratische Gesellschaftsordnung zur Fassade entartet, weil „Demokratie“ als Organisationsstruktur nur den staatlichen Bereich betrifft, nicht aber den für den Existenzkampf und die Selbstverwirklichung des einzelnen entscheidenden Bereich: die Gesellschaft. Solange staatlich-politische Kontrolle an gesellschaftlicher Macht vorbeigreift, greift sie am wesentlichen vorbei. Denn Gefahr droht dem einzelnen heute nicht so sehr von der staatlichen Organisation als vielmehr von denjenigen gesellschaftlichen Bereichen, von denen er primär abhängt. Dies sind z. B. die Unternehmen, die Gewerkschaften, Schulen und Universitäten, Kirchen, Verbände und sonstige Organisationen, kurz: die „übermächtigen Untertanen“[3], die bereits wesentliche Funktionen des souveränen Staates übernommen haben.

Bereiche wie Universität, Familie oder Wirtschaft haben daher in rationaler Diskussion der Zweck-Mittel-Relation auszuweisen, warum ihre Zielsetzung durch demokratische Organisationsformen – um hier einen Umkehrschluß einzubringen – nur nachteilhaftiger für die Betroffenen zu erreichen ist. Dies schließt die Diskussion der Ziele selbst mit ein.

Ausgangspunkt dieser Erwägung ist, daß im Rahmen einer demokratischen Gesellschaftsordnung und des in ihr zu entwickelnden Bewußtseins- und Bildungsstandes jede undemokratische, hierarchische, autoritäre oder gar diktatorische Ordnung menschenunwürdig ist, weil dort der Mensch nicht frei über sich selbst bestimmen kann, er nicht aus aufgezwungener Unmündigkeit ausbrechen kann und weil dort seine nach Art. 1 und 2 GG unverletzlichen Menschenrechte nicht voll verwirklicht sind. Relativiert wird diese Überlegung durch die den Menschenrechten immanenten Schranken selbst und dadurch, daß sie den mündigen Menschen voraussetzt.

Dies bedeutet, daß in den gesellschaftlichen Bereichen, in denen der mündige Mensch nicht vorausgesetzt werden kann (z. B. Kindergarten, Grundschule), das demokratische Prinzip „nur“ regulative Idee sein kann, selbst jedoch nicht so zu verwirklichen ist wie dort, wo Mündige miteinander umgehen. Diese Bereiche sind jedoch bestimmbar: Es sind u.a. Ausbildungsbereiche wie vor allem Familie und Schule. Und sie sind es deshalb, weil sie Initiationsgebilde sind, die den Menschen ins Leben einführen, sie also erst befähigen, zu Freien und Gleichen, zu Emanzipierten zu werden. So bleibt für diese Bereiche die Forderung, alles zu tun, um einen unmündigen Zustand zu überwinden, um auf die soziale Rolle des mündigen Bürgers vorzubereiten. Und für die gesellschaftlichen Bereiche, in denen mündige Bürger dann agieren, gilt in gleichem Maße die Forderung, den einmal angebahnten Weg der Mündigkeit fortzuführen, um die oben genannten, im Grundgesetz verankerten Menschenrechte in schließlich allen gesellschaftlichen Bereichen zu verwirklichen.

5.1. Familie und Schule

Familie und Schule sind Bereiche zur Heranbildung zu gesellschaftlicher Mündigkeit, indem hier erst die Möglichkeit zur Ausbildung einer relativen Freiheit und Selbstbestimmung gewährt werden muß. Daher sind beide Berei-

---

3 Willke, Gerhard und Helmut, Die Forderung nach Demokratisierung von Staat und Gesellschaft, in: Aus Politik und Zeitgeschichte, Heft B 7/70, S. 45

che einer direkten Übertragung demokratischer Strukturelemente nicht zugänglich. Die Fernwirkung der demokratischen Idee vom freien und gleichberechtigten, also mündigen Menschen muß daher aber um so mehr im Sinne einer regulativen Idee die Struktur und Realität beider Institutionen bestimmten. Hier hat die Gesellschaft schon jetzt über die Art. 6 und 7 GG die Möglichkeit des direkten Einflusses.

Auch wenn sich die Familie als soziale Primärgruppe und auch die Schule in den letzten Jahren immer stärker offener und freier darstellen, indem einer antiautoritären und emanzipierten Erziehung der Vorzug gegeben wird, so verhindern dennoch die mancherorts noch vorzufindenden autoritären Strukturen, daß der heranwachsende Bürger zur Mündigkeit erzogen und somit an die Demokratie als Lebensstil herangeführt wird. Die bildende „Kraft einer antizipierten Mündigkeit" wird ihm vorenthalten, vielleicht, damit man nachher um so berechtigter sagen kann, diesen Kindern oder Schülern kann doch keine Selbständigkeit zugetraut werden. Die Dialektik von zu gewährender und zu erwartender Selbständigkeit wird vielfach übersehen.

Ein junger Mensch, der bis ins Wahlalter hinein nur die Realität einer autoritären Familie und Schule, Berufsausbildung oder Universität erfahren hat, der „Demokratie" und das, was sie beinhaltet, nur in der Theorie vermittelt bekam, wie kann von diesem jungen Menschen erwartet werden, daß er politisches Interesse zeigt oder sich für die Demokratie engagiert?

In eine intensive und persönliche Beziehung zur Demokratie als Lebensstil kann der Jugendliche nur dann hineinwachsen, wenn ihm „Demokratie" nicht nur als idealisiertes theoretische Modell gelehrt wird, sondern wenn er „Demokratie" durch persönliche Erfahrung verstehen lernt. Eine politische Bildung „im sterilen Raum abstrakter Theorie"[4] schafft nur die Voraussetzung für eine desillusionierte Abwendung von der Politik, sobald der Jugendliche auf die politische Realität trifft.

Um dies zu verhindern, muß bereits die innere Organisation von Familie (soweit man in diesem Fall von Organisation reden kann) und Schule den Schülern Möglichkeit und Anreiz bieten, demokratische Verfahrensweisen kennenzulernen und einzuüben. Wenn Schüler dadurch politisch denken lernen und sie die Spannungen zwischen Ordnung und Konflikt, zwischen „Effizienz und Partizipation"[5] durch eigene Aktivität erfahren, dann ist die Grundlage für politisches Handeln gelegt.

4 Schaaf, Ordnung und Konflikt als Grundprobleme der politischen Bildung, in: Aus Politik und Zeitgeschichte, Heft B 1/70, S. 23, zit. in: Willke, Gerhard und Helmut, a.a.O., S. 50

5 von Beyme, Klaus, zit. in: Willke, Gerhard und Helmut, a.a.O., S. 50

5.2. Hochschulen

Die Aufgabe der Hochschulen ist die Vermehrung von Wissen und seine Weitergabe durch Lehre, Weiterbildung, Publikationen und Beratung. Diese Aufgabe wird zunächst für die gesamte Gesellschaft erfüllt, wobei es zunächst problematisch ist, Gesellschaft hier national zu definieren. Entsprechend dem Organisationsprinzip Demokratie müßte dementsprechend diesen Begünstigten und Betroffenen ein Kontrollrecht eingeräumt werden. Bei einer engen nationalen Definition der betroffenen Gesellschaft erfolgt dies bei staatlichen Hochschulen z.B. dadurch, daß die Universitätshaushalte von den Landesparlamenten verabschiedet werden oder daß Universitätsverfassungen, Prüfungsordnungen usw. von dem politisch verantwortlichen Kultusminister genehmigt werden müssen.

Es kann sehr darüber gestritten werden, ob diese Art der Kontrolle der Funktionserfüllung dient, oder ob nicht gerade der Hochschulbereich ein Musterbeispiel dafür ist, wo durch die Delegationskompetenz des Parlaments eine weitaus größere Autonomie geschaffen werden könnte. Eine Kontrolle könnte z.B. durch international besetzte Aufsichtsgremien erfolgen, denen die Zielfunktion vorgegeben ist, mehr nach Leistungsstandards zu fragen als nach der Einhaltung häufig disfunktional definierter Rechtsvorschriften, wie das heute für die Kultusbürokratie kennzeichnend ist. Dies entspräche nicht dem Demokratiemodell, wäre aber funktionsgerecht.

Zweifelhaft erscheint, ob die Übertragung von Mitbestimmungsrechten an einen Teil der Universitätsangehörigen der Übertragung des Ordnungsprinzips Demokratie auf den Hochschulbereich entspricht. Einerseits – wenn man einmal nur die Studenten betrachtet – müßte man es eigentlich erwarten, denn bei der eigentlichen Zielsetzung der Hochschulen, der Vermehrung und Weitergabe von Wissen, sind zunächst die Studierenden die primären Zielpersonen, erst sekundär tritt dann die Gesellschaft als „Zielperson“ hinzu. Andererseits handelt es sich hier aber mehr um eine Übernahme von Ordnungsprinzipien des Ständestaates.

Mit der „Gleichschaltung“ aller Hochschulstrukturen durch das Hochschulrahmengesetz wurde darüber hinaus den Hochschulangehörigen, nicht nur den Studenten, das Sanktionsmittel Abwanderung innerhalb des Hochschulsystems weitgehend entzogen. Gerade dabei haben die zum Teil beachtlichen Unterschiede, die sich aus der föderativen Ordnung der Bundesrepublik und der damit verbundenen Gestaltungschance der einzelnen Länder ergeben, die Funktionsfähigkeit des Sanktionsmittel Abwanderung verdeutlicht.

In eine andere Richtung geht die Überlegung, daß mit der Argumentation, daß wissenschaftliche Reflexion auch das In-Frage-Stellen der gesellschaftlichen Rolle der Wissenschaft, ihrer Ergebnisse und Arbeitsbedingungen und des gesellschaftlichen Systems selbst impliziere, die Berechtigung der Hochschule bzw. einzelner an ihr tätiger Gruppen belegt, gegen „wissenschaftsinkonforme“ Sozialzwänge vorzugehen.

Damit hört die Universität auf, ein soziales Subsystem mit gesellschaftlicher Dienstleistungsfunktion zu sein, sie wird zu einem autonomen Ziel- und Entscheidungsträger, wenn diese Autonomie auch mit der „eigentlichen“ Sozialaufgabe von Wissenschaft motiviert wird.

Da aber auch in diesem Fall die Heterogenität der Struktur der Hochschulgruppen verhindert, daß die Universität als soziale Entscheidungsinstanz mit in sich geschlossener Willensbildung aktiv „gesellschaftliche Veränderungen“ herbeiführen kann, bleibt nur die Strategie des Verzichts auf bisherige Forschungs-, Lehr- und Studienfunktionen, da sie das existierende System stabilisieren, d. h. eine Strategie der „passiven Sozialreform“.

Innerhalb einer solchen Zielsetzung sind alle organisatorischen Regelungen „rational“, die eine maximale Blockade wissenschaftlichen Arbeitens wahrscheinlich erscheinen lassen und andererseits den Hochschulgruppen mit gesellschaftsrevolutionären Präferenzen einen maximalen inneruniversitären Einfluß sichern helfen.

Beides erscheint durch eine Demokratisierung der Hochschulen möglich, besonders rätedemokratische Verfahrensweisen erscheinen hier in ihrer Wirkung „funktional“.

Allerdings setzt die Rationalität einer passiven Systemveränderungsstrategie voraus, daß die Gesellschaft keine Surrogatorganisationen besitzt, die die Funktion der Forschung und Ausbildung übernehmen könnten. Das aber ist kaum der Fall: die Abwanderung von Wissenschaftlern aus der Hochschule in die privat (industriell) oder privat-gesellschaftlich (z.B. Max-Planck-Gesellschaft) getragene und z.T. auch finanzierte Forschung zeigt bereits die potentielle Alternative auf, ebenso wie die Gründung von Bundeswehrhochschulen oder private Universitäten.

Auch die Ausbildung des Nachwuchses für gesellschaftliche Führungspositionen kann durchaus im nichtuniversitären Rahmen erfolgen, wenn diese auch sicherlich weniger „wissenschaftlich“ als vielmehr praxisbezogen ausfallen würde. Soll also trotz der vordergründigen Sinnhaftigkeit einer Hochschuldemokratisierung zur Funktionshemmung wissenschaftlicher Einrichtungen der Gesellschaft als Ausgangspunkt ihrer Änderung die Universität nicht nur „Selbstzerstörung“ betreiben, indem ihre bisherigen Aufgaben von anderen Sozialorganisationen wahrgenommen werden, so müßte gewährleistet werden, daß auch alle „Ausweichinstanzen“ wirkungsvoll demokratisiert, d. h. zur Aufgabe ihrer Forschungs- und Ausbildungsfunktionen für die Gesellschaft veranlaßt werden könnten. Das aber erscheint bei der Vielzahl und Verschiedenartigkeit der potentiellen Möglichkeiten undurchführbar, vor allen Dingen fehlt ein dazu notwendiger gesellschaftsweit verbreiteter sozialrevolutionärer Konsens.

Damit stellt sich in diesem Zusammenhang die Strategie der Hochschuldemokratisierung als irrational dar, wenn die soziale Dienstleistungsfunktion der Universität nicht mehr als gesellschaftliche Rahmenbedingung angesehen wird. Aus diesen Feststellungen allerdings die Schlußfolgerung zu ziehen, das Rad der Entwicklung zurückdrehen zu müssen und die Hochschulen in den vordemokratischen Organisationszustand zurückzuversetzen, wäre wirklichkeitsfremd.

Trotz dieser angeführten Argumentation zur Demokratisierung der Hochschulen, die insgesamt nicht sehr positiv ausfällt, sind Gerhard und Helmut Willke[6] nach wie vor der Meinung, daß die Verwirklichung einer materiellen Demokratie an der Hochschule möglich ist. Die Idee einer formalen Demokratisierung der Universität im Sinne gleicher Rechte für alle, ungeachtet ihrer Funktion, ist in ihren Augen natürlich absurd. Wesentlich ist jedoch auch, daß diese Idee nicht weniger und nicht mehr absurd ist als dieselbe Idee im politischen Bereich. Gleiche Rechte für alle ist – abgesehen vom Wahlakt – eine polemische Formel für den Inhalt: gleiche Chance für alle. Aber genauso wenig, wie die politische Demokratie ohne eine Funktionsdifferenzierung auskommt, genauso wenig soll die Hochschule ohne Funktionsdifferenzierung sein. Nur soll die durch diese Funktionsdifferenzierung bewirkte Herrschaft funktional bleiben und „nicht mehr die Kommunikation verhindern“[7].

Die Verwirklichung einer materiellen Demokratie soll die Bestimmung der Art und des Umfangs der Mitwirkung von funktional verschiedenen Gruppen am Willensbildungsprozeß darlegen. Dies liegt nicht nur im Interesse einer humanen Universitätsstruktur, sondern auch im Interesse der Wissenschaft, denn die „Wissenschaft läßt sich verstehen als Transposition der Spielregeln der liberalen Demokratie in der Bereich der Erkenntnis“[8]. In einer Situation, in der Studium fortschreitend weniger Stoffaneignung bedeutet als „vielmehr methodische, kritische und bewußte Zurüstung für verantwortliches Handeln“[9], muß das Studium als „Einübung in eine kritische Berufspraxis“[10] verstanden werden.

---

6 Willke, Gerhard und Helmut, a.a.O., S. 33-62

7 v. Hentig, Spielraum und Ernstfall, Stuttgart 1969, S.169, zit. in: Willke, Gerhard und Helmut, a.a.O., S. 51

8 Dahrendorf, Gesellschaft und Demokratie in Deutschland, München 1965, S. 190, zit. in: Willke, Gerhard und Helmut, a.a.O, S. 51

9 Hinrichsen, Oktroyierte Autonomie?, in: Tübinger Forum, vom 1.10.1969, Nr. 1, S. 3, zit. in: Willke, Gerhard und Helmut, a.a.O, S. 51

Die Berufspraxis realisiert sich in einer demokratischen Gesellschaftsordnung, deren Lebenselement der Konflikt sein sollte, wobei der Konflikt nicht Selbstzweck ist, sondern den Abbau von Dissens durch rationale Diskussion ermöglichen soll. Konflikt hält die Gesellschaft offen für Wandlungen, er verhindert die Dogmatisierung des Irrtums. Warum sollte der Konflikt an der Universität nicht dieselbe Funktion haben?

Eine zweite Tendenz der Demokratisierung der Universität geht dahin, nach der juristischen Chancengleichheit, zu studieren, auch die faktische, d. h. soziale, ökonomisch realisierte zu sichern. Abgesehen von dem immer mehr zunehmenden Numerus clausus entspricht es nicht gerade einer juristischen Chancengleichheit, wenn der Frauenanteil an den Hochschulen im Wintersemester 1989/90 38,2 %[11] betrug, auch wenn der Frauenanteil an den Hochschulen seit 1970 um 7 Prozentpunkte gestiegen ist. Auch der immer noch sehr geringe Anteil von Arbeiterkindern an den Studenten von 5 % (1988)[12] entspricht keiner juristischen Chancengleichheit.

Beide Tendenzen zusammen sollen zu einer materiell demokratischen Universität führen, die den Konflikt als gesellschaftliches und wissenschaftliches Agens bejaht, und die daher vor allem in der Rechts-, Politik- und Wirtschaftswissenschaft nicht mehr vornehmlich daran arbeitet, alte Erkenntnisse zu zementieren, also Herrschaftswissen zu reproduzieren, sondern die endlich beginnt, „Daten zu sammeln, die hauptsächlich dem Erkenntnisfortschritt dienen“[13].

5.3. Massenmedien

Die Aufgabe der Massenmedien ist die Verbreitung von Informationen, Meinungen und Unterhaltung an die Bevölkerung. Ihre Funktion erhalten die Massenmedien aus dem demokratischen Prozeß derart zugeordnet, daß die Entscheidung der Wähler in den Wahlen über die Rangfolge der politischen Aufgaben und über die konkurrierenden Eliten, die diese realisieren, auf der Grundlage eines pluralistischen Willens- und Meinungsbildungsprozesses erfolgt.

---

10 Habermas, Protestbewegung und Hochschulreform, Frankfurt 1969, S. 43, zit. in: Willke, Gerhard und Helmut, a.a.O, S. 51

11 Statistische Bundesamt (Hrsg.), Datenreport 1992, Bonn 1992, S. 85

12 Geißler, Rainer, Die Sozialstruktur Deutschlands, Bonn 1992, S. 224

13 Lasswell, Das Qualitative und das Quantitative in politik- und rechtswissenschaftlichen Untersuchungen, in: Topitsch, E. (Hrsg.), Logik der Sozialwissenschaften, 5. Auflage, Köln 1968, S. 475, zit. in: Willke, Gerhard und Helmut, a.a.O, S. 52

Das gilt für die verschiedenen Stufen des repräsentativen Systems. Die Mehrheitsentscheidung schließt diesen Prozeß der pluralistischen Meinungs- und Willensbildung ab. Zur Aufhellung dieses Prozesses bedarf es in einer quantitativ großen und flächenartig verteilten Gesellschaft der Massenmedien: Ihre Aufgabe ist die Kommunikation zwischen Wählergruppen untereinander, zwischen Wählern und rivalisierenden politischen Eliten und zwischen den rivalisierenden Eliten untereinander vor Augen und Ohren der Wählerschaft. Zentrale Voraussetzung für die Erfüllung dieser Funktion ist hierbei auch die Vielfältigkeit der Medien.

Betroffen und dementsprechend kontrollberechtigt nach dem Demokratieprinzip sind dementsprechend jene Bürger, die das jeweilige Massenmedium nutzen. Bei privatrechtlich organisierten Medien üben sie diese Kontrollfunktion durch die Entscheidung über Kauf oder Nichtkauf z.B. einer Zeitung aus. In diesem Fall ist das Sanktionsmittel Abwanderung mit dem Sanktionsmittel Widerspruch nahezu identisch.

Eine Abweichung von dieser Voraussetzung demokratischer Ordnungsform besteht darin, daß nicht jeder Leser über das gleiche Stimmrecht, d.h. in diesem Falle Kaufkraft, verfügt. Dies gilt nicht so sehr im unmittelbaren Sinne, daß ein Wähler über die Kaufkraft zum Erwerb mehrerer, ein anderer nur über die zum Erwerb weniger oder gar keiner Zeitungen verfügt. Dies ist angesichts der Konsumgewohnheit gegenüber Zeitungen und dem Wohlstandsniveau einer Gesellschaft wie die der Bundesrepublik kein reales Problem. Wesentlich erscheint hierbei die Tatsache, daß für die Existenz der Zeitungen und Zeitschriften die Plazierung von Anzeigen, insbesondere von großen Werbeanzeigen, mindestens ebenso bedeutsam ist wie die verkaufte Auflage. Damit aber kommt denjenigen, die Werbeanzeigen plazieren – das sind vergleichsweise wenige –, ein zusätzlicher, dem demokratischen Modell widersprechender Einfluß auf die Gestaltung und Ausrichtung des Blattes zu.

Bei dieser Argumentation wird jedoch gern übersehen, daß die für eine Zeitung ökonomisch relevante Plazierung von Werbeanzeigen in der Regel von der Auflage des Blattes, die wiederum vom dem Erfolg der Zeitung bei ihren Konsumenten bestimmt wird, abhängt. Der Annahme, Wirtschaftsgruppen könnten Zeitungen durch die Plazierung oder Nichtplazierung von Anzeigen unter Druck setzen, steht die Tatsache entgegen, daß in jedem Blatt mit einer nennenswerten, d.h. für die Werbung interessanten Auflage entsprechende Anzeigen zu finden sind, auch wenn dieses Blatt Ordnungsmodelle vertritt, die den Interessen der Wirtschaftsgruppen widersprechen.

Was die Kontrolle der Massenmedien durch ihre Konsumenten anbelangt, so fehlt bei den öffentlich-rechtlichen Medien eine solche Kontrolle fast vollständig. Man kann zwar abstellen, zahlt aber weiter, d.h. die Sanktion trifft nicht, oder man muß abmelden und verliert damit grundsätzlich die Option zur Nutzung dieses Mediums.

Eine Kontrolle der öffentlich-rechtlichen Medien ist hier nur bedingt in den Rechten der Landesparlamente enthalten, die rechtlichen Grundlagen der Autonomie der öffentlichen Anstalten aufzuheben. Dies aber bedeutet auch keine Kontrolle bei der Programmgestaltung im einzelnen. Ob diese von den Rundfunkräten ausgeübt wird, ist zweifelhaft, demokratische Legitimation haben sie ohnehin nicht. Das bedeutet: Die Einführung des Organisationsprinzips Demokratie könnte z.B. zu einer verstärkten Kontrollmöglichkeit durch die Parlamente führen. Dies wäre zweifellos unzweckmäßig, weil es zu den Aufgaben der Medien gerade gehört, ihre Aufgabe unabhängig von den politischen Parteien wahrzunehmen. Insofern läßt sich feststellen, daß in diesem Fall die Anwendung des demokratischen Ordnungsprinzips disfunktional ist.

Was die Unabhängigkeit der öffentlich-rechtlichen Medien von den politischen Parteien anbelangt, so zeigt sich diese Unabhängigkeit überhaupt grundsätzlich bei allen Konsumenten. Denn die Kontrolle der öffentlich-rechtlichen Medien erfolgt – neben Sanktionsmittel durch die Konsumenten – durch Gremien mit unterschiedlicher Gruppenvertretung, die einerseits zum Ziel hat, zu verhindern, daß eine Gruppe einen dominierenden Einfluß auf die Gestaltung der Sender gewinnt, und andererseits anstrebt, die inhaltliche Gestaltung der Programme insgesamt vom Publikumsgeschmack unabhängig zu machen. Die bestehende Organisationsform strebt also – mit Erfolg – das Gegenteil einer demokratischen Ordnungsform in den Rundfunkanstalten an, nicht die Abhängigkeit, sondern die Unabhängigkeit vom Konsumenten wird angestrebt und realisiert. Während bei den Zeitungen und Zeitschriften zwar eine grundsätzliche Orientierung am Leser erfolgt, diese aber durch ungleiche Beeinflussungschancen verzerrt werden kann, ist und soll der Rundfunk und das Fernsehen von seinen Konsumenten unabhängig sein.

Eine andere Möglichkeit besteht in der Einführung marktwirtschaftlicher Kontrollsysteme, die dem Bürger im Einzelfall die Akzeptanz oder Nichtakzeptanz einer Sendung erlauben. Pay T. V. bedeutet in diesem Sinne die Anwendung des Ordnungsprinzips der Demokratie mit Hilfe des Sanktionsmittels Abwanderung, das als funktionsgerecht angesehen werden kann. Dies gilt sowohl für die privatwirtschaftliche wie auch die öffentlich-rechtliche Struktur solcher Mediensysteme.

Unstrittig ist darüber hinaus, daß die Einführung irgendwelcher erweiterter Mitbestimmungsregelungen für Redakteure oder sonstige Personen mit der Anwendung des Demokratiprinzips nichts gemein hat. In diesem Zusammenhang wird gerne ein Etikettenschwindel in dem Sinne betrieben, daß nämlich in der Bevölkerung oder der Demokratisierungsdiskussion unter dem Begriff der „Demokratisierung der Massenmedien" zumeist eine Übertragung von mehr Mitspracherechten an Redakteure verstanden wird, so daß die Entscheidung über die Gestaltung einer Zeitung oder Zeitschrift z.B. einer Versammlung der Redakteure unterliegt. Dies ist jedoch falsch, da dies nicht die Anwendung des Organisationsmodells Demokratie auf die Organisation einer Zeitung oder Zeitschrift oder des Rundfunks oder Fernsehens bedeutet.

5.4. Unternehmungen

Die Aufgabe von Unternehmungen ist die Erstellung von Gütern und Dienstleistungen, wobei der Relation von Preis und Qualität eine entscheidende Bedeutung zukommt. Sie erfüllen diese Aufgabe für ihre potentielle Kunden, die ihrerseits durch ihre Kaufentscheidung die Unternehmenspolitik mitbestimmen. Insofern ist bei einer marktwirtschaftlichen Ordnung das Ordnungsprinzip Demokratie durch das Sanktionsinstrument Abwanderung verwirklicht. Die Einführung von Mitbestimmungsregelungen stellt dagegen etwas anderes dar. Sie räumen besondere Rechte für die Repräsentanten des Produktionsfaktors Arbeit ein, die bislang den Repräsentanten der Produktionsfaktoren Kapital und Disposition vorbehalten waren. Über die Zweckmässigkeit solcher Organisationsformen kann man unter verschiedenen Fragestellungen diskutieren. Die Übernahme des Organisationsprinzips Demokratie bedeuten sie jedenfalls nicht unbedingt.

Autoren wie Gerhard und Helmut Willke[14] sind jedoch der Ansicht, daß eine Demokratisierung der Produktionssphäre dringend notwendig ist. Ihrer Ansicht nach kann man nicht davon abstrahieren, daß Produktion heute arbeitsteilige, somit gesellschaftliche ist, daß die Faktoren wie Arbeit, Wissen, Technologie oder natürliche Ressourcen gesellschaftliche Faktoren sind, daß die Produktionssphäre eine Kernsphäre der Gesellschaft ist und damit die materielle Reproduktion der Gesellschaft die öffentliche Angelegenheit überhaupt ist.

Öffentliche Wirtschafts- und Finanzpolitik, ein immer weitergehender staatlicher Interventionismus deuten hier an, daß man zwar den Prozeß im ganzen als öffentlich sieht, nicht aber den Kern dieses Prozesses, die Entscheidungen nämlich, was produziert und unter welchen Bedingungen produziert wird. Diese Entscheidungen dürfen gesellschaftlicher Mitgestaltung und Kontrolle nicht vorenthalten werden, denn sie betreffen unmittelbar die Produktionsverhältnisse – die nach Marx „die überkommenen und im Zuge der indu-

14 Willke, Gerhard und Helmut, a.a.O, S. 33-62

striellen Entwicklung hervorgebrachten gesellschaftlichen Macht- und Abhängigkeitsverhältnisse“[15] widerspiegeln.

Mit der Zielvorstellung einer sozialen Wirtschaft – in der gleichwohl Freiheitlichkeit und Initiative erhalten bleiben sollen – ist es jedoch unvereinbar, daß „weiterhin durch den ökonomischen Prozeß Herrschaft über den Menschen“[16] unlegitimiert unausgeübt wird. Auch im Produktionsbereich ist Herrschaft abzubauen, sofern sie sich nicht funktional legitimieren läßt – und zwar von den Betroffenen.

Es berührt die Allgemeinheit in starkem Maße, was ein Unternehmen herstellt, ob Rüstungsgeräte, Medikamente oder Information. Nach wie vor aber ist das im wesentlichen eine private Entscheidung, die sich an Profitchancen ausrichtet und nicht am gesellschaftlichen Nutzen.

Es berührt die Öffentlichkeit, ob Menschen Arbeit haben oder arbeitslos werden. Im wesentlichen beruht das aber auf den Investitionsentscheidungen privater Unternehmer, die sich wiederum nach Profitchancen richten, nicht nach gesellschaftlichen Bedürfnissen. Es berührt daher die Öffentlichkeit, ob die Arbeitenden den Wert ihrer Arbeit vergütet bekommen oder nur als Kostenfaktor betrachtet werden, ob im Produktionsbereich der Mensch als Untertan behandelt wird und ob die Lebensbedingungen insgesamt von einem Produktionsprozeß diktiert werden, den die Öffentlichkeit in schwindendem Maße übersehen, geschweige denn kontrollieren kann.

Was wird man von einem Mann erwarten können, der sein Leben lang in einem abhängigen Arbeitsverhältnis und mit entfremdender Arbeit zugebracht hat, als daß er auch in allen anderen Bereichen seines Lebens nur noch funktioniert, sei es im Konsumverhalten, im Kulturbetrieb, in seiner Freizeitgestaltung oder im politischen Verhalten. Er wird manipulierbares Anhängsel eines Systems, dem das Funktionieren zum Fetisch geworden ist, in dem sich so die „Transformation zur modernen Unterordnung“[17] vollzieht.

Ist nun die Produktionssphäre als gesellschaftliche, und damit der Öffentlichkeit zugänglich zu machende erkannt, dann wird es notwendig, für die dortigen Entscheidungsprozesse die demokratischen Normen der Gesellschaft anzulegen, die einen Anspruch darauf hat, ihre öffentlichen Angelegenheiten selbst zu regeln.

---

15 Gurland, A. R. L., Zur Theorie der sozialökonomischen Entwicklung der gegenwärtigen Gesellschaft, in: Adorno, Th. W., Spätkapitalismus oder Industriegesellschaft?, Stuttgart 1969, S. 29, zit. in: Willke, Gerhard und Helmut, a.a.O, S. 52

16 Adorno, Th. W., Spätkapitalismus oder Industriegesellschaft?, Stuttgart 1969, S. 17, zit. in: Willke, Gerhard und Helmut, a.a.O, S. 52

17 Agnoli/Brückner, Transformation der Demokratie, Frankfurt 1968, S. 13, zit. In: Willke, Gerhard und Helmut, a.a.O., S. 54

Diese Forderung wird typischerweise mit dem Hinweis abgewehrt, die Funktionsweise der Produktionssphäre lasse es nicht zu. Die gerade bestehende Art des Funktionierens wird zu *der* Funktionsweise schlechthin erhoben. Es wird auch nicht gesehen, daß gerade darin ein Grund zur Kritik liegt, daß die jetzt funktionierende Wirtschaftsordnung die Forderung nach einer weitergehenden Demokratisierung nicht zuzulassen scheint. Ist eine „demokratischere" Organisationsform der Wirtschaft, die „trotzdem" funktioniert, so undenkbar? Ist der Weg zur „Wirtschaftsdemokratie" unvermeidlich der Weg ins Wirtschaftschaos? Oder sind nur ganz bestimmte Interessenten darum bemüht, die bestehenden Funktionsweisen zum Fetisch zu erheben?

Hier versperren kurzsichtige Profit- und Herrschaftsinteressen den Weg zu besserer Einsicht. Denn die Forderung nach stärkerer Partizipation, nach weitergehender Einbeziehung der Produzierenden in die Gestaltungs- und Entscheidungsvorgänge ist unter dem Gesichtspunkt menschenwürdiger Produktionsverhältnisse selbst dann gerechtfertigt, wenn das auch zu einer gewissen Beeinträchtigung der Effizienz des Wirtschaftssystems führen würde – was offensichtlich von vielen befürchtet wird.

Gerhard und Hellmut Willke sind jedoch gerade der gegenteiligen Ansicht, daß mittel- und langfristig, unter den Erfordernissen des Produktionsprozesses mit seiner hochentwickelten Technologie und Automatisierung, nur durch eine wachsende Übertragung von Mitverantwortung und Einbeziehung aller Mitarbeiter in die Entscheidungsvorgänge die Effizienz des Wirtschaftssystems erhalten werden kann. Die partizipatorischen „Reibungsverluste", die es wohl geben könnte, würden durch eine gesteigerte Interessiertheit der Produzierenden mehr als ausgeglichen werden.

Nach Gerhard und Helmut Willke ist die Überwindung der „anerzogenen Dummheit"[18] sind Aufklärung und Emanzipation dringender denn je geboten. Dies gilt vor allem hinsichtlich der Produktionssphäre, wo der einzelne die Auswirkungen der irrationalen Verhältnisse – trotz aller Rationalität – unmittelbar zu spüren bekommt.

5.5. Verbände

Aufgabe der Verbände ist die Interessenvertretung ihrer Mitglieder, für die sie ausschließlich diese Aufgabe erfüllen. Die Anwendung des Organisationsprinzips Demokratie mit Hilfe des Sanktionsinstruments Widerspruch auf die innere Struktur der Verbände würde also entsprechende Einflußmöglichkeiten

18 Mitscherlich, Alexander, Rede zur Verleihung des Friedenspreises, in: Spiegel, Nr. 42/1969, zit. in: Willke, Gerhard und Helmut, a.a.O, S. 55/56

der Verbandsmitglieder auf die Auswahl der Verbandsführung und ihrer Politik haben. Unabhängig davon besteht natürlich gerade bei Verbänden das Sanktionsmittel Abwanderung in besonders ausgeprägter Form. Unvereinbar mit diesem Organisationsprinzip ist die Mitgliedschaft mit Stimmrecht kraft Amtes von angestellten Verbandsfunktionären auf Verbandstagen, wie das gerade bei den Gewerkschaften häufig der Fall ist. Interessanterweise wird die Anwendung des Organisationsprinzips Demokratie auf Verbände bei der Frage der Demokratisierung von gesellschaftlichen Subsystemen kaum gefordert. In der Diskussion befindet sich jedoch schon seit mehreren Jahren die Forderung nach einem Verbändegesetz, um u.a. auch die innerverbandliche Demokratie analog zur innerparteilichen Demokratie in einem Gesetz festzuschreiben.

5.6. Parteien

Aufgabe der Parteien ist die Rekrutierung der politischen Eliten, die Entwicklung politischer Konzepte, das Streben nach politischer Macht und, wenn dieses erreicht ist, deren Ausübung im Interesse ihrer Anhänger. Schwieriger ist die Frage, für wen sie diese Aufgaben erfüllen. Mit ihrer Funktionserfüllung bewirken sie einen wesentlichen Beitrag für das Funktionieren des politischen Systems selbst, indem sie nach Art. 21 Abs. 1 Satz 1 GG bei der politischen Willensbildung des Volkes mitwirken. Sie dienen dem Ganzen, indem sie formal diese Aufgaben für ihre Anhänger erfüllen. Insofern ist es korrekt, diese Anhänger als die Betroffenen und damit Kontrollberechtigten zu nennen. Wer aber sind diese Anhänger: die aktiven Mitglieder, die Mitglieder oder die Wähler? Die Verfassungswirklichkeit der Bundesrepublik Deutschland, in der etwa 10 % der Mitglieder, das sind etwa 200 000 Menschen[19], aktiv an den parteiinternen Wahlen einschließlich der Kandidatenaufstellung mitwirken, provoziert geradezu den Ruf nach „mehr Demokratie“, d.h. der Erweiterung der Zahl der aktiv Mitwirkenden. Die Enquete-Kommission zur Reform des Grundgesetzes hat dementsprechend konsequenterweise die Einführung der Briefwahl für parteiinterne Wahlen gefordert.

Die SPD hat am 13. Juni 1993, als Vorreiter in Sachen „mehr Demokratie“ und ganz im Sinne des Art. 21 Abs. 1 Satz 2 GG, wonach die innere Ordnung der Parteien demokratischen Grundsätzen entsprechen muß, die Direktwahl ihres Bundesvorsitzenden durch die Parteimitglieder durchgeführt. Entgegen anfänglichen Bedenken, daß vielleicht nur ein kleiner Prozentsatz der Mitglie-

19 Bundesrepublik (West), Stand 1986, vgl. Hattenhauer, H./Kaltefleiter, W. (Hrsg.), Mehrheitsprinzip, Konsens und Verfassung, Heidelberg 1986, S. 149

der an der Urwahl des Bundesvorsitzenden teilnehmen würde, ergab sich eine Wahlbeteiligung von immerhin 56,6 %[20]. Zwar war die auf diese Art erfolgte Wahl des Vorsitzenden eigentlich keine verbindliche Wahl, jedoch konnte oder wollte sich auf dem der Wahl folgenden Bundesparteitag, auf dem der zukünftige Parteivorsitzende noch einmal formell durch die Delegierten gewählt wurde, keiner der Verlierer der Wahl oder gar Delegierte gegen den Gewinner, Rudolf Scharping, stellen. Dieser hatte bei der Direktwahl immerhin eine Zustimmung von über 40 % der Parteimitglieder[21] erfahren. Es handelte sich somit faktisch doch um eine verbindliche Wahl durch die Parteimitglieder.

Das Beispiel der Urwahl des Parteivorsitzenden durch die Mitglieder der SPD hat die anderen Parteien stark beeinflußt, so daß nun auch in der CDU/CSU und der FDP Stimmen laut werden nach diversen Möglichkeiten der Urwahl von Parteivorsitzenden u.a.m.

Ebenfalls initiiert hat die SPD die Möglichkeit, Nichtmitglieder an parteilichen Veranstaltungen, d.h. Arbeitskreisen u.a., teilnehmen zu lassen, um so mehr Bürger und Interessierte an Veranstaltungen der Partei mitwirken zu lassen und gegen die z.Zt. vielbeschworene Politikverdrossenheit anzugehen.

Mit dem Organisationsprinzip Demokratie wäre auch die geschlossene Vorwahl nach dem amerikanischen Muster vereinbar, also jener Typ von Vorwahl, an dem die registrierten Anhänger der jeweiligen Parteien teilnehmen. Gerade dies ist jedoch ein gutes Beispiel dafür, daß bei solchen Subsystemen das Organisationsprinzip Demokratie nicht verabsolutiert werden darf. Das amerikanische Beispiel zeigt, wie sehr Vorwahlen die organisatorische Kohärenz von Parteien zerstören und damit die Funktionsfähigkeit im Hinblick auf die Mehrheitsbildung im gesamten System in Frage stellen.

Wie bei Verbänden besteht natürlich auch bei Parteien das Sanktionsmittel Abwanderung ohne Einschränkung.

5.7. Kirchen

Fragt man bei den Kirchen nach deren Aufgabe, so ergeben sich diese aus dem göttlichen Stiftungscharakter der Kirchen: Die Weitergabe der Lehren Christi. Ob jedoch dieser Ursprung und die Sendung der Kirchen und der kirchlichen Ämter es zuließen, daß über Fragen des Glaubens mittels Mehrheitsentscheid verfügt werde, ist fraglich. Schon Martin Niemöller hat auf einer Hessen-

20 Spiegel, Nr. 25, 47. Jahrgang, 21. Juni 1993, S. 22f.
21 Ebd.

Nassauischen Synode geäußert: „Die Kirche sei keine Demokratie, weil sie einen Herrn hat. Wer das nicht begreife, solle die Finger von ihr lassen.“[22]

Die Betroffenen bei der Frage nach der Demokratisierung der Kirchen sind die Gläubigen. Ihnen sollen Mitspracherechte bei kirchlichen Dingen, in der Gemeinde und in der kirchlichen Praxis eingeräumt werden. Will man die Frage der Demokratisierung der Kirchen klären, so muß man zunächst zwei Unterscheidungen treffen: Die des Organisationmodell Demokratie als Herrschaftsform und diejenige als Lebensform im Zusammensein von Menschen in unterschiedlichen Bereichen der Gesellschaft.

Analog zu der Organisationsform Demokratie des Staates als Herrschaftsform gibt es diese Möglichkeit bei der Kirche nicht. Denn erstens handelt es sich bei der Kirche um eine Gesellungsform sui generis, die mit der staatlichen auch von ihrem Gesellungszweck her nicht vergleichbar ist. Zweitens ist der Begriff der Herrschaft dem Wesen der Kirche unangemessen. Und drittens ist die Grundverfassung der Kirche mit ihrer göttlichen Stiftung gegeben, in die die Unverfügbarkeit des Amtes einbegriffen ist.

Glaubensvorstellungen können von daher nicht zur Disposition der Mehrheit stehen. In einem anderen Sinne wäre jedoch eine demokratische Grundverfassung der Kirche im Sinne einer „wertgebundenen Demokratie“ möglich – in Analogie zum Grundgesetz. Macht man sich deutlich, daß es auch in einer Demokratie Dinge gibt, über die nicht abgestimmt werden kann, so verliert eine Analogie zwischen politischer und kirchlicher Demokratie das Gewaltsame und Abschreckende, das sie zweifellos für viele Kirchenglieder hat. Wie beim Staat, geht es bei den Kirchen um deren Grundgestalt und somit um die Bewahrung der fundamentalen Identität der Gemeinschaft. Diese Grundgestalt der Kirchen ist gegeben durch den Glauben an Jesus Christus und die aus der gläubigen Nachfolge fließende Einheit der Kirchenglieder. Wie schon erwähnt, könnte dieser Gundbestand nicht Gegenstand demokratischer Mehrheitsentscheidungen sein. Ein kirchliches „Grundgesetz“ könnte nur den Sinn haben, ihn der Sphäre des Strittigen und Umkämpften zu entziehen und ihn zu verstetigen – eben in Analogie zur verfassungsstaatlichen Einhegung der politischen Demokratie. Denn Glaube und Dogma sind, analog gesprochen, die Verfassungssubstanz der Kirchen. Sie gehören zum „unabänderlichen Verfassungsrecht“.

In Bezug auf das Organisationsmodell Demokratie als Lebensform im Zusammensein von Menschen in unterschiedlichen Bereichen der Gesellschaft kann man jedoch sagen, daß für die Kirchen als menschliche Gesellungsform in einem fundamentalen Sinne das Gleichheitsprinzip gilt und sich daraus die

---

22 Evangelische Kommentare, Januar 1969, S. 27, zit. in: o. V., Wie ist Demokratie in der Kirche möglich?, in: Herder Korrespondenz, 23. Jahrgang 1969, S. 99

Pflicht der Kirchen zur Wahrung der Grundrechte innerhalb ihrer selbst und in Bezug auf ihren eigenen Gesellungszweck ergibt. Insoweit sind demokratische Lebensformen in den Kirchen nicht nur möglich, sondern sogar verpflichtend. Dort, wo in der Kirche Entscheidungen getroffen werden, geht es nicht nur um die Reinerhaltung der Glaubensinhalte – und somit um den Grundbestand der Kirchen –, sondern in der Mehrzahl um praktische Entscheidungen, die den einzelnen und die Gestaltung kirchlichen Lebens betreffen. In diesem Rahmen haben auch demokratisch gewählte Organe und Mehrheitsentscheidungen ihren Sinn.

Im konkreten Sinne betrifft dies z. B. das Kirchenrecht, das in vielen Punkten revisionsbedürftig geworden ist. Die Angleichung kirchlicher Normen an das rechtsstaatliche Niveau der weltlichen Gesellschaft ist eine dringende Aufgabe. Hier könnte eine stärkere Demokratisierung von großem Nutzen sein. Doch sollte man sich hüten, das Allheilmittel in einer Demokratisierung derart zu sehen, daß gegen „autoritäre Entscheidungen" des Amtes die Macht kirchlicher Räte oder irgendwelcher Solidaritäts- und Verbandsgruppen aufgeboten wird. Rechtsstaatlichkeit bedeutet vielmehr klare Kompetenzordnung, um das oft anarchische Neben- und Gegeneinander alter und neuer „Mächte" in der Kirche abzufangen und der sich rasch verbreitenden Vorstellung entgegenzuwirken, Pfarrer, Kapläne, Bischöfe und Räte seien so etwas wie Tarifparteien, die in Arbeitskämpfen um Macht und Einfluß konkurrieren.

Ein weiterer Bereich ist der der Gewaltengliederung in den Kirchen. Es sollte eine deutlichere Scheidung der bis jetzt noch einheitlichen Gewalten der Gesetzgebung, der Exekutive, der Judikative – wie z. B. kirchliche Verwaltungsgerichte, die unabhängig von der Exekutive sind, oder Hineinwachsen der Laien in die Teilhabe an der kirchlichen Gesetzgebung – stattfinden; desweiteren eine deutlichere Scheidung zwischen der heiligen Gewalt, die unaufgebbar ist und mit dem Stiftungscharakter zusammenhängt, und jeder anderen politischen Gewalt der Kirchen.

Am weitesten ist wohl schon der Prozeß der Demokratisierung im Bereich der sogenannten Räte fortgeschritten. Die „Synodalisierung" auf Pfarrei-, Dekanats- und Diözesanebene ist zurecht in vollem Gang. In ersten euphorischen Erklärungen sprach man in diesem Zusammenhang von einer Erneuerung der altchristlichen Synodalstruktur der Kirchen; inzwischen hat man freilich erkannt, daß die neuen Institutionen nicht nur ein potentieller demokratischer Zuwachs sind, sondern auch Schwierigkeiten mit sich bringen.

6. Fazit

Die oben angeführten Beispiele zur Demokratisierung von gesellschaftlichen Subsystemen – von Familie und Schule, Hochschulen, Massenmedien, Unternehmungen, Verbänden, Parteien und Kirchen – verdeutlichen, daß unter dem Etikett Demokratisierung sehr unterschiedliche Ordnungsmodelle gefordert wurden, denen alle das positiv geladene Wort Demokratie zugesprochen wurde, um ihre Akzeptanz zu erhöhen, obwohl sie häufig mit dem Ordnungsmodell Demokratie nichts gemein hatten. Es handelt sich somit um eine semantische Strategie zur Durchsetzung sehr unterschiedlicher Interessen, wie man das häufig in der politischen Auseinandersetzung beobachten kann.

Ob das Ordnungsmodell Demokratie auf andere Subsysteme übertragen werden kann, kann nicht generell entschieden werden, sondern hängt von der jeweiligen Aufgabenstellung des Subsystems ab. Dabei gilt, daß Institutionen, bei denen die Betroffenen der Aufgabenstellung unschwer abgrenzbar sind – bei z.B. Parteien und Verbänden –, noch am ehesten geeignet sind, das Ordnungsprinzip Demokratie für ihre innere Gestaltung zu verwenden. Wo dies nicht der Fall ist (z.B. bei Unternehmen oder Massenmedien), ergeben sich erhebliche Schwierigkeiten, wenn man nicht die Einbettung in eine marktwirtschaftliche Wettbewerbsordnung als ein Ordnungsprinzip Demokratie mit variabler Wählerschaft (gleich Kundenschaft) versteht.

7. Bibliographie

Alemann, Ulrich von, Partizipation – Demokratisierung – Mitbestimmung, Opladen 1975

Erhard, Ludwig/Brüß, Kurt/Hagemeyer, Bernhard (Hrsg.), Grenzen der Demokratie?, Düsseldorf 1973

Friedrich, Carl Joachim, Demokratie als Herrschafts- und Lebensform, Heidelberg 1959

Greiffenhagen, Martin (Hrsg.), Demokratisierung in Staat und Gesellschaft, München 1973

Hattenhauer, H./Kaltefleiter, W. (Hrsg.), Mehrheitsprinzip, Konsens und Verfassung, Heidelberg 1986

Held, David, Models of Democracy, Cambridge 1987

Hellwig, Achim, Die Demokratisierung der Universität, Köln 1972

Hennis, Wilhelm, Die mißverstandene Demokratie, Freiburg 1973

Leuninger, Ernst, Wir sind das Volk Gottes!, Frankfurt 1992

o. V., Wie ist Demokratie in der Kirche möglich?, in: Herder Korrespondenz, 23. Jahrgang 1969, S. 97-101

Pateman, Carole, Participation and Democratic Theory, Cambridge 1974

Pelinka, Anton, Dynamische Demokratie, Stuttgart 1974

Rahner, Karl, Demokratie in der Kirche?, in: Stimmen der Zeit, Heft 7, Juli 1968, S. 1-15

Sartori, Giovanni, Demokratietheorie, Darmstadt 1992

Schultz, Hans Jürgen, Politik für Nichtpolitiker, Bd. 1, Stuttgart 1969

Vilmar, Fritz, Strategien der Demokratisierung, 2 Bde., Darmstadt 1973

Wiesendahl, Elmar, Moderne Demokratietheorie, Frankfurt 1981

Willke, Gerhard und Helmut, Die Forderung nach Demokratisierung von Staat und Gesellschaft, in: Aus Politik und Zeitgeschichte, Heft B 7/70, S. 33-62

Der Vergleich bei Emile Durkheim und Max Weber

Inhaltsverzeichnis

1. Einleitung

In dieser Abhandlung soll die vergleichende Methode von Emile Durkheim und Max Weber dargelegt werden.

Im ersten Abschnitt wird die vergleichende Methode von Emile Durkheim behandelt, wie er sie in „Die Regeln der soziologischen Methode" entwickelt hat. Als weiteres wird dann die vergleichende Methode bei Max Weber erläutert. Da Weber die vergleichende Methode, die er in seinen Arbeiten verwendet, nicht in einem Werk explizit dargelegt hat, wird hier auf mehrere Arbeiten eingegangen, in denen er Überlegungen zur vergleichenden Methode geäußert hat.

Nach der Darstellung der vergleichenden Methode der beiden Autoren, wie sie sie in ihren Werken dargelegt haben, soll dann die vergleichende Methode bei Emile Durkheim und Max Weber selbst miteinander verglichen werden, d.h. weshalb verwenden sie die vergleichende Methode, was sind ihre Ziele dabei, wie ist ihre Vorgehensweise und vor allem – was sind die Unterschiede in der Anwendung der vergleichenden Methode bei beiden Autoren.

Abschließend soll dann die vergleichende Methode noch einmal explizit anhand einiger Beispiele aus den Werken der beiden Autoren, in denen sie vergleichend vorgegangen sind, dargelegt werden.

Es wird zu zeigen sein, daß die Vorgehensweise der beiden Autoren sich manchmal ähnelt, die Voraussetzungen und Absichten bei der Anwendung der vergleichenden Methode und auch die Ergebnisse, zu denen die beiden Autoren gelangen, sich jedoch weitestgehend widersprechen.

2. Emile Durkheim: Die Regeln der soziologischen Methode

Durkheim stellt in seinem Werk „Die Regeln der soziologischen Methode" Regeln auf, wie man sich sozialen Phänomenen zu nähern hat, indem er „die Vorsichtsmaßnahmen, die bei der Beobachtung der Tatsachen zu beachten sind, die Art und Weise, in der die wichtigsten Probleme gestellt werden müssen, die Richtung, die die Untersuchungen einschlagen müssen, die besonderen Techniken der Forschung (...) [und] die Regeln für die Beweisführung"[1] näher erläutert. Die Regeln sollen im folgenden dargelegt und z.T. erläutert werden.

1 Durkheim, Emile, Die Regeln der soziologischen Methode, 2. Auflage, Frankfurt 1991, S. 103

Durkheim geht bei der Aufstellung der Regeln von einer Scheidung zwischen Soziologie und Psychologie analog der zwischen Biologie und den physikalisch-chemischen Wissenschaften aus. Diese Anlehnung der Sozialwissenschaften an die Naturwissenschaften ist wahrscheinlich zurückzuführen auf die fortschreitenden Erfolge in den Naturwissenschaften am Ende des 19. Jahrhunderts, als Durkheim „Die Regeln der soziologischen Methode" schrieb und veröffentlichte, und die Orientierung der Sozial- und Geisteswissenschaften an diesen neu entstandenen Naturwissenschaften. Diese Anlehnung taucht noch an weiteren Stellen in seinem Werk auf.

Seine erste Regel betrifft die Frage: „Was ist ein soziologischer Tatbestand?":

Regel: Ein soziologischer Tatbestand ist jede mehr oder minder festgelegte Art des Handelns, die die Fähigkeit besitzt, auf den Einzelnen einen äußeren Zwang auszuüben; oder auch, die im Bereiche einer gegebenen Gesellschaft auftritt, wobei sie ein von ihren individuellen Äußerungen unabhängiges Eigenleben besitzt.

Soziologische Tatbestände sind somit eine besondere Klasse von Tatbeständen von sehr speziellem Charakter: sie bestehen in besonderen Arten des Handelns, Denkens und Fühlens, die außerhalb der Einzelnen stehen und mit zwingender Gewalt ausgestattet sind, kraft deren sie sich ihnen aufdrängen. Durkheim stellt hiermit eine Lehre vom Kollektivbewußtsein auf, auf die später noch weiter eingegangen werden soll.

Die zweite Regel betrifft die „Betrachtung der soziologischen Tatbestände":

Regel: Die soziologischen Tatbestände sind wie Dinge zu betrachten.
Es ist notwendig, alle Vorbegriffe systematisch auszuschalten.

Außerdem sind die Dinge, die ein Soziologe behandelt, zu definieren, damit man weiß, um welches Problem es sich handelt.

Die dritte Regel betrifft die „Unterscheidung des Normalen und des Pathologischen":

Regel: 1. Ein soziales Phänomen ist für einen bestimmten sozialen Typus in einer bestimmten Phase seiner Entwicklung normal, wenn es im Durchschnitt der Gesellschaften dieser Art in der entsprechenden Phase ihrer Evolution auftritt.

2. Die Ergebnisse dieser Methode kann man verifizieren, indem man nachweist, daß bei dem betrachteten sozialen Typus die Allgemeinheit des Phänomens in den allgemeinen Bedingungen des Kollektivlebens begründet ist.
3. Diese Verifikation ist notwendig, wenn sich die Tatsache auf eine soziale Art bezieht, die ihre Entwicklung noch nicht vollständig abgeschlossen hat.

Eine weitere, die vierte Regel betrifft die „Aufstellung der sozialen Typen":

Regel: Zunächst sind Gesellschaften nach dem Grad ihrer Zusammengesetztheit zu klassifizieren, wobei die vollkommen einfache oder monosegmentäre Gesellschaft als Grundlage zu nehmen ist; innerhalb dieser Klassen sind verschiedene Abarten zu unterscheiden, je nachdem eine vollständige Verschmelzung der ursprünglichen Segmente stattfindet oder nicht.

Für Durkheim gibt es „also soziale Arten aus demselben Grunde wie es in der Biologie Arten gibt"[2]. Diese Orientierung der Soziologie an der Biologie wurde weiter oben schon erwähnt und taucht noch an weiteren Stellen in Durkheims Werk auf.

Durkheim entwickelt mit dieser Regel eine sogenannte soziale Morphologie. Diese soziale Morphologie ist der Teil der Soziologie, dessen Aufgabe es ist, die sozialen Typen zu bilden.

Durkheim geht bei dieser Aufstellung der sozialen Typen von der einfachsten Gesellschaft aus: Der Horde. Die Horde ist für ihn das Grundelement aller sozialen Arten. Aus diesem Grundelement läßt sich nach Durkheim eine „vollständige Stufenleiter der sozialen Typen (...) konstruieren. Man wird so viele Grundtypen unterscheiden, als Kombinationsmöglichkeiten der Horden untereinander und der durch deren Verbindung entstehenden Gesellschaften vorhanden sind."[3]

Aus dem Grundelement der Horde bildet er als erstes die monosegmentäre Gesellschaft, die der Horde selbst entspricht. Als zweites lassen sich die einfachen polysegmentären Gesellschaften bilden, die „durch bloße Wiederholung von Horden (...) aufgebaut sind,"[4] ohne daß die Horden untereinander derart verknüpft wären, daß Zwischengruppen zwischen der Gesamtgruppe, die sie

2 Ebd., S. 174
3 Ebd., S. 171
4 Ebd.

alle umschließt, und jeder Einzelgruppe vorkommen; sie sind einfach nebengeordnet wie die Individuen in der Horde.

Als weiteres ließen sich „die aus einer Vereinigung von Gesellschaften der vorerwähnten Art hervorgehenden, d. h. *einfach zusammengesetzten polysegmentären Gesellschaften*"[5] bilden. „Schließlich wird man den *zweifach zusammengesetzten polysegmentären Gesellschaften* begegnen, die aus der Nebenordnung oder Verschmelzung mehrerer einfach zusammengesetzter polysegmentärer Gesellschaften entstehen."[6] Auf diese Art und Weise ließe sich, wie oben schon erwähnt, eine vollständige Klassifikation von Gesellschaften vornehmen.

Die fünfte Regel bezieht sich auf die „Erklärung der soziologischen Tatbestände":

Regel: 1. Wird also die Erklärung eines sozialen Phänomens in Angriff genommen, so muß die wirkende Ursache, von der es erzeugt wird, und die Funktion, die es erfüllt, gesondert untersucht werden.
2. Die bestimmende Ursache eines soziologischen Tatbestandes muß in den sozialen Phänomenen, die ihm zeitlich vorausgehen, und nicht in den Zuständen des individuellen Bewußtseins gesucht werden.
Die Funktion eines sozialen Phänomens muß immer in Beziehung auf einen sozialen Zweck untersucht werden.
3. Der erste Ursprung eines jeden sozialen Vorgangs von einiger Bedeutung muß in der Konstitution des inneren sozialen Milieus gesucht werden.

Die Elemente, aus denen sich dieses innere soziale Milieu zusammensetzt, sind Personen und Dinge. Die Eigentümlichkeiten des Milieus, die auf den Ablauf der sozialen Phänomene einzuwirken vermögen, sind zum einen die Zahl der sozialen Einheiten (Volumen der Gesellschaft) und zum anderen der Konzentrationsgrad der Massen (dynamische Dichte).

In den Darlegungen Durkheims zu dieser Regel taucht an verschiedenen Stellen immer wieder seine These des Kollektivbewußtsein oder, wie man es auch nennen könnte, „Volksgeistes" auf, wie es weiter oben schon erwähnt wurde. Um diese Darlegungen etwas zu verdeutlichen, soll hier eine kurze Stelle aus „Die Regeln der soziologischen Methode" zitiert werden:

„Es ist im Gegenteil klar, daß die allgemeinen Eigenschaften der menschlichen Natur an der Wechselwirkung, aus der sich das soziale Leben ergibt, teil-

5 Ebd. Die Hervorhebungen, auch in anderen Zitaten, sind – soweit nicht anders vermerkt – vom jeweiligen Autor.

6 Ebd., S. 172

haben. Allein sie rufen es weder hervor, noch geben sie ihm seine besondere Form; sie tun nichts, als es zu ermöglichen. Die kollektiven Vorstellungen, Emotionen und Triebe haben ihre erzeugenden Ursachen nicht etwa in gewissen Zuständen des individuellen Bewußtseins, sondern in den Verhältnissen, in denen sich der soziale Organismus als Ganzes befindet. Allerdings können sie nur dann wirksam werden, wenn die Natur der Individuen ihnen nicht unbedingten Widerstand leistet; doch ist die letztere nur der Rohstoff, den der soziale Faktor formt und umwandelt."[7]

Die sechste Regel betrifft die „Beweisführung":

Regel: Zu derselben Wirkung gehört stets dieselbe Ursache.

Hier sei als kleiner Exkurs erwähnt, ohne den folgenden Abschnitten vorwegzugreifen, daß Weber in diesem Punkt genau das Gegenteil behauptet, nämlich daß es möglich ist, daß verschiedene Sätze von Ursachen dieselbe Wirkung verursachen.

Bei dieser Regel kommt Durkheim dann auf die vergleichende Methode in der Soziologie zu sprechen. Er äußert sich dazu folgendermaßen: „Wir verfügen nur über ein einziges Mittel, um festzustellen, daß ein Phänomen Ursache eines anderen ist: das Vergleichen der Fälle, in denen beide Phänomene gleichzeitig auftreten oder fehlen, und das Nachforschen, ob die Variationen, die sie unter diesen verschiedenen Umständen zeigen, beweisen, daß das eine Phänomen vom anderen abhängt. Wenn die Phänomene nach Belieben des Beobachters künstlich erzeugt werden können, handelt es sich um die Methode des Experiments im eigentlichen Sinne. Wenn hingegen die Erzeugung der Tatsachen nicht in unsere Willkür gestellt ist und wir nur die spontan entstandenen Umstände einander nahebringen können, so ist die hierbei verwendete Methode die des indirekten Experiments oder die vergleichende Methode."[8] „Da sich (...) die sozialen Phänomene offenbar der Anwendung des Experiments entziehen, so erscheint die vergleichende Methode als die einzige, welche der Soziologie entspricht."[9]

Durkheim lehnt allerdings die Methoden der Konkordanz und die der Differenz ab, da sie ihm für die Soziologie nicht geeignet erscheinen. Sie setzen voraus, daß die verglichenen Fälle in einem einzigen Punkt entweder übereinstimmen oder sich unterscheiden. „Dies ist aber bei der Soziologie (...) infolge der allzugroßen Kompliziertheit der Phänomene [nicht möglich], zu der

---

7 Ebd., S. 189
8 Ebd., S. 205
9 Ebd.

die Unmöglichkeit jedes künstlichen Experiments kommt. Da man kein auch nur annähernd vollständiges Inventar aller Fakten anlegen könnte, die im Bereiche einer Gesellschaft koexistieren oder im Laufe ihrer Geschichte einander gefolgt sind, kann man niemals, auch nur approximativ, die Gewißheit haben, daß zwei Völker in allen Beziehungen mit einer einzigen Ausnahme übereinstimmen oder divergieren. Die Chancen, ein Phänomen zu übersehen, sind größer als die, keines zu vernachlässigen."[10]

Durkheim vertritt mehr die Methode der parallelen (konkomitanten) Variationen (oder auch Korrelationsanalyse) als die vergleichende Methode der Soziologie. Von den verschiedenen Arten des Verfahrens der vergleichenden Methode ist die Methode der parallelen Variationen das beste Instrument der soziologischen Forschung.

Bei der Durchführung eines Beweises mit der Methode der parallelen Variationen ist es nicht erforderlich, daß alle diejenigen Variationen, die von den verglichenen unterschieden sind, strengstens ausgeschaltet werden. Der einfache Parallelismus der Werte, den zwei Phänomene durchlaufen, ist an sich schon der Beweis, daß zwischen ihnen eine Relation besteht, sofern nur dieser Parallelismus in einer hinlänglichen Zahl von zureichend variierten Fällen festgestellt worden ist.

Parallelismus kann jedoch auch daraus bestehen, daß bei zwei Phänomenen beide Wirkungen einer und derselben Ursache sind, oder daß zwischen ihnen ein drittes Phänomen unbemerkt eingeschaltet ist, das die Wirkung des ersten und die Ursache des zweiten Phänomens ist.

Die methodische Durchführung der Methode der parallelen Variationen erfolgt folgendermaßen: Zunächst sucht man rein deduktiv, wie das eine von zwei Gliedern das andere erzeugen konnte. Dann bemüht man sich, das Ergebnis dieser Deduktion an der Erfahrung zu verifizieren, d.h. an neuen Vergleichen. Wenn die Deduktion möglich ist und die Verifikation gelingt, kann man den Beweis als erbracht sehen.

Ist dies nicht der Fall, dann wird man nach einem dritten Phänomen suchen, von dem die beiden anderen gleicherweise abhängen oder das als Vermittler zwischen ihnen dienen könnte.

Die Methode der parallelen Variationen ist nach Durkheim noch aus einem anderen Grund ein ausgezeichnetes Instrument der soziologischen Forschung. Die Methoden der Konkordanz und die der Differenz können, selbst wenn die Umstände günstig liegen, nur dann mit Nutzen angewendet werden, wenn die Zahl der verglichenen Fälle sehr beträchtlich ist. Nun ist es nicht nur unmöglich, bei einer sehr großen Zahl von Fällen fast alle Tatsachen

10 Ebd., S. 209

heranzuziehen, die für einen Vergleich mit diesen Methoden notwendig sind. Es könnte auch so sein, daß die angehäuften Tatsachen, gerade weil sie so zahlreich sind, nicht mit hinreichender Präzision festgestellt werden. Man läuft also nicht nur Gefahr, wesentliche und solche Tatsachen zu übersehen, welche den bereits bekannten widersprechen, man ist auch nicht einmal sicher, daß man diese letzteren genau kennenlernt.

Bei der Methode der parallelen Variationen ist dies alles nicht notwendig. Um mit ihr zu Ergebnissen zu gelangen, reichen nach Durkheim einige Tatsachen aus. „Sobald man erwiesen hat, daß bei einer gewissen Zahl von Fällen zwei Phänomene eines mit dem anderen variieren, kann man gewiß sein, daß man einem Gesetz gegenübersteht.“[11]

Aus parallelen Variationen können somit schließlich Kausalgesetze entwikkelt werden. Allerdings impliziert ein hoher Korrelationswert noch keine Kausalbeziehung, sofern dies nicht durch die theoretische Analyse der relevanten Faktoren wahrscheinlich gemacht wird.

Durkheim weist schließlich noch einmal darauf hin, daß die vergleichende Soziologie die Soziologie schlechthin ist. „Die vergleichende Soziologie ist nicht etwa nur ein besonderer Zweig der Soziologie; sie ist soweit die Soziologie selbst, als sie aufhört, rein deskriptiv zu sein, und danach strebt, sich über die Tatsachen Rechenschaft zu geben.“[12]

Schließlich folgt noch die siebte Regel, die auch noch die „Beweisführung“ betrifft:

Regel: Ein soziologischer Tatbestand von einiger Komplexität läßt sich daher nur dann erklären, wenn seine integrale Entwicklung durch alle sozialen Typen hindurch verfolgt wird.

Diese vergleichende Methode nennt Durkheim die genetische Methode. Sie ergibt Analyse und Synthese des Phänomens zugleich. Soziale Phänomene, die nicht während der Existenz der in den Vergleich einbezogenen Völker entstanden sind, sondern früher entstanden, können nur untersucht werden, indem man sie nicht nur bei Völkern des gleichen Typus, sondern auch bei allen früheren Typen vergleicht.

11 Ebd., S. 212
12 Ebd., S. 216

3. Max Weber

Weber hat keine systematische Darstellung der Methode des Vergleichs gegeben, sondern hat in seinen Schriften immer nur ansatzweise Bezug auf die vergleichende Methode genommen.:

„Alle Darstellungen eines ‚W e s e n s ' des Christentums z.B. sind Idealtypen, von stets und notwendig nur sehr relativer und problematischer Gültigkeit, wenn sie als historische Darstellung des empirisch Vorhandenen angesehen sein wollen, dagegen von hohem heuristischem Wert für die Forschung und hohem systematischen Wert für die Darstellung, wenn sie lediglich als begriffliche Mittel zur V e r g l e i c h u n g und M e s s u n g der Wirklichkeit an ihnen verwendet werden."[13]

Beim Idealtypus handelt es sich nach Weber um eine „Begriffsbildung, welche den Wissenschaften von der menschlichen Kultur eigentümlich und in gewissem Umfang unentbehrlich ist."[14]

Der Begriff des Idealtypus ist somit nach Weber den Sozialwissenschaften als methodologisches Werkzeug inhärent.

Die meisten Erklärungen zum Idealtypus hat Weber in den „Gesammelten Aufsätzen zur Wissenschaftslehre" dargelegt, und hier vor allen Dingen in dem Aufsatz „Die Objektivität sozialwissenschaftlicher und sozialpolitischer Erkenntnis". Dort spricht er auch an einer Stelle davon, daß es „Idealtypen von Bordellen so gut wie von Religionen"[15] gibt.

Weber begreift den Idealtypus als „gedankliche Konstruktion zur Messung und systematischen Charakterisierung von i n d i v i d u e l l e n , d. h. in ihrer Einzigartigkeit bedeutsamen Zusammenhängen – wie Christentum, Kapitalismus usw. (…)"[16]. Die gedankliche Konstruktion besteht in der einseitigen Steigerung der entscheidenden Gesichtspunkte sozialer Einzelerscheinungen. Infolge der Überbetonung einzelner Züge eines sozialen Phänomens ist der Idealtpyus ein in sich einheitliches Gedankengebilde, das in der Wirklichkeit nur annäherungsweise anzutreffen ist und daher „utopischen" Charakter hat. Weber nennt ein solches Verfahren der Steigerung und Synthese konstitutiver Elemente daher auch „Utopie"[17], „Phantasiegebilde", „Konstruktion"[18] oder

---

13 Weber, Max, Gesammelte Aufsätze zur Wissenschaftslehre, 7. Auflage, Tübingen 1988, S. 198f.

14 Ebd., S. 190

15 Ebd., S. 200

16 Ebd., S. 190

17 Ebd., S. 190 u. S. 191

auch „rein idealen Grenzbegriff"[19]. Diese Namen sollen unzweideutig aussprechen, daß es sich um artifizielle Gebilde handelt, eben um Gedanken-Produktionen, nicht um Reproduktionen von Wirklichkeit. Der Idealtypus abstrahiert nämlich von der Wirklichkeit durch „einseitige Steigerung eines oder einiger Gesichtspunkte und durch Zusammenschluß einer Fülle von diffus und diskret, hier mehr, dort weniger, stellenweise gar nicht, vorhandenen Einzelerscheinungen, die sich jenen einseitig herausgehobenen Gesichtspunkten fügen, zu einem in sich einheitlichen Gedankenbilde."[20]

Zweck des Idealtypus ist es, nicht das Gattungsmäßige, Durchschnittliche, sondern im Gegenteil die Eigenart einer Kulturerscheinung zum Bewußtsein zu bringen. Idealtypen sind Mittel zur Hypothesenbildung. Sie sind niemals Endpunkt der empirischen Erkenntnis, sondern heuristisches Mittel oder Darstellungsmittel.

„Wo immer die kausale Erklärung einer ‚Kulturerscheinung' – eines ‚historischen Individuums' (...) – in Betracht kommt, da kann die Kenntnis von Gesetzen der Verursachung nicht Zweck, sondern nur Mittel der Untersuchung sein."[21]

Wenn eine bestimmte historische Erscheinung in der Wirklichkeit mit Hilfe eines bestimmten Idealtypus nicht hinreichend erklärt werden oder in ihn eingeordnet werden kann, so ist entweder der Idealtypus für diesen Zweck der Untersuchung unbrauchbar und man muß einen anderen Idealtypus verwenden, oder der Idealtypus ist nicht richtig für den Zweck der Untersuchung konstruiert. Ein Idealtypus kann somit niemals durch eine Erscheinung in der Wirklichkeit, die sich ihm nicht einordnen läßt, falsifiziert werden, wie es in den Naturwissenschaften der Fall ist.

Idealtypen können entwickelt werden für „historische Individuen", also relativ „statische" Begriffe, für Entwicklungen und für Ideen.

Am besten läßt sich der Idealtypus an einem Beispiel erläutern, wie es Weber in den „Gesammelten Aufsätzen zur Wissenschaftslehre" gegeben hat:

„Diejenigen Bestandteile des Geisteslebens der einzelnen Individuen in einer bestimmten Epoche des Mittelalters z.B., die wir als ‚das Christentum' der betreffenden Individuen ansprechen dürfen, würden, wenn wir sie vollständig zur Darstellung zu bringen vermöchten, natürlich ein Chaos unendlich differenzierter und höchst widerspruchsvoller Gedanken- und Gefühlszusammenhänge aller Art sein, trotzdem die Kirche des Mittelalters die Einheit des

18 Ebd., S. 190
19 Ebd., S. 194
20 Ebd., S. 191
21 Ebd., S. 178

Glaubens und der Sitten sicherlich in besonders hohem Maße durchzusetzen vermocht hat. Wirft man nun die Frage auf, was denn in diesem Chaos d a s ‚Christentum' des Mittelalters, mit dem man doch fortwährend als mit einem feststehenden Begriff operieren muß, gewesen sei, worin d a s ‚Christliche', welches wir in den Institutionen des Mittelalters finden, denn liege, so zeigt sich alsbald, daß auch hier in jedem einzelnen Fall ein von uns geschaffenes reines Gedankengebilde verwendet wird. Es ist eine Verbindung von Glaubenssätzen, Kirchenrechts- und sittlichen Normen, Maximen der Lebensführung und zahllosen Einzelzusammenhängen, die w i r zu einer ‚Idee' verbinden: eine Synthese, zu der wir ohne die Verwendung idealtypischer Begriffe gar nicht widerspruchslos zu gelangen vermöchten."[22]

Es gibt somit idealtypische Begriffsbildungen des „Kapitalismus", des „Staates", der „Kirche", der „Sekte", des „Christentums", des „Liberalismus", des „Sozialismus" usw. Die Gesetze der Wirtschaftswissenschaften sind nach Weber alle Idealtypen (z.B. das Grenznutzengesetz).

4. Die vergleichende Methode bei Emile Durkheim und Max Weber

Die vergleichende Untersuchung ist ein zentraler Punkt in Durkheims und Webers Sicht der Soziologie, da sie Lösungen liefert für eines ihrer grundlegenden Probleme:

> Versöhnung von konkurrierenden Behauptungen von Komplexität und Allgemeingültigkeit in den Sozialwissenschaften.

Es liegen jedoch unterschiedliche Ansätze der vergleichenden Methode bei Durkheim und Weber vor: Durkheim verwendet soziale Typen, also einzelne Typen von Gesellschaften, Weber verwendet Idealtypen.

Die vergleichende Methode ist für beide jedoch der Mittelweg zwischen Komplexität und Allgemeingültigkeit.

Im folgenden sollen in einer systematischen Gegenüberstellung der Thesen Durkheims und Webers deren unterschiedliche Ansätze bei der Verwendung der vergleichenden Methode dargestellt werden.

---

22 Ebd., S. 197

Durkheim: Grundelement aller sozialen Arten ist die Horde. Daß unterschiedliche Arten objektiv verschieden und begrenzt sind, setzt voraus, daß ihre internen Beziehungen bestimmt sind durch ihre Art der Zusammensetzung und daß ihre Eigenschaften sich von der Kombination ihrer Bestandteile ergeben.

Weber: *Die* vergleichende Strategie ist für Sachverhalte geeignet, die mit statistisch-vergleichenden Strategien nicht hinreichend bearbeitet werden können: Probleme der historischen Mannigfaltigkeit.

Durkheim: Verwendet eine variablenbezogene Strategie des Vergleichs.

Weber: Verwendet eine fallbezogene Strategie des Vergleichs.

Durkheim: Zuerst muß eine Definition eines Untersuchungsobjektes (d.h., relevante Variablen und ihre Beziehungen) erfolgen, dann der Bezug zu einer Stichprobe von beobachtbaren Einheiten.

Weber: Geht von einem Interesse an spezifischen historischen Prozessen und Strukturen aus und verwendet Idealtypen, um Gründe der Mannigfaltigkeit in historischen Prozessen und Strukturen zu erkennen.

Idealtypen leisten in diesem Zusammenhang verschiedene verwandte Aufgaben:

- Sie helfen bei der Begriffsbildung des Untersuchungsgegenstandes.
- Sie helfen bei der Identifikation und Einschätzung von hinreichenden Gründen.
- Sie liefern eine Basis für Erklärungen der historischen Mannigfaltigkeit.

Idealtypen haben zudem genetischen Charakter.

Durkheim: Erklärungen über dauernde Gründe begreifen diese als Systemeigenschaften von Stichproben, die alle Einheiten der Bevölkerung charakterisieren.

Weber: Interesse an den historischen Ursprüngen der Mannigfaltigkeit in konkreten Fällen führt zu Hypothesen über die Kombinationen von zeitlich getrennten Gründen.

Durkheim: Hat Interesse an der Entwicklung von exakten soziologischen Gesetzen, die auf den Prinzipien der Objektivität und der Induktion beruhen, die charakteristisch sind für die Naturwissenschaften.

Er schließt dabei psychologische und andere nicht-soziologischen Grundlagen der Erklärung aus und drängt auf die Analyse von sozialen Tatsachen aus ihrem eigenen Recht.

Weber: Bezweifelt die Möglichkeit der Entwicklung von allgemeinen Gesetzen der Soziologie, die auf Objektivität beruhen.

Dagegen ist die Begriffsbildung in Gesetzen als heuristische Überlegung hilfreich zur Interpretation und Erklärung von spezifischen historischen Prozessen.

Lehnt ein naturwissenschaftliches Modell für die Soziologie ab und berücksichtig statt dessen den subjektiven Sinn, den Individuen ihren sozialen Situationen entgegenbringen, in allen soziologischen Erklärungen.

Durkheim: Kommt zu Bewertungen.

Weber: Führt eine strenge Trennung von Aussagen mit empirischer Gültigkeit und Aussagen mit normativer Gültigkeit durch („Wertfreiheit" der Wissenschaften).

„Eine empirische Wissenschaft vermag niemandem zu lehren, was er s o l l , sondern nur, was er k a n n und – unter Umständen – was er w i l l . "[23]

Wertfreiheit der Wissenschaften; dasjenige, was man tun soll, beruht auf Werturteilen, was man von einem Wissenschaftler nicht erhalten kann.

Durkheim: Bei der Auswahl des Untersuchungsobjekts sollen alle vorgefaßten Meinungen beiseite gelassen werden.

Schwierig: Angesichts der Komplexität der empirischen Realität und angesichts der unzähligen Möglichkeiten, in der sie sich darstellen kann, wie ist es da möglich, einen einzelnen Satz von äußeren Merkmalen zu erhalten, ohne aktive Auswahl unter all diesen Möglichkeiten?

Wenn die Notwendigkeit einer Auswahl erkannt ist, beinhaltet dies nicht die Notwendigkeit einiger vorgefaßter Meinungen von seiten des Forschers?

23 Ebd., S. 151

Weber: Wissenschaftliches Wissen von der Gesellschaft und der Kultur kommt von einer Anzahl von einseitigen, d. h. selektiven Betrachtungen von verschiedenen Aspekten des kulturellen Lebens. Historische Strukturen interessieren den Forscher nur, weil sie kulturell bedeutsam für ihn sind.
Dies bedeutet, daß der Forscher eine Wertorientierung bezüglich historischer Ereignisse und Situationen hat.
Das Herangehen an die empirische Wirklichkeit beruht somit auf Werturteilen, anhand derer der Wissenschaftler eine Auswahl aus der unendlichen Mannigfaltigkeit der Wirklichkeit trifft.
Voraussetzungslose Annäherung an empirische Realität ist somit unmöglich.

Beide sind sich der Grenzen der experimentellen Methode in der Soziologie bewußt.

Durkheim: Methode der parallelen Variationen.
Weber: Indirekte Methode der Differenz.

Beide verwenden unterschiedliche Logiken der Analyse, um verschiedene Formen der Erklärung zu liefern, um ihre jeweiligen theoretischen Ziele zu erreichen.

Durkheim: Will eine breite Verallgemeinerung von Systembeziehungen.
Weber: Ist an historischem Wissen über die Ursprünge und Wirkungen der historischen Mannigfaltigkeit interessiert.

Wie sich aus dieser Gegenüberstellung der Ansätze der beiden Autoren bzgl. der vergleichenden Methode deutlich erkennen läßt, sind beide in ihrer Vorgehensweise ziemlich entgegengesetzt. Durkheim verfolgt eine breite Verallgemeinerung von Systembeziehungen, also eine generalisierende Vorgehensweise, wogegen Weber eher einer historisierend-individualisierenden Vorgehensweise nachgeht. Eine Verbindung der beiden Ansätze von Durkheim und Weber scheint somit – aufgrund der großen Gegensätze – nicht durchführbar.

Dennoch haben verschiedene Autoren eine solche Verbindung von Durkheims und Webers Strategie vorgeschlagen, wie z. B. Charles Ragin und David Zaret in ihrem Aufsatz „Theory and Method in Comparative Research: Two

Strategies"[24]: Sie sind der Meinung, daß sich beide Ansätze miteinander verbinden lassen. Durkheims statistische Strategie soll auf diese Weise eine Hilfe sein zur Bildung von Idealtypen, wohingegen Webers Strategie eine Hilfe sein kann für statistische Vergleiche, als nützliche Vorbereitung zur genauen Definition und Konstruktion von Bevölkerungen, und als notwendiger Abschluß, um kausale Mechanismen zu erklären, die für die beobachteten Wechselbeziehungen verantwortlich sind. Da diese These der Verbindung beider Ansätze jedoch nicht ganz ohne Schwierigkeiten ist und ihr in vielen Punkten widersprochen werden kann, soll hier nicht weiter auf sie eingegangen werden.

Abschließend sollen noch einmal die gegensätzlichen Positionen Durkheims und Webers anhand einer Grafik dargestellt werden. Durkheims Position ist die des soziologischen Positivismus, Webers Position die der verstehenden Soziologie (siehe S. 91).

Durkheim: Ohne vorgefaßte Meinungen an die Wirklichkeit herangehen.
Keine Beeinflussung der empirischen Tatsachen.
➜ Beobachter ist passiv
Da Tatsachen „sozial" sind, haben sie eine Existenz, die unabhängig ist vom Individuum, sie üben einen Einfluß auf es aus, trotz seiner Bemühungen zu widerstehen, und sie werden von Gesetzen beherrscht, die dem sozialen Niveau spezifisch sind.
➜ Handelnder ist passiv

Weber: Eine „voraussetzungslose" Soziologie ist nicht möglich.
Der Beobachter wählt empirische Tatsachen und Probleme aus, die von einem kulturellen Gesichtspunkt aus bedeutsam sind.
➜ Beobachter ist aktiv
Zentrale Stellung des subjektiven Sinns als Hauptmerkmal von sozialem Handeln.
Handelnder ist sinnvoll auf seine Umgebung bezogen.
➜ Handelnder ist aktiv

---

24 Ragin, Charles/Zaret, David, Theory and Method in Comparative Research: Two Strategies, in: Social Forces, Volume 61, Number 3, März 1983, S. 731-754

Grafik: Gegenüberstellung Emile Durkheim/Max Weber

	Passiver Handelnder	Aktiver Handelnder
Passiver Beobachter	Soziologischer Positivismus (Durkheim)	Phänomenologie Relativismus Historizismus
Aktiver Beobachter	Soziologischer Nominalismus	Verstehende Soziologie (Weber)

5. Der Vergleich Durkheim – Weber in einigen ihrer Arbeiten

Im folgenden sollen einige Darstellungen der vergleichenden Methode in den Arbeiten der beiden Autoren erfolgen. Bezug genommen werden soll in diesem Zusammenhang auf folgende Werke: Bei Durkheim auf „Der Selbstmord", „Die elementaren Formen des religiösen Lebens", „Über die Teilung der sozialen Arbeit" und auf das Werk von Emile Durkheim und Marcel Mauss, „Primitive Classification". Bei Weber auf die „Gesammelte Aufsätze zur Religionssoziologie I", hier insbesondere „Die protestantische Ethik und der Geist des Kapitalismus", desweiteren auf die „Gesammelte Aufsätze zur Wissenschaftslehre".[25]

Bei „Der Selbstmord" von Durkheim und „Die protestantische Ethik und der Geist des Kapitalismus" von Weber ist der Ausgangspunkt beider Untersuchungen ähnlich: In beiden Fällen ist es die Statistik. Im erstgenannten Werk ist es der statistische Zusammenhang zwischen Selbstmordrate und Religionszugehörigkeit in Europa, der Anlaß gibt zu dem Werk, und im zweitgenannten Werk ist es die badische Konfessionsstatistik, die ein Schüler von Weber

25 Durkheim, Emile, Der Selbstmord, Neuwied 1973; ders., Über die Teilung der sozialen Arbeit, Frankfurt 1977; ders., Die elementaren Formen des religiösen Lebens, Frankfurt 1981; Durkheim, Emile/Mauss, Marcel, Primitive Classification, Chicago 1963
Weber, Max, Gesammelte Aufsätze zur Religionssoziologie, Bd. 1, 9. Auflage, Tübingen 1988; ders., Gesammelte Aufsätze zur Wissenschaftslehre, 7. Auflage, Tübingen 1988

erstellt hatte, die einen Zusammenhang zwischen Protestantismus und ökonomischer Entwicklung erkennen läßt.

Webers vergleichende Technik bestand darin, die geeignetste Theorie, die seiner eigenen entgegensprach, zu verdeutlichen und dann Fälle zu suchen, die besonders dazu geeignet waren, nicht als plausible Erklärungen für diese Theorie zu gelten, wobei sie gleichzeitig die Glaubwürdigkeit seiner eigenen Theorie bestärkten.

Ein Beispiel aus „Die Protestantische Ethik und der Geist des Kapitalismus" soll dies verdeutlichen. In diesem Aufsatz wird – wie schon erwähnt – auf den Zusammenhang zwischen Protestantismus und wirtschaftlicher Entwicklung Bezug genommen. Dieser Zusammenhang ist z.T. auf historische Gründe zurückzuführen, bei denen die konfessionelle Zugehörigkeit nicht als Ursache ökonomischer Erscheinungen, sondern teilweise als Folge derselben angesehen werden kann. Eine große Zahl der früher reichen Gebiete, insbesondere die Städte, hatten sich im 16. Jahrhundert dem Protestantismus zugewandt und die Nachwirkungen kommen den Protestanten heute noch zugute.

Es gibt jedoch Erscheinungen, bei denen dieses Kausalverhältnis nicht so vorhanden ist, daß also die konfessionelle Zugehörigkeit Folge der ökonomischen Entwicklung ist. So besteht z.B. ein höherer Anteil von Protestanten an höherem Unterricht (Gymnasien); desweiteren ein geringerer Anteil innerhalb der katholischen Abiturienten, die von Schulen kommen, die auf technische oder gewerblich-kaufmännische Berufe vorbereiten, d.h. stärker am kapitalistischen Erwerb orientierte Berufe; und eine geringe Anteilnahme der Katholiken an der gelernten Arbeiterschaft der modernen Großindustrie.

Dies alles ließ für Weber nur den Schluß zu, daß „in diesen Fällen (...) zweifellos das Kausalverhältnis so [liegt], daß die a n e r z o g e n e g e i s t i g e E i g e n a r t, und zwar hier die durch die religiöse Atmosphäre der Heimat und des Elternhauses bedingte Richtung der Erziehung, die Berufswahl und die weiteren beruflichen Schicksale bestimmt hat."[26]

Bei Durkheim ist die Vorgehensweise ähnlich. Ein Beispiel aus „Der Selbstmord" soll dies verdeutlichen:

> Die Selbstmordrate steigt mit der Bildung.
> Die Selbstmordrate ist bei den Juden am niedrigsten.
> Dennoch sind Juden gebildeter als andere Religionsangehörige.
> Widerspruch der These?

26 Weber, Max, Gesammelte Aufsätze zur Religionssoziologie, Bd. 1, 9. Auflage, Tübingen 1988, S. 22

Durkheim folgerte, daß Bildung nur ein grober *Maßstab* für Individualität, nicht unabhängiger *Grund* für Selbstmord sein kann. Juden bilden meistens eine hochkompakte Gruppe in einem Land, in der ethische Normen erfolgreich durchgesetzt werden. Die Bildung von stark zusammenhängenden religiösen Gemeinschaften schwächt somit den Individualisierungseffekt von Bildung ab. Durkheims Theorie kann somit die niedrige Selbstmordrate bei Juden erklären, die andere Theorien, die z.B. nur Bildung als Variable benützen, nicht erklären können.

Ein weiteres Beispiel: Durkheim verwendet in „Der Selbstmord" als unabhängige Variable eine Anzahl von Typen von sozialer Integration und Regulierung, als abhängige Variable dagegen die sozialen Selbstmordraten.

Beim egoistischen Selbstmord verwendet er eine multivariate Strategie. Sein Ausgangspunkt ist als unabhängige Variable die Religionszugehörigkeit in Europa und als abhängige Variable die Selbstmorde. Er stellt fest, daß die Selbstmordraten in protestantischen Staaten höher sind als in katholischen Staaten. Dennoch besteht kein kausaler Zusammenhang zwischen Religionszugehörigkeit und Selbstmordrate, da der Zusammenhang auch von einer anderen Variablen verursacht sein kann. Daher führt er als zweites eine sog. Testvariable ein, um dies zu überprüfen, und zwar die Variable Nationalität, und untersucht in diesem Zusammenhang in Deutschland bzw. Bayern die Religionszugehörigkeit und die Selbstmordrate. Es zeigt sich, daß der zuerst gemachte Zusammenhang bestehen bleibt. Um ganz sicher zu gehen, führt Durkheim als drittes eine weitere Testvariable ein, und zwar die Variable Sprache, indem er in der Schweiz sowohl in französischen als auch deutschen Kantonen den Zusammenhang Religionszugehörigkeit und Selbstmordrate untersucht. Auch hier bleibt der Zusammenhang bestehen. Durkheims Folgerung: Protestanten haben eine höhere Selbstmordrate als Gläubige anderer Religionen.

Jede neue Variable, die Durkheim in seine Untersuchung einführt, hat die Funktion einer Kontrolle für jeden zusätzlichen Faktor, der eventuell die ursprüngliche Zwei-Variablen-Beziehung aufheben kann.

Die multivariate Analyse besteht bei Durkheim nicht aus der jeweiligen getrennten Beziehung zwischen Selbstmord und mehreren unabhängigen Variablen; es ist eher so, daß jede neue Variable fortlaufend in die vorhergehenden Analysen integriert werden, so daß mehrere Variablen gemeinsam betrachtet werden.

Durkheim verwendet in „Der Selbstmord" Vergleiche innerhalb eines einzigen Landes, aber auch kulturübergreifende Vergleiche, vorausgesetzt, daß man nachweisen kann, daß die ausgewählten Länder sich auf ähnlichen Stufen der evolutionistischen Entwicklung befanden.

Durkheim hat großes Interesse an der evolutionistischen Theorie. Die Forschungsstrategien der vergleichenden Methode der Evolutionstheoretiker des 19. Jahrhunderts ordneten nebeneinander bestehende Gesellschaften mittels eines bestimmten Maßes, z.B. von einfachen zu komplexen Formen von sozialen Organisationen, und behauptete dann, daß diese taxonomische Einordnung der gegenwärtigen Gesellschaften die Entwicklungsstufen repräsentiert, die alle Gesellschaften schließlich durchlaufen müssen.

Kulturelle Variabilität ist nach Ansicht dieser Theoretiker auf plötzlich auftretende historische Ereignisse zurückzuführen, die die natürliche Entwicklung von im Vergleich zu anderen weniger fortschrittlichen Gesellschaften verzögerten.

Häufig benutzten diese Theoretiker ihre „cross-sectional comparative method" als Ersatz für historische Dokumentation. Aus diesem Grund war Weber gegen evolutionistische Theorien, da beobachtbare Praktiken eines existierenden primitiven Stammes keinen Ersatz darstellen können für die tatsächliche Dokumentation der Frühgeschichte einer Gesellschaft.

Die klassische Evolutionstheorie bei Durkheim war wesentlich in seiner früheren Studie „Über die Teilung der sozialen Arbeit", in der er ein unilineares Modell von gesellschaftlicher Evolution darlegte, die auf einer gesellschaftlichen Morphologie beruhte. Obwohl Durkheim in späteren Werken unilinearen Evolutionismus verwarf, konnte er sich von der klassischen evolutionistischen Theorie nie so ganz befreien. Auch sein Werk „Primitive Classification", das er zusammen mit Marcel Mauss herausgab, war eine Arbeit im Sinne der vergleichenden Methode der Evolutionstheoretiker des 19. Jahrhunderts.

Was die sorgfältige historische Dokumentation von Ereignissen anbelangt, waren Durkheim und Weber auch gänzlich unterschiedlicher Ansicht. In Durkheims Werk „Die elementaren Formen des religiösen Lebens" wendet er Daten an, die bei amerikanischen Indianerstämmen gesammelt wurden, um die religiösen Praktiken einer australischen Stammesgesellschaft zu erklären. Er vergleicht australische und indianische Stammesgesellschaften, als ob sie von einer einzigen Gesellschaft zu verschiedenen Zeitpunkten stammen.

Weber hat sich grundsätzlich gegen einen solchen ahistorischen Gebrauch von Ähnlichkeiten gewendet und sich in der Hinsicht geäußert, daß er kein Ersatz für das sorgfältige Datieren von historischen Ereignissen darstellt.

Auch Durkheims Überlegungen zum Kollektivbewußtsein oder auch „Volksgeist", wie es weiter oben schon erwähnt wurde, finden sich bei Weber in keinster Weise. Durkheim ging davon aus, daß die Selbstmordrate einer Kollektivneigung der Gesellschaft entspricht. Jede soziale Gruppe hat einen Grad der Kollektivanfälligkeit für den Selbstmord, der einen ihrer Charakterzüge bildet, und die individuellen Neigungen leiten sich davon ab, statt ihrerseits Ursache zu sein. Die Kollektivkraft ist somit eine dem Individuum äußerliche und über ihm stehende Realität. „(...) die soziale Selbstmordrate [ist] ein bezeichnender Charakterzug jeder Kollektivpersönlichkeit."[27] Einzelne Milieus, in denen Selbstmorde passieren, sind untereinander verschieden und verstreut vorhanden, dennoch bestehen enge Verbindungen untereinander. „Denn es handelt sich um Teile des gleichen Ganzen, wie Organe des gleichen Organismus."[28]

Dagegen hatte sich Weber schon in seiner Auseinandersetzung mit Wilhelm Roscher in den „Gesammelte Aufsätze zur Wissenschaftslehre" gewendet. Auch für Roscher gab es einen „Volksgeist", einen „Volkscharakter", das Volk als Individuum, z.T. das Volk als „Organismus", oder auch eine „organische" Gesellschaftstheorie. Er verglich die Entwicklung der einzelnen Exemplare der Gattung „Volk" untereinander, um Parallelismen zu finden, die schließlich zu „Naturgesetzen" der Gattung „Volk" erhoben werden können.

Weber war in diesem Punkt der Ansicht, daß Parallelismen nur zur Bewußtmachung der charakteristischen Bedeutung einzelner konkreter Kulturelemente in ihren konkreten, der „inneren Erfahrung" verständlichen Ursachen und Wirkungen nützlich sein können. „Die Parallelismen selbst könnten dann lediglich Mittel sein zum Zweck des Vergleichs mehrerer historischer Erscheinungen miteinander in ihrer vollen Individualität zur Entwicklung dessen, was an einer jeden einzelnen von ihnen das Charakteristische ist."[29] Parallelismen sind eins von vielen möglichen Mitteln zur Bildung individueller Begriffe. Ansonsten war er schon von seinem historisch-individualisierenden Ansatz her der Meinung, daß es so etwas wie einen „Volksgeist" oder ein Kollektivbewußtsein nicht gebe, da hier Bemühungen angestellt würden, um zu „Naturgesetzen" zu gelangen, wo es nicht um die Bildung von Gesetzen ginge, sondern um das Verständnis der historischen Einzigartigkeit von Kulturerscheinungen, von historischen Individuen.

Eine Annäherung Durkheims an Weber erfolgt in einem Falle insofern, als Durkheim an verschiedenen Stellen in seinen Werken auch Idealtypen verwendet und dies auch explizit erklärt. In seinem Werk „Über die Teilung der sozialen Arbeit" stellt er zunächst eine Rangordnung der Arbeitsteilung auf, indem er an erste Stelle die einfache Arbeitsteilung setzt, die einen segmentären Typus einer Gesellschaft darstellt, verbunden mit mechanischer Solidarität und auf Strafrecht aufbauend. Dieser einfachen Arbeitsteilung folgt die fort-

27 Durkheim, Emile, Der Selbstmord, Neuwied 1973, S. 376
28 Ebd.
29 Weber, Max, Gesammelte Aufsätze zur Wissenschaftslehre, 7. Auflage, Tübingen 1988, S. 14

geschrittene Arbeitsteilung, die einen organisierten Typus einer Gesellschaft darstellt, verbunden mit organischer Solidarität und auf einem Recht aufbauend, das auf die Wiederherstellung von Rechten aus ist.

Bei dieser Darstellung von Gesellschaftstypen greift Durkheim wieder auf seine sozialen Typen zurück, wie er sie in „Die Regeln der soziologischen Methode" aufgestellt hat (siehe Kapitel 2). Der Idealtyp einer Gesellschaft ist die Horde, die einfachste Gesellschaft, als Grundelement aller sozialen Arten. Er erklärt ganz deutlich, daß dieser Idealtyp – ein Idealtypus im Sinne Webers – ein Phantasiegebilde ist, das in der Wirklichkeit vielleicht gar nicht vorkommt. „Völlig authentisch ist es noch nicht gelungen, Gesellschaften zu beobachten, die in allen Punkten dieser Beschreibung entsprechen."[30] Auch in „Die Regeln der soziologischen Methode" hat er dies schon betont: „Es ist wahr, daß in der Geschichte vielleicht keine einzige Gesellschaft vorkommt, die genau dieser Beschreibung entspricht."[31]

Aber nicht nur in „Über die Teilung der sozialen Arbeit" verwendet Durkheim Idealtypen, auch in „Der Selbstmord" gebraucht er an einer Stelle einen idealtypischen Begriff. In dem Kapitel, in dem er eine morphologische Ordnung der Selbstmordtypen aufstellt, schreibt er von einem „Idealtyp" einer ersten Form des Selbstmordes, dessen „Kennzeichen (...) ein melancholisches Dahindämmern"[32] ist.

Bei dieser Verwendung von Idealtypen ist ein deutlicher Bezug zu Webers idealtypischer Begriffsbildung herzustellen.

6. Fazit

Als Fazit, wie es sich aus dem oben geschriebenen ergibt, wäre zu sagen, daß sowohl Durkheim als auch Weber die vergleichende Methode in ihren Arbeiten anwenden und sie auch sehr hervorheben bzw. betonen. Jedoch sind sowohl die theoretische Ausgangslage und die Ansätze als auch die Ziele der Anwendung der vergleichenden Methode bei den beiden Autoren sehr unterschiedlich. Durkheim verwendet die vergleichende Methode in einem generalisierenden Sinn, indem er Typen von Gesellschaften aufstellt, die er miteinander vergleicht. Ihm ist vor allen Dingen die Verallgemeinerung von Systembeziehungen wichtig. Dagegen wendet Weber die vergleichende Methode in einem anderen Sinn an, indem er vorwiegend historisch-individuali-

30 Durkheim, Emile, Über die Teilung der sozialen Arbeit, Frankfurt 1977, S. 215
31 Ders., Die Regeln der soziologischen Methode, 2. Auflage, Frankfurt 1991, S. 170
32 Ders., Der Selbstmord, 2. Auflage, Frankfurt 1987, S. 321

sierend vorgeht und Interesse an Erkenntnissen über die Mannigfaltigkeit der historischen Ereignisse hat. Zu diesem Zweck verwendet er die idealtypische Begriffsbildung, die er zwar nicht erfunden oder in die Methodologie der Sozialwissenschaften eingeführt hat, die er aber weiter entwickelt hat.

Nicht nur in diesem Zusammenhang sind keine Ähnlichkeiten bei beiden Autoren zu finden. Auch darüberhinausgehend ist es so, daß Durkheim z.B. großes Interesse an einer evolutionistischen Theorie ganz im Sinne der Evolutionstheorien des 19. Jahrhunderts hat, die Weber absolut nicht teilt. Auch bei der Betrachtung des Kollektivbewußtseins oder auch „Volksgeistes", die Durkheim immer wieder betont, sind bei Weber keine vergleichbaren Einschätzungen zu finden, ja er lehnt die Vorstellung eines Kollektivbewußtsein aus seiner historisch-individualisierenden Haltung heraus gänzlich ab.

Eine Annäherung beider Autoren aneinander erfolgt z.T. in der Art und Weise, wie sie die vergleichende Methode in ihren Arbeiten anwenden. Es wurde schon erwähnt, daß Webers vergleichende Technik bestand darin, die geeignetste Theorie, die seiner eigenen entgegensprach, zu verdeutlichen und dann Fälle zu suchen, die besonders dazu geeignet waren, nicht als plausible Erklärungen für diese Theorie zu gelten, wobei sie gleichzeitig die Glaubwürdigkeit seiner eigenen Theorie bestärkten. Durkheim verfährt gerade in seinem Werk „Der Selbstmord" in ähnlicher Weise. Seine multivariate Strategie mit der Einführung von Testvariablen handhabt er in ähnlicher Weise.

Schließlich sind Ähnlichkeiten ganz deutlich erkennbar, wenn Durkheim in seinen Werken explizit Idealtypen für die vergleichenden Methode verwendet, die ganz klar einen Bezug zu Webers idealtypischer Begriffsbildung darstellen.

Abschließend bliebe zu sagen, daß beide Autoren der vergleichenden Methode einen wichtigen Stellenwert in den Sozialwissenschaften einräumen und daß sich auch bei der Anwendung der vergleichenden Methode bei beiden Autoren einzelne Ähnlichkeiten finden lassen. Der Ansatz, die Absichten und Ziele beider Autoren bei der Verwendung der vergleichenden Methode sind jedoch so gänzlich gegensätzlich, daß sie sich meines Erachtens auch beim wohlwollendsten Versuch – entgegen einiger Thesen von anderen Autoren – nicht miteinander verbinden und schon gar nicht gegenseitig integrieren lassen.

7. Bibliographie

Durkheim, Emile, Der Selbstmord, Neuwied 1973; 2. Auflage, Frankfurt 1987

Ders., Die elementaren Formen des religiösen Lebens, Frankfurt 1981

Ders., Die Regeln der soziologischen Methode, 2. Auflage, Frankfurt 1991

Ders., Über die Teilung der sozialen Arbeit, Frankfurt 1977

Durkheim, Emile/Mauss, Marcel, Primitive Classification, Chicago 1963

Kapsis, Robert E., Weber, Durkheim and the Comparative Method, in: Journal of the History of the Behavioral Sciences, Volume XIII, Number 4, Oktober 1977, S. 354-368

Nohlen, Dieter, Vergleichende Methode, in: Ders. (Hrsg.), Lexikon der Politik, Bd. 2, München 1994, S. 507-517

Ragin, Charles/Zaret, David, Theory and Method in Comparative Research: Two Strategies, in: Social Forces, Volume 61, Number 3, März 1983, S. 731-754

Roth, Guenther, Max Weber's Comparative Approach and Historical Typology, in: Vallier, Ivan (Hrsg.), Comparative Methods in Sociology, Berkeley 1971, S. 75-93

Smelser, Neil J., Comparative Methods in the Social Sciences, Englewood Cliffs 1976

Standop, Ewald, Die Form der wissenschaftlichen Arbeit, 13. Auflage, Heidelberg 1990

Weber, Max, Gesammelte Aufsätze zur Religionssoziologie, Bd. 1, 9. Auflage, Tübingen 1988; Bd. 2, 7. Auflage, Tübingen 1988; Bd. 3, 8. Auflage, Tübingen 1988

Ders., Gesammelte Aufsätze zur Wissenschaftslehre, 7. Auflage, Tübingen 1988

Ders., Methodologische Schriften, Frankfurt 1968

Ders., Wirtschaftsgeschichte, 3. Auflage, Berlin 1958

Das Konzept der Volkspartei

Inhaltsverzeichnis

1. Einleitung

Diese Arbeit behandelt das Konzept der Volkspartei. Im ersten Teil wird das Volkspartei-Konzept von Otto Kirchheimer dargestellt, wie er es in seinem Artikel „Der Wandel des westeuropäischen Parteiensystems"[1] dargestellt hat. In dem Abschnitt über die Vorgeschichte wird auf weitere Arbeiten Kirchheimers hingewiesen, in denen er sich auf das Konzept der Volkspartei bezieht, und es werden darüber hinaus weitere Autoren genannt, an die sich Kirchheimer anlehnt. Im darauffolgenden Abschnitt wird die historische Herleitung des Konzepts der Volkspartei dargelegt, worauf dann die Volkspartei selbst ausführlich erläutert wird.

Im zweiten Teil wird eine alternative Konzeptualisierung des Konzepts der Volkspartei von Hermann Kaste und Joachim Raschke[2] dargestellt. Zu diesem Zweck wird zunächst der Begriff der Volkspartei historisch erläutert, worauf dann eine Parteientypologie der beiden Autoren folgt, in die der Typ der Volkspartei eingeordnet und auch erläutert wird. Die beiden Autoren gehen auf Kirchheimers These ein und geben ihre eigene Auffassung vom Typ der Volkspartei wieder. Im Anschluß daran werden die Determinanten der Volkspartei-Entwicklung beschrieben. Schließlich folgt ein eigener Erklärungsansatz, in dem teils zu Kirchheimers These differierende, teils gleichlautende Erklärungen zur Herausbildung des Typs der Volkspartei gegeben werden. Abschließend wird noch kurz auf die Zukunft der Volksparteien eingegangen.

2. Das Konzept der Volkspartei bei Otto Kirchheimer

2.1. Vorgeschichte

Einen Vorentwurf zu seinem Volkspartei-Konzept liefert Kirchheimer schon in seinem Beitrag über „Parteistruktur und Massendemokratie in Europa"[3] von 1953/54. Er benennt hier zwei massendemokratische Parteitypen: linke (sozialdemokratische/sozialistische) Massenparteien einerseits, rechte (konservative)

1 Kirchheimer, Otto, Der Wandel des westeuropäischen Parteiensystems, in: Politische Vierteljahresschrift, 6. Jg., Heft 1, März 1965, S. 20-41

2 Kaste, Hermann/Raschke, Joachim, Zur Politik der Volkspartei, in: Narr, Wolf-Dieter (Hrsg.), Auf dem Weg zum Einparteienstaat, Opladen 1977, S. 26-74

3 Kirchheimer, Otto, Parteistruktur und Massendemokratie in Europa, in: Archiv des öffentlichen Rechts 79, 1953/54, S. 301-325, zit. in: Mintzel, Alf, Die Volkspartei, Opladen 1984, S. 63ff.

Massenparteien andererseits. Auch in seinem Artikel „Wandlungen der politischen Opposition“[4] von 1957 geht er auf das Volkspartei-Konzept ein, indem er hier schon Entideologisierung und eine breite Wählerbasis als Merkmale von Volksparteien nennt. Sowohl in dem Artikel von 1953/54 als auch in dem über „Der Wandel des westeuropäischen Parteiensystems“ von 1965 knüpft Kirchheimer an die Parteientypologie von Sigmund Neumann an.

Ein Vorläufer des Volkspartei-Konzepts ist das der „Multipolicy-Party“, das Anthony Downs in seinem Zweiparteien-Konkurrenzmodell in seinem Buch „An Economic Theory of Democracy“[5] von 1957 benutzt. Kirchheimer hat viele Überlegungen und Theorien Downs' aufgenommen und in seinem Artikel von 1965 weiterentwickelt.

2.2. Die historische Herleitung: Die Hypothese von Myron Weiner und Josef La Palombara

Kirchheimer bezieht sich in seinem Artikel „Der Wandel des westeuropäischen Parteiensystems“ auf eine Hypothese der beiden amerikanischen Forscher Myron Weiner und Josef La Palombara, die diese auf einer Konferenz des Social Science Research Councils 1965 zum Problem des Parteienerfolgs oder -versagens dargestellt haben. Die beiden Forscher gehen dabei davon aus, daß die soziale Wirklichkeit allen Parteisystemen gewisse Probleme zur Lösung aufgibt. Dies sind zum einen die Schaffung der nationalen Einheit, dann die Errichtung einer Verfassungsordnung, die Eingliederung der Gesamtbevölkerung in diese Ordnung und schließlich die Befriedigung der Bevölkerungswünsche auf Vollbeteiligung an allen zivilisatorischen Errungenschaften. Das Einhalten einer gewissen zeitlichen Reihenfolge in dem Auftreten und der Lösung dieser Probleme, oder anders ausgedrückt, das Vermeiden des zeitlichen Zusammenfallens der „Krisen“ erscheint dabei als eine Bedingung für Erfolg oder Mißerfolg für ein Parteisystem.

Kirchheimer führt nun als Beispiel für diese Hypothese den genau in dieses Schema passenden britischen Fall an. England gelang es, die nationale Einheit im 16. Jahrhundert zu schaffen. Im 17. und beginnenden 18. Jahrhundert folgte die Schaffung einer Verfassungs- und Sozialordnung, die das gegenseitige Durchdringen von gentry und Bürgertum förderte. Im 19. Jahrhundert schließlich vollzog sich die Eingliederung der Arbeiterschaft in diese Gesellschaftsordnung. Im Anschluß daran konnten dann die sozialen Erwartungen,

4 Ders., Wandlungen der politischen Opposition, in: Ders., Politik und Verfassung, 2. Auflage, Frankfurt 1981, S. 123-150

5 In deutsch: Downs, Anthony, Ökonomische Theorie der Demokratie, Tübingen 1968

die die Bevölkerung an das Heraufziehen der Demokratie knüpften, verwirklicht werden. England gilt somit als Musterbeispiel dafür, wie die jeweiligen Probleme von Regierungs- und Parteisystem bewältigt werden konnten, da sie separat und nicht zusammengeballt erschienen.

Als weiteres Beispiel führt Kirchheimer dann den Fall Frankreich an, bei dem die Lösung der anstehenden Probleme allerdings nicht richtig gelang. Die nationale Einheit wurde in Frankreich 1793 durch die französische Revolution geschaffen, und 1848 wurde dann das allgemeine Wahlrecht eingeführt. Allerdings gelang in der darauffolgenden Zeit die politische Integration nie richtig, sie wurde erst in der heutigen Zeit aufgrund der verbesserten Lebenshaltung erreicht. Die Arbeiterschaft blieb im 19. Jahrhundert eine Minderheit in einer Gesellschaftsordnung, deren maßgebende Mitglieder keine Veranlassung sahen, ein ihnen zusagendes soziales Gleichgewicht durch eine forcierte Industrialisierung zu gefährden. Ohne Vorantreibung der Industrialisierung bestand jedoch wenig Chance auf ein einheitliches Parteisystem. Statt dessen existierte ein scharfer Gegensatz zwischen individuellen Repräsentationsparteien mit einer Doppelbasis in der gemeindlichen Lohnpolitik und der damit kaum koordinierten Arbeit der Parlamentsfraktionen, und Massenparteien der Arbeiterklasse bzw. auf konfessioneller Grundlage. Diese beiden Parteitypen waren zu stark fragmentiert, so daß sie nie dauerhaft eine Verbindung von Staatsgewalt und Bevölkerung darstellen konnten. Das Parteisystem versagte somit bei der Lösung der anstehenden Probleme.

Desweiteren führt Kirchheimer dann Deutschland und Italien an, bei denen die Lösung der anstehenden Probleme auch nicht durchgängig gelang. In beiden Ländern vollzog sich die verspätete Herstellung der nationalen Einheit erst im 19. Jahrhundert. Es gelang in beiden Ländern keine durchgängige nationale Integration, in Deutschland bedingt durch die preußische Bürokratie, die Armee, Industrielle und Agrarier, die eine Teilnahme der Arbeiter am staatlichen Leben verhinderten. Die Frage der staatsbürgerlichen Gleichberechtigung stand somit in beiden Ländern fast gleichzeitig mit der Vollintegration der Arbeiterschaft am Ende des Ersten Weltkriegs und der gleichmäßigen Beteiligung aller Bevölkerungsschichten an den Zivilisations-chancen zur Debatte, weshalb die anstehenden Probleme nicht adäquat gelöst werden konnten.

Dies führt Kirchheimer dazu, zu fragen, ob die Formel „Nur eine Bürde zur selben Zeit!" zum Verständnis des Versagens kontinentaler Parteisysteme des 20. Jahrhunderts beiträgt. Er verneint dies zunächst, da seines Erachtens hierbei noch eine weitere Differenzierung notwendig ist: Diejenige der politischen Integration, also der Fähigkeit eines politischen Systems, Gruppen, die bisher außerhalb der politischen Ordnung gestanden haben, vollinhaltlich in das System einzubeziehen. Kann man davon ausgehen, daß Massenparteien immer bereit oder fähig sind, ihre Anhänger in das gerade existierende politische Ordnungssystem einzureihen? Oder ist es nicht ebenso denkbar, daß Massenparteien mit Hilfe ihrer Anhänger das offizielle System wirksam unterminieren wollen?

Die sozialistischen Parteien trugen um die Jahrhundertwende entscheidend zur gesellschaftlichen Integration ihrer Mitglieder bei und erleichterten so den Übergang von einer agrarischen zur Industriegesellschaft. Sie hatten die Erwartung einer zukünftigen totalen Gesellschaftsumformung und unterwarfen ihre Mitglieder daher einer freiwillig anerkannten Disziplin. Diese Disziplin wurzelte jedoch in der Abkehr dieser Parteien vom politischen System der Zeit vor dem Ersten Weltkrieg. Die sozialistischen Parteien wollten das Ende dieses Systems dadurch sicherstellen und beschleunigen, daß sie die Bevölkerung insgesamt mit ihrer jeweils als exemplarisch verstandenen Haltung identifizierten.

Während des ersten Weltkrieges und kurz danach waren die übrigen politischen Gruppen noch nicht bereit, die Forderungen der Massenparteien zu erfüllen. Daher gelang es nicht, die Arbeiterklasse mit Hilfe ihrer Organisationen so weit in die Industriegesellschaft einzugliedern, daß von einer allgemeinen politischen Integration die Rede sein konnte.

Die allgemeine politische Integration der Arbeiterklasse hing von der Haltung der anderen Kräfte im bestehenden politischen System ab; in einigen Fällen war diese Haltung so negativ, daß sie zur Verzögerung der Integration in das politische System führte oder zu seiner Auflösung beitrug.

Auf die Eingliederung in die proletarische Massenpartei und in die Industriegesellschaft im ganzen folgte also keine Integration in das politische System. Dieses Versagen ist darauf zurückzuführen, daß es den bürgerlichen Parteien nicht gelang, sich von individuellen Repräsentationsparteien zu Integrationsparteien zu wandeln.

Nach Kirchheimer erfolgte allerdings nach dem Zweiten Weltkrieg ein Wandel: „Nach dem Zweiten Weltkrieg wurde jedoch in den größeren westeuropäischen Ländern die Anerkennung der politischen Marktgesetze unvermeidlich.“[6] Die bürgerliche Partei alten Stils mit ihrer individuellen Repräsentation wird jetzt zur Ausnahme. Die Massenintegrationspartei formt sich zu einer Allerweltspartei (catch-all party), zu einer echten Volkspartei um.

6 Kirchheimer, Otto, Der Wandel des westeuropäischen Parteiensystems, in: Politische Vierteljahresschrift, 6. Jg., Heft 1, März 1965, S. 26f.

2.3. Das Konzept der Volkspartei

Kirchheimer fragt zunächst nach den Gesetzmäßigkeiten des Wandels zur Volkspartei und erwähnt hier als erstes das gegenwärtige Tempo der wirtschaftlichen Entwicklung. Da in diesem Fall Frankreich jedoch mit Sicherheit vor Großbritannien und auch vor den USA rangieren würde, erscheint ihm dies nicht einleuchtend. Als zweites wirft er das Problem der Kontinuität oder Diskontinuität des politischen Systems auf. In diesem Fall wäre es so, daß Deutschland und Großbritannien an den entgegengesetzten Enden des Spektrums stehen würden und keine ähnlich schnelle Umformung aufweisen dürften. Also ist dies auch nicht zutreffend.

Kirchheimer beschränkt sich daher darauf, einige Bemerkungen zur allgemeinen Entwicklung der Volkspartei zu machen und besondere, einschränkende Faktoren festzuhalten. In einigen Fällen wird die Erfüllung des Ideals von der „Volkspartei“ entscheidend durch die Tradition der Gesellschaftsstruktur beschränkt. Als Beispiele führt hier Kirchheimer zum einen die italienische Democrazia Cristiana an, deren konfessionelle Basis die antiklerikalen Teile der Bevölkerung weitestgehend ausschließt; zum anderen nennt er die SPD in Deutschland und die Labour Party in Großbritannien, die mit Sicherheit keine Konzessionen an Hausbesitzer und sonstige Grundeigentümer machen können, jedoch versuchen können, die lohn- und gehaltsempfangenden Arbeiter, Angestellten und Beamten anzusprechen. Somit können sowohl Tradition als auch gesellschaftliche und berufsständische Struktur der Ausstrahlung einer Partei Grenzen setzen oder potentielle Wählerschichten eröffnen.

Nach Kirchheimer können in der Regel nur große Parteien zu erfolgreichen Volksparteien werden. Weder eine kleine, streng regionale Partei, noch eine Partei, die sich formiert zur Durchsetzung

- enger und begrenzter ideologischer Forderungen,
- zeitweiliger Verbandsforderung,
- der Forderung einer besonderen Berufsgruppe, oder
- eines begrenzten Aktionsprogramms,

kann hoffen, als Volkspartei Erfolg zu haben.

Im weiteren geht Kirchheimer auf die Funktionen der europäischen Parteien im späten 19. und frühen 20. Jahrhundert ein und vergleicht sie mit den Funktionen der Parteien heute.

Die Parteien hatten im späten 19. und frühen 20. Jahrhundert die folgenden Funktionen:

1. Parteien haben als Mittel gedient, entweder Individuen oder Gruppen in die bestehende politische Ordnung einzugliedern oder diese Ordnung zu wandeln oder gänzlich abzuschaffen (Integration – Auflösung).
2. Parteien haben versucht, politische Aktionspräferenzen festzulegen und andere politische Kräfte im politischen Spiel zu deren Annahme zu bewegen.
3. Parteien haben Inhaber öffentlicher Ämter nominiert und sie dann der gesamten Öffentlichkeit zur Bestätigung vorgestellt.
4. Die „Ausdrucksfunktion" einer Partei war wesentlich. Im 19. Jahrhundert bestand noch eine klare Trennung zwischen Meinungsbildung, Meinungsäußerung und den Regierungsgeschäften. Im Zuge der vollständigen Demokratisierung wurden innerhalb der gleichen Partei Meinungsäußerung und Teilnahme an der Regierung zu einer Einheit. Damit wird die „Ausdrucksfunktion" einer Partei zu einer undurchsichtigen Angelegenheit.

Dagegen haben die Parteien heute folgende Funktionen:

1. Radikales Beiseiteschieben der ideologischen Komponenten einer Partei.
2. Weitere Stärkung der Politiker an der Parteispitze.
3. Entwertung der Rolle des einzelnen Parteimitglieds.
4. Abkehr von einer Wählerbasis auf Klassen- oder Konfessionsbasis, statt dessen Wahlpropaganda mit dem Ziel, die ganze Bevölkerung zu erfassen.
5. Streben nach Verbindungen zu den verschiedensten Interessenverbänden.

Kirchheimer geht dann im weiteren auf die funktionalen und strukturellen Kriterien der Volkspartei ein. Bzgl. der funktionalen Kriterien ist es grundlegend für den Typ der Volkspartei, daß sie versucht, Wähler aus allen Schichten und Gruppierungen zu gewinnen. Sie nimmt eine Sammel-, Schlichtungs- und Schutzfunktion gegenüber und für verschiedene, heterogene und konfligierende Interessen gesellschaftlicher Gruppen und Organisationen wahr. Wesentlich für den Typ der Volkspartei ist desweiteren, daß die Parteipolitiker die Parteipolitik dem Stimmenmaximierungsprinzip unterordnen.

Kirchheimer vergleicht den Typ der Volkspartei an manchen Stellen mit einem gut eingeführten Massen- oder Konsumartikel, indem er schreibt, daß „ihre (der Volkspartei – d. Verf.) Rolle (...) auf politischem Gebiet das sein [muß], was auf dem wirtschaftlichen Sektor ein überall gebrauchter und standardisierter, weithin bekannter Marken- und Massenartikel ist. (...) Natürlich müssen die Unterscheidungsmerkmale so sein, daß der Artikel auf den ersten Blick erkannt wird, aber der Grad der Unterschiedlichkeit darf niemals so groß sein, daß der potentielle Käufer befürchten muß, als kompletter Außenseiter zu erscheinen."[7] Die Volkspartei bietet sich also wie ein Konsumartikel auf dem politischen Markt gemäß den politischen Marktgesetzen an.

Ein weiteres, wesentliches Kriterium ist die Entideologisierung. „Politische Desideologisierung heißt Ideologie vom Platz einer Hauptantriebskraft der politischen Zielsetzung auf die Rolle eines der möglichen Elemente in einer sehr viel komplexeren Motivationsreihe zu beschränken."[8]

Weitere funktionale Kriterien:

- Die Volkspartei erkennt die bestehende gesellschaftliche, wirtschaftliche und politische Ordnung an und festigt sie institutionell.
- Sie unterwirft sich dem demokratischen Wettbewerb zwischen mehreren Parteien und erkennt den Grundsatz der demokratischen Meinungsbildung an.
- Sie stellt vage und allgemein formulierte Parteiprogramme auf und arbeitet lediglich Aktionspräferenzen aus.
- Sie ist ständig und grundsätzlich um Kompromisse und Konsens bemüht.
- Sie mobilisiert Wähler ausschließlich für systemkonforme Handlungspräferenzen.
- Sie betreibt gegenüber Interessenverbänden eigenständige Politik.
- Sie instrumentalisiert und nutzt Interessenverbände als beständiges Wähler- und Massenreservoir.
- Sie fungiert als Koordinator und Schlichtungsinstanz gegenüber und zwischen funktionalen Machtgruppen.
- Sie nominiert Kandidaten für öffentliche Ämter und stellt sie zur Wahl.
- Sie beschafft ihren Kandidaten für öffentliche Ämter in demokratischen Wahlen Legitimation und erkennt die Bindung an den demokratischen Mehrheitsentscheid an.
- Sie fungiert als Schaltstation zwischen Bevölkerung und Regierungsapparat.

Als strukturelle Kriterien sind anzuführen, daß der Typ der Volkspartei eine starke, gegenüber der Mitglieder- und Anhängerschaft relativ autonom handelnde Parteiführung hat, eine wenig loyale Mitgliederschaft und ein in der Politik und für die Politik der Partei weitgehend bedeutungsloses Parteimitglied. Desweiteren hat die Volkspartei nur ein geringes (organisations-)internes und externes Partizipationsangebot an die Mitglieder bzw. an die Bevölkerung, und außerdem hat sie eine differenzierte Organisation.

7 Ebd., S. 34

8 Ebd., S. 29

Weiterhin hat die Volkspartei nur eine lose Beziehung zu ihrer Wählerschaft, die nur begrenzt integriert wird, und es zeichnet sie auch eine Fremdheit und Distanz in den Beziehungen zu den Staatsbürgern aus.

3. Alternative Konzeptualisierung: Hermann Kaste/Joachim Raschke: Zur Politik der Volkspartei

3.1. Volkspartei als ideologischer Kampfbegriff

Der Begriff „Volkspartei“ war lange Zeit ein ideologischer Kampfbegriff.

Der Kern des Volkspartei-Begriffs ist der Anspruch auf Ausgleich und Versöhnung zwischen den Klassen („sozialer Friede“). Das Volkspartei-Konzept richtet sich gegen alle, die dem ökonomischen Klassenkampf offenen und direkten politischen Ausdruck verschaffen wollen.

1863 war „Volkspartei“ ein Kampfbegriff der Linksliberalen, der sich sowohl gegen die nicht-demokratischen bürgerlichen Parteien und die feudalistischen Kräfte wie auch gegen die Klassenkampfpartei der Arbeiter richtete. „Volkspartei“ stand für ein Konzept der Versöhnung von Bourgeoisie, Kleinbürgertum, Bauern und Arbeiterklasse im Zeichen einer liberalen Demokratie.

1918/19 diente der Begriff „Volkspartei“ nunmehr als Kampfbegriff fast aller bürgerlichen Parteien gegen die Klassenkampfparteien SPD und KPD.

Nach 1945 fungierte der Volkspartei-Begriff als Kampfbegriff der CDU/CSU gegen die Linksparteien, seit 1959 als Kampfbegriff von CDU/CSU und SPD gegen die Linke, die in der SPD beginnt.

3.2. „Volkspartei" und Parteientypologie

Nach Meinung von Kaste und Raschke sind die grundlegenden Mängel fast aller Parteientypologien die folgenden:

- Sie sind ein- und nicht mehrdimensional konzipiert.
- Sie legen entweder funktionale oder strukturelle Merkmale zugrunde.
- Sie abstrahieren vom politischen Inhalt der Parteien.

Richtig war an Kirchheimers These, daß die Annäherung in zentralen Funktionen zwischen bestimmten bürgerlichen und sozialdemokratischen Parteien die Formulierung eines neuen Parteientyps sinnvoll machte. Falsch war jedoch die implizierte Annahme, hier habe sich ein grundlegend neuer

Parteientyp herausgebildet. In Wirklichkeit war der Wandlungsprozeß für die bürgerlichen Parteien graduell, für die sozialdemokratischen Parteien aber prinzipiell, insofern deren vorherige faktischen Anpassungstendenzen grundsätzlich legitimiert und noch entgegenstehende Programmelemente beseitigt wurden.

Somit findet eine Anpassung der sozialdemokratischen Widerspruchspartei an den Typus der bürgerlichen Anpassungspartei statt. Der heutige Typus „Volkspartei" ist also nur eine graduelle, aber nicht prinzipiell-wesentliche Form der Weiterentwicklung der bürgerlichen Anpassungspartei.

Die beiden Autoren entwickeln eine „inhaltlich gefüllte, mehrdimensionale und funktionell-strukturelle Parteientypologie"[9] mit Parteitypen, von denen die Volkspartei-Entwicklung ihren Ausgang nimmt.

9 Kaste, Hermann/Raschke, Joachim, a.a.O., S. 29

Tabelle: Parteientypologie

	Bürgerliche Anpassungspartei	**Sozialdemokratische Widerspruchspartei**	**Sozialistische/ Kommunistische Mobilisierungspartei**
Orientierung gegenüber den Massen	Massenmobilisierung ausschließlich für Wahlzwecke	Primär: Wahlmobilisierung, subsidiär und punktuell: außerstaatliche Massenmobilisierung	Massenmobilisierung auch außerhalb von Wahlen (Streiks, Demonstrationen etc.)
Verhältnis der ausserstaatlichen Partei zur Partei im Staatsapparat	Autonomie der Partei im Staatsapparat	Spannungsverhältnis zwischen der Partei innerhalb und außerhalb des Staatsapparates	Bindung der Partei im Staatsapparat an den Willen der außerstaatlichen Parteiorganisation
Systemprogramm (bezogen auf gesellschaftlichen Wandel)	z.T. Wandel durch Anpassungsreform, z.T. konservativer bis reaktionärer Widerstand gegen Wandel	z.T. Anpassungsreform, z.T. Anspruch der Strukturreform (ausschließlich mit Hilfe des Wahl- und Parlamentsmechanismus)	Wandel durch grundlegende Strukturveränderung (ohne Festlegung auf bestimmte politische Mittel)
Legitimationsweise	Unterordnung der Legitimations- und Interessenvertretungsfunktion unter das Steuerungsprogramm (instrumentalisierte Ideologie)	Widerspruch von Legitimationsprogramm und realer Interessenvertretungs- und Steuerungsfunktion	Tendenzielle Annäherung von Interessenvertretungs-, Steuerungs- und Legitimationsprogramm
Organisationsweise	individuell (begrenzte Partizipation; rudimentäre Schulung; Karrieremotivation für Partizipation; Ausklammerung der Produktionssphäre; geringe Sozialisationsrelevanz der Partei)	individuell/kollektiv (bei allen Merkmalen Mittelposition zwischen den Polen)	(breite Partizipation; intensive Schulung; ideell-politische Motivation für Partizipation; Einbeziehung der Produktionssphäre; große Sozialisationsrelevanz der Partei)

Diese Parteientypologie ist ein idealtypisierendes Schema im Sinne Max Webers, das Antworten auf fünf zentrale Handlungsalternativen gibt:

1. Die Orientierung einer politischen Partei im Hinblick auf die Massen. Werden die Massen umfassend oder partiell, zu Zwecken der Veränderung oder der Legitimation des Bestehenden mobilisiert?
2. Das Verhältnis der außerstaatlichen Partei zur Partei im Staatsapparat. Ist der Parteiwille verbindlich für die Partei im Staatsapparat oder bewahrt sich diese eine zur angepaßten Systemsteuerung funktionale Autonomie gegenüber der außerstaatlichen Parteiorganisation und damit dem Träger der gesellschaftlich-politischen Mobilisierung?
3. Das Systemprogramm einer politischen Partei in bezug auf den gesellschaftlichen Wandel. Welche Antworten lassen sich den Parteiprogrammen auf Grundfragen entnehmen, die durch den gesellschaftlichen Wandel aufgeworden werden? Ist das Parteiprogramm grundsätzlich an einer angepaßten Systemsteuerung orientiert, also an einem Wandel durch Anpassungsreform, oder an einem gesellschaftlichen Wandel durch Strukturveränderung?
4. Die Legitimationsweise einer politischen Partei. Beruht das Legitimationssystem einer Partei auf einer instrumentalisierten Ideologie ohne Handlungsrelevanz oder auf einem tatsächlich tendenziell handlungsleitenden Programm?
5. Die Organisationsweise einer Partei. In welcher Weise werden die alternativen Formen der Problemlösung – Anpassungsreform versus grundlegende Strukturveränderung – in entsprechende alternative Organisationsweisen umgesetzt, die – generalisiert – als individuell oder kollektiv bezeichnet werden?

Die Volkspartei entwickelt sich somit aus einer Annäherung zwischen bestimmten Parteien des Typs bürgerliche Anpassungspartei und Parteien des Typs sozialdemokratische Widerspruchspartei.

Fünf Merkmale zeichnen die „Volkspartei“ aus:

- Sie sieht die Massen ausschließlich oder primär als Objekt der Wahlmobilisierung.
- Sie verschafft ihren Funktionsträgern im Staatsapparat eine hohe Autonomie gegenüber möglichen Einmischungen der Massen und Parteimitglieder im politischen Entscheidungsprozeß.
- Sie versucht gesellschaftlichen Wandel primär in Gestalt von Anpassungsreformen zu bewältigen.

- Sie steht permanent und prinzipiell in Widersprüchen zwischen ihrem Legitimationsprogramm und ihrer realen Interessenvertretungs- und Steuerungsfunktion.
- Sie ist durch eine ganz überwiegend individuelle Organisation bestimmt.

Zwei interdependente, grundlegende Merkmale der „Volkspartei" sind:

- Die Volkspartei hat eine breite, sozialstrukturell heterogene Wählerbasis.
- Die Volkspartei hat ein für jeweilige Situationen und Gruppen anpassungsfähiges Programm, das primär der Integration vieler Tendenzen dient.

Der hier vorgeschlagene Begriff der Volkspartei hat zwei Vorteile. Zum einen betont er, daß sich zwischen einem Teil der bürgerlichen und den meisten sozialdemokratischen Parteien in Westeuropa Gemeinsamkeiten herausgebildet haben. Zum anderen trägt er zur Differenzierung der Volkspartei bei, indem er die jeweils besondere Herkunft, den jeweiligen Klassenbezug und damit die jeweils spezifische Widerspruchsproblematik der Parteien im Blick hat.

Die hier vorgeschlagene Parteientypologie führt zu Fragen nach den Determinanten der Herausbildung, nach den klassenpolitischen Funktionen und nach den Alternativen zum heute in der Bundesrepublik Deutschland dominanten Typ der Volkspartei.

Die klassenpolitischen Funktionen, die eine marxistische, klassenpolitische Funktionsanalyse darstellen, und die Alternativen zum heute in der Bundesrepublik Deutschland dominanten Typ der Volkspartei werden im weiteren nicht behandelt. Es soll hier nur auf die Frage nach den Determinanten der Herausbildung der Volkspartei näher eingegangen werden.

3.3. Determinanten der Volkspartei-Entwicklung

Die Kritik an den bisherigen Erklärungsansätzen ist diejenige, daß es zwar zahlreiche Deskriptionen des neuen Parteityps „Volkspartei" gibt, daß jedoch eine schlüssige genetische Theorie der Volkspartei-Entwicklung fehlt.

Es existieren zwei Erklärungstypen: Erklärung durch parteiexternen Strukurwandel und Erklärung durch parteiinternen Strukturwandel. Beim parteiexternen Strukturwandel werden entweder einzelne parteiexterne Faktoren oder ein relevanter Wechsel des Gesamtsystems zu Ursachen erklärt. Die Wirkung dieser Determinanten wird – implizit – global konzipiert, d.h. es wird angenommen, daß sie auf alle Parteien im Prinzip gleich wirken. Beim parteiinternen Strukturwandel werden meist Wandlungstendenzen in der sozialen Zusammensetzung bzw. im politischen Bewußtsein der Parteiführungsgruppe als Ursache betont.

Beiden Erklärungsansätzen gemeinsam ist die Annahme, daß sich der Wandel zur Volkspartei durch die Parteien hindurch im Sinne eines parteispezifischen oder gesamtgesellschaftlichen Systemzwangs durchsetzt – ohne daß die politischen Akteure vor eine Entscheidungssituation gestellt würden. Nie erscheint der Wandel zur Volkspartei als eine bewußte Entscheidung über alternative Strategien. Bei einem solchen Entscheidungsansatz wäre zweierlei impliziert. Zum einen, daß die Entscheidung von innerparteilichen Akteuren getroffen wird als Antwort auf Probleme, die sich der Parteistrategie angesichts gesellschaftlich-politischen Wandels stellen. Zum anderen, daß auch eine andere als die Entscheidung für die Volkspartei theoretisch und praktisch möglich ist. Somit könnte man den Erklärungsansatz von Kaste und Raschke auch als akteursbezogenen Ansatz darstellen.

Beim Erklärungsansatz parteiexternen Strukturwandels lassen sich zwei Ansätze unterscheiden: ein Ansatz steht im Kontext der Kapitalismustheorie, der andere Ansatz im Zusammenhang einer Analyse der pluralistischen Industriegesellschaft.

Ohne hier im einzelnen weiter auf diese beiden Ansätze einzugehen, neigen beide dazu, die Tatsache der Funktionalität der Volkspartei in bezug auf Anforderungen des politischen und gesamtgesellschaftlichen Systems als Erklärung für deren Herausbildung zu sehen: Volksparteien entstehen, weil sie funktional sind. Diese Annahme ist nach Meinung der beiden Autoren logisch nicht zwingend und empirisch nicht haltbar.

Die verschiedenen Erklärungsansätze eines parteiexternen Strukturwandels sind vor allem aus drei Gründen analytisch unzureichend:

1. Sie berücksichtigen kaum oder gar nicht die Ungleichzeitigkeit in der Volksparteien-Entwicklung, Ungleichzeitigkeiten innerhalb eines Landes und zwischen verschiedenen westeuropäischen Ländern.
2. Drückt sich nicht schon in solchen Ungleichzeitigkeiten aus, daß die Volkspartei-Entwicklung keinen Automatismus und keinen Anpassungs- und Sachzwang in irgendeiner Form darstellt, vielmehr auf Anpassungs-Entscheidungen zurückführbar ist, die beeinflußbar und alternativ wählbar sind?
3. Vieles, was an Ursachen für die Volkspartei-Entwicklung ausgegeben wird, ist mindesten in gleichem Maße Folge davon (u.a. Kirchheimers Faktoren: Entideologisierung, Reduzierung des Klassenkampfes, Verselbständigung des Parteienwettbewerbs).

Die Erklärung durch parteiinternen Strukturwandel geht meistens auf Robert Michels zurück, der die Verbürgerlichung der Arbeiterführer als wesentliche Erklärung dafür ansah, daß die sozialistischen Parteien ihr revolutionäres Potential nach und nach einbüßten. Eine Fortschreibung dieses Erklärungsansatzes sieht die definitive Anpassung der sozialdemokratischen Parteien nach 1945 wesentlich bedingt durch das Vordringen von „Mittelschicht"-Angehörigen in den Parteiführungen.

3.4. Eigener Erklärungsansatz

Der Erklärungsansatz der beiden Autoren betont, daß die Volkspartei-Entwicklung durch parteispezifische Strategieentscheidungen (mit bestimmten innerparteilichen Determinanten) erklärbar ist. Dabei antworten die Entscheidungen auf Probleme, die z.T. durch gesamtgesellschaftlichen Strukturwandel, z.T. durch die Struktur des Parteiensystems gestellt sind.

Die Grundlegung des Volkspartei-Konzepts stellt die Durchsetzung des Stimmenmaximierungsprinzips gegenüber dem Prinzip konsequenter Interessenvertretung dar.

Dabei ist der Wandel der Sozialstruktur mit dem Anwachsen der lohnabhängigen Mittelschichten besonders wichtig. Er hat zur Folge, daß die traditionelle Basis der bürgerlichen und der Linksparteien relativ an Bedeutung verliert. Er bedeutet auch, daß man ohne beachtliche Unterstützung aus den lohnabhängigen Mittelschichten nicht mehrheitsfähig ist.

Die Faktoren, aufgrund derer die Parteiführer allmählich die Parteiziele dem Wahlziel unterordnen, sind zum einen die Stabilisierung der parlamentarischen Demokratie bzw. des Systems der Parteien- und Wahlkonkurrenz nach 1945. Die staatlich-politische Machtgewinnung konnte sich nur noch auf Wahl- und Parlamentsentscheidungen stützen. Zum anderen war es das Bewußtsein von den Grenzen einer staatlichen Reformpolitik mit weitreichenden Zielen bei Anwendung systemkonformer Mittel. Wesentlich ist in diesem Zusammenhang auch noch die positive Erfahrung mit der Verteilungspolitik, die durch den langanhaltenden wirtschaftlichen Aufschwung seit Mitte der 50er Jahre ermöglicht wurde, durch den sich Chancen einer breiten wahlpolitischen Zielgruppenstrategie mit Hilfe materieller Entschädigung eröffneten.

Der innerparteiliche Wandel vollzog sich durch das Vordringen von Parteiführern aus der Mittelschicht, die sich deutlich von jenen auf dem Rückzug befindlichen Führern unterscheiden, die bei den Linksparteien aus der Arbeiterschaft und bei den bürgerlichen Parteien aus der Bourgeoisie und dem

Landadel stammten. Professionalisierung und Parlamentarisierung sind die wichtigsten Merkmale der Sozialisation dieser Führer.

Diese Faktoren allein reichen aber nach Meinung der beiden Autoren nicht aus, um die Volkspartei-Entwicklung zu erklären. Die Strategieentscheidung ist immer eingelagert in die Struktur eines konkreten Parteiensystems und von ihren Besonderheiten abhängig:

1. Zweiparteiensystem (BRD):
   Hier induziert bzw. beschleunigt das ansteckende Beispiel einer erfolgreichen Volkspartei-Entwicklung den Wandel der zweiten größeren Partei zur Volkspartei.
2. Modifikation des Zweiparteiensystems (Schweden, Norwegen):
   Es existieren zwei Blöcke, wobei ein Block aus mehreren Parteien gebildet wird. Die sozialdemokratische Partei leitet aus der Regierung heraus eine Volkspartei-Entwicklung ein, der sich in einer zweiten Phase die bürgerlichen Parteien anschließen.
3. Vielparteiensystem (Frankreich, Italien, Finnland):
   Die herrschende Volkspartei wird hier durch ein sozialistisch orientiertes Oppositionsbündnis bekämpft. Die Parteien in einem solchen Vielparteiensystem sind jedoch viel weniger dem Druck in Richtung Volkspartei ausgesetzt, sondern können auch durch Koalitionspolitik staatlich-politischen Einfluß gewinnen.

3.5. Zukunft der Volksparteien

Volksparteien sind bemerkenswert stabile und auch an Konfliktlagen anpassungsfähige Gebilde. Das System der Volksparteien kann sich daher nicht von der Mitte her, sondern nur von den Rändern her ändern.

Die Erosion der bürgerlichen Volksparteien hat ihren bisher deutlichsten Ausdruck in der Rechtsentwicklung der CSU gefunden. Andererseits ist nicht damit zu rechnen, daß auf der anderen Seite des Parteiensystems die innerparteiliche Linke in der SPD diese strukturell und funktional in eine sozialistische Partei umwandeln kann, noch damit, daß sie aus der Partei ausbrechen wird.

4. Bibliographie

Downs, Anthony, Ökonomische Theorie der Demokratie, Tübingen 1968

Kaste, Hermann/Raschke, Joachim, Zur Politik der Volkspartei, in: Narr, Wolf-Dieter (Hrsg.), Auf dem Weg zum Einparteienstaat, Opladen 1977, S. 26-74

Kirchheimer, Otto, Der Wandel des westeuropäischen Parteiensystems, in: Politische Vierteljahresschrift, 6. Jg., Heft 1, März 1965, S. 20-41

Ders., Wandlungen der politischen Opposition, in: Ders., Politik und Verfassung, 2. Auflage, Frankfurt 1981, S. 123-150

Mintzel, Alf, Die Volkspartei, Opladen 1984

Die Deutsche Kommunistische Partei

Inhaltsverzeichnis

1. Einleitung

Gegenstand dieser Arbeit ist die Deutsche Kommunistische Partei (DKP) und ihre Bedeutung im bundesdeutschen Parteiensystem.

Durch die bekanntermaßen geringen Wahlerfolge erlangte die DKP keine parlamentarische Bedeutung und kam nie über den Status einer Splitterpartei hinaus. Trotzdem beschäftigten sich seit ihrer Gründung 1968 bis in die späten achtziger Jahre alle etablierten deutschen Parteien mit ihr und sie stand immer in der öffentlichen Diskussion. Diese zweifelhafte Anerkennung erlangte sie aufgrund der Tatsache, daß sie als Bruderpartei der SED deren Politik und Interessen in Westdeutschland vertrat.

Diese Arbeit gibt einen Überblick über die Partei und stellt die enge Verbindung von DKP und SED dar. Im Mittelpunkt stehen dabei die Parteiorganisation und das Parteileben der DKP. Der hauptamtliche Apparat und die vor allem auch finanzielle Unterstützung durch die SED gelten als die wesentlichen Faktoren, die bis Ende der achtziger Jahre das Überleben der DKP trotz ausbleibender Wahlerfolge sicherten (vgl. Wilke et al. 1990:248f).

Die Ausführungen der Kapitel zwei bis sechs beziehen sich daher auf den Zeitraum von der Parteigründung bis 1987. Kapitel sieben beschäftigt sich dann abschließend mit der Parteikrise 1988/89 und den Veränderungen, die sich dadurch für die Partei ergaben.

2. Gründungsgeschichte

Am 26. September 1968 wurde auf einer Pressekonferenz in Frankfurt am Main die „Erklärung zur Neukonstituierung einer kommunistischen Partei in Deutschland“ veröffentlicht und damit die Deutsche Kommunistische Partei (DKP) gegründet (vgl. Fülberth 1992:117). Wie der Begriff „Neukonstituierung“ bereits verrät, handelte es sich hierbei nicht um eine neue Bewegung, aus der sich eine neue Partei entwickelt hatte. Vielmehr trat die DKP die Nachfolge der 1956 durch das Bundesverfassungsgericht verbotenen Kommunistischen Partei Deutschlands (KPD) an. Die Geschichte der DKP beginnt also bereits mit der Geschichte der KPD.

Die KPD wurde 1918 gegründet und bestand zunächst bis 1933. Während des dritten Reiches war sie verboten und ihre Mitglieder und Sympathiesanten wurden verfolgt.

Bereits im Juni 1945 wurde die KPD offiziell wiedergegründet und nahm als erste Partei ihre Tätigkeit in allen vier Besatzungszonen auf (vgl. Knoche

1980:7), wobei sie sich in den westlichen Zonen zunächst in einem Zustand der Halblegalität bewegte (vgl. Fülberth 1992:18). Die gesamtdeutsche KPD existierte jedoch nur etwa zehn Monate, da es am 21./22. April 1946 in der sowjetischen Besatzungszone durch die Vereinigung der KPD und SPD zur Gründung der Sozialistischen Einheitspartei Deutschlands (SED) kam (vgl. Knoche 1980:9). Die KPD wurde die westdeutsche Bruderpartei der SED und bildete für die Westzonen eine Arbeitsgemeinschaft mit der SED, die allerdings später verboten wurde. Daraufhin beschloß der KPD-Vorstand am 3. Januar 1949 die organisatorische Trennung von der SED (vgl. Wilke 1990:67) Politisch betrachteten sich die KPD und die SED jedoch weiterhin als „einheitliche Partei". Dies gab der KPD den Charakter einer von außen gesteuerten Partei, die die Politik und die Interessen der SED in Westdeutschland vertrat und sich gegen die politische und gesellschaftliche Ordnung in der Bundesrepublik wandte.

Damit stellte sich die Frage, ob die KPD nach ihren Zielen oder nach dem Verhalten ihrer Anhänger darauf ausgeht, die freiheitliche demokratische Grund- ordnung zu beeinträchtigen oder zu beseitigen oder den Bestand der Bundesrepublik zu gefährden, was nach Artikel 21 Absatz 2 des Grundgesetzes verfassungswidrig ist. Aus diesem Grund beantragte die Bundesregierung im November 1951 beim Bundesverfassungsgericht die KPD zu verbieten. Am 17. August 1956 wurde die KPD schließlich für verfassungswidrig erklärt und aufgelöst (vgl. Wilke 1990:69f). Zu diesem Zeitpunkt hatte die Partei etwa 70.000 bis 75.000 Mitglieder, die sich jedoch schnell reduzierten. Übrig blieben ca. 7.000 Anhänger, die ihre Arbeit in der KPD illegal fortsetzten (vgl. Knoche 1980:11).

Bereits die Prozessdauer von fast fünf Jahren zeigt, daß sich die Richter mit dem Verbots-Urteil schwertaten und auch die Reaktionen darauf waren zwiespältig. Kritiker, wie beispielsweise Wolfgang Abendroth bestritten, „daß die KPD zum Zeitpunkt ihres Verbots irgendeine politische Gefahr für den Bestand der Demokratie hätte bilden können" (Wilke et al. 1990:70).

Als weiterer Aspekt wurde hervorgehoben, daß kommunistische Parteien in fast allen westeuropäischen Staaten legal waren. Ausgerechnet aber in Westdeutschland wurde die KPD nur 11 Jahre nach Ende des dritten Reiches erneut verboten, und dies von einem Staatsapparat, in dem Menschen tätig waren, die schon während der NS-Zeit gedient hatten.

Als Mitte der sechziger Jahre die SPD eine Entspannung im Bereich der Ostpolitik einläutete, ließ sich das KPD-Verbot politisch immer weniger legitimieren. Es verstärkte sich die öffentliche Diskussion um eine Aufhebung des Verbot- Urteils, die von Kampagnen der KPD-Führung begleitet wurden. So wurde 1967 ein fünfköpfiger „Initiativausschuß für die Wiederzulassung der

KPD" gegründet und im Februar 1968 sollte auf einer Pressekonferenz in Frankfurt ein Programmentwurf der KPD veröffentlicht werden (vgl. Knoche 1980:12f). Die Veranstaltung wurde jedoch verboten und die KPD mußte erkennen, daß eine Aufhebung des Verbot-Urteils sowie die Wiederzulassung der Partei nicht durchgesetzt werden konnte.

Deshalb wurde im September 1968 ein „Bundesausschuß zur Neukonstituierung einer kommunistischen Partei" gegründet, der am 26.09. die Erklärung abgab (vgl. Wilke et al. 1990:73). Der Begriff der „Neukonstituierung" sollte im Unterschied zur „Neugründung" stärker die Kontinuität der kommunistischen Parteien ausdrücken. Diese Kontinuität zeigte sich vor allem in der Parteiführung und Organisation, aber auch im Mitgliederstamm der DKP. „Im Zeitraum von nur einen Monat besaß die Partei bereits 6.000 Mitglieder, 10 Landes-, 123 Kreis- und 220 Orts- und Stadtteilausschüsse sowie 40 Betriebsausschüsse." (vgl. Wilke et al. 1990:75). Der erste Parteitag fand am 12. und 13. April 1969 in Essen statt.

3. Statuten: Die geschriebenen Gesetze des Parteilebens

3.1. Demokratischer Zentralismus

Das Prinzip, das in der DKP vorherrscht, ist der Demokratische Zentralismus: Demokratisch gegliedert, aber zentralistisch. Dies sind die „unveräußerlichen Prinzipien der Organisation der Partei" (Wilke et al. 1990:80).

Konstitutive Prinzipien des demokratischen Zentralismus sind:

- Die „Einheitlichkeit" der Partei, d.h. ihre zentrale Leitung.
- Wählbarkeit und Rechenschaftspflicht aller Vorstände und Sekretariate, zur Sicherung der Einheitlichkeit und nicht als Ausdruck der „Zerrissenheit".
- Kollektivität in bezug auf Erarbeitung, Beschlußfassung und Umsetzung der Politik.
- Kritik und Selbstkritik.
- Verbindlichkeit der Beschlüsse übergeordneter Vorstände wegen ihres „besseren allgemeinen Überblicks über die Lage im ganzen Lande".
- Unterordnung der Minderheit unter die Mehrheit.
- Einheitliche Parteidisziplin und Verbot der „Fraktions"-Bildung.

Zwei autoritäre Sozialisationsinstitutionen der alten Gesellschaft standen Modell für den leninistischen Parteiaufbau: das Militär und die Fabrik. „Militärischer Gehorsam und fabrikmäßige Disziplin sind demnach konstituierendes Prinzip der Leninschen Partei.“

Neben die militärische und die fabrikmäßige Disziplin tritt noch die bürokratische Disziplin, deren soziologischer Kern darin besteht, interpersonelle und institutionelle Akte als bürokratische Vorgänge zu formalisieren. Informelle Beziehungen sind für Bürokraten stets ein Greuel.

Programme und Statuten stellen lediglich die konkreten Ausprägungsformen der „unverzichtbaren“, ewiggültigen Organisationsprinzipien der Partei dar. Da erstere von Parteitagen beschlossen wären, entsprächen sie einerseits „nach ihrem Wesen den unveräußerlichen Prinzipien“, andererseits „der jeweils konkreten Lage der Partei, der objektiven Situation, wie ihrem jeweiligen Entwicklungsstand“ (Wilke et al. 1990:82). Diese Konstruktion war Ausfluß des anmaßenden Verdikts, daß die Partei nicht irren könne.

Hinter dieser scheinbar streng wissenschaftlichen und an die Formulierung von Naturgesetzen erinnernden, freilich allein von den ideologischen Parteiauguren auszumachenden Organisationslehre verbarg sich jedoch eine vollkommene Willkür des Arguments. Je nach dem herrschenden Interesse in der Parteiführung „fanden“ und „reflektierten“ die Ideologen veränderte oder gleichgebliebene Verhältnisse, die ebensolche Ausstrahlung auf die Parteiorganisation ausüben würden. Dabei wurde das beharrende Interesse des Apparats vor allem aus der vorgeblich fortdauernden Notwendigkeit, den „Klassenkampf gegen einen erfahrenen und entschlossenen Gegner zu organisieren“ (Wilke et al. 1990:83), hergeleitet und gerechtfertigt.

3.2. Gliederung der Partei

Die Partei ist außer auf der Bundesebene auch auf der Ebene von zwölf Parteibezirken in einer Vielzahl von Kreis- bzw. Gebietsorganisationen tätig. Die entscheidenden Organe sind der Parteivorstand, der Parteitag und ein aus dem Parteivorstand heraus zu bildender geschäftsführender Vorstand, das Präsidium. Die hauptamtliche Geschäftsführungskompetenz war mit Beschluß des Düsseldorfer Parteitags 1971 auf ein Sekretariat übergegangen, das zusammen mit den auf Bezirks- und Kreisebene bereits vorhandenen Sekretariaten nunmehr einen von oben nach unten durchgängigen hauptamtlichen Leitungsapparat darstellt. Der Bundes-, Bezirks- und Kreisebene waren jeweils Revisions- und Schiedskommissionen zugeordnet. Die Partei ruht demnach formal auf drei Säulen: dem hauptamtlichen Apparat (Sekretariate und Vorstände), der Mitgliedschaft bzw. deren Delegierten und einem „unabhängigen“ Revisions- und Schiedswesen (Abb. 1).

Abb. 1: Die drei Organisationssäulen der DKP

Ebene	hauptamtl. Apparat	Mitgliedschaft	Revisions- und Schiedsapparat
Bund	Sekretariat u. Präsidium Parteivorstand	Parteitag	Zentrale (Bundes-) Revisionskommission Schiedskommission
Bezirke	12 Bezirkssekretariate 12 Bezirksvorstände	Bezirksdelegierten- konferenz	Bez. Revisionskommissionen Bez. Schiedskommissionen
Kreise	Kreissekretariate Kreisvorstände	Kreisdelegierten- konferenz	Kreis-Revisionskommissionen Kreis-Schiedskommission
Grund- organi- sation	Gruppenvorstände	Jahreshauptversamm- lung der Parteigruppe	

Der organisatorische Aufbau der DKP muß aber auch im Verhältnis zu historischen und zeitgenössischen Parallelen gesehen werden (Abb. 2). Im Vergleich mit SED und KPD ergibt sich nämlich erst, daß es sich auch bei der DKP um eine typisch kommunistische Partei mit Sekretariat, Politbüro und Zentralkomitee handelt, wobei lediglich aus taktischen Gründen die vorgegebenen Begriffe des Parteiengesetzes in verschleiernder Absicht verwendet wurden.

Abb. 2: Parteiorganisation von SED, KPD und DKP im Vergleich

SED Parteitage und -konferenzen	KPD Parteitage und -konferenzen vor dem Verbot	 nach dem Verbot	DKP Parteitag
ab 1971 1. Sekretär ab 1976 Generalsekretär	Vorsitzender d. Parteivorstandes	1. Sekretär	Parteivorsitzender
Politbüro	-	Politbüro	Präsidium
Sekretariat mit 9 Sekretären	Sekretariat	Sekretariat	Sekretariat
Zentralkomitee	Parteivorstand	Zentralkomitee	Parteivorstand
Zentrale Parteikontroll- kommission	Parteikontroll- kommission	Zentrale Partei- kontrollkommissionen	Schiedskommission
ZK-Apparat	Abteilungen d. Sekr. d. PV	Abteilungen d. Sekr. d. ZK	Abteilungen d. Sekretariats des PV
Bezirksleitungen	Landesleitungen	Landesleitungen	Bezirksvorstände u. Sekretariate
Kreisleitungen	Kreisleitungen	Kreisleitungen	Kreisvorstände u. Sekretariate
Grundeinheiten	Ortsgruppen Betriebs- Wohngebiets- gruppen	Grundorgani- sationen	Gruppenvorstände Grundorganisationen: Betriebsgruppen Wohgebietsgruppen Hochschulgruppen

3.3. Rechte und Pflichten der Mitglieder

Hier sollen nicht alle Rechte und Pflichten der Mitglieder erwähnt werden, sondern nur einige genannt werden, die wesentlich erscheinen.

Doppelmitgliedschaft der Mitglieder ist bei der DKP in mehreren Parteien möglich, „wenn ihre Ziele [nicht] gegen die Partei gerichtet sind" (Wilke et al. 1990:90). Das Mindesteintrittsalter beträgt 16 Jahren.

„Die Partei ... ist nach demokratischen Prinzipien aufgebaut. Alle Parteiorgane werden von unten nach oben gewählt. Die gewählten Parteiorgane sind zur kollektiven Arbeit und ihren Organisationen zur Rechenschaft verpflichtet. Beschlüsse der gewählten höheren Parteiorgane sind für die nachfolgenden Parteigliederungen verbindlich." (Wilke et al. 1990:91).

Die zitierte, hierarchisch angelegte Beschlußverbindlichkeitsklausel, die im Zusammenhang mit der Regelung von Beschlüssen des Parteitages und des Parteivorstand nochmals bekräftigt wurde, bedeutete zudem keineswegs die bloße Sanktionierung der gängigen Regel aller Parteien, wonach sich die Mitglieder an Parteibeschlüsse halten müssen. Im Zusammenhang mit den Führungsprinzipien des demokratischen Zentralismus mußte dies vielmehr bedeuten, daß ebenso sämtliche Beschlüsse der Sekretariate, die sich stets auch auf Formen der „Gewähltheit" berufen konnten, denselben Verbindlichkeitscharakter erlangten, wie die der Wahlkompetenz der Parteimitglieder mittelbar oder unmittelbar viel weniger weit entzogenen Parteiorgane. In Kombination mit den Prinzipien des demokratischen Zentralismus mußte die Verbindlichkeitsklausel also eine stark subordinierende Wirkung entfalten.

Die Wahlordnung der DKP bewirkte, daß für geheime Wahl nur von vornherein mehrheitsfähige Kandidaten zur Verfügung standen.

Das Statut der DKP ging ebenfalls davon aus, daß übergeordnete Vorstände jederzeit direkt in die Willensbildung nachgeordneter Organisationen und Vorstände eingreifen dürfen. Sie sind nämlich „berechtigt, an allen Beratungen der ihnen nachgeordneten Organisationen und Vorstände teilzunehmen" (Wilke et al. 1990:92).

Geradezu undemokratische Dimensionen erhält diese Regelung in Verbindung mit dem Statut, wonach „die Vorstände berechtigt [sind], personelle Vorschläge für alle Wahlen zu unterbreiten" (Wilke et al. 1990:92). Es konnten also fertige Besetzungslisten der Vorstände durch ein tatsächliches oder faktisches Junktim mit Vorstandsbeschlüssen, d.h. „Beschlüssen der gewählten höheren Parteiorgane" vorab schon quasi-verbindlich für die Wahlorgane gemacht und jederzeit unter deren direkter Aufsicht durchgesetzt werden.

3.4. Fraktionsverbot/Körperschaftsdiziplin

Das Fraktionsverbot wird abgeleitet aus der Verpflichtung auf die undemokratischen, gleichwohl die Organisation vorgeblich stärkenden Prinzipien der Geschlossenheit, Disziplin und hierarchischen Unterordnung im allgemeinen, der Unterordung von Minderheitenmeinungen unter Mehrheitsmeinungen im besonderen. Substanziell besagt das innerparteiliche Fraktionsverbot, daß abweichende Meinungen nur so lange geäußert werden dürfen, wie sie noch nicht durch Beschlüsse auf gleicher oder übergeordneter Ebene geregelt worden sind. Mit jedem derartigen regelnden Beschluß verlangte die Partei nicht nur die Anerkennung der „Mehrheits"-Position und ebenso einen Verzicht auf ein weiteres Auftreten und Werben für die Minderheitenposition; sie verlangte darüber hinaus von der „Minderheit", den Mehrheitsbeschluß nach außen als eigene Meinung aktiv zu vertreten.

Die Körperschaftsdiziplin ist zwar ein ungeschriebenes Parteigesetz, sie soll allerdings doch schon hier behandelt werden. Der Begriff war schon in den zwanziger Jahren in Auseinandersetzung mit der öffentlich auftretenden letzten Oppositionsgruppe in der KPD, den schon durch die bloße Namensgebung diffamierten „Versöhnlern", geprägt worden. In diesem Zusammenhang nun hatte die damalige Parteiführung dekretiert: „Das Gesetz der Körperschaftsdiziplin erfordert, daß sich jeweils die Minderheit der Mehrheit im Rahmen einer Parteikörperschaft unterzuordnen hat. Wenn im ZK oder in der Bezirksleitung ein Beschluß gefaßt ist, dann müssen alle Mitglieder des ZK bzw. die Mitglieder der Bezirksleitung diesen Beschluß vor den unteren Parteikörperschaften und vor der gesamten Mitgliederschaft vertreten und verteidigen, selbst dann, wenn sie ... gegen den Beschluß waren. [Es gibt] ... keinerlei Recht, seinen abweichenden oder entgegengesetzten Standpunkt in den unteren Parteiinstanzen zu vertreten." (Wilke et al. 1990:94). Mit den praktizierten Prinzipien der Beschlußverbindlichkeit und der Körperschaftsdiziplin kommt es auch in der DKP zur faktischen Umkehrung der innerparteilichen Willensbildungsprozesse „von unten nach oben".

3.5. Schiedskommission

Die Schiedskommissionen sind statt Institutionen der internen Schiedsgerichtsbarkeit und Selbstkontrolle der Gesamtpartei vielmehr Kontroll- und Einschüchterungsinstrument des Parteiapparats über die Mitgliedschaft.

Nach Äußerungen aus dem Verfassungsschutzbereich soll die Schiedskommission der DKP der legale Träger des sog. Sicherheitsapparates („S-Apparat") der DKP gewesen sein, der auch für das Ministerium für Staatssicherheit der DDR auf dem Gebiet der Bundesrepublik „in Amtshilfe" in konspirativer Weise tätig wurde. Nach Angaben des Bundesinnenministeriums wurden die Ergebnisse dieser Informationsbeschaffung zur Zentralen Parteikontrollkommisssion der SED gebracht, wo auch die Kader-Unterlagen der DKP aufbewahrt wurden. Dort soll das Ministerium für Staatssicherheit unmittelbaren Zugang zu diesen so beschafften Informationen gehabt haben. Diese Gründe waren es wohl auch, die der DKP an diesem Punkt keine Schwierigkeiten machten, den Auflagen des Parteiengesetzes umstandslos nachzukommen. Sorgfältig wurde darauf geachtet, daß die Kommissionsmitglieder nicht zugleich dem Vorstand der Partei oder eines Gebietsverbandes angehörten, in einem Dienstverhältnis zu Partei standen oder von ihr regelmäßige Einkünfte bezogen. Sorgfältig trennte die Partei vielmehr ihren S-Apparat von der übrigen Partei und den legalen Teil dieses Apparates von seinem illegalen.

Abb. 3: Die Machtkonzentration in der Parteispitze der DKP (1980)

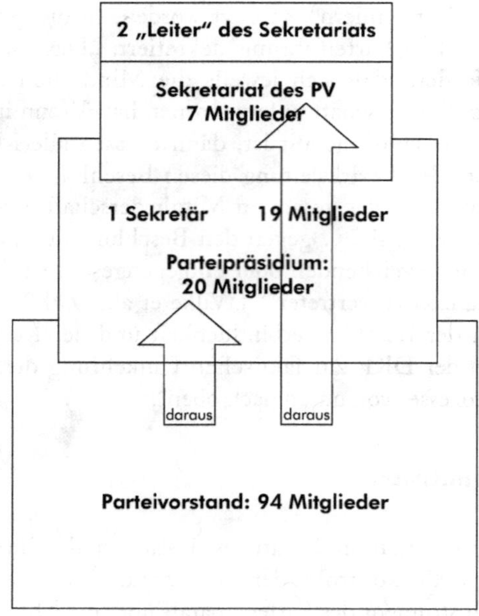

4. Bräuche: Die ungeschriebenen Gesetze des Parteilebens

Neben den statutenmäßig festgehaltenen Parteigesetzen waren es auch eine Reihe von ungeschriebenen Gesetzen, die das Parteileben der DKP kennzeichneten.

4.1. Anleitung und Kontrolle

„Aus dem Prinzip des demokratischen Zentralismus, zu dem die DKP sich aus taktischen Gründen statutenmäßig nicht bekennen durfte und das sie dennoch offen praktizierte, war nach kommunistischer Auffassung eine umfassende Führungsmethodik abzuleiten, die mit den Begriffen von ‚Anleitung und Kontrolle' beschrieben wurde." (Wilke et al. 1990:116). Unter Berücksichtigung der Beschlußverbindlichkeitsklausel des DKP-Statuts ergibt sich aus diesem Führungskonzept, daß statutenmäßig untergeordnete Parteigliederungen keine Autonomierechte zugestanden wurden. Stattdessen hatten sie die Aufgabe, die Beschlüsse und Weisungen der übergeordneten Organe parteikonform umzusetzen. Die korrekte Umsetzung und Durchführung der Weisungen wurde widerum von den übergeordneten Parteiinstanzen kontrolliert. Dies kam einer Umkehrung der statutenmäßig festgeschriebenen Rechenschaftspflicht von unten nach oben gleich (vgl. Wilke et al. 1990:116f).

4.2. Nomenklatur und Kaderpolitik

Die Kaderpolitik hatte als Instrument der Herrschaftsausübung und Herrschaftssicherung eine entscheidende Bedeutung innerhalb kommunistischer Parteien, so auch bei der DKP. Die Kaderpolitik diente der gezielten personellen Stellenbesetzungspolitik sowie der gezielten Personal- und Rekrutierungspolitik, wodurch eine organisationelle Kontinuität gewahrt werden konnte.

Um eine solche Kaderpolitik betreiben zu können, bediente sich die Partei einer sogenannten „Nomenklatur". Diese enthielt nicht nur eine alphabetische Erfassung der überprüften leitenden Kader, sondern auch ein System parteiinterner Bestätigungen durch die verschiedenen Leitungsebenen der Partei für die Besetzung von Funktionärsposten. Jede Versetzung oder Beförderung eines leitenden Parteimitgliedes bedurfte der Bestätigung durch die für die Nomenklatur zuständigen Leitung (vgl. Wilke et al. 1990:119f).

Durch dieses Bestätigungsrecht bei Personalentscheidungen bestand die Gefahr, daß es zu Vorabbestätigungen der Wahlkandidaten kam und diese somit faktisch bereits in ihr Amt eingesetzt wurden. Dadurch waren sogar die Führungsgremien der eigenen Parteibürokratie ausgeliefert und Wahlversammlungen verloren ihre eigentliche Bestimmung.

4.3. Mitgliedsbuchumtausch

Der Umtausch des Mitgliedsbuches galt als besonderes Instrument der Disziplinierung der Parteimitglieder, da dadurch die Mitgliedschaft bestätigt wurde bzw. Mitglieder aus der Partei ausgeschlossen werden konnten.

Die DKP führte seit 1978 alle fünf Jahre diese Umtauschaktionen durch. An eine solche Umtauschaktion war die Erfassung und Überprüfung des gesamten Mitgliederbestandes geknüpft. Hierfür hatten alle Mitglieder eine Erfassungskarte (Abb. 4) auszufüllen, auf der neben persönlichen Daten auch nach inner- und außerparteilichen Funktionen und Aktivitäten gefragt wurde. Darüber hinaus suchte die Partei „offene“ und sehr persönliche Einzelgespräche mit ihren Mitgliedern. Diese Befragungen konnten einen großen psychologischen Druck ausüben, da hiervon möglicherweise der Fortbestand der Mitgliedschaft abhing (vgl. Wilke et al. 1990:121f).

Abb. 4: Erfassungskarte

Mitgliedsbuch Nr

vom Bezirkssekretariat einzutragen

Erfassungskarte

Diese Karte ist von jedem Mitglied nur einmal auszufüllen!

Name | Geburtsname | Vorname

Geburtsdatum | Geburtsort

Anschrift | (Straße) (PLZ) (Ort)

Kreis/Stadt | Land

Schulbildung | Volksschule ( ) Realschule ( ) Gymnasium ( ) Fachschule ( ) Fachhochschule ( ) Hochschule ( )

Erlernter Beruf

Ausgeübte Tätigkeit

Betrieb | Betriebsgröße bis 1 000 ( ) bis 3 000 ( ) über 3 000 ( )

Industriezweig/ Konzern/ Branche

Betriebliche Funktionen

Gewerkschaftlich organisiert in | seit

Gewerkschaftliche Funktionen

Mitglied und Funktionen in anderen Organisationen, in Vereinen und Verbänden

Mitarbeit in Initiativen und Bewegungen

a) Vorher Mitglied der KPD seit wann:

b) Vorher Mitglied einer anderen Partei von: bis:

Mitglied der DKP seit | Monat | Jahr

Organisiert in welcher Parteigruppe

DKP-Kreisorganisation | DKP Bezirksorganisation

Funktionen in der Partei

Besuch von Parteischulen | Betriebsarbeiterschule ( ) Karl-Liebknecht Schule | ( ) 1 Mon. ( ) 3 Mon. ( ) 6 Mon. ( ) 1 Jahr ( )

Besondere Interessen in der Arbeit für die Partei

Beitragshöhe | Spendenmarken (im letzten Mitgliedsbuch)

Abonnent der UZ Tageszeitung ja ( ) nein ( ) | der UZ-Wochenzeitung ja ( ) nein ( ) | der Marxistischen Blätter ja ( ) nein ( )

Unterstützt Du eine Betriebsgruppe ja ( ) nein ( ) | Bist Du in einem Betriebsaktiv tätig ja ( ) nein ( )

Angaben bestätigt | Unterschrift Gruppenvorsitzende/r

Neben der Bereinigung des Mitgliederbestandes (vor allem wegen Inaktivität und Desinteresse) dienten diese Umtauschaktionen also auch der Aktualisierung des Informationsstandes und damit der gezielten Kadersuche.

4.4. Politische Kassierung

Die DKP hielt an einer alten Arbeiter- und Gewerkschaftstradition fest, der monatlichen häuslichen Kassierung der Mitgliedsbeiträge. Dadurch entwikkelte sich zum einen eine stark persönliche Parteibeziehung, und darüber hinaus hatte die Partei die Möglichkeit, regelmäßig politisch auf ihre Mitglieder einzuwirken (vgl. Wilke et al. 1990:132f).

4.5. Ideologische Schulung

Demokratische Parteien betreiben üblicherweise auch politische Bildungsarbeit. Doch die DKP verpflichtete ihre Mitglieder statutenmäßig zur politischen und ideologischen Bildung. So hieß es im Statut der DKP: „Das Mitglied hat die Pflicht: (...) seine Kenntnisse durch das Studium des wissenschaftlichen Sozialismus zu vervollkommen und sich mit den Beschlüssen der Partei vertraut zu machen; die Publikationen zu lesen (...).“ (Parteivorstand der DKP 1969:5). Dies diente der Anpassung der eigenen Sichtweise an eine parteikonforme.

Hierfür organisierte die DKP ein dreistufiges Schulungswesen. Für die Parteibasis gab es alle zwei Monate Bildungsabende in den Parteigruppen, an denen die Teilnahme verbindlich war. Auf diesen Bildungsabenden wurden sowohl klassisch-ideologische Themen behandelt, als auch aktuelle politische Themen. Für Funktionäre und Mitglieder mit Kaderperspektive besaß die DKP eine parteieigene Internatsschule, die Karl-Liebknecht-Schule in Leverkusen, in der Seminare und einwöchige Lehrgänge abgehalten wurden. Neben der Parteipresse galt die Parteischule als die entscheidene Einrichtung zur innerparteilichen ideologischen Schulung. Ihre Spitzenkaderschulung führte die DKP an der SED-Parteischule in Ost-Berlin sowie an der Lenin-Schule in Moskau durch, an denen die Funktionäre von Dreimonats- bis hin zu Jahresschulungen teilnahmen (vgl. Wilke et al. 1990:126f).

5. Aufgeblähter Parteiapparat

5.1. Nebenorganisationen und Öffentlichkeitsarbeit

Die vorangegangenen Ausführungen über die Parteistruktur und das Parteileben haben gezeigt, daß die DKP einen Parteiapparat aufgebaut hatte, der in keinem Verhältnis zur Parteigröße stand. Der hohe Organisationsgrad wird durch zwei weitere Dinge zusätzlich dokumentiert.

Erstens unterhielt die DKP drei Nebenorganisationen, die nicht nur politisch und personell eng mit ihr verflochten waren, sondern auch finanziell von ihr getragen wurden. Dies waren die Kinderorganisation „Junge Pioniere“, die Jugendorganisation „Sozialistische Deutsche Arbeiterjugend (SDAJ)“ und die

Studentenorganisation „Marxistischer Studentenbund Spartakus (MSB)“ (vgl. Wilke et al. 1990:148f).

Zweitens betrieb die DKP eine enorme Öffentlichkeitsarbeit. Sie verfügte als einzige deutsche Partei über eine eigene Tageszeitung (UZ – Unsere Zeit), die sechsmal wöchentlich erschien. Daneben brachte sie etwa 400 Betriebszeitungen und etwa 530 weitere Kleinzeitungen in Bezirken und Kreisen heraus (vgl. Knoche 1980:15). Für ihre Flut von Publikationen unterhielt die DKP eigene Druckereien und steuerte eine Kette von 17 Verlagen und 37 Buchhandlungen, die in der „Arbeitsgemeinschaft sozialistischer und demokratischer Verleger und Buchhändler“ zusammengefaßt waren (vgl. Wilke et al. 1990:145).

Der aufgeblähte Parteiapparat und der hohe Organisationsgrad warfen die Frage auf, wie die DKP dies finanzierte. Es war offensichtlich, daß dies nur mit Hilfe der Bruderpartei SED möglich sein konnte, wurde aber stets von beiden Parteien vehement bestritten. Doch die schlechten Wahlergebnisse brachten der DKP nur geringe Wahlkampfkostenerstattungen. Die Beitragseinnahmen lagen bis 1975 unter 20 Prozent der offiziellen Gesamteinnahmen der Partei und stiegen bis 1984 auf ca. 45 Prozent an, wo sie sich bis 1988 einpendelten (vgl. Wilke et al. 1990:137). Die DKP wies jedoch ein außergewöhnlich hohes Spendenaufkommen aus, das fast ausschließlich von Privatpersonen geleistet wurde. Zudem handelte es sich zum überwiegenden Teil um „Kleinspenden“ unter 20.000 DM, wodurch die Spender anonym blieben, da sie nicht auf den nach § 25 II PartG zu veröffentlichenden Großspenderlisten aufgeführt werden mußten (vgl. Wilke et al. 1990:143). Somit lag die Vermutung nah, daß es sich bei diesen Spendern häufig um Geldkuriere der SED handelte. Hinzu kam, daß nach Expertenmeinung das offiziell angegebene Budget nicht zur Parteifinanzierung mit dem großen Parteiapparat, der Mitgliederschulung, den vielen Publikationen sowie den Zuschüssen für die Nebenorganisationen ausgereicht hätte. Die Vermutungen über die SED-Finanzierung der DKP haben sich nach den November-Ereignissen von 1989 in der DDR bestätigt.

5.2. Mitgliederentwicklung und Wahlergebnisse

Wie aus der auf S. 132 aufgeführten Tabelle sichtbar wird, differieren die Angaben der DKP und des Bundesamtes für Verfassungsschutz (BfV) über die Mitgliederentwicklung der DKP seit Mitte der siebziger Jahre deutlich.

Laut Angaben der DKP wuchsen die Mitgliedszahlen von 1969 bis 1986 stetig an und erreichten in jenem Jahr einen Höchststand von 57.802. Das BfV ermittelte jedoch zwischen 1974 und 1986 eine Stagnation der Parteigröße bei etwa 40.000 Mitgliedern. Seit 1986 sank dann die Zahl der Parteimitglieder rapide ab, worüber zwischen der DKP und dem BfV auch Einigkeit herrschte. Allerdings lagen die Angaben der DKP über die Größe der Partei weiterhin deutlich über den Schätzungen des BfV. Bis Ende 1990 soll die Zahl der DKP-Mitglieder auf 10.000 bis 11.000 zurückgegangen sein und die Tendenz ist weiterhin rückläufig.

Über die Mitgliederstruktur gab die DKP nie offizielle Zahlen heraus und Schätzungen sind außerordentlich schwierig. Da sich die Partei nach außen hin als Arbeiterpartei präsentierte, verwies sie jedoch immer auf den großen Anteil der Parteimitglieder aus der Arbeiterklasse, wobei sie nie definierte, wen sie alles zu dieser Klasse zählte.

Tabelle 1: Mitgliederentwicklung der DKP 1969-1988

Jahr	Nach Angaben der DKP	Nach Angaben des BfV
1969	22.000	23.000
1970	–	30.000
1971	33.410	33.410
1972	–	36.000
1973	39.344	39.000
1974	-	40.000
1975	–	40.000
1976	März 1976: 42.453	40.000
1977	–	42.000
1978	Oktober 1978: 46.480	42.000
1979	–	40.000
1980	Mai 1981: 48.856	40.000
1981	–	40.000
1982	50.000	etwas unter 40.000
1983	–	40.000
1984	7. Parteitag: 50.482	40.000
1985	–	40.000
1986	8. Parteitag: 57.802	42.000
1987	–	38.000
1988	9. Parteitag: 47.513	unter 35.000

Quelle: Parteitagsprotokolle. Verfassungsschutzberichte des Bundesamtes für Verfassungsschutz (BfV)

Die Wahlergebnisse der DKP waren durchweg sehr bescheiden. Bei den Bundestagswahlen zwischen 1969 und 1987 lag ihr Stimmenanteil zwischen 0,2 und 0,6 Prozent. Lediglich in einigen Hochburgen gelang es der Partei, einige Kommunal- und Kreistagsmandate zu erringen. Auch die Wahlbündnispolitik mit der Friedensliste 1987 brachte die DKP nicht aus dem Promillebereich heraus (vgl. Wilke et al. 1990:154).

6. Ideologie – Politik – Strategie der DKP

Die DKP bekannte sich zum Marxismus-Leninismus, auch wenn es in ihrer Grundsatzerklärung von 1969 nur hieß: „Die Tätigkeit der DKP gründet sich auf die Lehre von Marx, Engels und Lenin, auf den wissenschaftlichen Sozialismus (...).“ (Ridder/Scholmer 1970:33). Durch diese Formulierung wollte die DKP es lediglich vermeiden, sich in die programmatische Nähe zur KPD und damit in Verbotsnähe zu bringen. Gleichzeitig machte die DKP deutlich, daß sie diese Ideologie in der Interpretation der Kommunistischen Partei der Sowjetunion (KPdSU) vertrat. Das Endziel war die Errichtung eines Staates nach dem Vorbild der DDR und der Sowjetunion, in dem die kommunistische Partei als führende Partei der Arbeiterklasse regiert.

Die Bundesrepublik wird als Gesellschaft unter dem Einfluß des staatsmonopolistischen Kapitalismus beschrieben. Der Kampf gilt also dem Großkapital mit dem Ziel der Errichtung einer antimonopolistischen Demokratie als Übergangsstadium zum Sozialismus. Dabei ist das Bestreben, breite Bündnisse aller ausgebeuteten Bevölkerungsschichten herbeizuführen, um trotz zahlenmäßiger Schwäche der Partei möglichst großen politischen Einfluß zu gewinnen. Das taktische Etappenziel lautet, das Kräfteverhältnis zugunsten der Arbeiterklasse und der anderen ausgebeuteten Volksschichten zu verändern. Dies ist der Grundsatz der jeweiligen Tagespolitik.

Um eine Sammlung aller „demokratischen Kräfte“ erreichen zu können, wird ein Programm mit einem breiten Interessenkatalog geboten, für deren Durchsetzung die DKP einzutreten verspricht. Dieses Programm umfaßt nahezu alle Bereiche der Innen- und Außenpolitik. Wer mit irgend etwas politisch unzufrieden ist, soll die DKP für *den* Unterstützer seiner Interessen halten, auch wenn diese Interessen für das Endziel der Partei vollkommen irrelevant sind. Es geht lediglich darum, in allen möglichen Richtungen zeitweise Verbündete zu suchen und sie für sich zu gewinnen, indem man sich ihrer Interessen annimmt. Dabei wird entscheidendes Gewicht auf die außerparlamentarischen Aktionen gelegt, um hierdurch günstige Bedingungen für die angestrebte revolutionäre Umwälzung zu schaffen.

Die bundesdeutsche Gesellschaft ist durch den staatsmonopolistischen Kapitalismus in zwei Lager polarisiert. Einerseits in die kleine Gruppe der Großkapitalisten, andererseits in die überwiegende Mehrheit der ausgebeuteten und unterdrückten Bevölkerungsschichten. Diese ausgebeuteten Kräfte sollen ungeachtet ihrer verschiedenen politischen Zugehörigkeit zusammengehen, wobei das wichtigste Bündnis die „Aktionseinheit der Arbeiterklasse“ ist. Eine entscheidende Bedeutung hat dabei das gemeinsame Handeln von Kommunisten und Sozialdemokraten, das durch die rechtssozialdemokratischen Führer, die das kapitalistische System verteidigen, verhindert wird. Deshalb soll durch Aktionseinheiten am Arbeitsplatz und in den Gewerkschaften, also dort, wo gemeinsame Interessen bestehen, die SPD von ihrer Basis her aufgerollt werden.

Grundsätzlich ging es bei der Bündnispolitik nicht um eine dauerhafte Förderung der Interessen der Bündnispartner, die teilweise auch gar nicht mit dem kommunistischen Ziel vereinbar waren, sondern um die zeitweise Ausnutzung des politischen Einflusses der Partner. Die politische Arbeit im Bündnis geschah im Sinne der Parteiinteressen, die Bündnispolitik galt als „(...) günstigster Hebel zur Öffnung des Weges zum Sozialismus“ (Gerns 1975).

7. Parteikrise 1988/89 – Das Ende des SED-Interventionsapparates

Die DKP verstand sich als eine internationale Bewegung des internationalen Weltkommunismus, zusammen mit der KPdSU und SED.

Doch seit des Amtsantritts des Generalsekretärs der KPdSU, Michail Gorbatchow, ergab sich eine veränderte Situation. Schon das neu gefaßte Parteiprogramm der KPdSU vom März 1986 legte fest, daß die Kommunisten jedes Landes die Lage selbständig analysieren und einschätzen, ihren strategischen Kurs und ihre Politik unabhängig bestimmen. Ein Jahr später unterstrich Gorbatschow diese programmatische Aussage: „Die Zeiten der Komintern, des Informbüros und selbst die Zeiten der bindenden internationalen Beratungen sind vorbei. ... Alle Parteien sind restlos und unumkehrbar selbständig.“ (Wilke et al. 1990:198).

Er setzte hinzu: „Diese Eigenständigkeit schließt die öffentliche Kontroverse um alle für uns wichtigen Fragen ein, in denen es Meinungsverschiedenheiten mit diesen Parteien gibt.“ (Wilke et al. 1990:198).

Mit diesen Änderungen hatte die DKP große Schwierigkeiten. Eine seit 1987 in der Partei entstandene Fraktion, die „Erneuerer“, versuchte im Zusammenhang mit diesen weitgehenden Änderungen auch die Partei zu ändern.

Um es in kürze darzustellen, es begann mit der „Hamburger Erklärung“, setzte sich fort in einer Parteidebatte nach dem Wahldebakel der „Friedensliste“ 1987 und gipfelte im September 1988 in einer eigenen Plattform der Opposition, der ersten nach 60 Jahren in einer deutschen kommunistischen Partei. Vorläufig beendet wurde die Krise im August 1989, als der Parteivorstand die Anerkennung des innerparteilichen Meinungspluralismus verweigerte, woraufhin 16 Mitglieder des Parteivorstandes zurücktraten, der Parteiführung vorhielten, sie denke an eine „Spaltung von oben“ und ankündigten, über Alternativen zur DKP nachzudenken.

Der Ablauf dieses Vorgangs der Veränderung der Partei durch die „Erneuerer“ soll nicht weiter dargestellt werden, es sollen nur einige Zitate von Erneueren vorgebracht werden, um darzulegen, wie die Lage der Partei war.

Erasmus Schöfer, einer der „Kulturschaffenden“ der DKP: „Seiner Meinung nach würden Menschen in den seltensten Fällen zu Kommunisten, weil sie in der KP ihre eigensten Interessen besser vertreten könnten. Jeder wisse, daß das Gegenteil der Fall sei. Diejenigen, die sich dennoch dazu entschlössen und Nachteile ihrer Organisierung in Kauf zu nehmen bereit seien, hätten ‚in besonderer Weise ein ethisch begründetes gesellschaftskritisches Bewußtsein entwickelt‘. Es gäbe unter den Kommunisten dieses Landes (...) ‚ein verbreitetes Leiden an ihrer Partei – das ist nicht das vom Gegner verursachte, ... sondern das Leiden an der Vergeblichkeit aller Bemühungen, die Organisation dieser alten Partei von antiquierten Ritualen und hierarchischen Rücksichten zu befreien, so daß sie zu einem den Geist und die Tatkraft erfrischenden Organismus würde, der in seiner Lebendigkeit die Gesellschaft vorahnen läßt, die wir erstreben‘.“ (Wilke et al. 1990:213)

„Die Erneuerer“: „Zu unserer nie hinterfragten Organisationspraxis gehört das starke Gewicht des zentralen Apparates gegenüber der Basis. Er erscheint immer wieder als eine ‚Partei in der Partei‘. Wichtige Entscheidungen fallen immer noch häufig hinter verschlossenen Türen. Es gibt immer noch Grundsatzdebatten, von denen ‚normale Mitglieder‘ so gut wie nichts erfahren. Die Sekretariate, eigentlich Ausschüsse der Vorstände, haben sich in der Praxis als jeweils oberstes Organ eingebürgert. Der zentrale Apparat agiert noch zu oft als Zentrum, das den Meinungsbildungsprozeß von oben nach unten zu bewerkstelligen versucht. Dies soll der Einheit der Partei dienen.“ (Wilke et al. 1990:216f)

Peter Schütt: „Die Tür zum Haus der Parteiführung ist fest verriegelt. Entscheidungen finden hinter verschlossenen Türen statt. Der Apparat läßt sich nicht in die Karten gucken. Der Apparat unserer Partei, das System der hauptamtlichen Kader, der Berufsrevolutionäre, der Lebenszeitbeamten ist für mich in seinem undurchschaubar geheimnisvollen Aufbau letztlich auch ein Relikt aus der Zeit Stalins. Er bildet eine Partei in der Partei. Er verfügt offenkundig über eigene Informations- und Kommunikationswege und enthält wie die berühmte Puppe in der Puppe weitere innere Zirkel. Dieser hauptamtliche Apparat bestimmt immer noch mehr als all unsere Diskussionen – von den

Gruppen bis zum Parteivorstand – die Linie unserer Partei. Er trifft die Personalentscheidungen und behält sich, wie der Jargon sagt, alles Eingemachte vor. Er umgibt sich mit der Aura der Parteigeheimnisse.“ Und um das Maß voll zu machen: „In Teilen unserer Partei, vor allem in ihren inneren Zirkeln, haben wir es m.E. mit Zügen einer spätstalinistischen Psychologie zu tun. Kritiker, Quer- und Andersdenker werden leichtfertig als Abtrünnige abgestempelt. … In diesem Klima der allgemeinen Ungnade machen sich dann die Schiedkommissionen ans Werk. Ihre Entscheidungen sind in aller Regel über jeden Zweifel erhaben. Noch jüngste Parteiordnungsverfahren, etwa gegen die Genossen Einhorn und Krebs, lesen sich wie die Protokolle von Gesinnungsprozessen, als sollten Exempel statuiert werden an allen, die mit ihrer Kritik offenkundig über das Ziel hinausgeschossen sind. Dem Urteil folgt dann, wie bei der Inquisition, schließlich die parteiamtliche Verdammung.“ (Wilke et al. 1990:220)

Demgegenüber sollen kurz die Thesen zur Programmatischen Orientierung der DKP, beschlossen vom Mannheimer Parteitag 1993, dargestellt werden, um zu zeigen, wie in der DKP mit diesen weitreichenden Veränderungen seit 1989 umgegangen worden ist:

„Die Menschheit befindet sich in der schwersten Krise ihrer Geschichte. Ihre Existenz als Ganzes ist zu ersten Mal real bedroht. Nach dem Scheitern der bisherigen sozialistischen Gesellschaften in Osteuropa und der Sowjetunion herrschen dort wieder Kapitalismus und Imperialismus.

Milliarden Menschen leben im Elend, Millionen verhungern, unter ihnen täglich Zehntausende von Kindern.

Die natürlichen Ressourcen werden ohne Rücksicht auf biologische Regenerationszyklen aufgebraucht. Damit werden Lebensbedingungen künftiger Generationen vernichtet. Wasser und Luft werden vergiftet, die klimastabilisierenden Wälder abgeholzt, Hunderttausende von Tier- und Pflanzenarten ausgerottet, die zum biologischen Gleichgewicht der Umwelt beitragen.

Selbst in den hochentwickelten Ländern, die einen großen gesellschaftlichen Reichtum produzieren, leben beträchtliche Teile der Bevölkerung unter der Armutsgrenze und sind dauernd arbeitslos.

In vielen Regionen der Welt toben grausame Kriege und Bürgerkriege. Millionen Menschen sind auf der Flucht vor Hunger, Gewalt, Diskriminierung und Unterdrückung. Kriegerische Auseinandersetzungen der imperialistischen Metropolen werden als Folge des sich verschärfenden Kampfes um Einflußsphären, Rohstoffe und Absatzmärkte wieder denkbar. Die Aufrüstung und die Entwicklung von Massenvernichtungsmitteln geht auf jeweils neustem technischen Entwicklungsstand weiter." (Parteivorstand der DKP 1993:4)

Dieses Zitat der Thesen zur Programmatischen Orientierung der DKP zeigt, daß die DKP aus den Veränderungen seit 1989 nichts dazugelernt hat und es ja auch geschafft hat, die in den eigenen Reihen entstandene Fraktion der „Erneuerer" aus der Partei auszugrenzen. Die DKP macht auf die gleiche Art und Weise weiter wie bisher und bezieht sich nach wie vor auf das leninistische Gesellschaftsmodell und alle damit zusammenhängende Dinge.

Als weitere kurze Anmerkung hierzu: Anfang Januar 1990 gab es die sensationellste Enthüllung. Als sich die Reste des Staatssicherheitsapparates und die neuen Bürgerkomitees republikweit einen Wettlauf um die Bespitzelungsakten des Staatsicherheitsapparates zu liefern begannen, veröffentlichte der „Spiegel" einen Bericht über „eine geheime, illegale, militärische Organisation (MO)" (Wilke et al. 1990:250), die vom SED-Militärapparat in der Bundesrepublik aufgebaut worden sei. Für die insgesamt bis zu 300 Mann starke Kampfgruppe wären nach Angaben eines Mitgliedes vertrauenswürdige Mitglieder der Deutschen Kommunistischen Partei (DKP) verpflichtet worden. Erwartungsgemäß dementierte die DKP-Führung diese Berichte heftig und bestritt jeden Zusammenhang zur Partei. Nach Recherchen und einem Bericht der DDR-Zeitung „Neuer Tag" am 27. Februar sah sich das DDR-Verteidigungsministerium gezwungen, offiziell das militärische Geheimtraining von Bundesbürger durch das Ministerium für Staatssicherheit zuzugeben. Ob es sich bei diesen Sabotage-Kommandos um DKP-Mitglieder gehandelt hat, wollte man jedoch weiterhin nicht verraten, da es keine Namenslisten gab. Sollte die Militärorganisation tatsächlich existiert haben, worauf nach der ersten Verblüffung vieles hindeutet, denn inzwischen gab es Verhaftungen und Hausdurchsuchungen, dann wäre dies das berühmte Pünktchen auf dem i des Interventionsapparates DKP gewesen, den die SED jahrzehntelang finanzierte.

8. Fazit

Die vorgenannten Überlegungen zeigen deutlich, daß eigentlich nur die Unterstützung der SED in der DDR das Überleben der DKP sicherte. Mit dem Ende der DDR und damit der SED ist das Überleben der DKP nicht mehr gesichert.

Wie man auch aus den Thesen zur programmatischen Orientierung der DKP von 1993 ersehen kann, hat die DKP aus diesen Veränderungen in der ehemaligen DDR und in der Sowjetunion nichts gelernt, sie macht weiter auf einem marxistisch-leninistischen Kurs wie bisher. Aus diesem Grund ist es fraglich, ob die DKP in der Zukunft noch eine Daseinsberechtigung hat oder ob sich ihre Existenz weiterhin erübrigt.

9. Literaturangaben

Fülberth, Georg (1992), KPD und DKP 1945-1990, Heilbronn

Gerns, W., o.T., in: UZ, 22.10.1975

Heimann, Siegfried (1983), Die Deutsche Kommunistische Partei, in: Stöss, Richard (Hrsg.), Parteienhandbuch, Bd. 2, Opladen, S. 901-981

Knoche, Hansjürgen (1980), Die DKP, Hameln

Parteivorstand der DKP (Hrsg.) (1969), Statut der Deutschen Kommunistischen Partei, Neuss

Ders. (Hrsg.) (1978), Programm der Deutschen Kommunistischen Partei, Neuss

Ders. (Hrsg.) (1993), Thesen zur programmatischen Orientierung der DKP, Essen

Ridder, Winfried/Scholmer, Joseph (1970), Die DKP, Bonn

Schäfer, Max (Hrsg.) (1978), Die DKP, Frankfurt

Wilke, Manfred (1990), Die Krise der Deutschen Kommunistischen Partei, in: Bundeszentrale für politische Bildung (Hrsg.), Aus Politik und Zeitgeschichte, 46-47/90, Bonn, S. 27-37

Wilke, Manfred/Müller, Hans-Peter/Brabant, Marion (Hrgs.) (1990), Die Deutsche Kommunistische Partei, Köln

Internet in China

Inhaltsverzeichnis

„Die vier Nein:
Dissidenten, Pornographie,
Tibet oder Taiwan."

Mark Landler, The New York Times

1. Einleitung

Die vorliegende Arbeit behandelt die Internet-Anwendung in China. Zu diesem Zweck wird im ersten Abschnitt die Organisation des Internet in China dargestellt, um einen Überblick über die vorhandenen Netzwerke, Institutionen und Organisationen zu geben. Im zweiten Abschnitt folgen dann statistische Daten über die Internet-Anwendung der privaten Nutzer. Hier werden genaue Daten über die Internetanwendung genannt, über Geschlecht, Alter, Beruf und Einkommen der Internetteilnehmer, über die Anzahl der Computer und Internetzugänge, über Informationen, die im Internet nachgefragt werden, und Nachteile des Internets und über Wachstum und Trends des Internets.

Da bei der Darstellung der Organisation des Internets auch die Frage der Kontrolle des Internets durch die chinesische Regierung behandelt wird, werden die von der chinesischen Regierung am 30. Dezember 1997 erlassenen neuen Internet-Regulierungen erklärt und ein praktischer Fall der Anwendung dieser neuen Internet-Regulierungen erläutert.

Doch wie wird sich das Internet allgemein auf die chinesische Gesellschaft auswirken, mit welchen Problemen sieht sich die chinesische Regierung konfrontiert? Diese Fragen werden in einem weiteren Abschnitt besprochen. Das Fazit versucht in einer Zusammenfassung einen Ausblick auf die weitere Internetanwendung in China zu geben.

2. Organisation des Internet

2.1. Aufbau des Internet

Das Internet in China besteht aus fünf großen Netzwerken, die allein verantwortlich sind für die Kontrolle des gesamten internationalen Internet-Verkehrs. Alle fünf Netzwerke unterliegen direkt dem Ministerium für Post und

Telekommunikation, das sie kontrolliert, welches wiederum direkt dem Staatsrat untersteht. Diese fünf Netzwerke sind:

- China Education und Research Network (CERNET). Dieses Netzwerk wurde 1993 geplant und ist das erste nationale Erziehungs- und Forschungs-Computernetzwerk. CERNET wurde von der chinesischen Regierung gegründet und von der Chinese State Education Commission unterhalten. Es wird bis zum Jahr 2000 alle Universitäten und Institute in China und ebenso High Schools, Middle Schools, Primary Schools und andere Erziehungs- und Forschungseinrichtungen verbinden.

- China Science and Technology Network (CSTNet). Das CSTNet geht hervor aus dem National Computing and Networking Facilities Center (NCFC-) Project, das 1989 von der State Planning Commission, der Chinese Akademie of Science, der Peking Universität und der Tsinghua Universität gegründet wurde. Es wird von der Chinese Academy of Science unterhalten.

- ChinaNET. Das ChinaNET wurde 1995 vom Ministerium für Post und Telekommunikation gegründet und war das erste kommerzielle Netzwerk in China.

- China Golden Bridge Network (ChinaGBN). Dieses Netzwerk wurde 1996 vom Ministerium der Elektronikindustrie gegründet und ist in direkter Konkurrenz zum ChinaNET.

- Chinanet 163, 169 und 263. Dieses Netzwerk gehört zu ChinaNET, wurde 1997 gegründet und startete 1998 in ganz China. Die Zahlen 163, 169 und 263 beziehen sich auf die Zugangsnummern zu diesem Internetservice. Chinanet 169 hat mittlerweile schon 300.000 Teilnehmer und ist ein preiswerter „Nur-China“ Internetservice mit vielen chinesischen Inhalten. Die Kosten für Chinanet 169 sind 0,03 RMB/Minute oder 1,8 RMB/Stunde zuzüglich 10 RMB/Monat Zugangsgebühr. Teilnehmer des Chinanet 169 können einen Inlandszugang bekommen, mit dem sie E-Mails weltweit verschicken können, sie haben jedoch dann keinen Zugang zu fremden Websites. Sie können jedoch auch einen Zugang bekommen, der vollen Internetzugang ermöglicht, was jedoch fünfmal mehr kostet als ein reiner Inlandszugang. Teilnehmer, die lieber einen festen Beitrag pro Monat für eine bestimmte Anzahl von Stunden für den Internetzugang zahlen wollen, können z.B. im Monat 300 RMB zahlen und erhalten dafür

75 Stunden vollen Internetzugang. Jede Stunde darüber kostet zusätzlich 30 RMB. Sie zahlen dadurch aber eine preiswertere stündliche Gebühr.

Alle Netzwerke unterliegen dem Ministerium für Post und Telekommunikation und müssen dessen Telefonleitungen verwenden, um ins Internet zu gelangen. Darüber hinaus muß sich jeder Kunde, der am Internet teilnehmen und sich bei einem privaten Internetprovider einschreiben will, bei der örtlichen Polizeidienststelle mit einem Formular über Internetzugang und persönlichen Daten anmelden. Dies bedeutet, daß das Ministerium für Post und Telekommunikation die gesamte Kontrolle über alle Internetteilnehmer hat.

Abgesehen von einer in Deutschland nicht vorhandenen Zensur, die nur manchmal eingreift, stelle man sich vor, man müsse, wenn man einen Internetzugang beantragen wolle, sich bei der örtlichen Polizeidienststelle anmelden, und der Zugang zum Internet ginge über ein (nicht mehr vorhandenes) Ministerium für Post und Telekommunikation, das die Kontrolle über die Internetzugänge hätte.

Darüber müssen Kunden in China, die einen Internetzugang beantragen, einen Vertrag unterschreiben, in dem sie sich verpflichten, den Internetzugang nicht für illegale Aktivitäten zu verwenden.

Der ökonomische Druck in Richtung Öffnung der Volksrepublik China konkurriert mit dem politischem Druck in Richtung Regulation der Informationen, die nach China kommen.

China warnt davor, daß das Internet dazu verwendet wird, Staatsgeheimnisse zu veröffentlichen und schädliche Informationen zu verbreiten. Die Regulierungen, auf die weiter unten noch zu kommen sein wird, die China erlassen hat, decken einen weiten Teil von Verbrechen ab, einschließlich der Veröffentlichung von Staatsgeheimnissen, politische Umsturzversuche, Verbreitung von Pornographie und Verbrechen.

Dennoch darf man nicht vergessen, daß die Regierung ebenso erkannt hat, daß dieses Kommunikationsmittel entscheidend ist für Chinas wirtschaftliches Wachstum und hat acht Informationsprojekte gegründet. Diese sog. pharaonischen Netzwerkprojekte beinhalten alle menschlichen Aktivitäten:

- Nationales öffentliches Wirtschaftsinformationsnetzwerk (Golden Bridge Project)
- Außenhandelsinformationsnetzwerk (Golden Customs Project)
- Elektronisches Geld- und modernes Zahlungsmittelsystem (Golden Card Project)
- Elektronisches Steuersystem (Golden Taxation Project)

- Industrielles Produktions- und Umlaufnetzwerk (Golden Enterprises Project)
- Landwirtschaftliches Management- und Servicesystem (Golden Agriculture Project)
- Chinesisches Erziehungs- und wissenschaftliches Forschungs-Computernetzwerk- und menschliche Ressourcen-Projekt (Golden Intellectual Project)
- Nationales wirtschaftliches mikropolitisches Unterstützungssystem (Golden Policy Project)

Die chinesische Regierung hat dennoch die strikte Zensur über Veröffentlichungen, TV- und Radiosendungen und elektronische Kommunikation. Die neuen Internetregulierungen vom 30. Dezember 1997 erscheinen dennoch nicht sehr signifikant anders von den Zwischenregulierungen, die bisher erlassen wurden und die sie nun ersetzen. Die neuen Regulierungen wurden heruntergespielt als wesentliche Verdeutlichungen von früheren Zwischenregulierungen, mit im Detail stärker erläuterten Verantwortlichkeiten, Prozeduren und Strafen. Ein Funktionär meinte, daß die Politik der Volksrepublik China jene wäre, zum Gebrauch des Internets zu ermutigen und ihn weiter zu verbreiten. Ein weiterer Funktionär erläuterte, daß, selbst wenn das Internet sehr eingeschränkt wäre, jemand, der pornographisches Material erhalten will, dieses auch finden würde. Es ist unmöglich, ihn daran zu hindern, auch wenn er später inhaftiert werden kann.

Allerdings hatte das Ministerium für öffentliche Sicherheit dennoch für mehrere Jahre einige Dutzend fremde Webseiten gesperrt. Darunter waren auch die Webseiten von The New York Times, The Washington Post, CNN and China News Digest, die z.T. jetzt wieder entsperrt sind. Das Ministerium für öffentliche Sicherheit sendete zu diesem Zweck in periodischen Abständen die laufende Liste der verbotenen Seiten zu den Zugangspunkten der fünf Netzwerke, so daß fremde Zeitschriften oder andere Webseiten manchmal mehrere Male blockiert und wieder freigeschaltet wurden. Chinesische Funktionäre wissen sehr genau, daß das Blockieren von Webseiten weder vollständig noch unüberwindbar ist, aber sie gehen davon aus, daß die meisten Chinesen nicht aktiv nach verbotenen Seiten suchen.

Das Blockieren von Webseiten ist auch deshalb uneffektiv, weil

- E-Mail generell nicht blockiert werden kann. Chinesischsprachige E-Mail-Magazine wie der Huaxia-Digest, der von China News Digest versandt wird, und von anderen Organisationen werden von Tausenden von Chinesen erhalten. Dissidentenorganisationen außerhalb von China sammeln tausende von E-Mail-Adressen und versenden E-Mails an diese. Ein Akademiker sagte, daß die Chinesen nicht dafür verantwortlich gemacht werden, wenn sie unerwünschtes Material als E-Mail erhalten, aber daß sie dafür eine Strafe erhalten können, wenn sie diese E-Mails an andere Personen verschicken. Es ist daher nicht sinnvoll für Dissidenten oder Menschenrechtsgruppen außerhalb von China, empfindliche Mitteilungen direkt an eine Person in China zu schicken, weil diese Verbindung angezapft werden kann und weil viele Internetzugänge auch mehrere Teilnehmer haben. Aber E-Mails können sehr gut für eine Massenverteilung von Informationen verwendet werden, indem Nachrichten oder Artikel zu Hunderten von Adressen geschickt werden können, ohne daß ein eigentlich Verantwortlicher ermittelt werden könnte.

Als Beispiel mag ein elektronisches Magazin gelten, das „Tunnel" heißt. Dies ist ein wöchentliches Forum für freie politische Diskussion, das vorwiegend in China geschrieben und herausgegeben wird. Der Inhalt des elektronischen Magazins wird per E-Mail an eine Adresse im Silicon Valley geschickt, von wo aus er an Tausende von Adressen in China zurückgeschickt wird. Etwa 20 Ausgaben sind seit Juni 1997 verschickt worden.

Ein anderes elektronisches Magazin, „Public Opinion", wird innerhalb Chinas herausgegeben und elektronisch verteilt. Es enthält Kommentare und Nachdrucke von Nachrichten aus dem Internet und wird von einer Gruppe junger Angestellter von Computerfirmen produziert.

Ebenso erhalten blockierte Webseiten, z.B. von einer Gruppe „Menschenrechte in China", die in New York angesiedelt ist, oder des China News Digest jede Woche Dutzende oder Hunderte von „Hits" aus China.

Blockierte Webseiten kann man z.B. auch erreichen, indem man die URL an web@glr.com schickt. Man erhält die Webseite als E-Mail zurück.

- Suchmaschinen machen es leicht, unblockierte Webseiten mit dem gewünschten Inhalt zu finden. Es ist unmöglich, sie alle zu blockieren.

- Proxy-Server übertragen Material von blockierten Webseiten zu Webbrowsern in China. Wenn ein Proxy-Server blockiert ist, kann ein Teilnehmer versuchen, einen neuen, unblockierten Proxy-Server zu finden.

2.2. China Intranet

Abgesehen von der in der zurückliegenden Zeit stärkeren Blockade von mehreren Webseiten ist die chinesische Regierung nun mehr für eine Öffnung des

Internet. Sie will die Präsenz der chinesischen Sprache im Internet weiter verbreiten und stärken. Ein Weg ist derjenige, daß sie einen preiswerten Inlandsservice, der nicht registriert werden muß und dessen Kosten einfach der Telefonrechnung zuaddiert werden, und eine anwachsende Anzahl von chinesischsprachigen Internetseiten propagiert. Dies würde die Anzahl der chinesischen Teilnehmer am Internet auf über 5 Millionen im Jahr 2000 erhöhen.

Beobachter aus der Wirtschaft glauben, daß eine Kombination von bevorzugten Preisen und einem Appell an chinesischsprachige Webseiten ausreichend sein würde, um die große Mehrheit der chinesischen Internetanwender auf inländische Webseiten zu beschränken und so auf die Notwendigkeit einer ineffektiven Blockadetechnik zu verzichten. Dies würde die Einführung eines chinesischen, nationalen Intranets bedeuten. Das Ministerium für Post und Telekommunikation bevorzugt ein Multi-Media-Netzwerk mit chinesischsprachigem Multi-Media-Inhalt, das in dem neu gegründeten Multimedia-Büro des MPT geplant wird. Ein chinesisches, nationales Intranet würde ähnlich sein wie T-Online in Deutschland oder AOL in Amerika. Es soll ein webbrowserbasiertes Informations- und Kommunikationssystem sein, das allein in Chinesisch aufgebaut wäre. Das Intranet würde Teilnehmer auf inländische Webseiten beschränken, mit Ausnahme von solchen Teilnehmern (wie z.B. Akademikern), die das internationale Internet benötigten. Allerdings ist gerade das fraglich, wenn ausgerechnet Akademiker und Studenten, die als Intellektuelle eingestuft werden und sowieso Menschenrechtsüberlegungen, Dissidenten und westlichen Gedanken zugänglich sind, Zugang zum internationalen Internet erhalten würden. Es ist fraglich, wie sich dies auf diese Bevölkerungsgruppe auswirken würde und welche Auswirkungen es dann schließlich auf die Volksrepublik China hätte.

In der Sicht des Ministeriums für Post und Telekommunikation würde die Einführung eines staatseigenen elektronischen Informationsnetzwerkes, also eines Intranets, die Anzahl der privaten Internet Service Provider minimieren.

Industrielle Beobachter schätzen, daß es über 200 Internet Service Provider in China gibt. Sie behaupten, daß die meisten davon, wenn auch nicht alle, eher Verluste machen bei den Internet Services. Die Barrieren zum Internetgeschäft sind niedrig, die Konkurrenz ist jedoch groß, und die Gewinnspanne für Internet Service Provider ist gering. Chinesische Internet Service Provider müssen z.B. 80 % des Verdienstes von Internetzugangsgebühren abführen, im Vergleich zu 5,6 % in den USA. Wenn ein Internet Service Provider 90 RMB pro Stunde für eine gemietete Telefonverbindung bezahlt, kann er manchmal nur 10-20 RMB von seinen Teilnehmern verdienen. Einige chinesische Internetexperten berichteten, daß Internet Service Provider manchmal ungenutzte Kapazität in Firmennetzwerken, die mit den USA oder anderen Staaten verbunden sind, kaufen. Diese Praxis, obwohl sie nicht in Übereinstimmung mit den chinesischen Internet-Regulierungen ist, ist weit verbreitet. In der rasch sich entwickelnden Internet- und Telekommunikationsindustrie herrscht eine „Wild West“-Atmosphäre. Viele Geschäftsleute, vor allem die große Anzahl derer, die in einer geschäftlichen Partnerschaft mit ihren Regulatoren stehen, fühlen sich frei, sich nicht zu sehr über Regulierungen aufzuregen.

Die Öffnung des Internets durch die chinesische Regierung – sei es auch nur durch die Planung einer Einführung eines chinesischen Intranets – hat schon dazu geführt, daß sich in letzter Zeit in China Online-Schulen etabliert haben, z.B. in Beijing, Xi'an, Changsha, Guangzhou und anderen großen oder mittelgroßen Städten, um die reguläre Klassenarbeit zu unterstützen und für Examen vorzubereiten. Allein in Beijing nehmen 5000 Studenten an Online-Schulen teil. Online-Schulen bieten High School- und College-Vorbereitungskurse für einen großen Markt von ängstlichen Eltern, die ihre Kinder gern in einer guten Schule unterbringen möchten. Chinesische Universitäten bieten allerdings keine Online-Kurse an.

Chinesische elektronische Magazine sind mittlerweile auch im Internet zu finden. Das erste chinesische, periodisch erscheinende Magazin ist das „China's Scholars Abroad Chinese Magazine“, das 1995 gestartet wurde.

3. Statistische Daten über die Internet-Anwendung in China

Vom State Council Information Office und dem Chinese National Network Information Center (CNNIC) werden zweimal im Jahr, jeweils im Januar und im Juli, Umfragen bei Internetanwendern gemacht. Im Juni 1998 wurde eine Umfrage bei 3098 Internetanwendern gemacht, von denen 2494 die Befragung zurücksandten. Die Umfrage wurde in der Renmin Youdian Zeitung am 16. Juli 1998 veröffentlicht.

Nach dieser Umfrage gibt es z.Zt. in China etwa 20 Mill. Computer, davon etwa 542.000 Computer, die mit dem Internet verbunden sind. 82.000 von diesen sind direkt mit Internet verbunden und 460.000 haben eine Einwählverbindung. Erstaunlicherweise haben die Chinesen etwa 1.175.000 Internetzugänge, von den 325.000 direkt verbunden sind und 850.000 eine Einwählverbindung haben. Dies hängt damit zusammen, daß viele Computer, die einen Zugang zum Internet haben, manchmal von 10-20 Chinesen geteilt werden, so daß diese hohe Anzahl an Internetzugängen zustande kommt. Eine wachsende Anzahl von Personen hat einen Computer zuhause und zahlt für einen persönlichen Internetzugang mehr als $ 200, wobei diese Computer dann mit anderen Personen geteilt werden.

Abb. 1: Computer und Internetzugänge

20 Mill. Computer

542.000 Computer, die mit dem Internet verbunden sind

82.000 sind direkt verbunden

460.000 haben eine Einwählverbindung

1.175.000 Internetzugänge

325.000 sind direkt verbunden

850.000 haben eine Einwählverbindung

Quelle: China Internet Information Center, June 1998 Internet Survey/ U.S. Embassy Beijing, Oktober 1998

Es gibt 3700 Webseiten in China, und die unterschiedlichen Internetanwendungen nach Prozentzahlen kann man aus Abbildung 2 entnehmen.

Abb. 2: Websites in China und Internetanwendungen

Ca. 3700 Websites

Internet-anwendungen:

FTP	**7,2 %**
Telnet	**0,8 %**
E-Mail	**9,1 %**
WWW	**82,2 %**
Andere	**0,7 %**

Quelle: China Internet Information Center, June 1998 Internet Survey

Die Internetanwendung ist am meisten in Beijing (25,3 %), in Guandong (11,5 %) und in Shanghai (7,8 %) konzentriert, was auch zeigt, daß die Internetanwendung fast ausschließlich in den Städten unternommen wird. Bei etwa

1,2 Mrd. Einwohnern und 20 Mill. Computern haben nur etwa 1,6 % der Bevölkerung einen Computer und nur etwa 0,1 % der Bevölkerung hat einen Internetzugang. Dies zeigt, daß Internet noch sehr selten angewendet wird und daß es in der ländlichen Bevölkerung mit etwa 800 Mill. Bewohnern eigentlich nicht existent ist.

Abb. 3: Gebiete mit den höchsten Anteilen an Rücksendungen

Beijing	**25,3 %**
Guandong	**11,5 %**
Shanghai	**7,8 %**
Jiangsu	**6,1 %**
Hubei	**4,1 %**
Sahndong	**4,0 %**
Henan	**3,4 %**
Fujian	**3,1 %**
Hebie	**2,7 %**
Tianjin	**2,4 %**

Quelle: China Internet Information Center, June 1998 Internet Survey

92,8 % der Internetteilnehmer sind männlich, 7,2 % sind weiblich. Nach einer Studie von „The China Matrix", die im Internet unter www.virtualchina.com/matrix zu erreichen ist und eine umfassende Quelle von Informationen und Kommentaren über Chinas Internet darstellen will, sind 87 % der Internetteilnehmer männlich und 13 % weiblich. Die Prozentzahlen differieren zwar voneinander, aber der Unterschied ist nicht signifikant hoch.

Bei den Altersgruppen sind die 21-30jährigen im Internet am meisten vertreten und zwar mit 68,5 %. Auch hier stimmen die Angaben der Studie von „The China Matrix" mit der Umfrage überein, daß etwa 80 % der Internetteilnehmer unter 30 Jahren ist.

Abb. 4: Geschlecht und Alter

Geschlecht:

92,8 % männlich
7,2 % weiblich

Quelle: China Internet Information Center, June 1998 Internet Survey

87 % männlich
13 % weiblich

Quelle: The China Matrix, Juni 1999

Alter:
(in Prozent in jeder Altersgruppe)

15 od. jünger		16-20	21-25	26-30
4		7,9	39,9	28,6
31-35	35-40	41-50	50 od. älter	
10,7	4,2	3,5	1,2	

Quelle: China Internet Information Center, June 1998 Internet Survey

80 % unter 30 Jahre

Quelle: The China Matrix, Juni 1999

Bei den Berufsgruppen haben Wissenschaft und Technologie, Handwerk und Bergbau und Partei oder Regierung jeweils einen Anteil von etwas mehr als 10 % an den Internetteilnehmern. Die Studenten haben einen Anteil von 13,9 % und die Computerindustrie von 18,8 %. Die Studie von „The China Matrix“ gibt hier an, daß 89 % der Internetteilnehmer einen Collegeabschluß haben.

Abb. 5: Beruf

Computerindustrie	**18,8 %**
Student	**13,9 %**
Wissenschaft und Technologie	**12,0 %**
Handwerk oder Bergbau	**11,3 %**
Partei oder Regierung	**10,3 %**
Post und Telekommunikation	**8,6 %**
Erziehungswesen	**7,0 %**
Banken und Versicherungen	**4,8 %**

Quelle: China Internet Information Center, June 1998 Internet Survey

89 % mit Collegeabschluß

Quelle: The China Matrix, Juni 1999

Beim monatlichen Einkommen in Renminbi hat der größte Teil der Internetteilnehmer einen Verdienst zwischen 400 und 2000 Renminbi, nämlich 72,3 %. Die Studie von „The China Matrix" gibt an, daß 42 % unter 1000 Y verdienen, was mit der Umfrage in etwa übereinstimmt.

Abb. 6: Monatliches Einkommen in Renminbi (in Prozent in jeder Einkommensgruppe)

400 od. weniger	400-1000	1000-2000	2000-5000	über 5000
9,7	39,9	32,4	14,4	3,6

Quelle: China Internet Information Center, June 1998 Internet Survey

42 % unter 1000 Y

Quelle: The China Matrix, Juni 1999

Die monatliche Zeit, die der größte Teil der Teilnehmer im Internet verbringt, liegt bei über 10 Stunden, dies sind 40,9 % der Internetteilnehmer. Hier gibt es einen Unterschied zur Studie von „The China Matrix", die angibt, daß 36 % der Internetteilnehmer über 10 Stunden in der Woche (!) im Internet sind.

Der durchschnittliche Internetteilnehmer ist somit etwa 25 Jahre alt, verdient 1000 RMB im Monat und verbringt 10 Stunden im Monat im Internet.

Abb. 7: Monatliche Zeit, die im Internet verbracht wird (in Prozent in jeder Gruppe)

1 Std. od. weniger	1-5 Stdn.	5-10 Stdn.	über 10 Stdn.
7,1	25,3	26,7	40,9

Quelle: China Internet Information Center, June 1998 Internet Survey

36 % über 10 Stdn. in der Woche

Quelle: The China Matrix, Juni 1999

Wissenschaftliche und technische Informationen werden mit 67,2 % im Internet am meisten nachgefragt, gefolgt von Unterhaltung und Sport mit 63,3 %. 66 % der Internetteilnehmer interessieren sich für Nachrichten. Die am meisten gewählte Seite im Internet ist die von Yahoo.

Abb. 8: Welche Art von Informationen werden nachgefragt (in Prozent in jeder Gruppe)

Wissenschaftliche und technische Informationen	**67,2 %**
Unterhaltung und Sport	**63,3 %**
Politische und wirtschaftliche Nachrichten	**45,1 %**
Geschäftsinformationen	**43,7 %**
Finanzen, Wertpapiere und Obligationen	**26,1 %**
Inserieren	**15,2 %**

Quelle: China Internet Information Center, June 1998 Internet Survey

66 % wollen Nachrichten

Yahoo ist die am meisten gewählte Webseite

Quelle: The China Matrix, Juni 1999

Bei den größten Nachteilen des Internet geben die Internetteilnehmer mit 88,9 % an, daß die Internetgeschwindigkeit zu langsam ist. Ein Grund dafür, daß die Internetgeschwindigkeit zu langsam ist, hängt damit zusammen, daß es zuwenig Telefonverbindungen in China gibt. Für je 1.000 Einwohner in China gibt es 55 Telefonleitungen, im Vergleich zu 626 in den USA, 182 in Rußland oder 451 in Süd-Korea. Nach einem Bericht der U.S. Botschaft in Peking plant China-Net jedoch zu expandieren und 360 Städte und 2 Mill. Teilnehmer bis Ende 1999 zu verbinden. Chinas nationaler Telekommunikationsmarkt wächst ständig und schon jetzt benutzen 80 % von Chinas Kommunikationssystem und 40 % der städtischen Netzwerkteilnehmer Fiberglaskabel.

Attraktive neue Technologien wie z.B. preiswerte internationale Internettelefondienste zu einem Zehntel der Kosten von einem konventionellen Telefonanruf fordern chinesische Regulatoren heraus. Eine wachsende Anzahl von Chinesen nutzen Internettelefon von ihrem PC, um in den USA und anderen Ländern anzurufen, für etwa 10-30 Cents pro Minute. Internettelefon untergräbt z.T. das Monopol von China Telecom für internationale Telefongespräche. Internet Service Provider dürfen zwar Daten international übermitteln, allerdings keine Telefon- oder Faxmitteilungen. Ein Funktionär antwortete auf die Bemerkung, daß verschiedene Internet Service Provider internationale Telefondienste anbieten, daß sie das schon tun könnten, solange sie dafür nicht werben würden. Tatsächlich gibt es auch Internet Service Provider, die eine Bescheinigung haben, um internationale Telefondienste über das Internet anzubieten. Dies zeigt, daß die chinesischen Regulierungen der Regierung nicht immer ganz genau ausgelegt werden.

Der wirtschaftliche Trend zur Öffnung der chinesischen Wirtschaft und der technologische Trend zur Öffnung ist nicht zu stoppen. Internettelefon ist ein Beispiel dafür. Die erste Generation von Internettelefon war Computer-zu-Computer. Die gegenwärtige zweite Generation hat es möglich gemacht, mit einem Internettelefonanruf das gewöhnliche Telefonnetz am anderen Ende anzurufen. Die dritte Generation von Internettelefon, die im Moment im Experimentierstadium ist, wird auch einen Teilnehmer anrufen können, der keinen Computer hat.

Ein weiterer Nachteil des Internet, der angegeben wird, und zwar zu 61,2 %, ist, daß die Internetzugangsgebühren zu teuer sind.

Auch die Angabe, daß zu wenig chinesischsprachige Informationen im Internet sind, wird man verstehen, wenn man sich verdeutlicht, daß die wenigsten Chinesen Englisch sprechen, nur Akademiker und Studenten können dies zum Teil.

Viele Internetteilnehmer würden gerne Artikel online kaufen, und zwar 78,1 %, auch wenn hier angegeben wird, daß rechtliche Schutzmaßnahmen für Online-Käufe notwendig sind. Auch weitere Einwendungen gegen den Online-Einkauf sind noch angegeben. „The major sticking point to greater use of the Net for business is China's banking system, which does not readily extend credit or issue personal credit cards." (Lyric Hughes, in: Richtel, Matt 1998)

Bei den Angaben zu den Internet Service Providern kann man immerhin erkennen, daß etwa 70,8 % der Internetteilnehmer von den Diensten der Internet Service Provider nicht sehr viel halten.

Abb. 9: Die größten Nachteile des Internet

Internetgeschwindigkeit ist zu langsam	**88,9 %**
Internetzugangsgebühren sind zu hoch	**61,2 %**
Zu wenig chinesischsprachige Informationen	**45,5 %**
Das Internet ist nutzlos	**1,9 %**
Möchte Artikel online kaufen	**78,1 %**
Rechtliche Schutzmaßnahmen für Online-Käufe sind notwendig	**62,0 %**
Die Qualität von online gekauften Artikeln möglicherweise schlecht	**46,1 %**
Es gibt keine zuverlässigen Möglichkeiten, online zu bezahlen	**44,5 %**
Produktinformationen sind online leicht zu finden	**26,1 %**
Artikel online zu kaufen ist bequem	**23,4 %**
Möchte keine Artikel online kaufen	**21,9 %**
Internet Service Provider sind nett bei Abschluß des Vertrages, aber später nicht sehr hilfreich	**55,0 %**
Internet Service Provider lösen Probleme rechtzeitig	**38,4 %**
Wenig Service vom Internet Service Provider	**15,8 %**

Quelle: China Internet Information Center, June 1998 Internet Survey

Die Studie von „The China Matrix“ hat gegenüber der Umfrage noch eine Angabe zum jährlichen Wachstum des Internet gemacht, das bei 150 % liegt, und auch Angaben zu erwartenden Trends gemacht, daß nämlich mehr Frauen und – wenig verständlich – mehr Reiche am Internet teilnehmen werden, daß der Internetzugang in Guangzhou zunehmen wird, daß E-Commerce zu- und die Werbung im Internet abnehmen wird.

Abb. 10: Jährliches Wachstum und Trends

Jährliches Wachstum:

150 %

Trends:

Mehr Frauen
Mehr Reiche
Guangzhou wächst
E-Commerce wächst
Werbung nimmt ab

Quelle: The China Matrix, Juni 1999

4. Internet-Regulierungen der Volksrepublik China

Die chinesische Regierung hat die Kontrolle über Veröffentlichungen, TV- und Radiosendungen und über elektronische Kommunikation, einschließlich des Internets. Die neuen Internetregulierungen der Volksrepublik China, die am 30. Dezember 1997 verabschiedet worden sind, sind nicht wesentlich unterschiedlich zu den Zwischenregulierungen, die sie ersetzen. Wie schon in Kapitel 2 erwähnt, wurden die neuen Regulierungen von Funktionären heruntergespielt als wesentliche Klärungen von früheren Zwischenregulierungen, mit im Detail stärker erläuterten Verantwortlichkeiten, Prozeduren und Strafen.

4.1. Umfassende Regulierungen

Die Internetregulierungen lauten im Originaltext „Regulierungen zu Sicherheit, Schutz und Management von Computerinformationsnetzwerken und Internet". Die Internetregulierungen wurden erlassen, um die Sicherheit und den Schutz von Computerinformationsnetzwerken und des Internet zu stärken, und um die soziale Ordnung und soziale Stabilität zu schützen. Nach den Internetregulierungen ist die Computermanagement- und Überwachungsorganisation des Ministeriums für Öffentliche Sicherheit für die Sicherheit, den

Schutz und das Management von Computerinformationsnetzwerken und des Internet verantwortlich. Sie schützt die öffentliche Sicherheit von Computerinformationsnetzwerken und des Internets, die Rechte von Internet Service Providern und von Bürgern und das öffentliche Interesse.

Die Internetregulierungen sehen u.a. vor, daß keine Gruppe oder kein einzelner Bürger das Internet nutzen darf, um die nationale Sicherheit zu schädigen, Staatsgeheimnisse weiterzugeben, die Interessen des Staates, der Gesellschaft, einer Gruppe oder den legalen Rechten von Bürgern zu schaden oder an kriminellen Aktivitäten teilzunehmen.

Desweiteren darf keine Gruppe oder kein Bürger das Internet nutzen, um die folgenden Arten von Informationen zu erzeugen, zu duplizieren, zu erhalten oder zu übermitteln:

- Anstiftung zum Widerstand oder der Verletzung der Verfassung, von Gesetzen oder administrativen Erlassen.
- Anstiftung zum Sturz der Regierung oder des sozialistischen Systems.
- Anstiftung zu Teilung des Landes und Schädigung der nationalen Einheit.
- Anstiftung zu Haß oder Diskriminierung unter den verschiedenen Nationalitäten oder Schädigung der Einheit der Nationalitäten.
- Falsche Angaben zu machen oder die Wahrheit zu verdrehen, Verbreitung von Gerüchten, Zerstörung der Ordnung der Gesellschaft.
- Förderung von feudalem Aberglaube; sexuell anzüglichem Material, Glücksspiel, Gewalt, Mord.
- Terrorismus oder Anstiftung von anderen zu kriminellen Aktivitäten; öffentliche Beleidigung anderer Leute oder Verdrehen der Wahrheit, um Leute zu verleumden.
- Dem Ruf von Staatsorganen zu schaden.
- Andere Aktivitäten gegen die Verfassung, Gesetze oder administrativen Erlasse.

Keine Gruppe oder Bürger soll sich mit den folgenden Aktivitäten beschäftigen, die die Sicherheit von Computerinformationsnetzwerken schädigt:

- Niemand soll Computernetzwerke oder Netzwerkressourcen verwenden, ohne vorher ordnungsgemäßen Zugang zu bekommen.
- Niemand soll ohne vorherige Erlaubnis Netzwerkfunktionen ändern oder Informationen hinzufügen oder entfernen.
- Niemand soll ohne vorherige Erlaubnis Material hinzufügen, entfernen oder ändern, das durch das Netzwerk gespeichert, bearbeitet oder übermittelt wird.

- Niemand darf absichtlich Viren erschaffen oder übermitteln.
- Andere Aktivitäten, die das Netzwerk schädigen, sind ebenfalls verboten.

Ebenfalls sind die Freiheit und die Privatsphäre von Netzwerkanwendern durch Gesetz geschützt. Keine Gruppe oder Bürger darf unter Verletzung der Internetregulierungen das Internet dazu nutzen, die Freiheit und Privatsphäre von Netzwerkanwendern zu schädigen.

4.2. Verantwortlichkeiten für Sicherheit und Schutz

Was die Verantwortlichkeit für Sicherheit und Schutz anbelangt, müssen Gruppen und Bürger, die im Internetgeschäft tätig sind, die Sicherheitsüberwachung, -inspektion und -führung durch die Organisation für Öffentliche Sicherheit akzeptieren. Dies beinhaltet, der Organisation für Öffentliche Sicherheit Informationen, Material und digitale Dokumente zur Verfügung zu stellen und die Organisation für Öffentliche Sicherheit zu unterstützen bei der Aufdeckung und Behandlung von Ereignissen, die die Verletzung von Gesetzen beinhalten, und von kriminellen Aktivitäten, in die Computerinformationsnetzwerke verwickelt sind

Die Überwachungsabteilung von Gruppen, die Service durch Informationsnetzwerkzugänge zur Verfügung stellen, durch die Informationen „importiert" und „exportiert" werden, und Gruppen, die Netzwerke verbinden, haben sowohl Verantwortung für die Internetnetzwerkzugänge als auch für Sicherheit, Schutz und Management der untergeordneten Netzwerke.

Gruppen, die Netzwerke verbinden, Gruppen für Zugangspunkte, Unternehmen, die Computerinformationsnetzwerke und das Internet nutzen und andere Organisationen müssen folgende Verantwortlichkeiten für Netzwerksicherheit und -schutz übernehmen:

- Übernahme der Verantwortung für Netzwerksicherheit, -schutz und -management und Einrichtung eines vollständig sicheren, geschützten und gut geleiteten Netzwerks.
- Durchführung von technischen Maßnahmen für Netzwerksicherheit und -schutz; Zusicherung von Netzwerkanwendungs- und -informationssicherheit.
- Übernahme der Verantwortung für Sicherheitserziehung und -training von Netzwerkteilnehmern.
- Registrierung von Gruppen und Bürgern, denen Information zur Verfügung gestellt wird.

- Einrichtung eines Registrierungssystems für Teilnehmer von Electronic Bulletin Board Systems im Computerinformationsnetzwerk als auch eines Systems für das Management von Bulletin Board Informationen.
- Wenn eine Verletzung der in Kapitel 4.1 genannten Vorschriften entdeckt wird, muß ein unverändertes Protokoll der Verletzung gespeichert werden und der örtlichen Organisation für Öffentliche Sicherheit gemeldet werden.
- Nach einer Verletzung einer der in Kapitel 4.1 genannten Vorschriften wird der Zugang des Teilnehmers zum Netzwerk entfernt und ebenfalls die Adresse, das Verzeichnis oder der Server.

Der Netzwerkteilnehmer muß ein Antragsformular ausfüllen, wenn er einen Netzwerkservice beantragt. Die Art des Antragsformulars wird von der Organisation für Öffentliche Sicherheit vorgegeben. Die Organisationen, die einen solchen Netzwerkservice anbieten, sollen innerhalb von 30 Tagen nach Öffnen der Netzwerkverbindung die Registrierungsprozedur mit einer Abteilung der Organisation für Öffentliche Sicherheit durchführen. Diese Organisationen sind dafür verantwortlich, der örtlichen Organisation für Öffentliche Sicherheit ein Protokoll mit Informationen über Gruppen oder Bürger, die eine Netzwerkverbindung haben, zu übermitteln. Sie müssen ebenfalls in zeitlichen Abständen alle Änderungen bei Gruppen und Bürgern, die das Netzwerk nutzen, mitteilen.

Personen, die öffentliche Netzwerkzugänge registrieren, sollten die Leitung ihrer Zugänge verstärken und ein Zugangsregistrierungssystem einführen. Netzwerkzugänge können nicht verliehen oder übertragen werden.

Wenn Personen, die mit nationalen Angelegenheiten, wirtschaftlichem Aufbau, nationaler Verteidigung oder Wissenschaft und Technologie zu tun haben, registriert werden, ist der Nachweis einer Zustimmung der leitenden administrativen Abteilung der Organisation für Öffentliche Sicherheit notwendig.

Geeignete Maßnahmen sollten getroffen werden, um die Sicherheit und den Schutz von Computerinformationsnetzwerk- und Internetlinks der oben genannten Personen zu gewährleisten.

4.3. Sicherheit und Überwachung

Die Abteilungen der Organisation für Öffentliche Sicherheit auf der Ebene der Provinzen, der Autonomen Regionen oder der Städte sollen geeignete Organisationen einrichten, um Sicherheit, Schutz und Management des Internet zu gewährleisten.

Die Organisation für Öffentliche Sicherheit sollte Informationen über Gruppen, die Netzwerke verbinden, Gruppen mit Netzwerkzugängen und Teilnehmern haben, indem sie ein Archivierungssystem für diese Informationen einführt, statistische Informationen über diese Daten erhält und geeigneten übergeordneten Organisationen berichtet.

Die Organisation für Öffentliche Sicherheit ist verantwortlich für die Verfolgung und Behandlung von illegalen Computerinformationsnetzwerkaktivitäten und kriminellen Fällen, in die Computerinformationsnetzwerke verwikkelt sind.

4.4. Gesetzliche Verantwortlichkeit

Bei Verletzungen des Rechts, administrativer Erlasse oder der in Kapitel 4.1 genannten Vorschriften erteilt die Organisation für Öffentliche Sicherheit eine Verwarnung und konfisziert illegale Einkommen, wenn sie aus illegalen Aktivitäten stammen.

Für weniger ernsthafte Straftaten wird für einzelne Bürger eine Geldstrafe, die 5000 RMB nicht überschreiten darf, und für Arbeitseinheiten eine Geldstrafe von 15.000 RMB festgesetzt.

Für ernsthaftere Straftaten kann der Computer- und Netzwerkzugang für sechs Monate geschlossen werden und – wenn notwendig – kann die Organisation für Öffentliche Sicherheit anregen, die Gewerbeanmeldung für die betreffende Einheit einzuziehen oder die Netzwerkregistrierung zu löschen. Managementaktivititäten, die eine Bedrohung der öffentlichen Ordnung darstellen, können in Bezug auf die Vorkehrungen der Strafgesetze für Öffentliches Sicherheitsmanagement bestraft werden. Wenn Verbrechen aufgetreten sind, sollte die Verfolgung der Verbrechen zur Aufklärung der Verantwortlichkeiten für diese Verbrechen betrieben werden.

Wenn eine der auf S. 162 aufgelisteten Aktivitäten aufgetreten ist, soll die Organisation für Öffentliche Sicherheit anordnen, daß Gegenmaßnahmen innerhalb einer bestimmte Periode getroffen werden sollen oder erteilt eine Warnung. Illegales Einkommen wird konfisziert. Wenn innerhalb einer bestimmten Zeit keine Gegenmaßnahmen getroffen werden, wird gegen die Leitung der Einheit und gegen die Personen, die der Leitung direkt unterstehen, eine Geldstrafe, die nicht mehr als 5000 RMB betragen darf, erlassen und gegen die Arbeitseinheit eine Geldstrafe, die nicht mehr als 15.000 RMB betragen darf. Im Fall, daß noch mehr Straftaten auftreten, kann das Netzwerk und der Betrieb für bis zu sechs Monate geschlossen werden.

- Keine Einrichtung eines Sicherheitssystems.
- Keine Einrichtung von sicherheitstechnischen und Schutzmaßnahmen.
- Keine Einrichtung von Sicherheitserziehung und - training für Netzwerkteilnehmer.
- Keine Bereitstellung von Informationen, Materialien oder elektronischen Dokumenten, die für Sicherheit, Schutz und Management notwendig sind, oder Bereitstellung von falschen Informationen.
- Keine Untersuchung des Inhalts von Informationen, die im Namen von irgend jemand übermittelt werden, oder keine Registrierung der Einheit oder der Person, in deren Namen die Informationen übermittelt werden.
- Keine Einrichtung eines Registrierungssystems für Teilnehmer an Electronic Bulletin Boards und kein Management der Informationen von Electronic Bulletin Boards.
- Kein Löschen von Webadressen und Verzeichnissen oder kein Schließen von Servern gemäß der entsprechenden staatlichen Regulierungen.
- Keine Einrichtung eines Registrierungssystems für Teilnehmer mit einem öffentlichen Zugang.
- Verleihung oder Übertragung eines Netzwerkzugangs.

4.5. Zusätzliche Regulierungen

Die oben genannten Regulierungen sollen mit Blick auf die Einrichtung von Maßnahmen zu Sicherheit, Schutz und Management von Computerinformationsnetzwerken, die mit Netzwerken in der Sonderwirtschaftszone Hong Kong wie auch mit Netzwerken in den Distrikten Taiwan und Macao verbunden sind, konsultiert werden.

5. Praktisches Beispiel der Anwendung der Internet-Regulierungen

Am 21. Januar 1999 wurde der Geschäftsführer einer Softwarefirma, Lin Hai, von einem Gericht zu zwei Jahren Gefängnis verurteilt. Das Gericht in Shanghai entschied, daß Lin Hai, 30 Jahre, eine subversive Tat begangen hatte, als er 30.000 chinesische E-Mail-Adressen an VIP Reference sandte. VIP Reference ist ein elektronisches Magazin, das in den USA hergestellt wird. Chinesische

Behörden vermuten, daß es der Regierung in Beijing feindselig gegenübersteht.

Lin leitete eine Softwarefirma, die Webseiten gestaltete und auch andere Internetdienste anbot. Er sagte, daß er rein aus kommerziellen Gründen E-Mail-Adressen mit anderen Firmen handelte. Aber Ankläger meinten, daß VIP Reference, eine Dissidentengruppe in den USA, die E-Mail-Adressen verwendet hatte, um subversive Artikel zu versenden, die das Ziel hätten, zur Untergrabung der Staatsgewalt aufzurufen und zum Umsturz des sozialistischen Systems.

VIP Reference ist eines von vielen elektronischen Magazinen, das Nachrichten über China verteilt. Es wird von chinesischen demokratischen Rechtsanwälten in Washington zusammengestellt. Die Herausgeber des Magazins sagten, daß sie Informationen an 250.000 E-Mail-Adressen in China versenden. „We're promoting freedom of speech on the Internet." (Feng Donghai, in: Eckholm, Erik 1998) Es wird vermutet, daß Lin Hai verurteilt wurde, um ein Exempel zu statuieren. Das Magazin akzeptiert E-Mail-Adressen kritiklos – viele sind von kommerziell gehandelten Listen – und verschickt dann E-Mails an alle Adressen. Die Theorie dabei ist, daß, wenn so viele Personen automatische Empfänger sind, einzelne Personen nicht angeklagt werden können, absichtlich das Magazin abonniert zu haben. Um Regierungs-„Filter" zu umgehen und auch elektronische Störungen zu vermeiden, wird VIP Reference jeden Tag von einer anderen amerikanischen Adresse aus versandt.

Kritiker behaupten, daß es unwahrscheinlich ist, daß die Regierung jeden einzelnen Internetteilnehmer, der die neuen Internet-Regulierungen verletzt, verfolgen wird. Zum größten Teil sind Webseiten, die deutlich darauf abzielen, einen politischen Wandel hervorzurufen, und bekannte Dissidenten, die das Internet zur Organisation ihrer Arbeit benutzen, das eigentliche Ziel von Regierungszensur. „They're not going to send the police out to arrest every single person who tries access The New York Times Web site." „But if you're a dissident – a fairly prominent one trying to use the Net to send e-mail messages to compatriots around the country – that would attract far more attention." (Bobson Wong, in: Richtel, Matt 1998)

6. Internet und die chinesische Gesellschaft

Die Zuwachsraten des Internets in der Asien-Pazifik-Region sind gewaltig. 1995 noch war nur ein jährlicher Zuwachs von 28 % zu verzeichnen, jedoch schon 1996 war eine Zunahme von 239 % an Servern und eine korrespondierende Zunahme an PCs zu registrieren. Das Wall Street Journal erwähnte im

Juni 1998, daß es in der Asien-Pazifik-Region etwa 17 Millionen Internetbenutzer gibt (Menon 1999:3). Was allerdings nach wie vor problematisch ist und daher die genannten Zahlen etwas revidiert, ist die starke ungleichmäßige Verteilung der Internetnutzung. 1997 gab es in Japan 1,5 Mill. Internetnutzer, im selben Jahr wurden jedoch in Pakistan nur 90 Nutzer und in Vietnam nur 2.000 Nutzer gezählt, in Süd-Korea aber schon 200.000. In China gab es 1998 etwa 2,1 Mill. registrierte Internetnutzer. Bedenkt man, daß für jeden registrierten Nutzer etwa 3-4 Personen Zugang zum Internet haben, kommt man auf etwa 6-8 Mill. Chinesen als Internetnutzer (Romich 1999:10).

Das Internet wird weitreichende Änderungen in der Asien-Pazifik-Region und auch in China mit sich bringen. Um einen Vergleich mit Europa darzustellen, so sagen hier Marktforscher voraus, daß in fünf Jahren mehr als 120 Mill. Web-Surfer das Internet nutzen werden, daß also jeder dritte Europäer das Internet nutzen wird. „Das Internet wird dann so sehr in den Alltag eingebettet sein, daß niemand mehr sich darüber Gedanken machen wird, wann und wo er surft. Internet in Autocockpit und Bahnabteil, im Mobiltelefon, in der Rückenlehne der Flugzeugsessel und nicht zuletzt durch die vielerorts aufgestellten Internet-Kioske – mindesten überall dort, wo früher mal Telefonzellen standen.“ (Blumenschein 1999:2) Schon heute gibt es, um auf China zurückzukommen, in Beijing Internet-Cafés, wo Gäste kostenlos im Internet surfen können, mittlerweile sogar ohne sich dafür amtlich registrieren lassen zu müssen, was vor einiger Zeit noch nicht möglich war. Welche Auswirkungen wird also die zunehmende Internetnutzung auf die chinesische Gesellschaft haben?

Schon 1996 hatte ein ASEAN Forum festgestellt, daß das Internet ein großes Potential für Wirtschaft, Information und kulturellen Austausch habe, daß jedoch Regulierungen und Gesetze notwendig seien, um einen gesetzlichen Rahmen für das Internet zu schaffen. Denn die grenzübergreifende Natur des Internets würde einzelne Länder externen Einflüssen aussetzen, gegen die Schutzmaßnahmen ergriffen werden müßten, um Werte, Traditionen und Kultur der einzelnen Länder zu bewahren. Erstaunlich ist, daß schon ein Jahr später von einer stärkeren Regulierung des Internets keine Rede mehr war. Man einigte sich jedoch auf Maßnahmen, um gegen anti-staatliche Informationen, Betrug und Pornographie vorzugehen und Copyright und Privatheit zu schützen. Die Entscheidungsträger in der Politik hatten erkannt, daß das gemeinsame Wohl in den einzelnen Ländern auch im Internet geschützt werden müsse.

In China hat man mittlerweile erkannt, daß eine gänzliche Kontrolle des Internets nicht möglich ist. Das Ministerium für Post und Telekommunikation (MPT) hatte zunächst noch angenommen, daß eine umfassende Kontrolle möglich sei, da alle chinesischen Netzwerke chinesische Telekommunikationssatelliten oder Kabelverbindungen nutzen mußten, um Internetdienste in anderen Ländern zu erreichen. Außerdem müssen alle chinesischen Internet Service Providers beim MPT registriert werden. Ein Problem ergab sich nur dadurch, das der Internetverkehr zwischen den einzelnen chinesischen Netzwerken bisher nur über die Westküste der USA möglich war. Somit war hier eine Kontrolle nicht möglich. Dieser Zustand ist mittlerweile behoben worden, so daß der Internetverkehr zwischen den Netzwerken innerhalb Chinas verläuft.

Dennoch wird in China eine teilweise Kontrolle des Internets betrieben, wie in Kapitel 2 schon beschrieben wurde. Alle Internetzugänge in China werden durch ein Filterprogramm kontrolliert, das auf der Basis von verschiedenen Schlüsselwörtern den Zugang zu Webseiten und den E-Mail-Verkehr verhindert. Herausgefiltert werden Webseiten mit Pornographie, mit Informationen von Menschenrechtsgruppen, Dissidenten, Exil-Tibetern, Umweltschutz-Aktivisten, mit Inhalten, die gegen die Sicherheit des Staates gerichtet sind und konterrevolutionäre Absichten zeigen.

Aber, mit Bezug auf Menschenrechtsgruppen, welche demokratische Legitimation hat eigentlich eine Gruppe in einem bestimmten Land, in die internen Angelegenheiten eines anderen Landes über das Internet einzudringen? Welches ist die Beziehung zwischen diesem externen Eindringen und dem Recht eines Volkes auf Selbstbestimmung? In der Literatur wird vielfach von „Cyber-Kolonialismus“[1] gesprochen. Eine eurozentristische Sichtweise ist auch hier, im Internet, vertreten. Westliche Länder dringen über das Internet in die inneren Angelegenheiten eines Landes – China – ein und versuchen die Entwicklung in eine bestimmte Richtung zu drängen. Die meisten Webseiten im Internet sind in englischer Sprache abgefaßt, die die meisten Chinesen gar nicht lesen können. China versucht hier eine Schutzmauer vorzuschieben, indem es in den letzten Jahren verstärkt auf die Entwicklung eines China Intranets gesetzt hat, in dem der Internetverkehr weitestgehend im Lande verläuft und Webseiten mit chinesischsprachigen Inhalten propagiert werden. Oskar Weggel hat die These aufgestellt, daß China weder eine sozialistische noch eine kapitalistische Gesellschaft ist (Weggel 1998:287f.). Kein Wunder, daß die chinesische Gesellschaft in der Literatur mit solch unterschiedlichen Begriffen wie „Sozialistische Marktwirtschaft“, „Frühkapitalismus“, „Konfuzianischer Kapitalismus“, „China-Kapitalismus“, „Geplante Marktwirtschaft“ oder „Kommunistischer Kapitalismus“ umschrieben wird. Ein amerikanisch-angel-

1 Vgl. Baum, Holger/Boldt, Klaus/Ghawami, Kambiz, Der Handel mit Informationen wird zum Wettbewerbsfaktor. Welche Chancen bringt das Internet dem Süden?, in: Frankfurter Rundschau, 23. Jan. 1999, S. 9

sächsischer Kapitalismus wird in China nicht möglich sein und wird es auch nicht geben. China wird einen eigenen Weg gehen. Aus diesem Grund wird auch die starke Kritik der asiatischen Länder verständlich, die sich eine Einmischung in innere Angelegenheiten verbitten und auf asiatische Werte setzen, ganz im Gegensatz zu westlichen Werten. Führende asiatische Staatsmänner, darunter der frühere Ministerpräsident von Singapur, Lee Kuan Yew, reden über die mögliche Umgestaltung von asiatischen Staaten zu einer Demokratie immer nur davon, daß – wenn dies überhaupt geschehen sollte – dies immer nur eine asiatische Demokratie werden würde, eben mit asiatischen Werten. China hat es im Laufe seiner mehrtausendjährigen Entwicklung immer wieder fertig gebracht, fremde Einflüße erfolgreich zu sinisieren. Darin liegt eine der Stärken der chinesischen Gesellschaft. Der im ersten Jahrhundert n. Chr. nach China eindringende Buddhismus wurde auf diese Weise in einigen Jahrhunderten erfolgreich sinisiert, die heutigen nationalen Minderheiten, die im Verlaufe des 2000-jährigen Kaiserreiches in die chinesische Gesellschaft eingebunden wurden, ebenfalls, und auch der Marxismus im letzten Jahrhundert wurde in einer eigenen, chinesischen Variante sinisiert. Wieso sollte dies eigentlich nicht auch mit dem Internet passieren?

Die chinesische Regierung muß nur bei der weiteren Entwicklung des Internets darauf achten, daß es hier nicht zu Ungleichgewichten in der chinesischen Gesellschaft kommt. Zur Zeit sind die typischen Internetanwender zwischen 21 und 30 Jahren alt, männlich, sie kommen aus dem akademischen oder Bildungssektor und wohnen in größeren Städten. Hier zeigt sich ein starkes Ungleichgewicht zwischen Jung/Alt, Mann/Frau, gebildet/nicht gebildet und städtische und ländliche Bevölkerung. In der ländlichen Bevölkerung ist das Internet weitestgehend unbekannt, wobei die ländliche Bevölkerung mit 800 Mill. Einwohnern etwa 2/3 der Bevölkerung Chinas ausmacht. Sollten sich diese Ungleichgewichte noch verstärken, so würde dies die Entwicklung zu einer jungen Wirtschaftselite in den Städten im Süden und Osten Chinas noch weiter unterstützen, wie sie im Moment schon vorhanden ist.

Desweiteren muß die chinesische Regierung – ganz im Gegensatz zu den einfachen Kontrollen des Internetzugangs – verstärkt gegen Hacker vorgehen. Vor einiger Zeit wurde gerade in den USA die Diskussion um stärkeren Schutz vor in Netzwerke und Banken eindringende Hacker geführt, da das wirtschaftliche System der USA das von allen Ländern der Welt am stärksten von Computer abhängende ist. In eben diesem Maße sieht sich die chinesische Regierung und Wirtschaft in letzter Zeit immer stärker dem Angriff von Hakkern ausgesetzt. Im Juli 1997 setzte ein Hackerangriff auf das ChinaNET die Netzwerkknoten in Shanghai für acht Stunden außer Funktion. Es gibt unter den Hacker auch Menschenrechtsgruppen wie die Hongkong Blondes, die sich ebenfalls 1997 in einen Kommunikationssatelliten der Volksarmee einhackten. Ende Dezember 1998 wurden in China sogar zwei Hacker zum Tode verurteilt, weil sie sich in ein Banknetzwerk eingehackt und DM 140.000,- auf ihr eigenes Konto transferiert hatten.

Diese Hackerangriffe führten dazu, daß die chinesische Internetpolitik wieder verstärkt zu Kontrollen griff. Mehr Filterprogramme für Webseiten wurden installiert und eine effektivere Kontrolle von E-Mails wurde eingeführt. Doch diesem Problem steht China nicht als einziges Land gegenüber, die Hackerangriffe sind international ein Problem und fast alle Länder, die am Internetverkehr teilnehmen, versuchen, Schutzmaßnahmen gegen diese Angriffe zu finden.

Ein weiteres Problem, mit dem sich die chinesische Regierung konfrontiert sieht, ist die Infragestellung der alleinigen Machtposition der chinesischen Regierung und des Informationsmonopols. Die alleinige staatliche Nachrichtenagentur Xinhua, die der chinesischen Regierung untersteht und die Versorgung der chinesischen Bevölkerung mit amtlichen Nachrichten betreibt, wird durch das Internet unterhöhlt. Wie weiter oben erwähnt, hat nur ein kleiner Prozentsatz der Chinesen heute Zugang zum Internet, doch bei der prognostizierten weiteren Zunahme des Internetzugangs muß die amtliche Nachrichtenagentur und die chinesische Regierung irgendwann gegensteuern, da aktuelle Nachrichten aus vielen Ländern über das Internet zu bekommen sind.

Eine erste Antwort auf diese Infragestellung war die Gründung der chinesischen Netzwerke, so daß der Internetverkehr innerhalb des Landes bleiben sollte. Ein weiterer Versuch war die Einrichtung des Internets in einer zentralisierten und geplanten Weise, die jedoch fehlschlug. Als weitere Antwort der chinesischen Regierung ist die Verabschiedung der Internetregulierungen im Dezember 1997 zu verstehen. Die z.Zt. von der chinesischen Regierung propagierte weitere Absicht der Einrichtung des China Intranets, dessen Potential heute als sehr hoch betrachtet wird und neben der Verbreitung von allgemeinen Informationsdiensten auch solche Dienstleistungen wie E-Commerce beinhaltet, ist auch in diesem Zusammenhang zu verstehen.

7. Fazit

„The economic trend towards the opening of the Chinese economy and the technological trends towards openness are unstoppable.“ (Edward Zeng, in: U.S. Embassy Beijing, 1997). Aber gleichzeitig konkurriert der ökonomische Druck zur Öffnung mit dem politischen Druck zur Regulierung von Informationen, die nach China kommen. Die Regierung in Beijing scheint das Internet genauso zu betrachten wie es die kapitalistischen Marktpraktiken betrachtet: ein Werkzeug mit einem immensen Potential, um Chinas Reichtum wachsen zu lassen, das aber sehr genau reguliert werden muß, damit es nicht die strenge politische Kontrolle der Kommunistischen Partei unterwandert. Nach Aussagen von Chinesen brauchen die Chinesen die Kommunistische Partei noch, um u.a. die Einheit der Nation zu wahren. Und die politische Kontrolle über das Land und auch über die Veröffentlichung von Büchern, Zeitschriften, TV- und Radiosendungen und auch über das Internet wird sich die Kommunistische Partei nicht nehmen lassen.

Doch trotz aller Maßnahmen, die von der chinesischen Regierung zur Kontrolle des Internets ergriffen worden sind, ist es unverkennbar, daß China sich für die Nutzung des Internets entschieden hat. Die Erwartungen auf ökonomische Vorteile für China sind zu hoch und lassen politische Ängstlichkeiten weniger wichtig erscheinen.

Die heute in China am häufigsten nachgefragten Informationen im Internet sind solche zu Freizeitaktivitäten und zu wirtschaftlichen und professionellen Fragestellungen. Das Internet in China hat sich gewandelt von einem rein akademischen Netzwerk hin zu einem Informationsmedium für eine (etwas) breitere Öffentlichkeit. In einer Gesellschaft wie China, die nur ein Informationsmonopol der chinesischen Regierung kennt, werden durch die Kommunikationsmöglichkeiten des Internets Änderungen im kulturellen und politischen Verhalten zu erwarten sein.

8. Bibliographie

A. Internetadressen

China Internet Information Center (1998), June 1998 Internet Survey, in: U.S. Embassy Beijing (1998), „PRC Internet: Cheaper, More Popular and More Chinese", Oktober 1998, www.usembassychina.gov/english/sandt/Inetcawb.htm, 13.06.1999

Council on East Asian Libraries (1997), Internet in the PR China, darkwing.uoregon.edu/~felsing/cstuff/cnet.html, 13.06.1999

Eckholm, Erik (1997), „China cracks down on Dissent in Cyberspace", 31.12.1997, wysiwyg://87/http://www.nytimes.com/library/cyber/week/123197china.html, 13.06.1999

Ders. (1998), „Trail will test China's Grip on the Internet", The New York Times, www.nytimes.com/library/tech/98/11/biztech/articles/16china-internet.html, 10.04.1999

Faison, Seth (1999), „China sentences Internet Entrepreneur to 2 Years in jail", The New York Times, 21.01.1999, www.nytimes.com/library/tech/99/01/biztech/articles/21china.html, 10.04.1999

Finding News about China, freenet.buffalo.edu/~cb863/china.html

Flaherty, Julie (1998), „Internet-Fluent M.I.T. Students teach Basics in China", The New York Times, 30.07.1998, www.nytimes.com/library/tech/98/07/circuits/articles/30china.html, 10.04.1999

Information Superhighway China: www.dwinfoserver.com/otto/highway.html#China

Information Superhighway China – China Internet Service Providers: www.dwinfoserver.com/otto/chinaisp.html

Koppel, Andrea (1996), „China places roadblocks on the Internet", 9.2.1996, cnn.com/WORLD/9602/china_information/index.html, 13.06.1999

Landler, Mark (1998), „Bringing China Online, with Official Blessings", The New York Times, 3.8.1998, www.nytimes.com/library/tech/98/08/biztech/articles/03hong.html, 10.04.1999

Parody, Emmanuel/Sautede, Eric (1995), „Internet en Chine: Une modernité qui tolère mal le contrôle", Juli/August 1995, www.geocities.com/Tokyo/Island/9682/ CP1.html, 13.06.1999

Rennie, David (1999), „China jails Internet ‚subversive'", Electronic Telegraph, 21.01.1999, www.telegraph.co.uk:80/et?ac=001731446156585&rtmo=VZuV1V1x&atmo=99999999&pg=/et/99/1/21/wchi21.html, 10.04.1999

Reuters (1997), „China issues New Net Controls“, 30.12.1997, www.wired.com/news/print_version/email/other/politics/story/9423.html?wnpg=all, 13.06.1999

Ders. (1997), „China Net regulations begin“, 30.12.1997, www.news.com/News/Item/ Textonly/0,25,17692,00.html, 13.06.1999

Ders. (1997), „Hong Kong free of China Net controls“, 30.12.1997, www.news.com/News/Item/Textonly/0,25,17694,00.html, 13.06.1999

Richtel, Matt (1998), „China embraces the Internet – but not as a Forum for Dissent“, 01.07.1998, The New York Times, wysiwyg://84/http://www.nytimes.com/library/tech/98/07/cyber/articles/01china.html, 13.06.1999

Sautede, Eric (1996), „The Internet in China – Between the Constable and the Gamekeeper“, März/April 1996, www.geocities.com/Tokyo/Island/9682/CP4.html, 10.04.1999

Ders. (1996), „Internet Resources for Research on Contemporary China“, September/Oktober 1996, www.geocities.com/Tokyo/Island/9682/CP7.html, 13.06.1999

The Associated Press (1998), „China Cracks Down on Internet Activist“, The New York Times, 5.12.1998, www.nytimes.com/library/tech/98/12/biztech/articles/05china-internet.html, 10.04.1999

Ders. (1999), „China imposes Limits on Internet“, The New York Times, 21.01.1999, www.nytimes.com/library/tech/99/01/biztech/articles/21china-side.html, 10.04.1999

The China Matrix, www.virtualchina.com/matrix

U.S. Embassy Beijing (1997), „PRC Net Dreams: Is Control Possible?“, September 1997, www.usembassy-china.org.cn/english/sandt/infocon.htm, 13.06.1999

Ders. (1998), „New PRC Internet Regulation“, Januar 1998, www.usembassychina.org.cn/english/sandt/netreg.htm, 10.04.1999

Ders. (1998), „PRC Internet: Cheaper, More Popular and More Chinese“, Oktober 1998, www.usembassy-china.gov/english/sandt/Inetcawb.htm, 13.06.1999

Zhu, Qiang (1995), „Latest Development of Internet in Mainland China“, CALA 1995 Annual Conference Chicago, 23-27.06.1995, darkwing.uoregon.edu/~felsing/cstuff/zhu.html, 10.04.1999

B. Publikationen

Baum, Holger/Boldt, Klaus/Ghawami, Kambiz, Der Handel mit Informationen wird zum Wettbewerbsfaktor. Welche Chancen bringt das Internet dem Süden?, in: Frankfurter Rundschau, 23. Jan. 1999, S. 9; zit. in: Forschungsgesellschaft für Informatik (1999), Informatik Forum, Internet in Asia, Bd. 13, Nr. 1, Wien, S. 6

Becker, Jörg/Fritsche, Klaus (1999), Internet in Asia – Introduction, in: Forschungsgesellschaft für Informatik (1999), Informatik Forum, Internet in Asia, Bd. 13, Nr. 1, Wien, S. 4-8

Blumenschein, Peer (1999), Editorial, in: Softline AG (Hrsg.) (1999), Softline Katalog Nr. 18, Offenburg, S. 2

Blunden, Caroline/Elvin, Mark (1998), China, Augsburg

Menon, Vijay (1999), Internet in Asia – Preface, in: Forschungsgesellschaft für Informatik (1999), Informatik Forum, Internet in Asia, Bd. 13, Nr. 1, Wien, S. 3

Müller, Milton/Zixiang, Tan (1997), China in the information age. Telecommunications and the dilemmas of reform, London

Romich, Manfred F. (1999), Internet in China, in: Forschungsgesellschaft für Informatik (1999), Informatik Forum, Internet in Asia, Bd. 13, Nr. 1, Wien, S. 10-14

Weggel, Oskar (1988), China, 3. Auflage, München

Zeit Punkte (1995), Nach uns die Asiaten?, Nr. 4/95, Hamburg

Die Vereinten Nationen als Weltstaat?

Inhaltsverzeichnis

1. Einleitung

Diese Arbeit behandelt das Thema der Vereinten Nationen als Weltstaat. Der Ausgangspunkt ist ein Aufsatz von Frank Biermann und Udo Ernst Simonis über „Eine Weltorganisation für Umwelt und Entwicklung", in dem beide die Notwendigkeit einer stärkeren Institutionalisierung auf internationaler Ebene für Umweltfragen darlegen und für die Einrichtung einer Weltorganisation für Umwelt und Entwicklung plädieren. Eine entgegengesetzte Haltung nehmen demgegenüber Andrew Hurrel und Benedict Kingsbury ein, die in ihrem Aufsatz „The International Politics of the Environment: An Introduction" gegen die Einführung einer internationalen Organisation für Umwelt sind und dies auch mit mehreren Gründen verdeutlichen. Geht man jedoch über die ursprüngliche Argumentation von Biermann und Simonis hinaus und nimmt an, daß es in der Zukunft zu einer stärkeren Institutionalisierung auf internationaler Ebene kommen wird, stellt sich die Frage, ob dies allein bei einer Organisation für Umwelt so sein wird. Kann es bei einer stärkeren Institutionalisierung zu einem Weltstaat kommen? Zu einem Weltparlament? Wird es in absehbarer Zeit einmal einen Weltpräsidenten geben, der – wie in den einzelnen Nationen – eine Weltregierung unter sich hat, mit einem Wirtschaftsminister, einem Arbeitsminister, einem Sozialminister usw.? Können die bestehenden Vereinten Nationen zu solch einem Weltstaat „umgebaut" werden? In einem zweiten Teil werden daher die Fragen behandelt, wie eine Umorganisation der Vereinten Nationen aussehen könnte.

2. Die Globale Umweltorganisation

Frank Biermann und Udo Ernst Simonis legen in ihrem Aufsatz „Eine Weltorganisation für Umwelt und Entwicklung" die Notwendigkeit einer stärkeren Institutionalisierung auf internationaler Ebene für Umweltfragen dar und plädieren für den Aufbau einer Weltorganisation für Umwelt und Entwicklung. Ihrer Meinung nach gibt es eine Weltumweltpolitik bisher noch nicht, auch wenn erste Umrisse sichtbar sind. Es haben jedoch Zukunftsszenarien die Dringlichkeit des Handels aufgezeigt. Ohne einen ökologischen Umbau der Wirtschaft der Industrieländer und ohne eine ressourcen- und energiesparende Gestaltung der nachholenden Entwicklung in den Entwicklungsländern driftet die Welt in eine ökologische Sackgasse. Dies läßt sich nur durch globale Politikansätze lösen. Es gab jedoch bislang nur den Versuch einer verbesserten Koordination und Kooperation der einzelnen Staaten, in dessen Zusammenhang es eine wahre Explosion von umweltvölkerrechtlichen Verträgen gibt. Die Frage ist, ob dies etwas nutzt?

2.1. Reform des Institutionensystems der Weltumwelt- und Weltentwicklungspolitik

Biermann und Simonis sind der Meinung, daß die bestehenden internationalen Organisationen zu schwerfällig sind und eine schlankere Form und effizientere Verfahren benötigen. Desweiteren ist eine bessere Koordination der internationalen Umweltpolitik gefordert. Bei den Akteuren der internationalen Umweltpolitik wie z.B. der UNEP, CSD, Globalen Umweltfazilität (GEF), Vertragsstaatenkonferenzen z.B. zur Klimakonvention, Biodiversitätenkonvention, Desertifikationskonvention, Montrealer Ozon-Protokoll und Konventionen über z.B. Feuchtgebiete, Schutz des Weltnatur- und kulturerbes, Schutz der weitwandernden Wildtiere usw. gibt es zwar eine Überschneidung im Aufgabenbereich, jedoch nur eine teilweise Abstimmung. Hier reichen mehr Effizienz und Koordination nicht aus, ohne eine entsprechende institutionelle und finanzielle Stärkung. Daher plädieren Biermann und Simonis für die Gründung einer Weltorganisation für Umwelt und Entwicklung als einer neuen Sonderorganisation der Vereinten Nationen (World Environment and Development Organization). Diese neue Umweltorganisation soll die UN-Kommission zur nachhaltigen Entwicklung (CSD) und die relevanten Konventionssekretariate integrieren. Eine enge Zusammenarbeit mit den Bretton Woods-Organisationen, der WTO und den bestehenden UN-Sonderorganisationen muß darüber hinaus auch sichergestellt werden.

2.2. Die Notwendigkeit einer Weltorganisation für Umwelt und Entwicklung

Die Kosten einer solchen neuen Organisation würden nicht sehr hoch sein, da es Synenergien durch die Integration bestehender Programme gäbe und somit Einsparungen bei den Verwaltungskosten.

Eine Weltorganisation für Umwelt und Entwicklung müßte auf einer diplomatischen Konferenz beschlossen werden, die Mandat, Budget, Finanzierungsschlüssel und andere Verfahrensfragen festsetzen müßte. Auch müßten bei einer solchen Umweltorganisation nicht alle Staaten mitmachen und die ständigen Mitglieder des UN-Sicherheitsrates besäßen kein Vetorecht.

Die Funktionen einer solchen Umweltorganisation wären die folgenden:

- Den Aufgaben der Weltumwelt- und -entwicklungspolitik würde bei nationalen Regierungen, den internationalen Organisationen und den privaten Akteuren ein höherer Stellenwert eingeräumt.
  Die Weltorganisation für Umwelt und Entwicklung sollte das Problembewußtsein fördern und den weltweiten Informationsstand als Entscheidungsgrundlage verbessern, die Information über das Erdsystem und die gegenwärtigen Umwelt- und Entwicklungsprobleme ebenso wie die Information über den Stand der Umsetzung der internationalen und nationalen Politik zur Steuerung des globalen Wandels. Sie sollte außerdem das umfassende Koordinieren, Bündeln und entscheidungsorientierte Aufbereiten und Weiterleiten des Wissens über diese Probleme fördern.
- Sie würde eine verbesserte Umsetzung der bestehenden Instrumente der Weltumwelt- und -entwicklungspolitik sowie eine verbesserte institutionelle Umgebung auf internationaler Ebene gewährleisten.
  Weltumwelt- und entwicklungspolitik erfolgen ja über internationale Regime, in denen die Staaten sich auf gemeinsame Maßnahmen und Programme einigen. Wie bei der Information fehlt hier aber auch die Verknüpfung. Eine Weltorganisation für Umwelt und Entwicklung sollte dies gewährleisten. Desweiteren ist eine weltweite politische Strategie nötig, die dem Ziel der nachhaltigen Entwicklung in der internationalen Handelspolitik, in der Entwicklungszusammenarbeit und der internationalen Wirtschafts- und Finanzpolitik wirkungsvoll Gehör verschafft.
- Sie würde eine gestärkte Handlungskapazität der Staaten durch eine verbesserte internationale Zusammenarbeit und Unterstützung, insbesondere in den ärmeren Entwicklungsländern, gewährleisten.
  Entwicklungsländer müssen weniger für die globale Umwelt leisten als Industrieländer. Daraus folgt die Pflicht der Industrieländer, die Mehrkosten der Entwicklungsländer beim Schutz der globalen Umweltgüter zu finanzieren. Die Globale Umweltfazilität wird von vielen Entwicklungsländern nicht als zentraler Finanzierungsmechanismus akzeptiert, unter anderem, weil ihre Vergabekriterien, beispielsweise durch die Eingrenzung auf „globale“ Umweltprobleme, noch zu wenig den Interessen der Entwicklungsländer entsprechen. Eine Weltorganisation für Umwelt und Entwicklung könnte die verschiedenen Finanzierungsmechanismen zur Maximierung synergetischer Effekte koordinieren. Für die Industrieländer könnte dies dadurch akzeptabel sein, daß die Weltorganisation für Umwelt und Entwicklung ein der GEF faktisch entsprechendes Entscheidungsverfahren erhielte.

2.3. Weitergehende Ansätze

Biermann und Simonis führen auch aus, daß es von anderen Personen noch weitergehende Ansätze gibt, die ihres Erachtens aber nicht zu realisieren sind:

- Die Gründung eines Weltumweltrates oder Umweltsicherheitrates, mit einer stärkeren Aufgabe der nationalen Souveränität, der Zwangsgewalt zur Durchsetzung von Mehrheitsentscheidungen in der Weltumweltpolitik erhalten müßte. Dies erscheint jedoch unrealistisch, da hier u.a. eine Änderung der UN-Charta erforderlich wäre.
- Die Umwandlung des UN-Treuhandrates in einen Weltumwelt-Treuhandrat. Dies ist ebenfalls unrealistisch, da es auch eine Änderung der UN-Charta erfordern würde. Praktikabler erscheint eine treuhänderische Verwaltung durch die Vereinten Nationen nur für staatsfreie Gebiete (z.B. Antarktis).
- Die Gründung eines Internationalen Umweltgerichtshofes. Dies ist auf die Weltumweltpolitik nicht ohne weiteres übertragbar. Der Internationale Gerichtshof in Den Haag darf zwar auch über die Auslegung und Umsetzung von internationalen Umweltverträgen urteilen. Das Gericht darf aber nur richten, wenn Kläger und Beklagter mit seiner Anrufung einverstanden sind. Dies ist jedoch nur selten der Fall. Außerdem gibt es einen Trend zu nicht-konfrontativen Verfahren. Ebenfalls offen ist die Einführung einer bindenden Rechtsprechung.
- Die Durchsetzung der Einhaltung von Umweltstandards durch Interventionen in den Welthandel. Die Entwicklungsländer sehen in Handelsrestriktionen oft einen Fall von „Öko-Kolonialismus“, da die teueren Umweltstandards des Nordens dem Süden über dessen Integration in den Welthandel aufgezwungen würden. Ebenfalls gibt es Kampagnen von Umweltverbänden in den Industrieländern für die Einführung von Umweltstandards in der Exportfinanzierung. Dies führt jedoch dazu, daß sich die Entwicklungsländer externem ökonomischen Druck beugen und sich den umweltpolitischen Zielen der Industrieländer zumindest anpassen müssen. Die Entwicklungsländer müssen daher bei lokalen oder regionalen Umweltproblemen freie Entscheidungsmöglichkeiten über die für sie optimale Umwelt- und Entwicklungspolitik haben. Bei globalen Umweltproblemen sollen die international verhandelten Konventionen zur Lösung beitragen.

Es gibt allerdings allgemein von immer mehr Wissenschaftlern und Autoren die Forderung nach einer internationalen, global agierenden Institution, wie z.B. von Elisabeth Mann Borgese in ihrem im September 1999 erschienen Buch „Mit den Meeren leben“. Elisabeth Mann Borgese ist Professorin für Seerecht an der Dalhousie-Universität in Halifax (Canada) und Gründungsmitglied des Club of Rome sowie Begründerin und Vorsitzende des International Ocean Institute. Sie schreibt in ihrem Buch u.a., daß eine internationale, global agierende Institution notwendig ist, die sich nicht nur für alle Belange der Meere verantwortlich fühlt und einsetzt, sondern auch mit Entscheidungskompetenzen der Regierungen ausgestattet ist. Seien die zu lösenden Probleme nun ökologischer, wirtschaftlicher, sozialer oder juristischer Natur.

2.4. Aufbau einer Weltorganisation für Umwelt und Entwicklung

Biermann und Simonis gehen in ihrem Aufsatz beim Aufbau einer Weltorganisation für Umwelt und Entwicklung noch auf die folgenden Punkte des Entscheidungsverfahrens, der Beteiligung von Nichtregierungsorganisatio-nen und der Finanzierung ein:

- Entscheidungsverfahren:
  Eine Weltorganisation für Umwelt und Entwicklung sollte Entscheidungsverfahren gewährleisten, die Nord und Süd eine gleichberechtigte Stellung einräumen. Das Entscheidungsverfahren des Ozonregimes beinhaltet eine Zustimmung von zwei Dritteln aller Vertragsparteien, wobei diese zwei Drittel zugleich die einfache Mehrheit der Entwicklungsländer und eine einfache Mehrheit der Industrieländer einschlies-sen müssen. Das Entscheidungsverfahren der GEF beinhaltet auch die Zustimmung einer Zweidrittelmehrheit, die jedoch sechzig Prozent der an der Fazilität beteiligten Staaten und zugleich sechzig Prozent der finanziellen Beiträge zur Fazilität repräsentieren muß. Da eine Weltorganisation für Umwelt und Entwicklung eine unabhängige Finanzierung haben soll, wäre eine Stimmengewichtung nach den Beiträgen kaum noch durchführbar. Das Ozonregime bliebe als „Modell“ für diese Weltorganisation übrig.
  Problematisch bliebe die Einigung auf die Gruppenzugehörigkeit, zu der sich die einzelnen Entwicklungs- und Industrieländer zuordnen würden. Hier bliebe nur die Selbstdefinition der Staaten übrig. Auch könnte ein nord-süd-paritätisches Verfahren in ein mehrfach-paritätisches Verfahren untergliedert werden, indem die einzelnen Staaten in die folgenden Gruppen unterteilt würden: „Westliche Industrieländer“, mit einer vorübergehenden Sondergruppe „Staaten im Übergang zur Marktwirtschaft“,

„Schwellenländer“, „Entwicklungsländer“ und „Am wenigsten entwickelte Länder“ (LLDC).

- Beteiligung von Nichtregierungsorganisationen:
  Es bestünde die Möglichkeit, nichtstaatlichen Umwelt- und Entwicklungsorganisationen einen internationalen Rechtsstatus einzuräumen gemäß dem Entscheidungsverfahren der Internationalen Arbeitsorganisation (ILO), in der jeder Mitgliedsstaat mit vier Stimmen vertreten ist, zwei Stimmen von der Regierung und je eine von Arbeitgeberverbänden und Gewerkschaften. Dementsprechend würden die nichtstaatlichen Umwelt- und Entwicklungsorganisationen in der Weise vertreten sein, daß jedem Staat vier Stimmen zur Verfügung stehen würden, von denen zwei auf die Regierung entfallen würden und jeweils eine auf die nationale Repräsentation der Umwelt- und Entwicklungsverbände und der Wirtschaftsverbände.
- Finanzierung:
  Es gäbe mehrere Möglichkeiten, eine Weltorganisation für Umwelt und Entwicklung zu finanzieren. Zum einen wäre da die Möglichkeit, wie bisher 0,7 % des Bruttosozialprodukts des jeweiligen Industrielandes für die Entwicklungshilfe zu verwenden und diesen Beitrag an die Weltorganisation für Umwelt und Entwicklung abzutreten. Desweiteren bestünde die Möglichkeit, Schuldentiteln von Entwicklungsländer von den Industrieländern aufkaufen zu lassen und diese Schuldentitel an die Weltorganisation für Umwelt und Entwicklung abzutreten, um umweltpolitische Programme zu fördern. Oder es könnten auch die Rückflüsse aus diesen Krediten der Weltorganisation als „Anschubfinanzierung“ zur Verfügung gestellt werden. Eine weitere Möglichkeit bestünde in der Einführung automatischer Finanzierungsquellen, d.h. indirekter Steuern zur Finanzierung globaler Gemeinschaftsaufgaben. Hier könnte man eine internationale Luftverkehrssteuer oder eine Devisenumsatzsteuer einführen.

3. Gegen eine Institutionalisierung auf internationaler Ebene

Andrew Hurrell und Benedict Kingsbury sprechen sich in ihrem Aufsatz „The International Politics of the Environment: An Introduction“ allerdings gegen eine Institutionalisierung auf internationaler Ebene aus. Sie gehen davon aus, daß ein einziges, komplexes und stark zusammenhängendes Ökosystem von einem politischen System geleitet werden muß, das aus über 170 Staaten besteht, von denen jeder Souveränität innerhalb seines Staatsgebietes beansprucht. Es ist darüber hinaus ein politisches System, das historisch gesehen zu gewalttätigen Konflikten neigt und in dem Kooperation schwierig zu erreichen ist.

Für die „Realistische Schule“ der internationalen Beziehungen ist die Abwesenheit von jeder zentralen Autorität, also die Existenz von Anarchie zwischen den Staaten, das definierende Prinzip der internationalen Beziehungen und die Quelle von unvermeidbarer Unsicherheit und unvermeidbarem Konflikt. Die Existenz von Anarchie erklärt die unausweichliche Logik des Sicherheitsdilemmas: Die Außenpolitik der Staaten wird dominiert von der Notwendigkeit zu überleben und zur Anhäufung von Macht, die das Überleben garantiert. Dies läßt eine bösartige Spirale von Unsicherheit und Mißtrauen zwischen den Staaten entstehen, die eine stärkere Kooperation unmöglich macht. Aus dieser Sicht sind die Aussichten für ein effektives, globales Umweltmanagement tatsächlich bescheiden. Anarchie und Konflikt sind die Regel, Ordnung und Kooperation die Ausnahme.

Es gibt Staaten, die an solchen kooperativen Anstrengungen nicht teilnehmen wollen, wenn es nicht eine Garantie gibt, daß andere Staaten auch daran teilnehmen; und dies, obwohl internationale Kooperation notwendig ist, um sowohl globale als auch nationale Umweltprobleme so zu behandeln, daß einzelne Staaten politisch nicht benachteiligt werden. Dieses Sicherheitsproblem wird durch folgende Dinge hervorgerufen:

- Durch den Druck, der auf Staaten und staatlichen Repräsentanten lastet, ihren kurzfristigen Interessen und auch Gewinnen und Verlusten einen hohen Stellenwert einzuräumen.
- Durch die große Anzahl von tiefsitzenden historischen Konflikten, die zwischen Staaten bestehen.
- Durch die kulturelle, politische und ökonomische Heterogenität des internationalen Systems.

Obwohl darüber hinaus die gegenseitige Abhängigkeit sowohl Probleme des kollektiven Handelns als auch Anreize zur Kooperation schafft,

- schafft sie wegen der anwachsenden Anfälligkeit der nationalen Politik für externe Schocks auch neue Instabilität,
- führt sie zu neuen Konflikten, weil die Kosten und der Nutzen aus dem Management der gegenseitigen Abhängigkeit zwischen den Staaten verteilt werden muß, und
- öffnet sie neue Machtquellen, weil sie Staaten externer Verletzlichkeit aussetzt und neue Verbindungen zwischen internationaler und nationaler Politik schafft.

Dennoch ist Kooperation auf internationaler Ebene bei Umweltproblemen notwendig, um diese zu lösen. Die Kooperation, die daher seit langem zwischen den Staaten besteht, wurde sozusagen um die Rechte der Staaten auf Unabhängigkeit und Autonomie gebildet und um die Schaffung von einigen minimalistischen Abmachungen herum, um den Grad des Konflikts zu beschränken, der natürlich in solch einem pluralistischen System auftaucht. Hurrel und Kingsbury betonen sehr stark die Kooperation zwischen den Staaten und kollektives Umweltmanagement. Ein kollektives Umweltmanagement stellt ihrer Meinung nach eine große, und deshalb politisch empfindsame, Herausforderung dar, da es die Schaffung von Regeln und Institutionen beinhaltet. Diese Regeln und Institutionen verstärken die Vorstellungen von geteilten Verantwortlichkeiten und geteilten Aufgaben, wirken sehr stark auf die nationalen Strukturen und die Organisation der Staaten ein, versehen die Individuen und Gruppen innerhalb der Staaten mit Rechten und Pflichten und stärken eine Vorstellung eines gemeinsamen Gutes des Planeten Erde als ein Ganzes. Mehr als die Entwicklung einer einzelnen und damit unausweichlich etwas peripheren Sphäre der Umweltpolitik wird es daher auch ein wesentlicher Punkt sein, Umweltbelange in den Bereich der wirtschaftlichen Planung und Entscheidungsfindung zu integrieren.

Hurrel und Kingsbury sprechen sich entgegen einiger anderer Forscher dagegen aus, die souveräne Macht der Staaten zu verringern und sich auf eine supranationale Autorität hinzubewegen. Obwohl die Vorstellungen von ausgedehntem Supranationalismus und einem Weltstaat nach ihrer Meinung etwas irreal sind, verdienen sie doch einige Einwände:

- Der Nationalstaat bleibt wichtig als ein Fokus für menschliche Loyalitäten und als Struktur für die Ausübung von politischer Macht. Es gibt nur einen kleinen oder auch gar keinen Konsens zwischen den Führern der Staaten oder zwischen Bevölkerungen, daß ein Weg zu mehr Supranationalismus wünschenswert ist. Für viele Menschen der postkolonialen Länder ist die Staatswerdung Bedingung für politische Emanzipation gewesen.
- Ansprüche auf Autonomie und Souveränität haben einen moralischen Wert, der gegen das Fortschreiten von moralischen Ansprüchen, die aus der Globalisierung resultieren, gesetzt werden kann. Viele Staaten erfüllen Absichten und repräsentieren Werte, die Respekt verdienen und die vor der Macht einer globalen Autorität Schutz erfordern. Wenn einmal Macht an eine globale Autorität übergeben wurde, ist es nicht leicht, diese Macht auf einen besonderen Bereich zu begrenzen.

- Ansprüche auf die Notwendigkeit, Souveränität abzuschaffen oder zu begrenzen, müssen im Zusammenhang mit allen anderen Aufgaben und Problemen der internationalen Politik durchdacht werden. Die Umweltpolitik kann nicht, auch wenn sie wichtig ist, einzeln betrachtet werden.
- Es ist unklar, ob die Schaffung einer supranationalen Autorität tatsächlich zu einem effektiveren Umweltmanagement führen würde. Die Verhandlungen über den Aufbau einer neuen politischen Autorität würden enorm schwierig und zeitaufwendig sein und würden Konflikte hervorbringen. Dies würde sicherlich die Aufmerksamkeit davon abziehen, sich Umweltvereinbarungen auszudenken, und würde allzu leicht die Einbindung von notwendigen Umweltpolitiken hinausschieben. Verteilungsprobleme zwischen verschiedenen Teilen der Welt würden innerhalb der neuen politischen Strukturen zu lösen sein. Örtliche politische Autoritäten würden noch erforderlich sein, um effektive Umweltpolitiken zu implementieren, und die gegenwärtige Schwäche dieser Autoritäten in vielen Teilen der Welt würden innerhalb eines weiteren politischen Systems reproduziert werden.
- Schließlich ist da noch das Paradox, daß, wenn es ausreichenden Konsens gäbe, eine supranationale Autorität zu bilden, es auch ausreichenden Konsens gäbe, einen bestimmten Grad von zwischenstaatlicher Kooperation zu sichern, der einen solchen Weg zu einer supranationalen Autorität unnötig machen würde.

4. Die Vereinten Nationen als Weltstaat

Geht man von der in Kapitel 2 angeführten Argumentation von Biermann und Simonis aus und darüber hinaus, kann man die Überlegung anstellen, ob man mit einer stärkeren Institutionalisierung auf internationaler Ebene in Form einer internationalen Organisation für Umwelt und Entwicklung auch zu einer allgemeinen stärkeren Institutionalisierung auf internationaler Ebene kommen kann. Kann es in absehbarer Zeit zu einem Weltstaat kommen, mit einem Weltparlament, einem Weltpräsidenten und Weltministern? Wie können die bestehenden Vereinten Nationen zu solch einem Weltstaat „umgebaut" werden?

Am 22. September 1999 hat Bundesaußenminister Joschka Fischer bei einer Rede vor der UN-Vollversammlung tiefgreifende Reformen des Sicherheitsrates der Vereinten Nationen gefordert. Der Sicherheitsrat müsse den neuen weltpolitischen Realitäten angepaßt und repräsentativer zusammengesetzt werden. Fischer forderte eine Erweiterung um ständige und nicht ständige Mitglieder als auch eine Stärkung der Entscheidungsmechanismen. Viele Staaten der Dritten Welt fordern mittlerweile einen Sitz im Sicherheitsrat, der ihrer Ansicht nach in seiner jetzigen Zusammensetzung nicht repräsentativ für die Welt ist. Fischer verlangte ebenfalls, die Achtung der Menschenrechte und ihre Durchsetzung – falls notwendig – über das Souveränitätsprinzip der Staaten zu stellen. Die Nichteinmischung in innere Angelegenheiten dürfe nicht länger als „Schutzschild für Diktatoren und Mörder“ mißbraucht werden.

Auf diese Forderung Fischers, die Nichteinmischung in innere Angelegenheiten nicht mehr so stark zu beachten und über das Souveränitätsprinzip der einzelnen Staaten hinauszugehen auf eine globale, internationale Sichtweise, die auch Eingriffe in einen Staat erlauben, wird weiter unten noch eingegangen.

4.1. Der bestehende Aufbau der Vereinten Nationen

Die folgende Abbildung 1 auf S. 185 zeigt das Organigramm der Vereinten Nationen. Die Hauptorgane der UN bilden die Generalversammlung von Vertretern der Mitgliedstaaten, der Sicherheitsrat, der Treuhandrat, der Internationale Gerichtshof und der Wirtschafts- und Sozialrat. Der Wirtschafts- und Sozialrat unterhält sieben regionale Wirtschaftskommissionen. Ebenfalls zu den Hauptorganen der UN zählt das Sekretariat mit dem Generalsekretär der UN.

Desweiteren gehören eine recht große Zahl von speziellen Organisationen und Körperschaften zur UN. Sie führen weitgehend ein Eigenleben, auch wenn sie entweder der Generalversammlung, dem Sicherheitsrat oder dem Wirtschafts- und Sozialrat untergeordnet sind. In der Abbildung 1 sind sie in der rechten, unteren Ecke zu sehen – die Sonderorganisationen –, in der linken, unteren Ecke – die Hilfsorganisationen – und im linken Teil – die Organisationen, die dem Sicherheitsrat untergeordnet sind.

Abb. 1: Organigramm der Vereinten Nationen

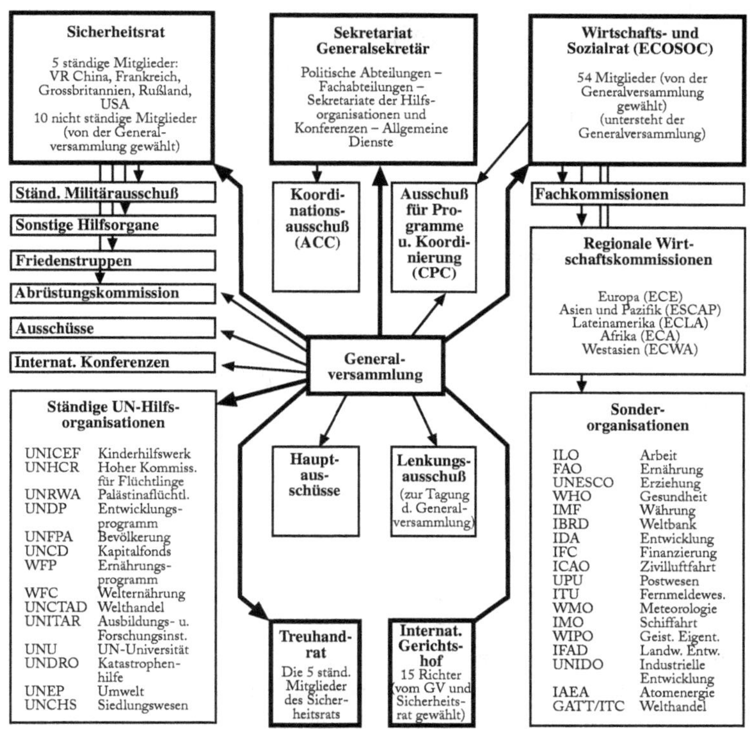

Quelle: Frei, Daniel (1990), Die Organisation der Vereinten Nationen (UNO), Grüsch, S. 5

4.1.1. Der Sicherheitsrat

Der Sicherheitsrat besteht nach Artikel 23 der UN-Charta aus 15 Mitgliedern mit jeweils einem Vertreter. Diese 15 Mitglieder sind unterteilt in die sogenannten fünf ständigen Mitglieder und die zehn nicht ständigen Mitglieder. Die ersten sind identisch mit den fünf Großmächten USA, Rußland, China, Frankreich und Großbritannien. Bei den zehn nicht ständigen Mitgliedern verhält es sich anders, diese werden aufgrund einer Quotenregelung nach regionalen Kriterien für jeweils zwei Jahre neu gewählt. Für die afro-asiatischen Staaten sind fünf Sitze reserviert, für die lateinamerikanischen Staaten zwei Sitze, für die Westeuropäer zwei Sitze und für die osteuropäischen Staaten ein Sitz.

Die Funktionen des Sicherheitsrates bestehen zum einen in der Friedenssicherung, dann u.a. in der Wahl des Generalsekretärs und in der Wahl der Richter des Internationalen Gerichtshofs.

Den Vorsitz im Sicherheitsrat übt im Turnus in alphabetischer Reihenfolge nach englischen Ländernamen jeweils ein Mitglied aus, und dies gemäß Reglement für je einen Monat. Die Sitzungen sind im Prinzip öffentlich, und die Voten der Delegierten werden laufend simultan in die fünf wichtigsten Weltsprachen übersetzt.

Der Sicherheitsrat arbeitet weitestgehend nach dem Konsensprinzip und nicht nach Konfrontation und Bloßstellung. Da jeder der fünf ständigen Mitglieder ein Vetorecht im Sicherheitsrat hat, kann er mit diesem Vetorecht den anderen signalisieren, daß er eine Resolution durch sein Veto zu Fall bringen kann. Aus diesem Grunde wird dieses Mitglied vorher angehört, und auf diese Weise erzeugt das Veto einen gewissen Konsensdruck. Die Länder der Welt haben daher in der Zwischenzeit eine Reihe verfeinerter Formen der Konsensfindung entwickelt, die man unter dem Stichwort „Decision by Consensus" zusammenfassen kann. Alle diese Konsensverfahren führen dazu, daß die Diplomaten in der UN eine Konsultationsarbeit betreiben, um im Vorfeld einer Resolution die Entwürfe mit anderen Diplomaten abzuklären. Dies geschieht in informellen und auch formellen Konsultationsverfahren.

Die Konsultationsverfahren habe jedoch den Nachteil, daß bei vielen Diplomaten die Neigung besteht, jene Fragen, über die man sich von vornherein nicht einigen kann, auszuklammern und den Konsens auf den Bereich des Machbaren zu beschränken. Meistens wird dabei in Kauf genommen, daß dieses Machbare häufig mit dem an sich Unwichtigen zusammenfällt und das wirklich Wichtige nicht angesprochen wird.

4.1.2. Die Generalversammlung

Zu der Generalversammlung soll Artikel 18 der Charta der UN genannt werden, der die meisten Funktionen nennt:

> „2. Beschlüsse der Generalversammlung über wichtige Fragen bedürfen einer Zweidrittelmehrheit der anwesenden und abstimmenden Mitglieder. Zu diesen Fragen gehören: Empfehlungen hinsichtlich der Wahrung des Weltfriedens und der internationalen Sicherheit, die Wahl der nicht ständigen Mitglieder des Sicherheitsrats, die Wahl der Mitglieder des Wirtschafts- und Sozialrats, die Wahl von Mitgliedern des Treuhandrats gemäß Artikel 86 Absatz 1(c), die Aufnahme neuer Mitglieder in die Vereinten Nationen, der zeitweilige Entzug der Rechte und

> Vorrechte aus der Mitgliedschaft, der Ausschluß von Mitgliedern, Fragen betreffend die Wirkungsweise des Treuhandsystems sowie Haushaltsfragen."
>
> (zit. in Frei 1990:47)

Um die eigentliche Generalversammlung herum ist eine Anzahl von Ausschüssen angeordnet, wobei man drei Arten von Ausschüssen unterscheiden kann:

- Die Komitees für Prozedurfragen, also das Büro der Generalversammlung.
- Etwa drei Dutzend ständige Ausschüsse, die sich mit Einzelfragen wie den Peacekeeping Forces, Umweltschutz, Völkerrecht usw. befassen.
- Sechs Hauptausschüsse, bei denen es sich eigentlich eher um sechs weitere parallele Generalversammlungen handelt. In diesen Ausschüssen wird die eigentliche Arbeit geleistet, es werden die Resolutionen diskutiert, Streichungen am Text vorgenommen, Ergänzungen zugefügt und schließlich die Resolutionen an die Generalversammlung weitergeleitet.

In der Generalversammlung wird nach dem Prinzip des „One state – one vote" abgestimmt. Es ergibt sich damit aus der heutigen Zusammensetzung des internationalen Systems, daß die 90 ärmsten Staaten der Welt, die zusammen nicht einmal ein einziges Prozent des UN-Budgets finanzieren, eine erdrückende Mehrheit bilden. Es trägt also die Mehrheit keine Verantwortung, und diejenigen, die die Verantwortung und die finanzielle Belastung des ganzen UN-Systems tragen, haben nur geringen Stimmeneinfluß.

Allerdings ist es auch bei der Generalversammlung so, daß sie weitestgehend nach dem Konsensprinzip arbeitet. Es werden immer mehr Resolutionen per Konsens verabschiedet, so daß in der Generalversammlung überhaupt nicht mehr abgestimmt zu werden braucht. Diese Resolutionsentwürfe werde so lange verhandelt und geschliffen, bis niemand mehr etwas dagegen hat und sie einstimmig angenommen werden können. 1950 kamen nur 22 % der Resolutionen auf diese Weise zustande, heute sind es etwa die Hälfte bis zwei Drittel der Resolutionen. Aber auch diese Konsensfindung in der Generalversammlung hat einen Nachteil, daß nämlich die Häufigkeit von Vorbehalten, die einzelne Staaten zu den von ihnen unterstützten Resolutionen ausdrücken, zugenommen hat. Dies geht teilweise so weit, daß mit diesen Vorbehalten eigentlich der Substanz des Konsensus direkt widersprochen wird.

4.1.3. Der Generalsekretär

Die Funktionen des Generalsekretärs sollen nur kurz geschildert werden, da er zwei unterschiedliche Funktionen hat, zum einen eine administrative Funktion, als Sekretär, sozusagen als politisches Neutrum, in der er oberster Funktionär des kombinierten Willens aller UN-Mitglieder ist, also ein Staatsdiener. Eine ganz gegensätzliche Funktion ist die politische Funktion, in der er Akteur mit eigener Aufgabe und eigenen Ressourcen ist, in der heutigen Form des UN-Systems sozusagen als Weltkanzler, Weltpräsident oder Weltregierungschef.

4.2. Der nationale Aufbau eines Staates als Vergleich

Als vergleichbaren Gegensatz zum Aufbau der UN soll die Abbildung 2 gelten, die den Aufbau eines nationalen Staates zeigt, und zwar hier das Regierungssystem der Bundesrepublik Deutschland. Das dieses System hinlänglich bekannt ist, wird es hier auch nicht weiter erläutert.

Abb. 2: Das Regierungssystem der Bundesrepublik Deutschland

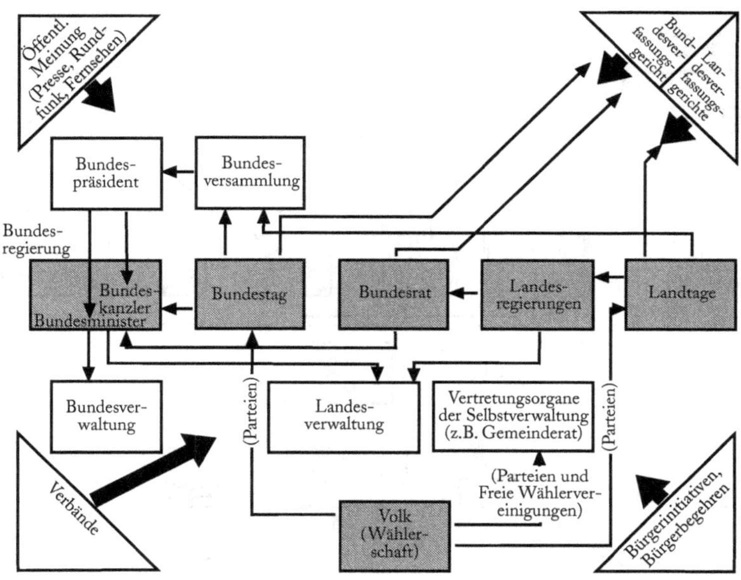

Quelle: Bibliographisches Institut (Hrsg.) (1986), Meyers kleines Lexikon Politik, Mannheim, S. 81

4.3. Verbindung beider Systeme zum Aufbau eines Weltstaates

4.3.1. Reform, Souveränität und innere Angelegenheiten

Abbildung 3 zeigt die Verbindung des Aufbaus der UN und des Aufbaus eines nationalen Staates zu einem möglichen System eines Weltstaates.

Die Staaten dieser Welt arbeiten zusammen, um auf dem Gebiet von Krieg und Frieden, von Wirtschaft und Wohlstand, von Entwicklung und Umwelt optimale Ergebnisse zu erzielen.

Die UN hat sich seit den siebziger Jahren immer mehr neuen Aufgaben zugewandt. So z.B. dem internationale Umweltschutz, der die große Rio-Konferenz galt. Außerdem hat sie mit der Seerechtskonvention die Freiheit der Schiffahrt und die Nutzung des Meeresbodens geregelt. Desweiteren hat sie sich um die Bekämpfung des Drogenhandels und des Terrorismus gekümmert. Die UN hat dadurch gezeigt, daß diese Bereiche einen globalen Charakter haben und daß sie für diese Aufgaben zuständig ist.

Abb. 3: Das mögliche System eines Weltstaates

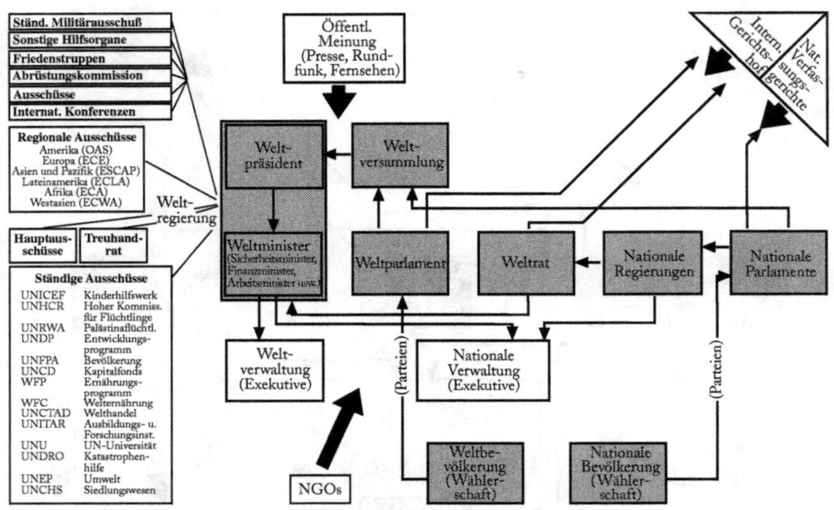

Quelle: Der Verfasser

Auch die Zahl der in der Generalversammlung verabschiedeten Resolutionen ist nach Daniel Frei in den letzten Jahrzehnten ständig gestiegen. 1950 hat die Generalversammlung 136 Resolutionen verabschiedet, 1960 waren es 148 Resolutionen, 1970 schließlich 1961. 1975 wurden dann 217 verabschiedet, 1979 mehr als 300 und Mitte der achtziger Jahre dann über 450 Resolutionen. Der Grund dafür liegt darin, daß sich die UN in den letzten Jahren mit immer mehr Problemen beschäftigt, nicht nur mit dem Weltfrieden, sondern auch mit Bevölkerungspolitik, Umweltschutz, Drogenhandel, Terrorismus, Rüstungskontrolle und der Nichtverbreitung der Massenvernichtungswaffen.

Dies zeigt ganz deutlich, daß sich die Vereinten Nationen hin zu einer globalen Organisation entwickelt haben, die bei allen wichtigen globalen Gütern Entscheidungen zu treffen haben oder Resolutionen verabschieden. Dennoch wird in der letzten Zeit auch immer wieder nach einer Reform der UN gerufen.

Vor allem die Gesamtkonstruktion der Vereinten Nationen müßte reformiert werden. Die Vereinten Nationen stellen bisher sowohl im Sicherheitsrat wie in der Generalversammlung eine permanente Botschafterkonferenz dar. Es sind lediglich die Regierungen repräsentiert, nicht jedoch die Gesellschaften.

„Es wäre ein Anachronismus, wollte man die Repräsentanz der Staaten bei der Weltorganisation allein den Regierungen überlassen." (Czempiel 1994:22)

Wenn es um die Frage der kollektiven Sicherheit geht, müßte die machtvolle Allianz aller Staaten im UN-System gegen einen aggressiven Rechtsbrecher jederzeit mobilisiert werden können. Daher müßte das weltpolitische System im Grunde ähnlich wie ein klassisches Gleichgewichtssystem funktionieren. Es müßten sich also jeweils automatisch alle anderen Staaten gegen den entsprechenden Rechtsbrecher verbünden. Sie müßten ein Übergewicht von so erdrückendem Ausmaß schaffen, daß der potentielle Rechtsbrecher im Grunde schon im voraus mit einem Mißerfolg seines Tuns rechnen müßte. Dies wäre prinzipiell möglich, wenn die Macht im weltpolitischen System gleichmäßig auf viele Staaten verteilt wäre. Die heutige Machtverteilung mit einem überragenden Gewicht der im Sicherheitsrat vertretenen ständigen Mitglieder, die ein Vetorecht im Sicherheitsrat besitzen, führt allerdings nicht dazu, daß eine Machtverteilung auf alle Staaten vorhanden ist.

Die Forderung vieler Staaten der Dritten Welt besteht darin, den Sicherheitsrat zu erweitern. Der Sicherheitsrat hat nach wie vor eine europazentrische Zusammensetzung. Bei den ständigen Sicherheitsratsmitgliedern dominieren die europäischen Industriestaaten mit 80 %. Unter den nicht ständigen Mitgliedern war Westeuropa 1994 mit zwei Sitzen ebenso stark vertreten wie ganz Asien. Bei Hinzunahme des osteuropäisches Sitzes hat Europa sogar mehr Sitze als Asien. Ernst-Otto Czempiel beschreibt, daß es 1993 einen Vorschlag gab, die Mitgliederzahl des Sicherheitsrates auf 25 zu erhöhen. Dabei würden sowohl die Bevölkerungszahl, die wirtschaftliche Stärke und das bisherige Engagement für die Friedenssicherung berücksichtigt (Czempiel 1994:61f.). Folgende Verteilung wurde, wenn es nach geographischen Gesichtspunkten ginge, errechnet:

Region	*ständige Sitze*	*nicht ständige Sitze*
Afrika	1	6
Asien	2	3
Westeuropa	3	3
Osteuropa	1	2
Lateinamerika	1	3

In den nichteuropäischen Regionen beanspruchen in Asien neben Japan Indien und Indonesien, in Afrika Nigeria und die Südafrikanische Republik und in Lateinamerika Brasilien und Argentinien einen Sitz.

Die Überlegungen dieser Abhandlung gehen jedoch über eine Erweiterung des Sicherheitsrates hinaus auf die Einrichtung eines Weltparlament und einer Weltregierung, wie im folgenden erläutert wird.

Die UN vernachlässigt nach wie vor die wichtigste Gewaltursache bei Konflikten zwischen Staaten oder innerhalb von Staaten: die autoritär-diktatorische Struktur der Herrschaftssysteme. Da es mittlerweile als empirisch erwiesen gilt, daß Demokratien untereinander nie Krieg geführt haben, sondern immer nur Demokratien und diktatorische Systeme oder Diktaturen untereinander, muß dafür gesorgt werden, daß die bestehenden Diktaturen demokratisiert werden. Dies bedeutet jedoch, daß in die inneren Angelegenheiten der Staaten eingegriffen werden müßte. Da in demokratischen Systemen das Volk der Souverän ist, benötigt die UN eine andere Zusammensetzung als in der bisherigen Staatenwelt. Die UN benötigt daher ein Weltparlament, in das von der Weltbevölkerung Abgeordnete gewählt werden, die ihrerseits eine Weltregierung mit einem Weltpräsidenten wählen. Das Weltparlament würde seine Abgeordnete oder – bei einer zu hohen Anzahl der Abgeordneten im Weltparlament – Delegierte in eine Weltversammlung schicken, in die die nationalen Parlamente eine gleich große Anzahl von Abgeordneten schicken würde. Diese Weltversammlung würde einen Weltpräsidenten wählen, der seinerseits seine Minister ernennen und eine Weltregierung bilden würde. Diese Weltregierung unterstände der Kontrolle des Weltparlaments und müßte sich vor ihm verantworten. Auf diese Weise wäre die Weltbevölkerung in angemessener Weise in den Vereinten Nationen vertreten und hätte – da die Anzahl der Abgeordneten für einen jeden Staat nach einem gewichteten Stimmrecht gewählt würde – ein angemessenes Mitspracherecht. Ungleichheiten in der Verteilung, wie sie im Moment im Sicherheitsrat vorhanden sind, wo die fünf ständigen Mitglieder ein Vetorecht besitzen, wären ausgeschlossen, auch die Staaten der Dritten Welt aus Lateinamerika, Afrika und Asien wären angemessen in den Vereinten Nationen vertreten.

Die einzelnen Abgeordneten sollten keinen Weisungen der Einzelstaaten unterliegen, sondern nur ihrem Gewissen verpflichtet sein, so daß eine Orientierung an einem übergeordneten, globalen Ziel möglich ist. Auf diesen Punkt wird weiter unten bei den schon vorhandenen Regelungen bei den UN-Beamten eingegangen, bei denen auch nur eine übernationale Orientierung zugelassen wird.

Die Einführung eines Weltrates, nach dem Vorbild des Bundesrates der Bundesrepublik Deutschland, würde, da die Vertreter in diesem Weltrat nach einem gewichteten Stimmrecht von den Regierungen der einzelnen Staaten entsendet würden, die einzelnen Regierungen in angemessener Weise vertreten und über die Einflußnahme auf das Weltparlament und die Gesetzgebung ein Gegengewicht und eine gewisse Kontrolle ergeben.

Auch Daniel Frei beschreibt, daß immer wieder Reformmöglichkeiten des UN-Systems diskutiert werden, die eine Art gewichtetes Stimmrecht vorsehen, beispielsweise nach Bruttosozialprodukt, gemäß Bevölkerung, entsprechend finanziellem Beitrag zur UN oder beruhend auf irgendwelchen Kombinationen solcher Kriterien.

Bei der Auswahl der UN-Bediensteten zeigt sich, daß hier eine gewichtete Auswahl schon vorhanden ist. Im Artikel 101, Abschnitt 3, der UN-Charta heißt es:

> „Bei der Einstellung der Bediensteten und der Regelung ihres Dienstverhältnisses gilt als ausschlaggebend der Gesichtspunkt, daß es notwendig ist, ein Höchstmaß an Leistungsfähigkeit, fachlicher Eignung und Ehrenhaftigkeit zu gewährleisten. Der Umstand, daß es wichtig ist, die Auswahl der Bediensteten auf möglichst breiter geographischer Grundlage vorzunehmen, ist gebührend zu berücksichtigen.“
>
> (zit. in Frei 1990:71)

Diese Ausführung ist etwas widersprüchlich, doch die Entscheidung zwischen Leistungsfähigkeit usw. und geographischer Verteilung fiel in der Praxis zugunsten der geographischen Verteilung. Es hat sich in der UN nicht nur informell, sonder auch formalisiert und schriftlich festgehalten ein Proporz eingestellt, der jedem Staat gemäß Bevölkerungszahl und Jahresbeitrag an der UN eine Anzahl Stellen zuordnet.

Auch Loyalitätenkonflikte der UN-Beamten kann es nach der UN-Charta nicht geben, denn Artikel 100 der UN-Charta besagt:

> „Der Generalsekretär und die sonstigen Bediensteten dürfen bei der Wahrnehmung ihrer Pflichten von einer Regierung oder von einer Autorität außerhalb der Organisation Weisungen weder erbitten noch entgegennehmen. Sie haben jede Handlung zu unterlassen, die ihrer Stellung als internationale, nur der Organisation verantwortliche Bedienstete abträglich sein könnte.“
>
> (zit. in Frei 1990:73)

Man erkennt daraus deutlich, daß einzig die übernationale Loyalität zugelassen ist. Alle einzelstaatliche Interessen haben nicht nur zurückzutreten, sondern die Beeinflussung von UN-Beamten durch Nationalstaaten ist vielmehr explizit verboten.

In der am Anfang des Kapitels 4 genannten Rede von Außenminister Joschka Fischer wurde erwähnt, daß Fischer der Meinung ist, daß bei Fragen der Menschenrechte und ihrer Durchsetzung über die Souveränität eines Staates hinweg in dessen innere Angelegenheiten eingegriffen werden müßte. Es besteht der Widerspruch zwischen dem souveränen Staat als Bezugspunkt oder eben dem universalen gemeinsamen Interesse als oberster Wert und Bezugspunkt. Um einen wirklichen Weltstaat einzurichten, in dem alle Weltbürger in ihren jeweiligen Staaten Abgeordnete zu einem Weltparlament wählen, die dann ihrerseits eine Weltregierung mit weitreichenden Beschlußmöglichkeiten wählt, muß ebenso, wie es bei der Europäischen Union mittlerweile der Fall ist, von weitreichenden Souveränitätsansprüchen abgewichen werden und diese an die Weltregierung übertragen werden. Dies ist ja auch beim Europaparlament und der Europäischen Kommission mittlerweile verwirklicht, die über Empfehlungen, Richtlinien oder Verordnungen mehr Gesetze im Jahr erlassen als die jeweils nationalen Regierungen. Die Überlegung muß sogar noch weitergeführt werden, es müssen nicht nur Souveränitätsansprüche an einen Weltstaat abgeben werden, sondern die Souveränität an sich darf nicht mehr bestehen. „Kurz: Damit kollektive Sicherheit wirklich funktioniert, dürfte das Dilemma keines sein und das gemeinsame Interesse hätte die oberste Richtschnur des Handelns abzugeben, und zwar in *jedem* Fall, unter *allen* Umständen, jederzeit und überall. Souveränität in ihrer heute gültigen und praktizierten Form wäre abzuschaffen.“ (Frei 1990:16f.)

Was die Frage der inneren Angelegenheiten eines Staates anbelangt, so wurden im September 1993 die Richter für das Kriegsverbrecher-Tribunal ausgesucht, das der Sicherheitsrat für die Verbrechen im früheren Jugoslawien eingesetzt hatte. Außerdem haben die Vereinten Nationen am 20.2.1994 den ersten Hochkommissar für die Menschenrechte ernannt. Dieser muß von seiner Aufgabenstellung her die traditionellen Schranken der staatlichen Souveränität und ihrer „inneren Angelegenheiten“ überwinden. Dies zeigt deutlich, daß schon heute die UN Maßnahmen ergriffen hat, um auch über die Souveränität eines Staates in die inneren Angelegenheiten einzugreifen und daß die Souveränität eines Staates hintangestellt wird.

4.3.2. Weltparlament

Die Ausführungen in diesem Unterkapitel sind der einzige schwache Punkt an der Überlegung, die Vereinten Nationen in einen Weltstaat umzustrukturieren. Die Einrichtung eines Weltparlaments würde es erfordern, daß weltweite Wahlen in allen Staaten der Welt zu einem Weltparlament stattfinden müßten, ähnlich wie bei der Wahl der Europaabgeordneten zum Europaparlament. Diese Abgeordneten müßten das Weltvolk in angemessener Weise repräsentieren und in seinem Namen die entsprechenden Beschlüsse, Gesetzesvorlagen usw. verabschieden. Die Schwierigkeit besteht nur darin, daß es mit Staaten wie China, Nordkorea, Vietnam, Kuba und auch einigen afrikanischen Staaten noch einige Diktaturen gibt, bei denen freie Wahlmöglichkeiten nicht gegeben wären. Man könnte ja auch nicht die Wahl der Abgeordneten den Regierungen dieser Länder überlassen, da sie freie Wahlen grundsätzlich nicht zulassen. Denn dann wäre ja der Volkswille dieser Staaten nicht repräsentiert, sondern die Regierungen würden Abgeordnete in das Weltparlament schicken, wie es im Moment auch im Sicherheitsrat der Fall ist, in den Diplomaten als Vertreter der Regierungen entsandt werden. Hier muß nochmals auf die in dem oberen Unterkapitel genannte Forderung nach weitreichender Demokratisierung verwiesen werden, denn nur auf diese Weise ist es möglich, ein Weltparlament zu wählen, das das Weltvolk angemessen repräsentiert. Bis dahin muß die Überlegung dieser Abhandlung noch unvollständig bleiben.

Ein weiteres Problem ist die Frage der Verfahrensweise eines Weltparlaments bzw. einer Weltregierung. Fraglich ist, ob hier in gleicher Weise wie in einem nationalen Staat verfahren werden kann, d.h. Gesetzesvorhaben vom Parlament, der Regierung oder vom Rat eingereicht werden können, die dann zur Beschlußfassung kommen und in internationale Gesetze umgewandelt werden. Diese müßten dann in nationales Recht umgesetzt werden oder würden direkt in nationalen Staaten gelten.

Da in den bestehenden Gremien der UN, dem Sicherheitsrat und der Generalversammlung immer mehr zu Formen der Kooperation und der Konsensfindung hingearbeitet wird, und nicht der Mehrheitsbeschluß verwendet wird, würde es schwierig werden, diese Verfahrensweise zu ändern.

Die Funktion der Kooperation in einem internationalen System ist ja schließlich die folgende: wenn man die Kooperation der Staaten in einem internationalen System institutionalisiert, stehen die Staaten in einer solchen Organisation ständig miteinander in Kontakt, wodurch sich in der Zusammenarbeit das Sicherheitsdilemma abbaut. Durch Kooperation werden Informationen und verläßliche Interpretationen beschafft, wird das zureichende Vertrauen erzeugt, die Ungewißheit reduziert und bestimmte Verhaltensnormen sozialisiert. Dadurch verändern sich die Perzeptionen, konstitutieren sich neue Einschätzungen der internationalen Umwelt und der Rolle des eigenen Staates. Der eigene Staat wird nicht mehr als souverän und unabhängig verstanden, sondern einbezogen in die Interdependenz des internationalen Systems. Die wichtigste Funktion der Kooperation ist somit, die Ungewißheit im anarchischen System zu vermindern.

Allerdings muß in diesem Zusammenhang auch noch einmal auf den weiter oben genannten Nachteil hingewiesen werden, daß desöfteren diejenigen Fragen, über die man sich von vornherein nicht einigen kann, ausgeklammert werden und der Konsens auf den Bereich des Machbaren beschränkt wird.

Aber auch die Verfahrensweise der Konsensfindung führt ja zu einer Hintanstellung der Betonung der Souveränität der einzelnen Staaten und einer stärkeren Betonung der Interdependenz des internationalen Systems. Aus diesem Grunde dürfte auch die Einführung neuer Verfahrensregeln in einem Weltparlament mit absoluter oder qualifizierter Mehrheit u.a.m. möglich sein.

4.3.3. Minister und Ständige Ausschüsse

Erstaunlicherweise ist das System der Vereinten Nationen mit seinen Sonderorganisationen, die dem Wirtschafts- und Sozialrat unterstehen, schon so aufgebaut, als könnte man es sofort in die entsprechenden Ministerien umwandeln, wie sie in nationalen Staaten vorhanden sind. Einem Wirtschaftsministerium könnte man die Organisationen für Welthandel und Industrielle Entwicklung eingliedern (GATT/ITC und UNIDO), einem Finanzministerium diejenigen für Währung, Weltbank und Finanzierung (IMF, IBRD und IFC), einem Arbeitsministerium diejenige für Arbeit (ILO), einem Gesundheitsministerium diejenige für Ernährung und Gesundheit (FAO und WHO) und einem Umweltministerium diejenige für Atomenergie (IAEA) usw. So ließen sich alle Sonderorganisation der UN sozusagen auflösen und in die entsprechenden Ministerien eingliedern.

Da es in einem Weltstaat keinen Verteidigungsminister mehr gäbe, da eine Verteidigung nach außen nicht mehr nötig wäre, könnte man ihn bzw. den Justizminister in einen Sicherheitsminister umwandeln, der mit weitreichenden Kompetenzen ausgerüstet wäre. Die bisher dem Sicherheitsrat unterstehenden Ausschüsse wie der Ständige Militärausschuß, die Friedenstruppen und die Abrüstungskommission würden dann dem Sicherheitsminister unterstehen. Da die UN-Mitglieder nach wie vor auf den Gewalteinsatz zur Durchsetzung ihrer politischen Interessen verzichten, würden sie wie bisher dafür entschädigt durch die Gewaltfülle, die nun ein Sicherheitsminister gegen jeden Friedensbrecher einsetzten könnte. Die Parallele zur innerstaatlichen Situation ist deutlich, der einzelne Staatsbürger verzichtet ja auf die Anwendung von Waffengewalt, weil das politische System mit der Polizei seine Sicherheit gewährleistet. Dies wäre bei einem Staatensystem in einem Weltstaat ebenso der Fall. Besondere Regelungen müßte man sich für diejenigen Länder einfallen lassen, die im Besitz von Kernwaffen sind. Eine mögliche Regelung bestünde darin, durch eine Weltregierung einen Beschluß erwirken zu lassen, der eine weltweite Vernichtung von Kernwaffen bewirkt.

Die ständigen UN-Hilfsorganisationen könnten in Ständige Ausschüsse umgewandelt werden – etwa vergleichbar den Ausschüssen des Deutschen Bundestages –, würden jedoch dem Weltpräsidenten untergeordnet sein. Sie hätten jedoch auch weitreichende Handlungsvollmachten und könnten dem Weltpräsidenten zuarbeiten, indem sie ihm Vorschläge oder Beschlüsse erstellen könnten.

4.3.4. Regionale Ausschüsse

Die schon bestehenden Regionalen Wirtschaftskommissionen könnten als Regionale Ausschüsse direkt dem Weltpräsidenten unterstehen und ihm zuarbeiten. In den Regionalen Ausschüssen könnten die Staaten der jeweiligen Region zusammenarbeiten, da sich die Bedeutung der Regionen erheblich verstärken wird. Ebenso, wie in der Europäischen Union mittlerweile die Bedeutung der jeweiligen nationalen Regionen in Form von (Bundes-)Ländern oder einfach geographisch abgrenzbaren Landesteilen hervortritt, so könnte auf einer höheren Ebene in den Vereinten Nationen Regionale Ausschüsse die regionalen Friedens-, Wirtschafts- und Umweltprobleme usw. angehen, in dem die betreffenden Staaten der Region in den Ausschüssen zusammenarbeiten und dem Weltpräsidenten Vorschläge erarbeiten. Regionale Ausschüsse könnten wegen der regional höher verdichteten soziokulturellen Identitäten und ökonomisch-politischen Interdependenzen sehr viel höhere Grade von Legitimität repräsentieren. Daher sind auch die Chancen, daß sich ethisch-gesellschaftliche Verhaltensnormen und die politischen Kulturen ähneln, in einer Region sind sehr viel größer als im globalen Maßstab.

Auch bei Verstößen von einzelnen Staaten gegen den Gemeinschaftskonsens, die durch einen Internationalen Gerichtshof geahndet werden könnten, könnten die Regionalen Ausschüsse wesentliche Fakten zuarbeiten, da sie jeweils die besten Kenntnisse der jeweiligen Region haben.

4.3.5. Internationaler Gerichtshof

Der Internationale Gerichtshof in Den Haag müßte umstrukturiert werden in einen Internationalen Gerichtshof, der bei Gesetzesbrüchen von einzelnen Staaten einschreiten würde und weitreichende Sanktionsmöglichkeiten besäße, denen sich ein Staat unterwerfen müßte. Es müßten entsprechende Regelungen bei der Verabschiedung von internationalen Gesetzen und bei der Einrichtung des Internationalen Gerichtshofes getroffen werden, damit sich ein Staat den Sanktionsmaßnahmen nicht entziehen kann. Dies würde natürlich auch wieder in die Souveränität des einzelnen Staates eingreifen. In der Europäischen Union ist es ja schon seit langer Zeit so eingerichtet, daß Verstöße gegen den Gemeinschaftskonsens durch einen Gerichtshof rechtlich geregelt werden können. Gerade im Oktober 1999 haben die Regierungschefs der EU-Mitgliedstaaten einen Beschluß gefaßt, um das Recht in der EU in allen Staaten zu vereinheitlichen. Gerichtsbeschlüsse eines anderen Landes sollten im eigenen Heimatland auch Geltung haben, genauso wie jeder EU-Bürger in jedem anderen EU-Land sich an ein Gericht wenden kann. Dies sollte auch bei der Umwandlung des Internationalen Gerichtshofes in Den Haag und der Änderung des Systems der Vereinten Nationen in einen Weltstaat der Fall sein.

4.3.6. Weitere Regelungen

Eine einheitliche Währung müßte eingeführt werden, die in allen Staaten der Welt gilt, so, wie es die Europäische Union für die Einführung des Euro am 1.1.1999 beschlossen hat.

Als Sprache würde sich Englisch anbieten, da es in allen Staaten der Welt am meisten verbreitet ist und auch in den schon bestehenden internationalen Organisationen die Amtssprache ist. Auch die Verbreitung des Internet wird eine stärkere Verbreitung des Englisch als führende Weltsprache mit sich bringen.

5. Ausblick

Auch aus einer utopischen Sicht scheint es sinnvoll, sich zu fragen, ob die Vereinten Nationen einen Weltstaat bilden können.

Die Ausdehnung des Menschen ins Weltall schreitet immer weiter fort. Schon bald werden von Raumstationen, die um die Erde kreisen, Expeditionen zum Mars oder anderen Planeten unternommen. In einigen hundert Jahren werden vielleicht auch Reisen zu Planeten außerhalb unseres Sonnensystems unternommen.

Führende Wissenschaftler weisen die Frage nach Leben auf anderen Planeten nicht mehr ab. Es wäre auch seltsam, wenn es bei den vielen Sonnensystemen und Planeten im Weltall nur auf der Erde intelligentes Leben geben sollte.

Science-Fiction-Filme führen vor Augen, wie der Kontakt zu außerterrestrischen Lebewesen aussehen und wie er das Leben auf der Erde beeinflussen könnte.

Auch wenn die Überlegung politikwissenschaftlich nicht relevant und vielleicht auch dilettantisch erscheint, vielleicht werden die Menschen in einigen hundert Jahren Kontakt aufnehmen zu außerterrestrischen Lebensformen. Hier erscheint es wesentlich, ob dann die Erde einen Weltstaat darstellt und ob es dann – wie es Science-Fiction-Filme „vorausgedacht“ haben – mit einem oder mehreren anderen Planeten zu einem Planetensystem, zu einem Planetenstaat kommen kann, bei der die Erde als nur ein System, als ein Staat betrachtet wird. Dies wäre eine kosmologische Sichtweise für die Erde als Weltstaat, die in einer Utopie aber eine Berechtigung hat.

6. Bibliographie

ARD-aktuell, Fischer hält Rede vor UN-Vollversammlung, 22.09.1999, http://www.tagesschau.de/archiv/1999/09/22/aktuell/meldungen/UN_Fischer, vom 23.09.1999

Bibliographisches Institut (Hrsg.) (1986), Meyers kleines Lexikon Politik, Mannheim

Biermann, Frank/Simonis, Udo Ernst (1998), Eine Weltorganisation für Umwelt und Entwicklung, Bonn

Czempiel, Ernst-Otto (1994), Die Reform der UNO, München

Deutsche Gesellschaft Club of Rome (Hrsg.) (1999), Club-Forum, 3. Quartal 1999, Hamburg

Fischer, Joschka, Sicherheitsrat wieder handlungsfähig machen, 23.09.1999, http://195.143.20.53/01/0108/05550/index.html, vom 23.09.1999

Frei, Daniel (1990), Die Organisation der Vereinten Nationen (UNO), Grüsch

Held, David (1995), Democracy and the Global Order, Cambridge

Hurrell, Andrew/Kingsbury, Benedict (1992), The International Politics of the Environment: An Introduction, in: Hurrel, Andrew/Kingsbury, Benedict (Hrgs.) (1992), The International Politics of the Environment, New York, S. 1-47

Jachtenfuchs, Markus/Kohler-Koch, Beate (1996), Europäische Integration, Opladen

Dieter Wirth:
Die Familie in der Nachkriegszeit. Desorganisation oder Stabilität?

Ich beziehe mich in der folgenden Abhandlung auf einen Artikel von Dieter Wirth, erschienen in dem Buch „Vorgeschichte der Bundesrepublik Deutschland“ (Hrsg. J. Becker/Th. Stammen/ P. Waldmann), mit dem Titel „Die Familie in der Nachkriegszeit. Desorganisation oder Stabilität?“. Dieter Wirth stellt, mit Bezug u.a. auf die Untersuchungen von H. Thurnwald 1948, G. Baumert 1954, H. Schelsky 1955 und G. Wurzbacher 1969 zur Familie in der Nachkriegszeit, die These auf, daß die Erfahrungen und Ereignisse des 2. Weltkrieges und der darauf folgenden, ersten Nachkriegsjahre zu einer vorübergehenden Destabilisierung und einer langfristig gesehenen Stabilisierung der Familie führten.

Ich will im folgenden seiner Argumentation folgen und sie, im Kontext mit Aussagen anderer Autoren, hier darstellen.

Zunächst möchte ich aber zwei Begriffe erläutern, die Rene König 1946 in die deutschsprachige, familiensoziologische Diskussion einbrachte, und die für die folgende Abhandlung von großer Bedeutung sind. Wahrscheinlich werden sie dem Leser auch darüberhinausgehend von Nutzen sein. Es handelt sich um die beiden Begriffe „Desintegration“ und Desorganisation“.

Der Begriff „Desintegration“ bezeichnet das Verhältnis der Familie zur Gesamtgesellschaft und ist laut König *das* entscheidende Merkmal aller differenzierten Kulturen. Er bedeutet eine Auslagerung verschiedener Funktionen aus der Familie (z.B. Produktionsfunktion, Ausbildungsfunktion, Sicherungs- und Versorgungsfunktion) in darauf spezialisierte und deshalb dafür besonders geeignete, außerfamiliale Gruppen und Institutionen (z.B. Industriebetriebe, Schulen, Versicherungen etc.), die der Familie auf dem jeweiligen Gebiet weit überlegen sind.

Diesem zunehmenden Funktionsverlust der Familie, der einhergeht mit der Verkleinerung auf den engsten Personenkreis (die Kernfamilie mit der Gatten-Kind-Beziehung), steht gegenüber, daß die Familie dadurch zugleich im positiven Sinn auf rein familiale Leistungen reduziert wird, nämlich neben der Fortpflanzungsfunktion auf die Grundlegung des Aufbaus der soziokulturellen Persönlichkeit der Kinder in einer kleinen Gruppe, die weitgehend auf emotionalen Beziehungen gegründet ist.

Der Begriff „Desorganisation“ hingegen bezeichnet die mangelnde innere Stabilität der Familie in industriell entwickelten Gesellschaften, die durch eine Auflösung oder Abschwächung der Familienbeziehungen verursacht wird. Dies kann sich ereignen durch a) personalen Ausfall, der den Gruppencharakter der Familie lockert (z.B. durch Verwitwung, Kriegsgefangenschaft, Desertion, Scheidung etc.) oder b) durch Störungen im emotionalen Bereich, die den Charakter der Familie als Intimgruppe gefährden (z.B. durch einen überlebten Patriarchalismus oder elterliche oder mütterliche Überorganisation, d.h.

Überbetonung der Gefühlsbindungen der Familienmitglieder, die dadurch z.B. die Ablösung der Jugendlichen vom Elternhaus verzögern).

Die Bevölkerung Deutschlands sah sich gegen Ende des Krieges einem totalen wirtschaftlichen und politischen Chaos gegenüber. Die öffentliche Ordnung war zusammengebrochen, ein Großteil der wirtschaftlichen Produktionsstätten, der Infrastruktur und der Wohnungen waren zerstört und Millionen von Flüchtlingen und Vertriebenen strömten in die Westzonen ein. „1946 zählte man in den vier Besatzungszonen fast zehn Millionen Vertriebene; jeder achte Einwohner der Westzonen hatte dieses Schicksal hinter sich.“[1] Die Demontagen, die Restriktionen für die Wirtschaft, das unzulängliche Transportsystem, die schlechte Versorgung mit Brennstoffen und Bekleidung sowie der harte Winter von 1946/47 führten zu einer Verschärfung der allgemeinen Situation und vor allem der Nahrungsmittelversorgung. Das waren alles Gegebenheiten, unter denen vor allem die Familie leiden mußte. Besonders hart trafen sie die große Wohnungsnot und die schlechte Nahrungsmittelversorgung. „1946 standen für 14 Millionen Haushaltungen nur acht Millionen Wohnungen zur Verfügung, von diesen viele beschädigt. In den Großstädten war mehr als die Hälfte des Wohnraumbestandes zerstört. Obdachlosigkeit wurde zum Massenphänomen.“[2]

Mit der schon erwähnten schlechten Nahrungsmittelversorgung war es nicht viel besser bestellt. „Die Not war groß, besonders in den Städten. In Köln besaßen Ende 1945 nur 12 % der Kinder das altersmäßige Normalgewicht. Das Durchschnittsgewicht von männlichen Erwachsenen lag Mitte 1946 in der amerikanischen Zone bei ca. 51 Kilo. In Hamburg litten Ende 1946 über 100 000 Personen an Hungerödemen.“[3]

Das größte Problem, vor das sich die Familie in der Nachkriegszeit jedoch gestellt sah, war der völlige oder temporäre Ausfall des Vaters infolge Kriegstod, Gefangenschaft oder Desertion. In den meisten Fällen übernahm die Frau zusätzlich zur Erziehungsrolle die Versorgungsrolle in der Familie, wenn dies nicht schon während des Krieges geschehen war. Dies geschah dadurch, daß sie entweder eine außerhäusliche Berufstätigkeit aufnahm, oder durch Übernahme von Heimarbeit. Für die Erziehungsrolle blieb somit nicht mehr soviel Zeit wie früher. Dadurch, daß sich die Mütter nun auch noch um den Lebensunterhalt der Familie zu kümmern hatte, nahm die Überlastung der Mütter stark zu und die Nachkriegsfamilien entwickelten sich zu stark mutterzentrierten Restfamilien.

---

1 Kocka, Jürgen, 1945 – Neubeginn oder Restauration, Frankfurt 1979, S. 143/144

2 Ebd., S. 143

3 Ebd., S. 144

Der Ausfall im personalen Bereich der Familie, die Wohnraumnot und die Überlastung der Mütter führten somit schon während der nationalsozialistischen Zeit und stärker dann während des Krieges, dem ihm folgenden Zusammenbruch und während der ersten Nachkriegsjahre zu Destabilisierungstendenzen in der Familie: Die Reizbarkeit der Familienmitglieder infolge Arbeitsüberlastung und räumlicher Enge nahm zu. Aufgrund der Überlastung der Mütter, zusätzlich zu ihrer Erziehungsfunktion auch noch den Lebensunterhalt der Familie zu sichern, waren die Kinder häufig sich selbst überlassen, was zu einer Häufung abweichenden Verhaltens der Jugendlichen in jener Zeit führte. So war ein Überhandnehmen von Jugendverwahrlosung, Jugendkriminalität und sexueller Verwilderung der Mädchen zu verzeichnen. Bei der Jugendkriminalität handelte es sich jedoch meistens um sog. „Schwarzmarktdelikte", die von der überwiegenden Mehrzahl der Bevölkerung damals nicht unbedingt als rechtswidrig eingeschätzt wurden, da sie zum Überleben notwendig waren. Die Ursachen für die sexuelle Verwilderung der Mädchen war auch mehr in einer Sehnsucht nach Freundlichkeit, Liebe und Geborgenheit zu suchen als in einem Verfall der Sitten und der Moral.

Diese Ausführungen verweisen auf fortschreitende, gestörte Gefühlsbeziehungen der Familie in der Nachkriegszeit. Das Elternhaus war nicht mehr in der Lage, Liebe und Geborgenheit zu vermitteln, die Reizbarkeit der Familienmitglieder aufgrund von Arbeitsüberlastung der Mutter und Raumenge nahm zu, es entwickelte sich langsam eine gefühlsmäßige Abstumpfung der Eltern durch die Kriegserlebnisse und den harten Existenzkampf und die Familienmitglieder hatten sich aufgrund der ständigen Beschäftigung mit äußeren Existenzproblemen innerlich entfremdet.

Gleichzeitig ließ sich eine skeptisch-pessimistische Haltung der Jugendlichen zu Ehe und Familie feststellen, die sich für sie jedoch weniger aus der Wahrnehmung der eigenen Familie als vielmehr der Familien in der näheren Umgebung ergab. Eine Befragung ergab, daß sie für deren Instabilität innere Ursachen vermuteten.

Was die innere Entfremdung der Familienmitglieder anbelangt, so lassen sich zwei Bereiche aufzeigen, in denen die Familie in der Nachkriegszeit Belastungen ausgesetzt war. Zum einen die Eltern-Kind-Beziehung: Während der Herrschaft des nationalsozialistischen Regimes hatten die Nationalsozialisten versucht, die elterliche Autorität zu untergraben und die Jugendlichen für sich zu gewinnen. Dies ging im schlimmsten Fall bis zur Denunziation der Eltern durch die Kinder.

Nach dem Zusammenbruch des Hitlerregimes sahen sich die Jugendlichen vor eine gänzlich andere Situation gestellt. Sie mußten die Verantwortung – und teilweise auch Bestrafung – übernehmen für etwas, was ihre Eltern zum größten Teil befürwortet und gefördert hatten (Mitgliedschaft in der HJ, Unterstützung des Hitlerregimes etc.). Dies führte dazu, daß Glaubwürdigkeit und Autorität der Eltern nachhaltig erschüttert wurden und die Jugendlichen nicht selten in Opposition zu den Eltern traten.

Neben der Beziehung der Eltern zu den Kindern war die Beziehung der Ehegatten zueinander von weitreichender Bedeutung für die Familie. Wie schon erwähnt, war eines der größten Probleme der Familie der völlige oder temporäre Ausfall des Vaters. Aber nicht nur der Ausfall des Vaters, auch seine Rückkehr nach dem Krieg stellte die Familie nochmals unter große Belastungen. Die lange Abwesendheit des Vaters hatte in den meisten Fällen zu einer Verschiebung der innerfamilialen Autorität zugunsten der Ehefrau geführt, die viele Männer zu akzeptieren nicht bereit waren. Die Frauen hatten durch die Übernahme der Erziehungs- und der Versorgungsfunktion und dadurch, daß sie eine Zeitlang alle Entscheidungen allein getroffen hatten, ein neues Selbstverständnis entwickelt, das zu Spannungen in der Familie führte. Hinzu kam, daß sich der Vater durch die lange Abwesendheit von den übrigen Familienmitgliedern innerlich entfremdet hatte, so daß die Kinder oft einem heimkehrenden „Fremden“ gegenüberstanden. Und oft geschah es, daß die Ehepartner feststellten, daß das Charakterbild, das man sich vom jeweiligen Lebensgefährten aus der Zeit vor der Trennung gemacht hatte, nicht mehr der Wirklichkeit entsprach. Das betraf vor allen Dingen Ehen, die kurz vor Kriegsausbruch oder während des Krieges geschlossen worden waren. Vergegenwärtigt man sich all diese Belastungen, der die Familie in der Nachkriegszeit ausgesetzt war, so muß man wirklich zu dem Schluß kommen, daß während dieser Jahre eine Desorganisation bzw. Destabilisierung der Familie stattgefunden hat.

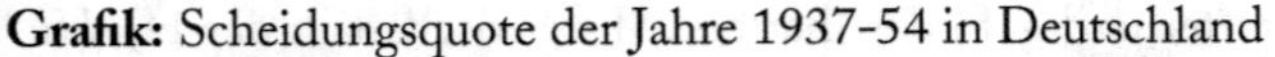

Grafik: Scheidungsquote der Jahre 1937-54 in Deutschland

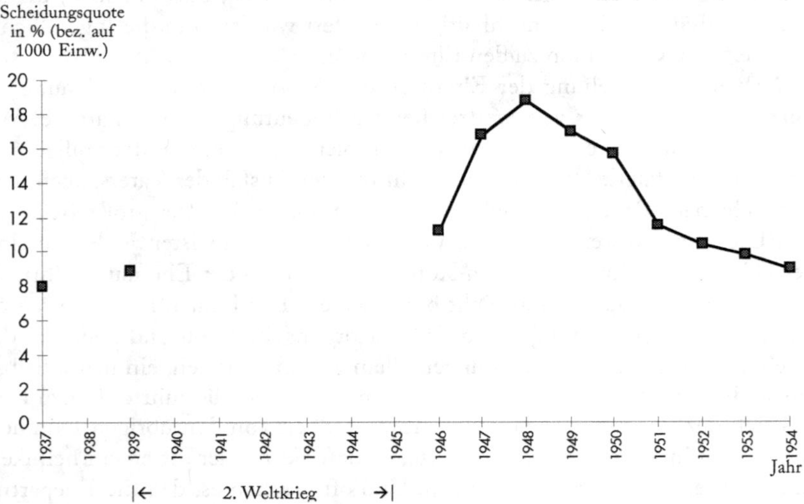

Es läßt sich auch eine Bestätigung dieser Destabilisierungthese finden, wenn man die Scheidungsziffern dieser Jahre betrachtet. Die Scheidungsquote lag unmittelbar vor dem 2. Weltkrieg, im Jahre 1939, bei 8,9 %. 1946 lag sie bei 11,2 % und stieg dann 1947 auf 16,8 % und 1948 auf 18,8 % an. Dann setzte eine rückläufige Tendenz ein, die sich aus der Grafik (siehe oben) recht gut ersehen läßt. Betrachtet man die Scheidungsquoten in den unmittelbaren Nachkriegsjahren, wo sich ein deutliches Ansteigen verzeichnen läßt, so bekräftigt sich die Destabilisierungsthese der Familie in den Nachkriegsjahren. Viele Ehen sind den Belastungen der Kriegs- und unmittelbaren Nachkriegszeit nicht gewachsen gewesen.

Läßt sich in der unmittelbaren Nachkriegszeit eine Destabilisierung der Familie ausmachen, so war jedoch langfristig gesehen eine durchschnittliche Erhöhung der Stabilität der Familie eingetreten. Die Befürchtung, die Institution Familie sei aufgrund der Erfahrungen der Kriegs- und Nachkriegsjahre zerbrochen, konnte sich nicht bestätigen.

Dies läßt sich deutlich an den Scheidungsziffern zeigen. Das rasche Absinken der Scheidungsquoten nach dem relativen Höchststand von 1948 deutet darauf hin, daß sich mit der wirtschaftlichen Stabilisierung seit der Währungsreform zugleich eine Festigung der und eine veränderte Einstellung zur Familie ergeben hat. Aus einer Umfrage aus dem Jahr 1949 ergab sich, daß 89 % der Befragten die Institution Ehe grundsätzlich für notwendig hielten, und zwar aus Gründen der Sicherung der Ordnung, Sitte und Moral und der

Vermittlung von Halt und Geborgenheit für die Nachkommen. Dieses Sicherheits- und Ordnungsbedürfnis läßt sich unschwer als Reaktion auf die Desorganisationstendenzen der Familie in der unmittelbaren Nachkriegszeit deuten. Die Wahrnehmung vieler Jugendlicher, daß aufgrund gestörter familiärer Beziehungen viele andere Familien, jedoch – aus ihrer Sicht – nicht die eigene, scheiterten, führte zu dem Versuch, die Bindungen in der eigenen Familie zu stärken. Hinzu kam, daß die Familie aufgrund des Zusammenbruchs der gesellschaftlichen Ordnung auf sich selbst gestellt war. Dies führte zum einen dazu, daß man Probleme möglichst gemeinsam zu lösen versuchte, zum anderen dazu, daß im Rahmen des gesellschaftlichen Desintegrationsprozesses abgegebene Funktionen wieder reaktiviert wurden. Familiale Selbsthilfe entwikkelte sich und ersetzte die ausgefallenen öffentlichen Sicherheits-, Vorsorge- - und Versorgungsfunktionen.

„Individuen wurden (durch den 2. Weltkrieg; d. Verf.) aus sozialen Bezügen gelöst, aus Betrieben, Gemeinden, Vereinen, Verwandtschaften; am ehesten hielt die Familie, obwohl auch sie oft zerriß. Die Sozialbeziehungen wurden kleinräumiger, Naturaltausch ersetzte zum Teil die Geldwirtschaft, (...) man plante nur noch über kurze Zeiträume hinaus. Man lebte in einer Art Ausnahmesituation."[4]

Eine weiter Ursache für die zunehmende Stabilität der Familie war ihre Reaktion auf die nationalsozialistische Ideologie. Die von den Nationalsozialisten geforderte Unterordnung der Familie unter gesamtgesellschaftliche bzw. politische und ideologische Ziele verkehrte sich nach dem Zusammenbruch des Hitlerregimes ins Gegenteil. „Sicher war das System durch seinen so sichtbaren Mißerfolg, seine jetzt voll bekannt werdenden Verbrechen und die erbärmliche Reaktion seiner Führer zutiefst diskreditiert, und die Abwendung vieler geschah aus Uberzeugung."[5] Die Enttäuschung und Desillusionierung durch den Nationalsozialismus, und die in den Nachkriegsjahren von den Besatzungsmächten durchgeführte Entnazifizierung und die oft damit verbundene eigene soziale Deklassierung führte meist zu einem verstärkten Rückzug in die Familie. Eine Entpolitisierung und ein Desinteresse an gesellschaftlichen Fragen waren die Folge. Man konzentrierte sich auf den wirtschaftlichen Wiederaufstieg bzw. die Wiederherstellung des verlorengegangenen sozialen Status. Der Individualismus wurde betont, die berufliche Leistung wurde in zunehmendem Maße wichtig und auch die Ausbildung der Kinder bekam einen höheren Stellenwert. „Der ideologiefeindliche Pragmatismus, mit dem die überwältigende Mehrheit sich auf den Wiederaufbau der materiellen Existenz für die eigene Familie konzentrierte, sobald sich eine Chance dafür bot, ent-

4 Kocka, Jürgen, a.a.O., S. 144
5 Ebd., S. 145

sprang dem Umfang der Zerstörung und der Not. Der Wunsch nach Eingrenzung der Privatsphäre war zugleich ein Reflex des harten Existenzkampfes und eine Reaktion auf die allgegenwärtige Einmischung des NS-Regimes und den Muschkotenton der Wehrmacht und der Massenorganisationen. Doch soziale Mobilität, Pragmatismus und Arbeitswut, Privatspäre und Distanz schufen zusammen in wenigen Jahren, was Deutschland nie vorher gekannt hatte: Eine bürgerliche Lebensform im westlichen Sinne."[6]

So läßt sich zusammenfassend sagen, daß die Familie in der unmittelbaren Nachkriegszeit bis 1948 einer Destabilisierung unterworfen war, die ihre Ursachen in der hohen Belastung der emotionalen Beziehungen in der Familie durch die Kriegs- und Nachkriegszeit, wie z.B. Wohnraumnot, Nahrungsmittelmangel, personalen Ausfall u.a.m., finden. In der Nachfolgezeit kam es jedoch zu einer verstärkten Stabilisierung der Institution Familie, die sie ihrer Reaktion auf diese Destabilisierungstendenzen und somit ihrer hohen Flexibilität in den emotionalen Beziehungen auf Umwelteinflüsse verdankt, die sie gegenüber früheren, anders gestalteten Familienformen besitzt.

6 Löwenthal, Richard, Bonn und Weimar – Zwei deutsche Demokratien, Frankfurt/Main 1979, S. 274

Bibliographie

Bundeszentrale für politische Bildung (Hrsg.), Die Familie in der Bundesrepublik Deutschland, Bonn 1985

Kocka, Jürgen, 1945 – Neubeginn oder Restauration, in: Carola Stern/ Heinrich August Winkler (Hrsg.), Wendepunkte deutscher Geschichte, Frankfurt/Main 1979, S. 141-168

Löwenthal, Richard, Bonn und Weimar – Zwei deutsche Demokratien, in: R. Löwenthal, Gesellschaftswandel und Strukturkrise, Frankfurt/Main 1979, S. 257-277

Nave-Herz, Rosemarie (Hrsg.), Wandel und Kontinuität der Familie in der Bundesrepublik Deutschland, Stuttgart 1988

Wirth, Dieter, Die Familie in der Nachkriegszeit. Desorganisation oder Stabilität?, in: Becker/Stammen/Waldmann (Hrsg.), Vorgeschichte der Bundesrepublik Deutschland, 2. Auflage, München 1987

Die politische Kultur der Bundesrepublik Deutschland – Untersuchung anhand dreier Beispiele

Inhaltsverzeichnis

1. Einleitung

Ausgehend von dem Artikel „Die Prägung der politischen Kultur der Bundesrepublik Deutschland durch institutionelle Ordnungen“ von M. Rainer Lepsius, in der er die These aufstellt, daß „der Vorlauf der Institutionenbildung (...) die Eigenart der politischen Kultur der Bundesrepublik geprägt“ hat, und in dem er zu dem Schluß kommt, daß „die Bundesrepublik (...) zu einem Land geworden“ ist, „das die Grundelemente einer demokratischen Kultur mit charakteristischen eigenen Ausprägungen angenommen hat"[1], soll anhand dreier Beispiele untersucht werden, inwieweit sich eine demokratische Kultur bei den Bürgern der Bundesrepublik Deutschland eingeübt hat: Anhand des Beispiels des Abstimmungsverhaltens, der Teilnahme an Demonstrationen und der Einstellung bzw. Teilnahme an Streiks.

2. Abstimmungsverhalten

Bei der Untersuchung des Beispiels Abstimmungsverhalten geht es darum, zu schauen, ob sich das in der Demokratie gängige Prinzip des Mehrheitsentscheids bei den einzelnen Bürgern auch als gängiges demokratisches Prinzip in der politischen Kultur durchgesetzt hat, also z.B. auch im kleineren Kreis, wenn es um Entscheidungen bzw. Konsensfindungen im Alltag in kleineren Gruppen geht; oder ob hier z.B. auch noch Bestrebungen nach anderen Entscheidungsarten, wie z.B. der autoritären Einzelentscheidung, vorhanden sind.

Die Untersuchung des Beispiels Abstimmungsverhalten gestaltete sich recht schwierig, da es zu diesem Thema relativ wenig Literatur gibt, und auch wenig empirisches Material zu finden war. Die Untersuchung konnte aus diesem Grund nur relativ oberflächlich geführt werden.

Zunächst einige Ausführungen zu den Abstimmungsmöglichkeiten im Entscheidungs- bzw Konsensfindungsfall: Grundsätzlich kann zu einer Entscheidungs- bzw. Konsensfindungssituation z.B. in einer kleineren Gruppe von Menschen, in der diese Entscheidungs- bzw. Konsensfindung nicht wie z.B. in staatlichen Institutionen formal reglementiert ist, gesagt werden, daß, soll eine Sachentscheidung getroffen werden, es im Grunde nur zwei Möglichkeiten gibt: Die Einzelentscheidung, die dem einfachen Befehl gleichkommt, oder die Kollektiventscheidung durch Abstimmung. Von der Abstimmung gibt es wiederum zwei Grundformen: Die Einstimmigkeitsentscheidung und die

1 Lepsius, M. Rainer, Interessen, Ideen und Institutionen, Opladen 1990, S. 63-84

Mehrheitsentscheidung. Da die Einzelentscheidung demokratischen Prinzipien nicht entspricht, soll sie hier nicht ausführlich behandelt werden. Sie ist nur insofern von Interesse, als sich einzelne Bürger zur Entscheidungs- bzw. Konsensfindung in dieser Richtung orientieren.

Die Einstimmigkeitsentscheidung bedeutet, daß ein Beschluß nur gilt, wenn ihm alle Entscheidungsberechtigten zugestimmt haben. Es ist offensichtlich, daß dieses Verfahren nur in den seltensten Fällen und nur in kleinen Gruppen oder Entscheidungsgremien angewandt wird. Eine Abwandlung stellt das Vetorecht dar. Wenn in einer Gruppe oder einem Gremium zwar die Mehrheitsentscheidung genügt, aber ein Mitglied die Gültigkeit der Entscheidung durch sein Veto blockieren kann, dann bedeutet dies, daß die Einstimmigkeit nicht unabdingbar ist, aber jederzeit erzwungen werden kann. Die Einstimmigkeitsentscheidung hat den Vorzug, daß der Beschluß von allen Beteiligten auch inhaltlich, nicht nur formal, akzeptiert wird. (Das gilt aber – zumeist in politischen Gremien – nur für die Mitglieder des Gremiums selbst. In der Regel deckt sich der Kreis der Betroffenen nicht mit dem der Beschließenden, so daß keineswegs mit Hilfe dieses Verfahrens der Herrschaftscharakter der Entscheidungen aufgehoben werden kann.) Die Kehrseite des Verfahrens ist natürlich die, daß Entscheidungen eben nur bei Erreichung solcher Einstimmigkeit getroffen werden können. Gelingt dies nicht, dann bleibt die zur Beschlußfassung anstehende Sache unerledigt.

Die Mehrheitsentscheidung ist eigentlich ein ausgesprochener Herrschaftsakt, indem sie nur sinnvoll ist, wenn die unterliegende Minderheit sich dem Spruch der Mehrheit beugt oder dazu gezwungen werden kann, sich ihm zu beugen. Die unterliegende Minderheit erkennt die Entscheidung formal an, auch wenn sie sie materiell ablehnt.

Es gibt zwei Arten von Mehrheitsenscheidungen. Die häufigste Form der Mehrheitsentscheidung ist die mit der einfachen oder relativen Mehrheit. Erhält der gemachte Vorschlag mehr Jastimmen als Neinstimmen, dann gilt er als angenommen. Stimmenthaltungen zählen nicht mit, so daß es sich also um die Mehrheit der abgegebenen Stimmen handelt. Dieses Verfahren hat den Vorteil, daß es auf jeden Fall zu einer Entscheidung kommt. Nachteilig kann es sich auswirken, daß unter Umständen das moralische Gewicht der Entscheidung bei sehr knappen Mehrheiten (auch etwa bei vielen Enthaltungen) gering ist. Die Mehrheit der abgegebenen Stimmen kann, bezogen auf die Zahl der Stimmberechtigten, eine Minderheit sein.

Die andere Art der Mehrheitsentscheidung ist die der qualifizierten Mehrheit, die wegen des leichten Zustandekommens einfacher Mehrheiten bei besonders schwerwiegenden Fragen oft gefordert wird. Dazu gehört vor allem die absolute Mehrheit (gleich der einfachen Mehrheit, bezogen auf die Zahl der

Stimmberechtigten) und die Zweidrittelmehrheit (bezogen auf die Stimmberechtigten oder die abgegebenen Stimmen). In diesen Fällen ist die Mehrheitsbildung erschwert. Eine auf diese Weise zustande gekommene Entscheidung ist überzeugender. Der Kreis derer, die sie verantworten müssen, ist größer. In Annäherung an das Extrem der Einstimmigkeitsentscheidung trägt sie jedoch das Risiko in sich, daß es in der Sache nicht zur Entscheidung kommt, weil die erforderliche Mehrheit nicht erreichbar ist.

Die Chance, daß möglichst viele der Betroffenen mit einer Entscheidung einverstanden sind, ist bei der Mehrheitsentscheidung am größten. Bei allen anderen Möglichkeiten der Herbeiführung von Entscheidungen ist sie geringer (ausgenommen natürlich die Einstimmigkeitsentscheidung). Das muß mitbedacht werden, wenn man an der Mehrheitsentscheidung deshalb Kritik üben will, weil sie die Minderheiten zu etwas zwingt, was diese nicht billigen. Dies verhindern zu wollen, hieße den Herrschaftscharakter der politischen Ordnung aufheben wollen, was utopisch ist. Jede Kritik am Mehrheitsverfahren muß sich darüber im klaren sein, daß alle anderen Entscheidungsverfahren Herrschaft von Minderheit über Mehrheit bedeuten. Alle anderen Verfahren bedeuten eine Monopolisierung der Willensbildung. Und deshalb ist die Chance einer Minderheit, auf die Entscheidungen wenigstens Einfluß zu nehmen, bei der Mehrheitsentscheidung immer noch am größten. Jede Gruppe, die sich durchsetzen will, muß eine Mehrheit für sich gewinnen. Dabei ist sie oft auf andere kleine Gruppen angewiesen, die dann gewonnen werden können, wenn die werbende Gruppe ihren Vorschlag oder ihr Programm im Sinne der kleineren korrigiert. Das allerdings in jeder Herrschaftsordnung bestehende Minderheitenproblem kann also durch das Mehrheitsverfahren eher entschärft werden als durch alle anderen möglichen Entscheidungsverfahren. Trotz allem bleibt auch bei der Mehrheitsentscheidung das Problem, daß ein unbegrenztes Recht der Mehrheit die Minderheit in Verbindlichkeiten nehmen könnte, die gegen die Gewissensüberzeugung der Mitglieder dieser Minderheit gerichtet sind. Ein dieses verhindernder Minderheitenschutz kann aber von keinem Entscheidungsverfahren garantiert werden. Dazu ist eine Einschränkung der Herrschaftsbefugnis nötig.

In diesem Zusammenhang muß noch erwähnt werden, daß die Mehrheitsentscheidung nicht ohne weiteres damit begründet werden kann, sie biete gegenüber anderen Verfahren die größere Chance der Richtigkeit der politischen Entscheidung. Es gibt auch keinen Grund für die Annahme, die Mehrheit habe in der Frage des Richtigen eine größere Sicherheit. Wenn dennoch zu Recht die Auffassung verbreitet ist, daß wir in der Demokratie mehr Aussicht auf die Annäherung an die richtige Entscheidung haben, dann liegt dies nicht an der Mehrheitsentscheidung als solcher, sondern an der ihr vorangehenden

Diskussion. Diese gehört deshalb als weiteres Verfahren zur Demokratie und zur politischen Kultur dazu. Daß vor einer Abstimmung diskutiert oder debattiert wird, ist selbstverständlich. Es läßt sich aber sehr wohl eine Abstimmung ohne vorausgehende Diskussion denken – hierin liegt wohl einer der Unterschiede zwischen Volksabstimmung und Demoskopie. Dadurch, daß in der Diskussion viele Meinungen und Motive zusammengetragen und miteinander konfrontiert werden, ist die Chance gegeben, daß alle für die Entscheidung in Frage kommenden Gesichtspunkte mit in die Willensbildung einfließen. Auf der anderen Seite können natürlich auch gerade wieder durch die breite Beteiligung unsachgemäße, die Sache verfremdende Aspekte und Motive ins Spiel kommen. Aber auch diese können in der offenen Diskussion erkannt und korrigiert werden. Hat hingegen jemand das Entscheidungsmonopol, dann hängt solche Korrekturmöglichkeit alleine von dessen gutem Willen ab. Die Hauptfunktion des Mehrheitverfahrens mit vorangehender Diskussion ist aber vor allem die, auf möglichst friedlichem Wege zu einer von möglichst vielen verantworteten und von den Betroffenen mitbeeinflußten Entscheidung zu kommen. Durch die vorangehende Diskussion ist es auch den dann in der Abstimmung unterliegenden Gruppen möglich, wenigstens Bestandteile ihrer Auffassung in den Beschluß einzubringen, was für das oben behandelte Minderheitenproblem von Bedeutung ist.

Zusammenfassend kann man sagen, daß in einer pluralistischen Demokratie eben auch die Frage beantwortet werden muß, nach welchen Verfahren zwischen den zu anstehenden Problemen angebotenen Lösungen entschieden werden soll – und dies gilt sowohl für staatliche Institutionen wie für anderweitige Gremien z.B. in Verbänden oder Vereinen als auch für das Abstimmungsverhalten im Alltag, für kleinere Gruppen von Bürgern usw. Dem einer Demokratie zugrundeliegenden Menschenbild – Würde, Gleichwertigkeit, Verschiedenheit und Unvollkommenheit als allen Menschen untrennbar anhaftende Eigenarten – folgt, daß der Entscheidungs- und Konsensfindungsprozeß gegründet sein muß auf Offenheit und „Abwesenheit der Dominanz eines jeden Wahrheitsanspruchs; sodann auf der Gleichheit, die durch die Abwehr von Dominanzansprüchen bereits ausgesprochen ist, die sich aber insbesondere als Gleichheit aller in Bezug auf ihre politischen Rechte und ihre prinzipiell gleiche Beteiligung an der politischen Entscheidung bzw. der Bestellung der politischen Herrschaft darstellt“.[2]

Hinzu kommt die zu garantierende Freiheit der Entscheidung. Daraus ergeben sich demokratische Spielregeln, die in der Unterwerfung unter Mehrheitsentscheidungen gipfeln. Obwohl die Anerkennung der Mehrheitsregel

2 Oberreuther, Heinrich, Verfügung über den Weltuntergang?, in: Das Parlament, 31.03.1984

seit Mitte der 60er Jahre nicht mehr als unumstritten gelten kann, werden Zweifel an der Legitimität der Mehrheitsregel keineswegs von einer Bevölkerungsmehrheit geäußert. In der Bevölkerung insgesamt besteht im Gegenteil breite „Übereinstimmung in einem Kernbestand: In der Demokratie soll das Volk durch Mehrheitsentscheidung darüber befinden, wer regieren soll.“[3]

Doch zum einen bleibt von dieser generellen Einigkeit die Ablehnung konkreter Mehrheitsentscheidungen im Einzelfall unberührt, zum anderen ist die Geltungskraft der Mehrheitsregel schon gefährdet, wenn sich nur wenige verweigern.

Nach dieser eher allgemein gehaltenen Darstellung der Abstimmungsmöglichkeiten im Entscheidungs- und Konsensfindungfall soll nun anhand einer empirischen Untersuchung über die Akzeptanz demokratischer Prinzipien nachgewiesen werden, wie stark sich das für ein demokratisches System zu forderndes Abstimmungsverhalten in Form des Mehrheitsentscheids grundsätzlich, d.h. auch beim einzelnen Bürger und im kleinen Kreis im Alltag, durchgesetzt hat und inwiefern somit von einer Durchsetzung und Akzeptanz dieses demokratischen Prinzips in der politischen Kultur der Bundesrepublik zu reden ist.

Die hier dargestellte und zu analysierende empirische Erhebung ist die einzige, die der Autor gefunden hat, um die aufgestellte Vermutung der mittlerweile akzeptierten Akzeptanz dieses demokratischen Prinzips in der politischen Kultur nachzuweisen. Leider enthält diese empirische Untersuchung keine direkte Frage nach dem Abstimmungsverhalten im Entscheidungs- und Konsensfindungsfall, sondern sie untersucht anhand neun anderer Fragestellungen die Übereinstimmung der Bevölkerung mit demokratischen Prinzipien. Die Schlußfolgerung für diese Untersuchung kann daher nicht unmittelbar, sondern nur mittelbar sein, d.h. bei einer hohen Übereinstimmung der Bevölkerung mit den in dieser Untersuchung gefragten demokratischen Prinzipien kann man davon ausgehen, daß auch das demokratische Prinzip des Mehrheitsentscheids im Entscheidungs- und Konsensfindungsfall hohe Zustimmung finden wird.

Die empirische Untersuchung bezieht sich auf die Akzeptanz grundlegender Regeln und Normen der politischen Auseinandersetzung, die im Rahmen der Demokratie als politische Ordnungsform stattfinden. Dieser Untersuchungsbereich kann somit – neben dem Bereich der Akzeptanz der Demokratie als politische Ordnungsform – als Kernelement einer demokratischen politischen Kultur gelten.

---

3 Hättich, Manfred, Nationalbewußtsein im geteilten Deutschland, in: Weidenfeld (Hrsg.), Die Identität der Deutschen, Schriftenreihe der Bundeszentrale für politische Bildung Nr. 200, Bonn 1983, S. 286

Bei der Betrachtung der in Tabelle 1 dargestellten Werte muß beachtet werden, daß bei Aussagen, die mit einem (+)-Zeichen versehen sind, die somit also befürwortet werden müssen, damit die jeweilige Aussage als übereinstimmend mit den demokratischen Prinzipien klassifiziert werden kann, die jeweilige Zustimmung zu diesen Aussagen gemessen wurde, wobei bei Aussagen, die mit einem (-)-Zeichen versehen sind, die also abgelehnt werden müssen, damit die jeweilige Aussage als übereinstimmend mit den demokratischen Prinzipien klassifiziert werden kann, die jeweilige Ablehnung dieser Aussagen gemessen wurde. Dies geht aus einer Untersuchung von Max Kaase von 1971 hervor[4], in der dieser schon einmal die demokratische Einstellung in der Bundesrepublik Deutschland in gleicher Weise wie in dieser Untersuchung untersucht hat und die nur oben angeführten Schluß zuläßt.

Die Autoren dieser hier dargestellten Untersuchung, die im Datenreport 1992, herausgegeben vom Statistischen Bundesamt, veröffentlicht ist, haben nach Meinung des Autors den Erhebungsverlauf nicht genügend beachtet und sind aufgrund der Nichtbeachtung obiger Darstellung zu falschen Interpretationen und Analysen gekommen.

Mit einigen Einstufungen der Aussagen in Tabelle 1 kann der Autor nicht übereinstimmen, so die Einstufung der beiden Aussagen „Der Bürger verliert das Recht zu Streiks und Demonstrationen, wenn er damit die öffentliche Ordnung gefährdet“ und „Die Interessen des ganzen Volkes sollten immer über den Sonderinteressen des einzelnen stehen", die in der Tabelle 1 mit einem (-)-Zeichen versehen sind, also abgelehnt werden müßten, um die Aussage als übereinstimmend mit den demokratischen Prinzipien klassifizieren zu können. Dies kann jedoch nicht sein, da diese Aussagen in dieser Formulierung eindeutig demokratische Prinzipien darstellen, sie somit bejaht werden müssen, die Aussagen also ein (+)-Zeichen erhalten müssen. Nach Meinung des Autors ist diese Darstellung in der Tabelle nicht korrekt.

4 Max Kaase, Demokratische Einstellungen in der Bundesrepublik Deutschland, in: Wildenmann, Rudolf (Hrsg.), Sozialwissenschaftliches Jahrbuch für Politik, Band 2, München 1971

Tabelle 1: Übereinstimmung mit einzelnen demokratischen Prinzipien

	West	Ost
	in %	
a) Die Auseinandersetzungen zwischen den verschiedenen Interessengruppen in unserer Gesellschaft und ihre Forderungen an die Regierung schaden dem Allgemeinwohl (–)*	48	52
b) Jeder Bürger hat das Recht, notfalls für seine Überzeugungen auf die Straße zu gehen (+)	91	93
c) Der Bürger verliert das Recht zu Streiks und Demonstrationen, wenn er damit die öffentliche Ordnung gefährdet (–)	31	32
d) In jeder demokratischen Gesellschaft gibt es bestimmte Konflikte, die mit Gewalt ausgetragen werden müssen (–)	86	88
e) Jeder sollte das Recht haben, für seine Meinung einzutreten, auch wenn die Mehrheit anderer Meinung ist (+)	94	98
f) Aufgabe der politischen Opposition ist es nicht, die Regierung zu kritisieren, sondern sie in ihrer Arbeit zu unterstützen (–)	46	41
g) Eine lebensfähige Demokratie ist ohne politische Opposition nicht denkbar (+)	94	96
h) Jede demokratische Partei sollte grundsätzlich die Chance haben, an die Regierung zu kommen (+)	92	91
i) Die Interessen des ganzen Volkes sollten immer über den Sonderinteressen des einzelnen stehen (–)	11	8

* Die in Klammer gesetzten Plus- und Minuszeichen hinter den Aussagen geben an, ob die jeweilige Aussage befürwortet (+) oder abgelehnt (–) werden muß, um die Aussage als übereinstimmend mit den demokratischen Prinzipien klassifizieren zu können.

Datenbasis: ALLBUS 1988; ISSP Plus 1990.

Quelle: Statistisches Bundesamt (Hrsg.), Datenreport 1992, Bundeszentrale für politische Bildung, Bonn 1992

Zur eigentlichen Analyse der Tabelle: Die Betrachtung der mit einem (+)-Zeichen versehenen Aussagen b), e), g) und h) zeigt eine hohe Übereinstimmung mit den demokratischen Prinzipien. Die Zusammenfassung dieser vier Werte zu einem einzigen Wert, den man vielleicht mit „Grundwerte“ beschreiben könnte und der ca. 93 % ergibt, zeigt eine hohe Übereinstimmung mit demokratischen Prinzipien.

Die fünf anderen Aussagen, die mit einem (-)-Zeichen versehen sind, sind einzeln zu untersuchen bzw. zu bewerten. Als eine gleichfalls herausragende Übereinstimmung mit den demokratische Prinzipien darf wohl der Wert der Aussage d) gelten, da hier immerhin 86 % der Westdeutschen Gewalt als Mittel zur Austragung von Konflikten ablehnen. In Ostdeutschland ist der Wert noch höher. Ebenfalls einen Wert, der eine hohe Übereinstimmung mit demokratischen Prinzipien darstellt, gibt Aussage i), die nach Meinung des Autors anders bewertet werden muß als in der Tabelle dargestellt (siehe oben). Diese Aussage ist zu bejahen, wenn sie als Kriterium für eine Übereinstimmung mit den demokratischen Prinzipien gelten soll. Die geringe Ablehnung (11 %), die diese Aussage erfährt, zeigt deutlich, daß die Interessen des ganzen Volkes deutlich über den Sonderinteressen des einzelnen zu stehen haben. Also ebenfalls, wie Aussage d), eine deutliche Übereinstimmung mit demokratischen Prinzipien.

Die letzten drei Aussagen, die mit einem (-)-Zeichen gekennzeichnet sind (a), c) und f), sind nicht so leicht zu deuten, da sie sind so ganz eindeutig sind.

Aussage c) muß nach Meinung des Autors anders gedeutet werden als in der Tabelle dargestellt (siehe oben). Die Aussage muß eine Zustimmung erhalten. Die Tatsache, daß die Aussage nur eine Zustimmung von 69 % erhalten hat, mag daran liegen, daß in den Teilen der Bevölkerung, die sich parteipolitisch oder ideologisch links einordnen, Streiks und Demonstrationen auch dann als zulässig gelten mögen, wenn dabei die öffentliche Ordnung gefährdet ist (man denke dabei an Formen des zivilen Ungehorsams wie Sitzblockaden, Teilnahme an illegalen Demonstrationen etc.). Das könnte bedeuten, daß diese Teile der Bevölkerung ein etwas anderes Demokratieverständnis haben als die Mehrheit der Bevölkerung bzw. als normativ gefordert wird. Daher mag sich dieser etwas geringere Wert von 69 % als bei den anderen Aussagen d) und i) ergeben.

Die Werte der beiden Aussagen a) und f) sind wahrscheinlich auf Unkenntnis bei einem Teil der Bevölkerung zurückzuführen. Wahrscheinlich ist einem Teil der Bevölkerung nicht bekannt, daß ein Allgemeinwohl als solches a priori nicht von vornherein feststeht, sondern daß in der Auseinandersetzung der verschiedenen Interessengruppen erst ein solches Allgemeinwohl erkämpft oder errungen werden muß. Ein Teil der Bevölkerung sieht wohl das Mitwirken der Interessenverbände an der Auskristallisierung des Allgemeinwohls und ihr vielfältiges Ringen und Sich-Auseinandersetzen als wenig förderlich oder vielleicht sogar als schädlich an. Deshalb eine Ablehnung der Aussage von 48 %.

Ebenso scheint es für einen großen Teil der Bevölkerung die Aufgabe der Opposition zu sein, die Regierung nicht zu kritisieren, sondern sie in ihrer Arbeit zu unterstützen. Demgegenüber steht jedoch, daß die eigentliche Rolle der Opposition die der Kontrolle und somit der Kritik der Regierung ist. Das wird von vielen vergessen bzw. ist teilweise nicht bekannt. Allerdings ist es jedoch in der Praxis meistens so, daß die Arbeit der Opposition zwischen Kritik an der Regierung und Darstellung einer alternativen möglichen Regierungspraxis, wenn sie an die Macht gelangen würde, und Zusammenarbeit mit der Regierung schwankt, was man in den letzten Wochen am Verhalten der SPD im Zusammenhang mit den Beratungen über den Solidarpakt sehen kann. Dieses Verhalten der Zusammenarbeit mit der Regierung wird aber von vielen nicht gutgeheißen. Insofern ist der Wert der Aussage f) mit 46 % Ablehnung sowohl auf Unkenntnis zurückzuführen als auch, dem widersprechend, auf die praktische Arbeit der Opposition in der Realität.

Zusammenfassend kann man sagen, daß, wenn man die Aussagen b), d), e) und g)-i) betrachtet, die Aussage c) vielleicht eventuell noch mit einbezieht, die Aussagen a) und f) aufgrund von Unkenntnis in einem Teil der Bevölkerung jedoch wegläßt, daß sich eine hohe Akzeptanz einzelner demokratischer Prinzipien erkennen läßt. Immerhin haben sich so bei sieben von neun Aussagen – die beiden restlichen sind, wie schon erwähnt, wegen Unkenntnis der Bevölkerung vernachlässigbar – hohe Werte ergeben und somit eine deutliche Übereinstimmung mit demokratischen Prinzipien. Mittelbar läßt sich damit auch ein Schluß auf die Akzeptanz der Mehrheitsregel im Abstimmungsverhalten bei Entscheidungs- und Konsensfindungsfällen als demokratisches Prinzip ziehen, daß hier die Akzeptanz der Mehrheitsregel vermutlich einen ähnlich hohen Wert erreichen würde wie bei den Aussagen der hier dargestellten Untersuchung, also etwa 90 %. Damit läßt sich schlußfolgern, daß die Mehrheitsregel als Abstimmungsregel im Entscheidungs- und Konsensfindungsfall ein durchaus akzeptiertes demokratisches Prinzip ist und somit mittlerweile integrierter Bestandteil der demokratischen Kultur der Bundesrepublik Deutschland ist.

2. Teilnahme an Demonstrationen

Zunächst einige Ausführungen zur Entwicklung der Demonstrationsteilnahme in der Bundesrepublik Deutschland in den Jahren 1968-1988.

Tabelle 2: Anzahl der Demonstrationen in der BRD 1968-1988 (in Tausend)

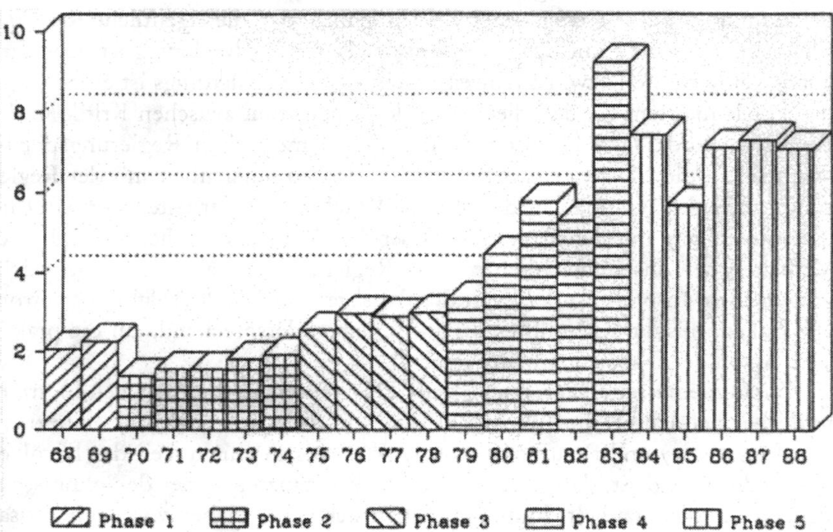

Quelle: Warneken, Jürgen, Massenmedium Straße, Frankfurt 1991

Demonstrationen sind zu einer allgegenwärtigen Erscheinung des politischen Lebens geworden. Vergleicht man die quantitative Entwicklung der statistisch erfaßten Demonstrationen mit politischen Eckdaten und Konjunkturen der Protestbewegungen sowie Auffälligkeiten ihres Demonstrationsverhaltens, so lassen sich in der bundesrepublikanischen Geschichte des Straßenprotests bzw. der Demonstrationsteilnahme der letzten 20 Jahre fünf Phasen erkennen.

Die erste umfaßt die beiden Jahre 1968/69, die Studentenrevolte. Die neue Qualität des Demonstrierens sowohl gegenüber der Weimarer Republik – dieser „Republik der Demonstrationen" – als auch den ersten zwei Nachkriegsjahrzehnten liegt auf der Hand. Den Protest artikulieren andere soziale Gruppen mit anderen Zielen, unterschiedlichen Organisationen, neuen Strategien und Formen. Ein Aufbruch im doppelten Sinne, denn auch der Staatsapparat versucht sich nach anfänglichen Fehlschlägen auf das neuartige oppositionelle Verhalten einzustellen. Wohl nicht zufällig wird die staatliche Demonstrationsstatistik des Bundesinnenministeriums 1968 eröffnet.

5 Raschke, Joachim, Soziale Bewegungen, Frankfurt 1988, S. 304

Die zweite Phase erstreckt sich von 1970-1974. Der SDS zerfällt, und der Protest differenziert sich aus. Eine Zeit des Aufschwungs und der Popularisierung der Bürgerinitiativen, die sowohl in ihren Akteuren als auch ihren Aktions- und Organisationsformen in einer gewissen Kontinuität zur studentischen APO stehen und als thematisch vielfältige „Ein-Punkt-Bewegungen“ den außerparlamentarischen Protest weiterentwickeln. Durchaus eine Zeit der relativen Schwäche, aber dann auch eine des steten Stärkerwerdens. Die FAZ spricht schon 1973 von einer „Landplage“ . Die Demonstrationshäufigkeit entwickelt sich ähnlich: zunächst Reduktion, schließlich langsames Wachstum.

Die Jahre 1975 bis 1978 bilden einen dritten Abschnitt. Die Bürgerinitiativbewegung expandiert erheblich, das Thema Umwelt erringt seine zentrale Bedeutung, und insbesondere die Anti-Atomkraftbewegung bekommt eine Vorreiterfunktion innerhalb der Protestbewegungen. Die Konfrontationsbereitschaft auf seiten der Akteure wächst, die Konflikte spitzen sich zu, und in Wyhl wird 1975 erstmals in der BRD zum Mittel der Bauplatzbesetzung gegriffen. Die Militanz eskaliert in den darauffolgenden Jahren – Brokdorf, Grohnde und Kalkar sind die spektakulären Stationen –, und die Staatsmacht inszeniert ihren Willen zur Kontrolle und Unterdrückung des Protests auf eine martialische Art und Weise, der „Deutsche Herbst 1977“ begegnet auch vielen Demonstranten. Die Anzahl der jährlichen Demonstrationen steigt in dieser Phase erstmals über das Niveau der Revolte, stagniert dann aber.

Für die Zeit 1979 bis 1983 zeigt schon allein die Demonstrationsstatistik eine heftige Entwicklung. Wurde zwischen 1975 und 1978 im Jahresdurchschnitt noch rund 2800mal auf den Straßen protestiert, verdoppelt sich dieser Wert für die Folgejahre auf rund 5600. Und in diesen fünf Jahren selbst steigt die Anzahl der Demonstrationen um fast 300 Prozent und erreicht 1983 die bis heute gültige Höchstmarke von 9237. Bestimmt wird das Demonstrationsgeschehen zunächst noch von der Ökologiebewegung und den Auseinandersetzungen um die Wiederaufbereitungsanlage (WAA) in Gorleben und das AKW Brokdorf, später aber ab 1981 schiebt sich die neue Friedensbewegung immer mehr in den Vordergrund und wird 1983 in ihrem Zenit zur größten Protestbewegung der Republik. Aber auch in anderen gesellschaftlichen Bereichen entwickeln sich Protestaktivitäten. So erreicht z.B. der sogenannte „Häuserkampf“ zeitlich und regional begrenzt (West-Berlin, Freiburg, Göttingen) eine herausragende Bedeutung. Sowohl in West-Berlin (1981) als auch im Bund (1982) kommen konservative Regierungen ins Amt, was sich in den folgenden Jahren auf die Demonstrationskultur auswirken wird.

---

6 Frankfurter Allgemeine Zeitung, 07.09.1973, zitiert nach: Rolke, Lothar, Protestbewegungen in der Bundesrepublik, Opladen 1987, S. 325

Die fünfte Phase umfaßt die Jahre 1984 bis 1988. Nachdem die Friedensbewegung in ihrer unmittelbaren Zielsetzung eine Niederlage einstecken mußte, zogen sich viele Akteure enttäuscht ins Privatleben zurück. Die Demonstrationshäufigkeit geht kurzfristig zurück. In den Auseinandersetzungen um die WAA Wackersdorf, insbesondere aber mit dem GAU in Tschernobyl wird die Ökologie wieder zum Thema Nummer Eins und zum Grund verstärkten Engagements auf den Straßen und Plätzen. Kennzeichnend für diese Jahre ist in der Demonstrationsstatistik eine dauerhafte Stabilisierung der Protestaktivitäten auf einem für die Geschichte der BRD sehr hohen Niveau.

Das Demonstrationsgeschehen zwischen 1979 und 1983 erscheint nicht nur wegen seiner vehementen quantitativen Entwicklung von besonderem Interesse. Immerhin verweist allein schon diese Tatsache auf eine „heiße" Phase in der Protestgeschichte der BRD, und es liegt daher nahe, Fragen nach qualitativen Entwicklungen, nach Veränderungen von Aktionsformen und Neuheiten des Demonstrationsverhaltens zu stellen. Die Attraktivität dieser Zeit liegt in einer bis dahin nicht gekannten Expansion des Protestpotentials und den erweiterten Fähigkeiten der Akteure, ihre oppositionelle Haltung zu artikulieren und zu inszenieren. Dies ist nur zum Teil aus den aktuellen Problemen und Konflikten dieser Jahre zu erklären. Wichtiger sind wohl die kumulierten Erfahrungen und Lernprozesse der unterschiedlichen Protestgenerationen seit dem 2. Weltkrieg, insbesondere seit 1968. Deshalb sind die hier skizzierten Phasen auch weniger geschlossene und scharf voneinander abgrenzbare Etappen als vielmehr Markierungen in einer Kontinuität außerparlamentarischen Protests. In allen Bewegungen ist der qualitativ neue Mobilisierungsgrad der Massenbewegung (am 22. Okt. 1983 1,3 Mill. bei Demonstrationen der Friedensbewegung in der ganzen BRD) ein zentrales Moment der Konfliktaustragung. War 1968 für die westdeutsche Protestgeschichte ein Durchbruch im Sinne eines demokratischen Fanals, so bedeutet die Zeit 1979 bis 1983 einen Durchbruch im Sinne einer demokratischen Normalisierung. Die Attraktivität dieser Massenveranstaltungen liegt in der Tatsache begründet, daß allein schon die Mobilisierung solcher Massen eine bedeutende Akkumulation gesellschaftlicher Macht darstellt, unabhängig davon, wie diese in einer konkreten Aktion eingesetzt wird. Je zahlreicher man ist, desto legitimer erscheint das eigene Tun. Das symbolische Surplus der „großen Zahl" zielt dabei tendenziell auf die Mehrheit in Gesellschaft und Staat. Dem in den letzten zwei Jahrzehnten erheblich gestiegenen Bürgerengagement in Form von Massenbewegungen bei Demonstrationen steht jedoch eine Arroganz der Macht von seiten des Staats gegenüber, der in demonstrierenden Bürgern nach wie vor nur einen Störfall des politischen business as usual sieht, jedenfalls dann, wenn es ernst wird. Dies sieht man vor allem, wenn man bedenkt, daß diese Massenbewegungen trotz aller Beteiligung und allen Engagements oft von Erfolglosigkeit gekennzeichnet wurden: Die Startbahn West wurde gebaut, die Raketen wurden stationiert.

Die Diffamierung „der Straße“ scheint seit Anfang der 80er Jahre dennoch schwieriger geworden sein. An der Spaltung „friedlich-engagierter Bürger“ und „gewalttätig-provozierender Chaot“ wird zwar nach 1983 ideologisch weiterhin gearbeitet, aber das gesellschaftspolitische Klima und die realen Potenzen der Protestkultur haben sich seitdem verändert. Nicht mehr eine „kleine radikale Minderheit“ demonstrierte wie noch in der 68er Revolte, sondern die Bereitschaft und die Fähigkeit, auf der Straße zu protestieren, hatte nun auch erhebliche Teile der bürgerlichen Mitte erreicht. Der Autor kann dies aufgrund eigener Erfahrungen aus den 80er Jahren an der Startbahn West in Frankfurt bestätigen, wo an den Wochenenden harmlose Spaziergänge von Bürgern sich zu Demonstrationen entwickelten und hierbei ein breiter Querschnitt der Bevölkerung an diesen Demonstrationen teilnahm: Nicht nur Studenten und Jugendliche, wie man es vielleicht erwartet hätte, sondern normale Arbeitnehmer, Hausfrauen und Rentner – und dies in einer manchmal ebenfalls nicht erwarteten, recht aggressiven und provozierenden Weise, was ja sonst normalerweise nur den oben genannten „gewalttätig-provozierenden Chaoten", also autonomen Linken, zugeschrieben wird. Daß um diese Bereitschaft und Fähigkeit, zu demonstrieren, immer wieder gerungen werden muß, zeigen weniger das gelungene solidarische Verhalten und die Erfolge der Protestgruppen als ihre Widersprüche und Niederlagen.

Nach diesen einführenden Erläuterungen zur Entwicklung der Demonstrationsteilnahme in der Bundesrepublik Deutschland soll, bevor eine Darstellung der Befürwortung bzw. Ablehnung der Teilnahme an Demonstrationen erfolgt, eine kurze Erläuterung zur politischen Beteiligung in Form von Teilnahme an Demonstrationen und deren Analyse unter den Gesichtspunkten ihrer soziodemographischen Determinanten, ihrer subjektiven Wichtigkeit und ihrer wahrgenommenen persönlichen Defizite erfolgen. Der Autor folgt in diesem Zusammenhang einer Untersuchung von Hans-Michael Mohr über politische und soziale Beteiligung , in der dieser u.a. drei Aktivitäten der politischen Beteiligung untersucht, nämlich die Teilnahme an einer politischen Demonstration, die Teilnahme an einer Unterschriftenaktion sowie die persönliche Kontaktierung eines Politikers. Interessant für diese Untersuchung ist nur die Darstellung der Teilnahme an einer politischen Demonstration.

Die Beteiligung der Bürger am gesellschaftlichen Leben hat sich in der Bundesrepublik während der letzten 30 Jahre erheblich verändert. Kennzei-

7 Mohr, Hans-Michael, Politische und soziale Beteiligung, in: Glatzer, Wolfgang/Zapf, Wolfgang (Hrsg.), Lebensqualität in der Bundesrepublik, Frankfurt 1984, S. 157-173

chen dieser Entwicklung sind Trends z.B. in der politischen Beteiligung: Es läßt sich ein größeres politisches Interesse sowie eine veränderte politische Partizipation verzeichnen. Dies äußert sich vor allem durch ein größeres politisches Handlungsrepertoire und durch unkonventionelle politische Aktivitäten. Demonstrationen werden eher zu den zuletzt genannten unkonventionellen Beteiligungsformen gerechnet.

Bzgl. der soziodemographischen Determinanten, ihrer subjektiven Wichtigkeit und ihrer wahrgenommenen persönlichen Defizite, die die Teilnahme an Demonstrationen beeinflussen können, ist es z.B. eine wichtige Frage, ob Mitgliedschaft in Organisationen, die durch Gesetzesauftrag oder Satzung direkt oder indirekt auf den politischen Willensbildungsprozeß Einfluß nehmen, und politischer Beteiligung in Form von Teilnahme an Demonstrationen in irgendeiner Weise korrelieren. Es geht also um die Frage, ob Organisierte politisch aktiver sind als Nichtorganisierte oder ob die passive Mitgliedschaft überwiegt. Tabelle 3 listet in der linken Spalte die Anzahl der politischen Aktivitäten auf. Miteinbezogen sind hier natürlich die in dieser Untersuchung analysierten politischen Beteiligungsformen wie Teilnahme an einer Unterschriftenaktion oder Kontaktierung eines Politikers.

Wie Tabelle 3 zeigt, sind die Mitglieder von beruflichen Vereinigungen, politischen Parteien oder Bürgerinitiativen deutlich aktiver als die jeweiligen Nichtmitglieder. Wenig zutreffend ist dies für die Gewerkschaften. Dies ist allerdings ein allgemeines Charakteristikum von Verbänden mit einer relativ hohen Mitgliederzahl. Insgesamt läßt sich feststellen, daß mit der Anzahl der Mitgliedschaften auch die Zahl der politischen Aktivitäten steigt. Daraus eine einseitige Kausalität abzuleiten, wäre allerdings voreilig. Es ist wohl so, daß die Bereitschaft zur politischen Aktivität und die Bereitschaft, in Verbände einzutreten, sich wechselseitig verstärken und bedingen.

Tabelle 3: Politische Beteiligung und Mitgliedschaften

Anzahl der politischen Aktivitäten	Gewerkschaft		Berufliche Vereinigung		Politische Partei		Bürgerinitiative		Anzahl der Mitgliedschaften		
	nein %	ja %	nein %	ja %	nein %	ja %	nein %	ja %	0 %	1 %	2,3 %
0	56	44	55	25	56	16	54	12	59	41	11
1	29	34	29	43	30	23	30	20	29	35	25
2,3	15	22	16	33	14	70	16	69	13	24	65
	100	100	100	101	100	99	100	101	101	100	101
N	1916	411	2228	99	2214	113	2305	22	1746	517	64

Datenbasis: Wohlfahrtssurvey 1980 (N = 2396 Befragte)

Quelle: Glatzer, Wolfgang/Zapf, Wolfgang, (Hrsg.), Lebensqualität in der Bundesrepublik, Frankfurt 1984

Bester Prädikator der Teilnahme an einer politischen Demonstration ist das Bildungsniveau, wie aus Tabelle 4 zu ersehen ist: Anteilsmäßig sind bei den Personen mit Abitur die meisten Partizipanten zu finden. Zwischen den drei anderen Bildungsgruppen sind dagegen nur relativ schwache Unterschiede festzustellen. Einen mittleren Einfluß auf die Demonstrationsteilnahme haben das Alter und das Geschlecht: Personen unter 25 Jahren demonstrieren eher als Personen über 25 Jahren und Männer eher als Frauen. Ohne Einfluß ist die Kirchenbindung. Die Bedeutung der Bildung, bezogen auf alle drei politische Beteiligungsformen, wird vor allem auch in ihrem Einfluß auf die geschlechtsspezifische Partizipation deutlich: Wenngleich festzuhalten bleibt, daß Frauen auch bei gleicher Bildung weniger partizipieren als Männer, so verringern sich doch die Unterschiede mit steigender Bildung. Während unter den Personen ohne Schulabschluß die Männer doppelt soviel politische Aktivitäten zeigen wie die Frauen, reduziert sich dies bei den Befragten mit Abitur auf einen Überschuß von 25 %. Es ist anzunehmen, daß sich durch die Angleichung der Bildungsunterschiede die politische Beteiligung der Frauen in der Zukunft weiter erhöhen wird.

Tabelle 4: Politische Beteiligung nach Alter, Geschlecht, Bildung und Kirchenbindung (Multiple Klassifikationsanalyse)

		Politische Demonstration	
	N[a]	%[b]	beta
Alter			.13
18–24 Jahre	320	16	
25–39 Jahre	572	8	
40–64 Jahre	930	5	
über 64 Jahre	454	4	
Geschlecht			.11
männlich	1040	11	
weiblich	1237	5	
Bildungsabschluß			.26
kein Abschluß	267	5	
Volks-/Hauptschule	1250	4	
Mittlere Reife	459	11	
(Fach-)Abitur	300	25	
Kirchenbindung[c]			.04
hoch	428	7	
mittel	746	7	
keine	1100	9	
Insgesamt	2277		
mult. R^2			.12

a) angegeben ist das kleinste N in einer Zeile
b) bereinigte Häufigkeiten: der Einfluß der jeweils drei anderen Variablen wurde ausgeschaltet
c) Kirchenbindung: hohe Kirchenbindung = regelmäßiger Kirchgänger; mittlere Kirchenbindung = unregelmäßige Kirchgänger; keine Kirchenbindung = Nicht-Kirchgänger

Datenbasis: Wohlfahrtssurvey 1980 (N = 2396 Befragte)

Quelle: Glatzer, Wolfgang/Zapf, Wolfgang, (Hrsg.), Lebensqualität in der Bundesrepublik, Frankfurt 1984

Weitere wichtige, die Partizipation beeinflussende Faktoren sind auf der subjektiven Ebene lokalisierbar: die persönliche Wichtigkeit politischen Einflusses und die in diesem Bereich wahrgenommenen Defizite. Der politische Einfluß ist für relativ wenige Bürger eine wichtige Determinante des eigenen Wohlbefindens: Lediglich rund ein Viertel der Befragten äußert, daß der Einfluß auf politische Entscheidungen für ihr Wohlbefinden wichtig oder sogar sehr wichtig sei. Auch hierbei zeigen sich Differenzen nach alters-, geschlechts- und bildungsspezifischen Kriterien. Wird der politische Einfluß als eine wichtige Determinante des subjektiven Wohlempfindens empfunden, ist die politische Beteiligung entsprechend höher, als wenn dies nicht der Fall ist. Im Gegensatz zu Familie oder Zuneigung, die grundsätzlich als wichtig angegeben werden, variiert die Wichtigkeit des politischen Einflusses mit der Wahrnehmung subjektiver Defizite in diesem Bereich. Je größer die wahrgenommenen Defizite, desto wichtiger wird die politische Einflußnahme eingeschätzt: 53 % der Befragten, die mit ihren politischen Einflußmöglichkeiten unzufrieden sind, halten diese für wichtig, im Gegensatz zu 21 % der Zufriedenen. Unzufriedenheit mit dem politischen Einfluß ist auch ein auslösender Faktor für politische Beteiligung. Unzufriedene demonstrieren eher als Zufriedene. Schaltet man den wechselseitigen Einfluß von Unzufriedenheit auf Wichtigkeit und umgekehrt aus, so ergibt sich ein interessantes Bild (siehe Tabelle 5).

Tabelle 5: Politische Beteiligung in Abhängigkeit von der Wichtigkeit politischen Einflusses und der wahrgenommenen Defizite (Multiple Klassifikationsanalyse)

	Politische Demonstration beta
Wichtigkeit von politischem Einfluß	.07
Defizite beim Einfluß auf politische Entscheidungen	.16

Datenbasis: Wohlfahrtssurvey 1980 (N = 2396 Befragte)

Quelle: Glatzer, Wolfgang/Zapf, Wolfgang, (Hrsg.), Lebensqualität in der Bundesrepublik, Frankfurt 1984

Wie der Tabelle zu entnehmen ist, hat Unzufriedenheit stärkeren Einfluß auf die Beteiligung an einer politischen Demonstration als die Wichtigkeit.

In Tabelle 6 wird untersucht, ob auch Wertorientierungen Einfluß auf die politische Aktivität ausüben. Es wird dabei zurückgegriffen auf den von Inglehardt entwickelten Wertindex, mittels dessen man Personen mit materieller („Materialisten") und immaterieller („Postmaterialisten") Wertorientierung unterscheiden kann. 1978 und 1980 waren jeweils 12 % der Befragten der Untersuchung dem postmateriellen Typus zuordenbar; der Anteil der Materialisten lag bei etwa 40 %, während rund die Hälfte einer Mischung aus den beiden Wertorientierungen den Vorzug gab. Aus der Tatsache, daß die Postmaterialisten sich in der Bevölkerung in der Minderheit befinden, läßt sich Inglehart zufolge ableiten, daß Mitglieder dieser Gruppe ein verstärktes politisches Engagement – vor allem auf dem unkonventionellen Sektor – an den Tag legen, um auf ihre vorrangigen Ziele (mehr Einfluß der Bürger auf die Entscheidungen der Regierung; Schutz des Rechts auf freie Meinungsäußerung) aufmerksam zu machen und zu versuchen, diese gegebenenfalls durchzusetzen. Diese These konnte für die Beteiligungsform der Teilnahme an politischen Demonstrationen im Rahmen der Untersuchung bestätigt werden.

Tabelle 6: Politische Beteiligung bei materialistischer und postmaterialistischer Wertorientierung 1980

Art politischer Beteiligung	Materia-listen %	Postmate-rialisten %	Alle Befragte %	Zusam-menhang eta
An politischer Demonstration teilgenommen	3	30	8	.31
Anzahl N[a]	955	277	2316	

a) Angegeben ist das kleinste N in der jeweiligen Spalte

Datenbasis: Wohlfahrtssurvey 1980 (N = 2396 Befragte)

Quelle: Glatzer, Wolfgang/Zapf, Wolfgang, (Hrsg.), Lebensqualität in der Bundesrepublik, Frankfurt 1984

Die Beteiligungsquote der Postmaterialisten ist signifikant höher als die der Materialisten, indem nämlich 30 % der Postmaterialisten die Möglichkeit der Teilnahme an einer politischen Demonstration genutzt haben, im Gegensatz zu den Materialisten, wo der Anteil nur 3 % beträgt.

In den vorangegangenen Tabellen wurde die Beteiligungsform der Teilnahme an einer politischen Demonstration hinsichtlich der soziodemographischen Determinanten analysiert, in Bezug zur Wertorientierung gesetzt und in Abhängigkeit von der Wichtigkeit politischen Einflusses und diesbezüglicher Defizite betrachtet. Außer acht gelassen wurde dabei, daß soziodemographische Determinanten, Wertorientierungen und subjektive Befindlichkeiten untereinander korrelieren und ihre Einflüsse auf die politische Beteiligung miteinander vermischt sind. Daher soll nun noch mit einer multiplen Klassifikationsanalyse der eigenständige Einfluß der einzelnen Determinanten auf die politische Beteiligung festgestellt werden.

Tabelle 7: Determinanten der politischen Beteiligung (Multiple Klassifikationsanalyse)

	Demonstration beta
Bildung	.20
Alter	.10
Geschlecht	.10
Kirchenbindung	.01
Wichtigkeit politischen Einflusses	.03
Unzufriedenheit mit politischem Einfluß	.11
Wertorientierung	.16
Anteil erklärte Varianz %	15,5

Datenbasis: Wohlfahrtssurvey 1980 (N = 2396 Befragte)

Quelle: Glatzer, Wolfgang/Zapf, Wolfgang, (Hrsg.), Lebensqualität in der Bundesrepublik, Frankfurt 1984

Wie Tabelle 7 zu entnehmen ist, ist lediglich Bildung ein guter Prädikator für die Beteiligungsform der Teilnahme an einer politischen Demonstration. Allerdings beeinflußt auch die Wertorientierung die Teilnahme an einer politischen Demonstration. Mittleren Einfluß haben Merkmale wie Alter, Geschlecht und Unzufriedenheit mit dem politischen Einfluß, nahezu keinen oder höchstens geringen Einfluß haben die Merkmale Kirchenbindung, die Wichtigkeit politischen Einflusses und diesbezügliche Defizite.

Nach dieser Darstellung der politischen Beteiligung in Form von Teilnahme an einer politischen Demonstration anhand von soziodemographischen Determinanten etc. soll noch kurz anhand zweier Tabellen auf die Befürwortung und Ablehnung politischer Verhaltensweisen bzw. die bekundete Bereitschaft zu Formen politischer Teilnahme im Unterschied zwischen Erwachsenen und Jugendlichen eingegangen werden, um daraus einen Schluß zu ziehen, wie stark sich mittlerweile die Zustimmung bzw. Bereitschaft zur Teilnahme an Demonstrationen in der politischen Kultur der Bundesrepublik Deutschland verfestigt hat.

Aus Tabelle 8 ist zu entnehmen, daß immerhin 58,8 % der Bevölkerung zwischen 16 und 50 Jahren in der Bundesrepublik (alte Bundesländer) eine Teilnahme an einer genehmigten politischen Demonstration befürworten. Bei den 16-25jährigen erhöht sich dieser Wert sogar auf 69,6 %.

Tabelle 9 ist der Unterschied zwischen der bekundeten Bereitschaft zu Formen politischer Teilnahme im Unterschied zwischen Erwachsenen und Jugendlichen zu entnehmen, die allerdings auf einer anderen Erhebung basiert als Tabelle 8. Erstaunlich ist der Unterschied zwischen den Bekundungen zur Teilnahme an einer polizeilich genehmigten Demonstration von Erwachsenen und Jugendlichen, die immerhin ca. 30 % beträgt und vor allen Dingen den höchsten Wert in der Spalte Differenz der gewichteten %-Werte Erwachsene-Jugendliche beträgt. Dies gibt doch zu denken, daß Erwachsene um 30 % weniger oder, anders betrachtet, um die Hälfte weniger als der Wert der Jugendlichen ihre Bereitschaft zur Teilnahme an einer Demonstration bekunden.

Die unterschiedlichen Werte der Tabellen 8 und 9 ergeben sich aufgrund der unterschiedlichen Erhebungen, zum anderen vermutlich in der unterschiedliche Formulierung der gestellten Fragen, denn es ist schon ein Unterschied, ob danach gefragt wird, ob (generell) die Teilnahme an eine genehmigten politischen Demonstration befürwortet oder abgelehnt wird, oder ob nach der Bereitschaft zur Teilnahme an einer polizeilich genehmigten Demonstration gefragt wird. Dies läßt sich vielleicht unterscheiden als generelle Haltung zur Teilnahme an Demonstrationen und als Bekundung der eigenen Bereitschaft zur einer solchen Teilnahme.

Die Werte in den Tabellen 8 und 9 lassen sich eindeutig in der Weise interpretieren, daß die Teilnahme an einer politisch genehmigten Demonstration als Form politischer Teilnahme in der politische Kultur der Bundesrepublik Deutschland mittlerweile fest verankert ist, wobei dies bei Jugendlichen und den bis 25jährigen stärker akzeptiert zu sein scheint.

Tabelle 8: Befürwortung und Ablehnung politischer Verhaltensweisen (Bevölkerung zwischen 16 u. 50 Jahren in den alten Bundesländern)

Anzahl der Befragten	Gesamtstichprobe	Altersstufen		
		16–25 J.	26–39 J.	40–50 J.
	4 008	1 104	1 753	1 151
	%	%	%	%
Teilnahme an einer genehmigten politischen Demonstration				
Befürworte ich	58,8	69,6	59,5	47,2
Lehne ich ab	37,6	27,0	37,0	48,6

Quelle: Ernst, Tilman, „Systemveränderern“ das geistige Klima entziehen!, in: Das Parlament, 26. Jahrgang, Nr. 42, 16. Okt. 1976, S. 10

Tabelle 9: Bekundete Bereitschaft zu Formen politischer Teilnahme; Unterschiede zwischen Erwachsenen und Jugendlichen

	1521 Erwachsene	669 Jugendliche	Differenz der gewichteten % Werte Erw.-Jugendliche
	gewichtete % Werte		
Den politischen Teil der Zeitung lesen	78,1	79,7	– 1,6
An Wahlen teilnehmen	87,1	89,7	– 2,6
Politische Gefangene befreien	5,8	10,4	– 4,6
Fabriken besetzen	5,0	13,7	– 8,7
Durch Gespräche oder Briefe versuchen, Politiker zu beeinflussen	29,7	38,6	– 8,8
Politische Parolen an Mauern oder Häuserwände schreiben	4,1	13,8	– 9,7
Für ein politisches Amt kandidieren	13,6	24,7	–10,1
Leerstehende Häuser oder Wohnungen gewaltsam besetzen	5,2	16,6	–11,4
In einer Partei aktiv mitarbeiten	23,1	36,0	–12,9
Bei einer Demonstration den gesamten Straßenverkehr lahmlegen	8,7	23,0	–14,3
Sich an einem wilden Streik beteiligen	7,8	23,8	–16,0
An Wahlversammlungen teilnehmen	50,7	66,9	–16,2
An einer Bürgerinitiative teilnehmen	44,8	61,1	–16,3
Bei Wahlen für die Arbeitnehmervertretung im Betrieb kandidieren	25,5	43,8	–18,3
Andere Leute von der eigenen politischen Meinung zu überzeugen versuchen	34,9	53,2	–18,3
Mitglied einer Partei werden	20,6	39,4	–18,8
Sich zusammen mit anderen Mietern gegen Mieterhöhungen wehren	37,4	61,4	–24,0
An einer polizeilich genhemigten Demonstration teilnehmen	25,6	55,5	–29,9

Quelle: Ernst, Tilman, „Systemveränderern" das geistige Klima entziehen!, in: Das Parlament, 26. Jahrgang, Nr. 42, 16. Okt. 1976, S. 10

4. Einstellung bzw. Teilnahme an Streiks

Bevor hier anhand einiger empirischer Untersuchungen auf die Einstellung bzw. Bereitschaft der Arbeiterschaft und der Gesamtbevölkerung zu Streiks eingegangen werden soll, erfolgt eine kurze Darstellung der wichtigsten Streiks in der Geschichte der Bundesrepublik Deutschland.

Es gibt in der Geschichte der Bundesrepublik Arbeitskämpfe, die von der Anzahl der Streikenden oder der Dauer des Streiks her von besonderer Bedeutung waren. Hierzu gehören – nach der Welle von Hungerdemonstrationen 1947/48 – der eintägige Generalstreik vom 12. November 1948, die Streiks der Metallarbeiter in Hessen 1951 und in Bayern 1954, die Kämpfe gegen das Betriebsverfassungsgesetz 1952 und die eintägige Arbeitsniederlegung gegen die gewerkschaftsfeindliche Äußerung des Konzerndirektors Reusch im Jahre 1955.

Der bisher längste Streik in der Geschichte der Bundesrepublik war der Kampf der Metallarbeiter in Schleswig-Holstein 1956/57, der die Lohnfortzahlung im Krankheitsfall auch für Arbeiter erreichte. Weitere wichtige Streiks waren der Warnstreik der Kommunalarbeiter 1958, Streik und Aussperrung in der Metallindustrie in Nordwürttemberg/Nordbaden 1963 und die „Septemberstreiks“ 1969, die sich mit den betrieblichen Arbeitsniederlegungen 1970 und den Streiks für Teuerungszulagen im August/September 1973 fortsetzten. Im Sommer 1971 streikten die Chemiearbeiter, im Spätherbst 1971 wurde im Streik der Metallarbeiter in Nordwürttemberg/Nordbaden abermals ausgesperrt. Im Herbst 1973 kämpften die Metallarbeiter in Nordwürttemberg/ Nordbaden erfolgreich für den „Lohnrahmentarifvertrag II“, für Verdienstabsicherung und Lohnerhöhung. 1974 gab es den ersten bundesweiten Streik im öffentlichen Dienst.

Die Bedeutung eines Streiks mißt sich jedoch nicht nur an seiner Länge, der Zahl der Streikenden oder seiner flächenmäßigen Ausdehnung. Es hat eine Reihe von Streiks gegeben, die weit größere Bedeutung erlangt haben, als sich nach der Zahl der Streikenden vermuten läßt, sei es, daß neue Gruppen in den Streik einbezogen werden konnten oder neue Kampfformen erprobt wurden, sei es, daß bestimmte Forderungen zum ersten Mal erhoben und „exemplarisch“ auch für andere durchgesetz wurden. Ein herausragendes Beispiel ist der Metallarbeiterstreik in Schleswig-Holstein 1956/57, der von den Unternehmern mit aller Härte bekämpft wurde, weil man befürchtete, daß ein positives Ergebnis erhebliche Auswirkungen auf andere Bereiche haben würde – was ja auch der Fall war: Er führte zur bundeseinheitlichen Regelung der Lohnfortzahlung im Krankheitsfall. Der Metallarbeiterstreik 1973 lehrt, daß die Lohnabhängigen nicht nur für mehr Lohn, sondern auch für bessere Arbeitsbedingungen kämpfen können und wollen. Exemplarischen Charakter besaßen auch der Druckerstreik gegen die „Lohnleitlinie“ 1976 und der Streik in der Druckindustrie für einen neuen Tarifvertrag über die Einfühung neuer Techniken 1978 sowie der Kampf der Stahlarbeiter 1978/79 für die 35-Stunden-Woche, wie sie auch von anderen Gewerkschaften gefordert wird.

Auch kleine Streiks können von beispielhafter Bedeutung sein. 1975 machte der Kampf von 150 Zementarbeitern der Firma Seibel in Erwitte Schlagzeilen; die Belegschaft setzte sich gegen eine geplante Betriebsstillegung und gegen einen besonders rücksichtslosen Unternehmer mit einer Betriebsbesetzung zur Wehr. Auch die Kämpfe gegen Betriebsstillegungen bei AKZO-Enka-Glanzstoff in Wuppertal-Barmen 1972, bei VFW-Fokker in Speyer und Bremen seit 1974, bei Stübbe-DEMAG in Kalletal 1975 und zuletzt auch bei AEG-Kanis in Nürnberg und Essen 1978/79 erlangten exemplarische Bedeutung und entfachten Solidaritätsbewegungen, die weit über den lokalen Rahmen hinausgingen.

Nicht vergessen werden darf in diesem Zusammenhang der Streik der Stahlarbeiter in Rheinhausen und Hattingen 1986/87, in dem es um Betriebsstillegungen ging, und der derzeitige Streik der Stahlarbeiter in Rheinhausen und Düsseldorf. Auch im momentanen Arbeitskampf der Stahlarbeiter geht es um die Stillegung des Betriebs in Rheinhausen.

1992 fand der Streik der ÖTV im öffentlichen Dienst statt.

In der folgenden Darstellung geht es um die Einstellung der Arbeiterschaft zum Thema Streik, bevor dann noch auf die grundsätzliche Einstellung der Bevölkerung zum Thema Streik eingegangen werden soll.

Was die Meinungen der Arbeiter zum Streik anbelangt, so halten sie es mit großer Mehrheit für richtig, daß die Gewerkschaften zur Durchsetzung der Forderungen der Arbeitnehmer auch zum Mittel des Streiks greifen. Hierbei gibt es keine allzu großen Differenzen zwischen Facharbeitern und den übrigen Arbeitern. Innerhalb eines Vergleichszeitraumes von fünf Jahren, von 1965 bis 1970, sind die Meinungen der Arbeiterschaft zum kollektiven Arbeitskampf fast konstant geblieben. In den Erhebungszeitpunkten, die beide in eine Boomsituation fielen, haben sich jeweils über zwei Drittel der Facharbeiter und knapp zwei Drittel der übrigen Arbeiter für die Anwendung des Kampfmittels Streik ausgesprochen. Rund jeder fünfte Arbeiter lehnt die Anwendung des Streiks ab und eine noch kleinere Gruppe verhält sich indifferent.

Tabelle 10: Einstellungen zum Streik

Einstellungen zum Streik					
Frage: "Halten Sie es für richtig, daß die Gewerkschaften zur Durchsetzung der Forderungen der Arbeitnehmer auch zum Mittel des Streiks greifen?"	Zahl der Befragten	Insgesamt	Daß die Gewerkschaften zum Mittel des Streiks greifen, ist...		
			richtig	nicht richtig	Weiß nicht, keine Angabe
	abs.	%	%	%	%
Facharbeiter	252	100	70	20	10
An- und ungelernte Arbeiter	273	100	62	20	18
Facharbeiter	295	100	68	18	14
Übrige Arbeiter	204	100	64	23	13

Quelle: Nickel, Walter, Zum Verhältnis von Arbeiterschaft und Gewerkschaft, Köln 1974

Untersucht man die zeitliche Entwicklung der Einstellungen zum Streik in dem Beobachtungszeitraum von 1963 bis 1970, so ergeben sich im Zeitablauf bestimmte Schwankungen, die deutlich mit der konjunkturellen Entwicklung zusammenhängen. Diese Schwankungen treten in gleicher Weise – wenn auch auf unterschiedlichem Zustimmungsniveau – bei den organisierten und bei den nichtorganisierten Arbeitnehmern auf. Während 1963/64 vier Fünftel der organisierten Arbeitnehmer den Streik bejahten, waren es in der Rezession von 1967 nur noch zwei Drittel; ein etwa gleich starker Rückgang der Zustimmung zum Streik fand in diesem Zeitraum auch bei den nichtorganisierten Arbeitnehmern statt. Mit dem Aufschwung im Jahre 1968 stieg auch in beiden Gruppen der Anteil derjenigen wieder stärker an, die den Streik bejahten. Im Verlauf des folgenden Jahres setzte sich diese Tendenz bei den Nichtorganisierten noch weiter fort, während sich bei den Organisierten eine leichte Abschwächung der Streikbejahung abzeichnete. Die Septemberstreiks und die nachfolgenden Streikbewegungen haben keine aufsehenerregenden Veränderungen der Einstellungen bewirkt, wenn man den Umfang der Zustimmung mit dem von früheren Jahren vergleicht. Bei den Nichtorganisierten ergaben sich keine merkbaren Veränderungen und bei den Organisierten wurde lediglich der Zustimmungsgrad des Vorjahres wieder erreicht. Mit der Bejahung des Streiks durch drei Viertel der Organisierten und gut der Hälfte der Nichtorganisierten scheint sich auch eine seit längerer Zeit gültige obere Grenze der Streikbefürworter in der Arbeiterschaft abzuzeichnen.

Tabelle 11: Entwicklung der Einstellungen zum Streik

Entwicklung der Einstellungen zum Streik									
Frage: "Halten Sie es für richtig, daß die Gewerkschaften zur Durchsetzung der Forderungen der Arbeitnehmer auch zum Mittel des Streiks greifen?"	Den Streik bejahten im...								
	Winter 1963/64	Sommer 1964	Winter 1964/65	Sommer 1965	Herbst 1966	Herbst 1967	Herbst 1968	Herbst 1969	Herbst 1970
	%	%	%	%	%	%	%	%	%
Organisierte Arbeitnehmer	81	80	73	76	71	66	78	71	76
Nichtorganisierte Arbeitnehmer	59	61	52	48	46	46	52	57	56

Quelle: Nickel, Walter, Zum Verhältnis von Arbeiterschaft und Gewerkschaft, Köln 1974

Die Kampfmaßnahme Streik stellt eine Extremsituation in der Arbeitswelt dar, die mit nichtkalkulierbaren Risiken verbunden ist. Ob ein bestimmter offizieller Streik Popularität genießt, allgemein akzeptiert wird oder nicht, hängt von einer jeweils unterschiedlichen Reihe von Faktoren ab, vor allem aber davon, ob sich für den zum Streik aufgeforderten Arbeitnehmer ein konkreter Bezug zu seiner privaten Interessenlage herstellen läßt, für die er sich durch diese Aktion eine spürbare Verbesserung erhofft. Dies gilt in besonderem Maße für die vorwiegend instrumental arbeitsorientierten Arbeiter, denn für diese steht die monetäre Vergütung ihres Arbeitsaufwands im Mittelpunkt der industriellen Interessenbeziehungen und ihr Hauptanliegen ist, diese Vergütung möglichst hoch zu halten. Es muß auch unterschieden werden zwischen der grundsätzlichen Einstellung zum Phänomen des Streiks überhaupt und der jeweils besonderen Haltung gegenüber dem konkreten Ereignis. Für die Beurteilung der Einstellung zur Gewerkschaft ist weniger die grundsätzliche Einstellung zum Streik entscheidend als die Bereitschaft, einem Streikaufruf der Gewerkschaft auch tatsächlich zu folgen. Diese Bereitschaft ist ein gewichtiges Indiz für das generelle Vertrauen, das man den Gewerkschaften entgegenbringt. Was nun diese Bereitschaft anbelangt, so gibt es innerhalb der Arbeitnehmerschaft große Unterschiede, wenn man nach der Stellung im Beruf unterscheidet. Arbeiter zeigen danach ein wesentlich stärkeres Maß an Bereitschaft zum Streik als Angestellte und Beamte.

Tabelle 12: Streikbereitschaft – 1

Streikbereitschaft		
Frage: "Stellen Sie sich einmal vor, die Gewerkschaft würde jetzt zum Streik aufrufen, um die Forderung durchzusetzen, die für Sie die wichtigste ist. Würden Sie sich in diesem Falle dem Streik anschließen?"		
	Arbeiter	Angestellte, Beamte
	%	%
Zum Streik bereit	51	25
Unentschieden	11	11
Zum Streik nicht bereit	19	45
Keine Angabe	19	19
Insgesamt	100	100

Quelle: Nickel, Walter, Zum Verhältnis von Arbeiterschaft und Gewerkschaft, Köln 1974

Arbeiter sind also doppelt so häufig bereit, für die Durchsetzung der für sie wichtigsten Forderungen zu streiken als die übrigen Arbeitnehmergruppen. Organisierte Arbeitnehmer äußern eine wesentlich größere Streikbereitschaft als nichtorganisierte Arbeitnehmer. Bei den Organisierten ist das Eintrittsalter in die Gewerkschaft ein Faktor, der sehr stark die Streikbereitschaft beeinflußt. Je früher ein Eintritt in die Gewerkschaft erfolgt, desto stärker sind im allgemeinen die Bindungen an die Gewerkschaft und damit auch das Ausmaß der Geneigtheit, einem Streikaufruf der Gewerkschaft Folge zu leisten. Was die Nichtorganisierten anbelangt, so verhält sich die den Gewerkschaften nahestehende Minderheit der Beitrittsbereiten ähnlich wie die Mitglieder, die nach dem 25. Lebensjahr in die Gewerkschaft eingetreten sind. Diejenigen hingegen, die einer Mitgliedschaft abweisend gegenüberstehen, sind nur zu einem kleinen Teil streikbereit.

Tabelle 13: Streikbereitschaft und organisierte/nichtorganisierte Arbeitnehmer

Streikbereitschaft	Organisierte Arbeitnehmer		Nichtorganisierte Arbeitnehmer	
	Vor dem 25.Lebensjahr beigetreten	Nach dem 25.Lebensjahr beigetreten	Zum Beitritt bereit	Zum Beitritt nicht bereit
	%	%	%	%
Zum Streik bereit	73	55	56	18
Unentschieden	11	14	13	9
Zum Streik nicht bereit	8	21	16	53
Keine Angabe	8	10	15	20
Insgesamt	100	100	100	100

Quelle: Nickel, Walter, Zum Verhältnis von Arbeiterschaft und Gewerkschaft, Köln 1974

Die in den Meinungen deutlich werdenden Einstellungen zum Streik und vor allem das Ausmaß der geäußerten Streikbereitschaft müssen einerseits mit der hierbei gebotenen Vorsicht zur Kenntnis genommen werden, da die relativ streikfriedliche soziale Entwicklung in der Bundesrepublik nur einen kleinen Teil der Arbeitnehmerschaft mit dieser Konfliksituation und ihren Konsequenzen in Berührung gebracht hat. Andererseits muß beachtet werden, daß die reale Streiksituation ihre Eigengesetzlichkeiten entfaltet und in ihr durch die damit verbundene emotionale Aufladung Kräfte freigesetzt werden, die dann viele Arbeiter für den Streik stimulieren, obwohl diese dessen Rationalität zuvor verneint hatten.

Die Einstellungen der Arbeitnehmer zum Arbeitskampfmittel Streik werden besonders deutlich strukturiert, wenn zur Stellungnahme aufgefordert wird, ob der Streik durch Gesetze verboten werden soll und was dafür und was dagegen spreche. Einerseits findet sich bei den Arbeitnehmern, die keinerlei Affinität zur Gewerkschaft haben, eine Minderheit von gut einem Drittel, die sich für ein Streikverbot bzw. für eine Einschränkung des Streikrechts ausspricht. Bemerkenswert ist jedoch andererseits, daß auch von den Gewerkschaftsmitgliedern sich ein knappes Viertel dieser Meinung anschließt. Rund jeder zehnte Arbeitnehmer ist bei dieser Alternative indifferent. Die Mehrheit der Arbeitnehmer bezieht jedoch eindeutig Stellung gegen Absichten, die Streikmöglichkeiten zu beseitigen. Über die Hälfte der nicht gewerkschaftlich orientierten Arbeitnehmer und gut zwei Drittel der Mitglieder treten unmißverständlich für das Mittel des Streiks ein.

Tabelle 14: Meinungen zum Streikverbot

Meinungen zum Streikverbot								
Frage: "Man hört heute gelegentlich die Meinung, der Streik sollte durch Gesetze verboten werden. Was halten Sie davon: Was spricht dafür, was spricht dagegen?"	Zahl der Befragten	Insgesamt	Sind ohne Kommentar gegen Verbot	Verbot verstoße gegen Verfassung	Streik ist als Arbeitskampfmittel zu erhalten	Streikrecht sollte eingeschränkt werden	für ein Streikverbot	Keine Angabe
	abs.	%	%	%	%	%	%	%
Gewerkschaftsmitglieder	206	100	26	29	14	19	4	8
Ehemalige Gewerkschaftsmitglieder	113	102	24	12	27	18	12	9
Beitrittswillige Nicht-Mitglieder	116	105	17	20	29	18	12	9
Sonstige Nicht-Mitglieder	187	101	20	15	18	14	22	12

Quelle: Nickel, Walter, Zum Verhältnis von Arbeiterschaft und Gewerkschaft, Köln 1974

Auch die Idee der Solidarität der Arbeiterschaft dürfte im Streikfall eine Rolle spielen, worauf die Antworten auf die nachstehende Frage hinweisen. Erstaunlich ist hierbei, daß sich die große Mehrheit der organisierten Arbeiter gegebenenfalls den Streikaktionen anschließen würde, auch wenn dieser Teil der Arbeiterschaft der Auffassung ist, daß es nicht richtig ist, zu streiken, also grundsätzlich gegen das Arbeitskampfmittel Streik eingestellt ist.

Tabelle 15: Streikbereitschaft – 2

Streikbereitschaft		
Frage: "Wenn wir mal annehmen, Sie persönlich wären nicht davon überzeugt, daß es richtig ist, zu streiken, würden Sie dann trotzdem mitstreiken oder würden Sie das nicht tun?"		Organisierte Arbeiter
		%
	Mitstreiken	74
	Nicht streiken	16
	Unentschieden	8
	Keine Angabe	2
	Insgesamt	100
	Zahl der Fälle	1 309

Quelle: Nickel, Walter, Zum Verhältnis von Arbeiterschaft und Gewerkschaft, Köln 1974

Wenn es auch im konkreten Einzelfalle oft größerer agitatorischer Anstrengungen von seiten der Gewerkschaft bedarf, um einen Streik in der gesamten Arbeiterschaft – auch über die Mitglieder hinaus – zu popularisieren, so kann man doch aufgrund der Erfahrungen und der Bewußtseinsstruktur der Arbeiterschaft davon ausgehen, daß die Handhabung des Streiks als äußerstes Mittel gewerkschaftlicher Politik im allgemeinen auf die erforderliche Resonanz stößt. Das Engagement der aktiven Minderheit wirkt ansteckend, und wenn sich durch situative Faktoren die Gesetze der Massenpsychologie auswirken können, genügt oft eine Initialzündung, um die Mehrheit – selbst wenn zunächst stärkere negative Einstellungen wirksam waren – mitzureißen. „Das Kapitel ‚Streik' kann abgeschlossen werden mit der Feststellung, daß hier keine kritisch zu nennende Apathie gegeben ist. Vielmehr finden die Gewerkschaften generell eine umfangreiche Legitimierung durch die Mitglieder und darüber hinaus durch die Mehrzahl der übrigen Arbeitnehmer: sowohl in der grundsätzlichen Einstellung zum Streik als auch in der grundsätzlichen Streikbereitschaft, in der konkreten Streikbereitschaft und in der Streikbeteiligung."[8]

Die beiden folgenden Tabellen bzw. Schaubilder stellen im Anschluß an diese recht ausführliche Darstellung der Einstellung bzw. Bereitschaft der Arbeiterschaft zum Thema Streik eine Übersicht über die Anzahl der beteiligten bzw. betroffenen Arbeitnehmer und der ausgefallenen Arbeitstage bei Streiks

8 Schellhoss, Hartmut, Apathie und Legitimität, Das Problem der neuen Gewerkschaften, München 1967, S. 159

und Aussperrungen von 1960-1991 in der Bundesrepublik Deutschland und die im Durchschnitt jährlich durch Arbeitskämpfe verlorene Arbeitstage je 1000 Arbeitnehmer der Jahre 1970-1990 im internationalen Vergleich dar. Näher eingegangen auf die beiden Tabellen bzw. Schaubilder wird in diesem Zusammenhang nicht.

Tabelle 16: Streiks und Aussperrungen

Streiks und Aussperrungen

Jahr	Streiks[1]		Aussperrungen[2]		Streiks und Aussperrungen	
	Beteiligte Arbeitnehmer	Ausgefallene Arbeitstage	Betroffene Arbeitnehmer	Ausgefallene Arbeitstage		
	1 000					%[3]
Früheres Bundesgebiet						
1960	17	38	–	–	38	0,2
1965	6	49	0,0	1,0	49	0,2
1970	184	93	–	–	93	0,5
1975	36	69	–	–	69	0,3
1976	117	412	52,0	122,0	534	2,7
1977	34	24	–	–	24	0,1
1978	299	2548	188,0	1733,0	4281	21,4
1979	63	405	15,0	78,0	483	2,4
1980	45	128	–	–	128	0,6
1981	253	58	–	–	58	0,3
1982	40	15	–	–	15	0,1
1983	94	41	–	–	41	0,2
1984	399	2921	138,0	2696,0	5618	28,6
1985	78	35	–	–	35	0,2
1986	116	28	–	–	28	0,1
1987	155	33	–	–	33	0,2
1988	34	42	–	–	42	0,2
1989	44	100	–	–	100	0,5
1990	257	364	–	–	364	1,6
1991	208	154	–	–	154	0,7
Neue Bundesländer[4]						
1991	.	.	.	.	.	.
Deutschland						
1991	.	.	.	.	.	.

1) Einschl. gleichzeitiger Aussperrungen
2) Ohne gleichzeitige Ausfälle durch Streiks
3) Je 100 beschäftigte Arbeiter und Angestellte (ohne Beamte und Soldaten) (2.6)
4) Für die neuen Bundesländer gibt es für diese Aufgliederung noch keine Daten

Quelle: Bundesministerium für Arbeit und Sozialordnung, Statistischen Taschenbuch 1992, Bonn 1992

Tabelle 17: Durch Streiks verlorene Arbeitstage

Alle Räder stehen still...

Jährlich durch Arbeitskämpfe verlorene Arbeitstage je 1000 Arbeitnehmer (Durchschnitt der Jahre 1970 bis 1990)

1 042 Italien
867 Griechenland*
708 Spanien
579 Irland
435 Großbritannien
225 USA
211 Dänemark
145 Frankreich
133 Portugal*
116 Schweden
64 Japan
40 Deutschland (alte Länder)
28 Niederlande
6 Österreich
Schweiz 1

*1980-1990

Quelle: iw

© Globus

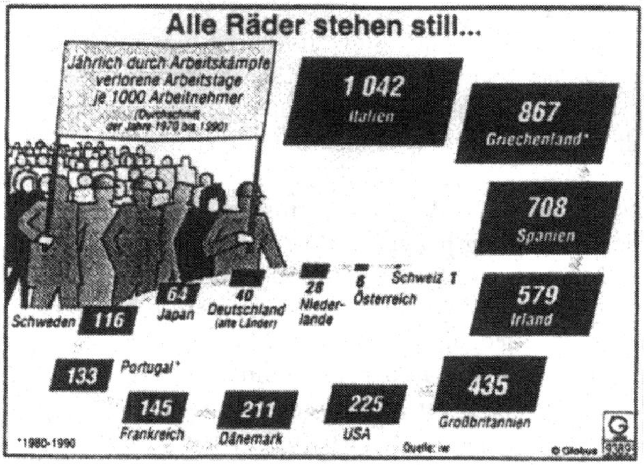

Statistische Angaben: Institut der deutschen Wirtschaft

Quelle: Bundesministerium für Arbeit und Sozialordnung, Statistisches Taschenbuch 1992, Bonn 1992

Zum Schluß der Untersuchung des Beispiels Einstellung bzw. Teilnahme an Streiks soll noch die Einstellung der Bevölkerung zum Kampfmittel Streik untersucht werden. Leider waren zu dieser Fragestellung keine aktuellen Untersuchungen zu finden, sondern nur solche aus den 50er und 60er Jahren. Sie mögen jedoch Anhaltspunkte für die Einstellung der Bevölkerung zum Thema Streik geben, auch wenn sich in 30 Jahren einiges geändert haben kann.

Die Darstellung in den fünf folgenden Tabellen geht der Frage nach, wann Streiks angebracht sind und wann nicht. Im Dezember 1948, also noch vor Gründung der Bundesrepublik Deutschland, halten immerhin 51 % der Bevölkerung Streiks für unzweckmäßig, zweckmäßig nur 16 % zur Erreichung des Mitbestimmungsrechts in den Betrieben, 15 % für Preissenkungen und 13 % für Lohnerhöhungen. Andere Ziele bzw. keine Angaben machten 14 % der Bevölkerung. Im November 1955 waren 19 % der Bevölkerung für Streiks zur Erreichung von Lohnerhöhungen, immerhin aber 61 % gegen Streiks. Im April 1958 waren es dann allerdings schon fast die Hälfte der Bevölkerung, nämlich 44 %, die Streiks für angebracht hielten, um Lohnerhöhungen zu erreichen. 33 % hielten dies für nicht angebracht, 23 % machten keine näheren Angaben. Im März 1966 hatte sich das Verhältnis der Befürworter und Ablehnenden von Streiks zur Erreichung von Lohnforderungen jedoch fast wieder umgekehrt. Nun hielten 41 % der Bevölkerung Streiks für nicht angebracht, wogegen 35 % Streiks für angebracht hielten. 24 % hatten keine genauere Meinung dazu.

Streiks zur Erreichung der 40-Stunden-Woche hielten im April 1958 25 % für angebracht, 57 % jedoch für nicht angebracht. Im März 1966 waren es sogar nur 17 %, die Streiks zur Erreichung einer Verkürzung der Arbeitszeit für angebracht halten, wogegen 64 % sie nicht für angebracht halten.

Erstaunlicherweise fanden im April 1958 immerhin 52 % Streiks für angebracht, wenn es darum geht, die Atomaufrüstung der Bundeswehr zu verhindern. 31 % der Bevölkerung halten hier Streiks für unangebracht, 17 % geben keine genauere Meinung an. Im August 1954 sind 44 % der Bevölkerung gegen die damals gerade stattfindenden Streiks, immerhin 32 % sind dafür, 22 % verhalten sich unentschieden. Wichtiger dürfte jedoch das Ergebnis der Fragestellung der Tabelle 22 sein, in der immerhin 37 % angeben, daß die Streiks aus ihrer Sicht für die Arbeiter notwendig waren, 31 % halten sie für nicht notwendig, und fast ebensoviel, nämlich 30 %, wissen nicht, ob sie die Streiks für notwendig halten oder nicht.

Tabelle 18: Einstellung zum Streik – 1

Frage: *„In den Zeitungen und so wird ja vielfach die Frage aufgeworfen, wann heute ein Streik angebracht ist und wann nicht. Ich lese Ihnen jetzt drei Beispiele vor:"*

	April 1958		
	Ges. %	M. %	F. %
„Finden Sie es angebracht, wenn ein Streik beschlossen wird, um die 40-Stunden-Woche zu erreichen?"			
Angebracht	25	29	22
Nicht angebracht	57	60	54
Kommt drauf an, weiß nicht	18	11	24
	100	100	100
„Und finden Sie es angebracht, wenn ein Streik ausgerufen wird, um Lohnerhöhungen zu bekommen?"			
Angebracht	44	50	39
Nicht angebracht	33	32	34
Kommt drauf an, weiß nicht	23	18	27
	100	100	100
„Und finden Sie es angebracht, wenn gestreikt wird, um die Atomausrüstung der Bundeswehr zu verhindern?"			
Angebracht	52	51	54
Nicht angebracht	31	37	25
Kommt drauf an, weiß nicht	17	12	21
	100	100	100

Tabelle 19: Einstellung zum Streik – 2

Frage: *„In Zeitungen und so wird ja vielfach die Frage aufgeworfen, wann heute ein Streik angebracht ist und wann nicht.*

1. Finden Sie es angebracht, wenn ein Streik beschlossen wird, um eine Verkürzung der Arbeitszeit zu erreichen?"

	März 1966
	%
Nicht angebracht	64
Angebracht	17
Kommt darauf an, weiß nicht	19
	100

2. „Und finden Sie es angebracht, wenn ein Streik ausgerufen wird, um Lohnerhöhungen zu bekommen?"

	1958 April	1966 März
	%	%
Nicht angebracht	33	41
Angebracht	44	35
Kommt darauf an, weiß nicht	23	24
	100	100

Tabelle 20: Einstellung zum Streik 3

Frage: *„Die Gewerkschaften wollen noch in diesem Jahr streiken, um ihre Forderungen nach Lohnerhöhungen in der Industrie durchzusetzen. Sind Sie persönlich für oder gegen einen solchen Streik?"*

C November 1955

	Ges.	M.	F.
	%	%	%
Für Streik	19	27	13
Gegen Streik	61	58	65
Unentschieden	20	15	22
	100	100	100

Tabelle 21: Einstellung zum Streik – 4

Frage: *„Für welche Ziele halten Sie einen Streik zweckmäßig?"*

C Dezember 1948

	%
Streiks überhaupt unzweckmäßig	51
Für Mitbestimmungsrecht in den Betrieben	16
Für Preissenkung	15
Für Lohnerhöhung	13
Andere Ziele	3
Unentschieden, weiß nicht	11
	109

Tabelle 22: Einstellung zum Streik – 5

Frage: *„Haben Sie davon gelesen oder gehört, daß es jetzt in verschiedenen Gegenden Deutschlands Streiks gibt?"*

E	August 1954 Ges. %	M. %	F. %
Ja	98	99	97
Nein	2	1	3
	100	100	100

Frage: *„Was sagen Sie zu den Streiks: sind Sie persönlich dafür, daß jetzt gestreikt wird oder sind Sie dagegen?"*

E	August 1954 Ges. %	M. %	F. %
Dagegen	44	45	44
Dafür	32	42	24
Unentschieden	22	12	29
Nichts von Streiks gehört	2	1	3
	100	100	100

Frage: *„Glauben Sie, daß es für die Arbeiter notwendig war, zu streiken, oder nicht notwendig?"*

E	August 1954 Ges. %	M. %	F. %
Notwendig	37	44	31
Nicht notwendig	31	33	29
Weiß nicht	30	22	37
Nichts von Streiks gehört	2	1	3
	100	100	100

Quelle: Allensbacher Jahrbuch der Demoskopie, Band 1, 2, 4, Allensbach

Ein Blick auf Tabelle 23 zeigt, daß im August 1962 37 % der Bevölkerung der Meinung sind, daß in zwanzig, dreißig Jahren die Arbeiter nach wie vor streiken werden, wogegen 31 % glauben, daß der Streik bis dahin überholt sein wird und alles nur noch durch Verhandlungen gelöst werden wird. 32 % sind unentschieden in dieser Frage.

Tabelle 23: Zukunftsaussichten des Streiks

Frage: „Glauben Sie übrigens, daß in zwanzig, dreißig Jahren die Arbeiter bei Lohnforderungen noch streiken werden, oder glauben Sie, der Streik wird bis dahin überholt sein, das wird alles nur noch durch Verhandlungen gelöst?"

	August 1962				
	Die Arbeiter werden in zwanzig, dreißig Jahren — noch streiken	nicht mehr streiken	Unentschieden		
	%	%	%		%
Gesamtergebnis *)	37	31	32	=	100
BERUFSKREISE:					
Berufstätige Arbeiter	40	32	28	=	100
gewerkschaftlich organisiert	44	30	26	=	100
gewerkschaftlich nicht organisiert	36	34	30	=	100
Berufstätige Angestellte	37	39	24	=	100
gewerkschaftlich organisiert	43	39	18	=	100
gewerkschaftlich nicht organisiert	34	39	27	=	100
Berufstätige Beamte	42	26	32	=	100
Berufstätige Selbständige in Handel und Gewerbe	39	32	29	=	100
Freie Berufe (Berufstätige)	43	36	21	=	100

*) Nur Personen von 16 bis 60 Jahren

Quelle: Allensbacher Jahrbuch der Demoskopie, Band 3, Allensbach 1965

In der Zusammenfassung der Untersuchung zum Thema Einstellung bzw. Teilnahme an Streiks kann man eigentlich nur noch einmal auf das eingehen, was oben schon einmal im Zusammenhang mit der Einstellung der Arbeiterschaft zum Thema Streik gesagt wurde, daß nämlich die Handhabung des Streiks als äußerstes Mittel gewerkschaftlicher Politik im allgemeinen auf die erforderliche Resonanz stößt. Es gibt eine aktive Minderheit in der Arbeiterschaft und ebenso eine Minderheit in der Bevölkerung, die einen positive Einstellung zum Thema Streik haben und im Falle der Arbeiterschaft zur Teilnahme an Streiks bereit sind. Die aktive Minderheit in der Arbeiterschaft wirkt im Falle eines Streiks mitreißend auf die anderen Arbeitnehmer, die grundsätzlich gegen Streiks eingestellt sind. Man darf zudem nicht außer acht lassen, daß der Streik als Kampfmittel der Gewerkschaften nicht erst seit der Gründung der Bundesrepublik Deutschland eine lange Tradition hat, sondern schon seit den Anfängen der Gewerkschaftsbewegung im 19. Jahrhundert. Die Untersuchung zeigt deutlich, daß sich die Tradition der Streikkultur, d.h. der Einstellungen bzw. Teilnahmen an Streiks in der Bundesrepublik verfestigt haben und ihren festen Platz in der politischen Kultur der Bundesrepublik Deutschland einnehmen.

5. Fazit

Eine ausführliche Zusammenfassung des Inhalt der Untersuchungen ist nach Meinung des Autors nicht notwendig. Die drei Untersuchungen über Abstimmungsverhalten, Teilnahme an Demonstrationen und Einstellung bzw. Teilnahme an Streiks sprechen für sich. Es bleibt eigentlich nur noch einmal zu wiederholen, daß alle drei Untersuchungsbeispiel mittlerweile integrierte Bestandteile der politischen Kultur der Bundesrepublik Deutschland sind, also dort ihren „festen Platz" gefunden haben und somit die Aussage von Rainer M. Lepsius (siehe auch Einleitung), daß „die Bundesrepublik (...) zu einem Land geworden" ist, „das die Grundelemente einer demokratischen Kultur mit charakteristischen eigenen Ausprägungen angenommen hat"[9], in Bezug auf die drei untersuchten Beispiele bestätigt werden kann.

9 Lepsius, M. Rainer, a.a.O., S. 63-84

6. Bibliographie

Allensbacher Jahrbuch der Demoskopie

Band 1, 1947-1955, Allensbach 1956

Band 2, 1957, Allensbach 1957

Band 3, 1958-1964, Allensbach 1965

Band 4, 1965-1967, Allensbach 1967

Band 5, 1968-1973, Allensbach 1974

Band 7, 1976-1977, Wien 1977

Band 8, 1978-1983, München 1983

Berg-Schlosser, Dirk/Schissler, Jakob, Politische Kultur in Deutschland, Politische Vierteljahresschrift, Sonderheft 18, Opladen 1987

Böhr/Fuchs/Koch (Hrsg.), Pluralismus im Widerstreit, Krefeld 1982

Degen, Barbara/Siebert, Gerd/Stöhr, Wolfgang, Handbuch für den Arbeitskampf, Frankfurt 1979

Eisel, Stephan, Minimalkonsens und freiheitliche Demokratie, Paderborn 1986

Ernst, Tilman, „Systemveränderern" das geistige Klima entziehen!, in: Das Parlament, 26. Jahrgang, Nr. 42, 16. Okt. 1976, S. 10

Gabriel, Oscar W., Politische Kultur, Postmaterialismus und Materialismus in der Bundesrepublik Deutschland, Opladen 1986

Gesellschaft für Zukunftsfragen e.V., Werteinstellung und Wertwandel, Berlin 1978

Glatzer, Wolfgang/Zapf, Wolfgang (Hrsg.), Lebensqualität in der Bundesrepublik, Frankfurt 1984

Greiffenhagen, Martin/Greiffenhagen, Sylvia/Prätorius, Rainer (Hrsg.), Handwörterbuch zur politischen Kultur der Bundesrepublik Deutschland, Opladen 1981

Hättich, Manfred, Begriff und Formen der Demokratie, Mainz 1966

Ders., Nationalbewußtsein im geteilten Deutschland, in: Weidenfeld, Werner (Hrsg.), Die Identität der Deutschen (Schriftenreihe der Bundeszentrale für politische Bildung Nr. 200), Bonn 1983, S. 286

Hondrich, Karl Otto/Vollmer, Randolph (Hrsg.), Bedürfnisse, Opladen 1983

Inglehart, Ronald, Kultureller Umbruch, Frankfurt 1989

Institut für Demoskopie Allensbach, Eine Generation später, Allensbach 1981

Jaide, Walter, Wertewandel? Grundfragen zur Diskussion, Opladen 1983

Kalbitz, Rainer, Die Streikstatistik in der Bundesrepublik, in: Gewerkschaftliche Monatshefte, 23. Jahrgang, 1972, S. 495-505

Klages, Helmut, Wertedynamik, Osnabrück 1988

Klages, Helmut/Hippler, Hans-Jürgen/Herbert, Willi, Werte und Wandel, Frankfurt 1992

Klages, Helmut/Kmieciak, Peter (Hrsg.), Wertwandel und gesellschaftlicher Wandel, Frankfurt 1979

Kmieciak, Peter, Wertstrukturen und Wertwandel in der Bundesrepublik Deutschland, Göttingen 1976

Luthe, Heinz Otto/Meulemann, Heiner (Hrsg.), Wertwandel – Faktum oder Fiktion ?, Frankfurt 1988

Maag, Gisela, Gesellschaftliche Werte, Opladen 1991

Matz, Ulrich, Grundprobleme der Demokratie, Darmstadt 1973

Müller-Rommel, Ferdinand, Die Postmaterialismusdiskussion in der empirischen Sozialforschung, in: Politische Vierteljahresschrift 24, S. 218-228

Nickel, Walter, Zum Verhältnis von Arbeiterschaft und Gewerkschaft, Köln 1974

Oberreuther, Heinrich, Verfügung über den Weltuntergang?, in: Das Parlament, 31.03.1984

Prester, Hans-Georg, Politischer Protest in der Bundesrepublik Deutschland, Bern 1987

Pross, Harry, Protestgesellschaft, München 1992

Rausch, Heinz, Politische Kultur in der Bundesrepublik Deutschland, Berlin 1980

Reichel, Peter, Politische Kultur der Bundesrepublik, Opladen 1981

Schellhoss, Hartmut, Apathie und Legitimität, Das Problem der neuen Gewerkschaften, München 1967

Scheuner, Ulrich, Das Mehrheitsprinzip in der Demokratie, Opladen 1973

Schneider, Dieter (Hrsg.), Zur Theorie und Praxis des Streiks, Frankfurt 1971

Sontheimer, Kurt, Zeitenwende?, Hamburg 1983

Stachowiak, Herbert (Hrsg.), Bedürfnisse, Werte und Normen im Wandel, Band 1 + 2, München 1982

Statistisches Bundesamt (Hrsg.), Datenreport 1992, Bundeszentrale für politische Bildung, Bonn 1992

Warneken, Bernd Jürgen (Hrsg.), Massenmedium Straße, Frankfurt 1991

Wasmund, Klaus (Hrsg.), Jugendliche, Stuttgart 1982

Weigelt, Klaus (Hrsg.), Werte, Leitbilder, Tugenden, Konrad-Adenauer-Stiftung, Studien zur politischen Bildung, Band 8, Mainz 1985

Wildenmann, Rudolf (Hrsg.), Sozialwissenschaftliches Jahrbuch für Politik, Band 2, München 1971

Zur Gewerkschaftsfrage, Politische Studien, Sonderheft 3/81, München, S. 209-210

Der Berufungsgedanke in der Sicht Max Webers und in einer säkularisierten Sichtweise

Inhaltsverzeichnis

1. Max Webers Sicht des Berufs als Berufung

Max Weber ging in seiner Schrift „Die Protestantische Ethik und der Geist des Kapitalismus“[1] von der Überlegung aus, daß im neuzeitlichen Westeuropa neben einer rationalen Wissenschaft und Technik und neben einer rationalen bürokratischen Organisation des Staates ein rationaler Industriekapitalismus entstanden sei, und er stellte sich die Frage, weshalb sich diese Wirtschaftsform ausgerechnet bei uns entwickelte – und nicht in China oder Indien? Oder anders gefragt: Steckt im christlichen Glauben ein spezielles Element, das die Menschen zu einer kapitalistischen Haltung oder Denkweise erzieht? Denn – einerseits – existieren doch Völker, die kein Kapital ansammeln und auch nicht darauf aus sind, mehr Geld und Güter zu besitzen, als sie zum Leben brauchen. Und andererseits gibt es Völker, die über mehr Rohstoffe und Reichtümer als wir verfügen, ohne daß sich bei ihnen ein Kapitalismus, wie wir ihn kennen, herausgebildet hat.

Weber ging es in seinem oben genannten Werk darum, die Ursachen – oder besser gesagt, eine mögliche Ursache, die protestantische Ethik – auf Geburt und Erfolg des Kapitalismus – auch hier besser gesagt, auf den „Geist“ des Kapitalismus – darzulegen. Er versuchte, die Eigenart des unerhört vielschichtigen Vorgangs begreiflich zu machen. Zu diesem Zweck stellte Weber bestimmte Elemente der Wirklichkeit einseitig überhöht heraus und fügte sie zu einem „idealtypischen“ Bild – einem „Idealtypus“ – zusammen. Ideal – weil es den Kapitalismus so nicht gibt; typisch – weil die Darstellung dennoch etwas über das „Wesen“ des real existierenden Kapitalismus aussagt. Weber zufolge war das Leitmotiv oder die Ethik des Kapitalismus: „der Erwerb von Geld und immer mehr Geld, unter strengster Vermeidung alles unbefangenen Genießens, so gänzlich aller eudämonistischen oder gar hedonistischen Gesichtspunkte entkleidet, so rein als Selbstzweck gedacht“.[2] Der Begriff des Idealtypus, den Weber in diesem Zusammenhang entwickelte, ist ein aus gedanklich isolierten und (entsprechend ihrer theoretischen Relevanz) willkürlich zusammengefügten Elementen der realen Erscheinungen konstruierter Typus, der laut Weber ein „Gedankenbild, welches nicht die historische Wirklichkeit oder gar die ‚eigentliche‘ Wirklichkeit ist, … sondern die Bedeutung eines rein idealen Grenzbegriffes hat, an welchem die Wirklichkeit zur Verdeutlichung

---

1 Weber, Max, Die Protestantische Ethik und der Geist des Kapitalismus, in: Ders., Gesammelte Aufsätze zur Religionssoziologie I, 5. Auflage, Tübingen 1963, S. 17-206

2 Ebd., S. 35

bestimmter bedeutsamer Bestandteile ihres empirischen Gehaltes gemessen, mit dem sie verglichen wird".[3]

Um die Ursachen des „Geistes" des Kapitalismus zu erforschen, warf Weber vor allen Dingen sein Augenmerk auf die Konzeption des Berufs oder der Berufspflicht, wie sie der entstehende und der heutige Kapitalismus besitzt. Er schreibt in „Die protestantische Ethik und der Geist des Kapitalismus": „In der Tat: jener eigentümliche, uns heute so geläufige und in Wahrheit doch so wenig selbstverständliche Gedanke der B e r u f s p f l i c h t : einer Verpflichtung, die der einzelne empfinden soll und empfindet gegenüber dem Inhalt seiner ‚beruflichen' Tätigkeit, gleichviel worin sie besteht, gleichviel insbesondere ob sie dem unbefangenen Empfinden als reine Verwertung seiner Arbeitskraft oder gar nur seines Sachgüterbesitzes (als ‚Kapital') erscheinen muß: – dieser Gedanke ist es, welcher der ‚Sozialethik' der kapitalistischen Kultur charakteristisch, ja in gewissem Sinne für sie von konstitutiver Bedeutung ist."[4] Es ist ein Ethos, welches sich hier manifestiert, eine sittliche, rationale, ethische Grundhaltung, die Bestandteil des kapitalistischen „Geistes" ist und zu seiner Fortentwicklung geführt hat.

Weber weist nun nach, daß diese Berufspflicht, dieser Ethos, den das Wort „Beruf" enthält, eine Neuerung ist, die auf die Bibelübersetzung von Martin Luther zurückgeht. Es ist unverkennbar, daß in dem deutschen Wort „Beruf" ebenso wie in vielleicht noch deutlicherer Weise in dem englischen „calling" eine religiöse Vorstellung, die einer von Gott gestellten Aufgabe, mitklingt. Das Wort „Beruf" (vocatio) war noch im Mittelalter ausschließlich für den religiösen Bereich gebraucht, vor allen für den Mönch, der im Mittelalter als einziger einen richtigen „Beruf" hatte, und, in Ansätzen, auch für die Geistlichkeit, für Priester, Äbte etc. Der Begriff für den weltlichen „Beruf" war damals „Amt" oder „Stand".

Luther hat nun als einer der ersten das im Mittelalter nur für den religiösen Bereich gebrauchte Wort „Beruf" auf die Beschäftigung mit irdischen Dingen ausgedehnt, um dadurch zum Ausdruck zu bringen, daß nicht nur die Vertreter des geistlichen Standes, sondern ebenso die Bauern, Fürsten, Handwerker usw. von Gott dazu berufen sind, ihre Arbeit als „Beruf" von Gott her zu verstehen.[5]

---

3 Hartfiel, Günter/Hillmann, Karl-Heinz, Wörterbuch der Soziologie, 3. Auflage, Stuttgart 1982, S. 772

4 Weber, Max, Gesammelte Aufsätze zur Religionssoziologie I, 5. Auflage, Tübingen 1963, S. 36. Die Hervorhebungen, auch in anderen Zitaten, sind – soweit nicht anders vermerkt – vom jeweiligen Autor.

5 Siehe auch: Wingren, Gustav, Luthers Lehre vom Beruf, München 1952, S. 5-6 u. S. 15; Vontobel, Klara, Das Arbeitsethos des deutschen Protestantismus, Bern 1946, S. 7 u. S. 118-

Verfolgt man das Wort durch die Kultursprachen, so zeigt sich, daß die vorwiegend katholischen Völker für das, was wir „Beruf" (im Sinne von Lebensstellung, umgrenztes Arbeitsgebiet) nennen, einen Ausdruck ähnlicher Färbung ebensowenig kennen wie das klassische Altertum. Erst bei allen protestantischen Völkern existiert dieser Begriff. Und es zeigt sich ferner, daß nicht irgendeine ethnisch bedingte Eigenart der betreffenden Sprachen, etwa der Ausdruck eines „germanischen Volksgeistes" dabei beteiligt ist, sondern daß das Wort in seinem heutigen Sinn eben – wie oben schon erwähnt – aus den Bibelübersetzungen von Luther stammt und zwar aus dem Geist des Übersetzers, nicht aus dem Geist des Originals. Es scheint in der lutherischen Bibelübersetzung zuerst an einer Stelle des Jesus Sirach (11, 20 und 21) ganz in unserem heutigen Sinn verwendet.

Bei Luther hat sich die Verwendung des Wortes „Beruf" auch erst entwikkelt. Benutzte er am Anfang seiner Übersetzungen noch die Begriffe „ruf" oder „berufung", so hat er erst in einer Predigt der Kirchenpostille vom Jahre 1522 (während seines Aufenthalts auf der Wartburg) zum erstenmal Beruf anstatt wie bisher im Sinn von Berufung als gleichbedeutend mit Stand, Amt oder Befehl (man denke unser „Dienstbefehl") verwendet.[6] D.h., Luther benutzte das Wort „Beruf" in dem uns heute geläufigen Sinn mit der ausschließlichen Beziehung auf die weltlichen Berufe, wobei doch der ursprüngliche religiöse Klang des Worts nicht verloren geht, sondern sich noch verstärkt. „Denn erst auf dieser Stufe hat Luther eine Unsicherheit ganz überwunden, die auch in den großen Schriften des Jahres 1520 noch zurückgeblieben war. Dort hatte er mit Bestimmtheit nur soviel gesagt, daß man in jedem, auch dem gewöhnlichen Beruf Gott dienen k a n n , weil man immer bloß zu tun braucht, ‚was vor die Hand kommt'. Nunmehr heißt es bei ihm schärfer, daß man gerade d u r c h den Beruf Gott dient. Denn seitdem ihm die Wechselbeziehung von Beruf und Dienst am Nächsten aufgegangen ist, erscheint Luther der Beruf als das v o n G o t t d e m e i n z e l n e n z u g e w i e s e n e S t ü c k A r b e i t , mit dessen Ausrichtung er als Handlanger Gottes zugleich seine Pflicht gegenüber dem Nebenmenschen erfüllt. Luther meint allerdings nicht, daß die Liebespflicht gegen den Nächsten sich schon in der Berufstätigkeit e r s c h ö p f t ; er betont fortwährend daneben die Wichtig-

---

121, wobei auf S. 118-121 teils weiterführende, teils abweichende Anschauungen zu finden sind.

6 Siehe auch: Holl, Karl, Gesammelte Aufsätze zur Kirchengeschichte, Bd. 3, Tübingen 1928, S. 217-218; ders., Gesammelte Aufsätze zur Kirchengeschichte, Bd. 1, 2. u. 3. Auflage, Tübingen 1923, S. 259; Paulus, Nikolaus, Zur Geschichte des Worts Beruf, in: Historisches Jahrbuch der Görres-Gesellschaft, 45. Jahrgang, Heft 2/3, 1925, S. 308; Schifferdecker, Paul Heinz, Der Berufsgedanke bei Luther, Heidelberg 1932, S. 7-8; Wingren, Gustav, Luthers Lehre vom Beruf, München 1952, S. 157, Fußnote 3

keit des freien, durch die besonderen Umstände des Augenblicks veranlaßten Helfens und Beispringens. Aber er legt Gewicht darauf, daß nicht dieses zufällig Geleistete, sondern die g e o r d n e t e Tätigkeit im Beruf dem einzelnen den sicheren Rückhalt für sein eigenes Selbstgefühl gibt. Wer eine bestimmte, für andere nützliche Arbeit verrichtet, der hat in ihr das Zeichen, daß er von Gott ‚berufen', d.h. beauftragt ist."[7]

Um noch einmal auf die Ausführung Webers einzugehen, daß das Wort „Beruf" in seinem heutigen Sinn aus den Bibelübersetzungen stammt, und zwar aus dem Geist der Übersetzer und nicht aus dem Geist des Originals, so kann man hier noch eine Stelle in Karl Holls Gesammelten Aufsätzen zur Kirchengeschichte[8] erwähnen, in der er auf eine Einwendung eines H. Fischer antwortet. Fischer war der Meinung, daß, „– offenbar in dem Glauben, daß Luther das Wort erst 1534 bei der Übersetzung von Sirach 11, 21 verwendet hätte – (...), Luther (...) doch sicher bei Gelegenheit der Bibelübersetzung nicht ein religiöses System schaffen [wollte], in dem auch die weltliche Berufsarbeit ihren Platz erhielt, sondern [er habe] sich einfach der geläufigen Ausdrucksweise angepaßt." Holl äußert darauf, daß Luther ein „‚System' (...) dabei allerdings nicht schaffen [wollte], aber einen G e d a n k e n auszudrücken gab wohl auch eine Übersetzung Anlaß. Hätte H. Fischer beachtet, wie sich der Sprachgebrauch bei L u t h e r s e l b s t entwickelt, d.h. daß er selbst erst von einem ganz bestimmten Zeitpunkt an zu ‚Beruf' ü b e r g e h t , dann wäre es ihm wohl deutlich geworden, daß Luther sich hier nicht einfach der geläufigen Ausdrucksweise anpaßt. Mindestens hätte H. Fischer eine Antwort auf die Frage geben müssen, warum Luther dann n i c h t s c h o n f r ü h e r neben ‚ruff' auch ‚beruff' gesagt hat."

Folgt man den weiteren Ausführungen Webers, so hat das Wort „Beruf" in dem nun neuen Sinn mit Bezug auf die weltlichen Berufe bald in der Profansprache aller protestantischen Völker seine heutige Bedeutung angenommen, während vorher in der profanen Literatur keines derselben irgendein Ansatz zu einem derartigen Wortsinn zu bemerken war und auch in der Predigtliteratur, soviel ersichtlich, nur bei einem der deutschen Mystiker (Meister Eckhart ?), deren Einfluß auf Luther bekannt ist.

Wie die Wortbedeutung, so ist somit auch der Gedanke neu und ein Produkt der Reformation. Auch wenn gewisse Ansätze zu jener Schätzung der weltlichen Alltagsarbeit, welche in diesem Berufsbegriff vorliegt, schon im Mittelalter und auch im (späthellinistischen) Altertum vorhanden gewesen sind, unbedingt neu war jedoch zunächst eins: die Schätzung der Pflichterfül-

---

7 Holl, Karl, Gesammelte Aufsätze zur Kirchengeschichte, Bd. 1, 2. u. 3. Auflage, Tübingen 1923, S. 259-260

8 Ders., Gesammelte Aufsätze zur Kirchengeschichte, Bd. 3, Tübingen 1928, S. 217, Fußnote 2

lung innerhalb der weltlichen Berufe als des höchsten Inhaltes, den die sittliche Selbstbestätigung überhaupt annehmen könne. Dies war es, was die Vorstellung von der religiösen Bedeutung der weltlichen Alltagsarbeit zur unvermeidlichen Folge hatte und den Berufsbegriff in diesem Sinn erstmalig erzeugte. „Es enthält auch keinerlei Widerspruch, wenn Luther auf der einen Seite sagt, daß der Christ auf den ‚Befehl‘ Gottes hin arbeitet – der Beruf ist ja ein ‚Befehl‘, d.h. ein Auftrag Gottes – und daneben erwartet, daß der Christ mit innerer Lust tätig ist. Denn gerade der ‚Befehl‘ Gottes stärkt die innere Zuversicht, in der sich das freie Wollen vollendet. Und je deutlicher die Weisung Gottes ist, je bestimmter sie auch das Alltäglichste mitumfaßt, desto mehr, glaubt Luther, müßte sich auch die innere Freudigkeit dabei erhöhen. Luther verkündigt also, und zwar als Erster, die ‚Arbeit um der Arbeit willen‘. Aber die Arbeitslust, die er meint, hat nichts zu schaffen mit einer stumpfsinnigen Geschäftigkeit, der der Inhalt des Werks schließlich gleichgültig wird und die nur der Ausdruck einer inneren Unrast ist. Bei ihm ist es vielmehr gerade das lebendige Gefühl für den Sinn der Arbeit, das Bewußtsein, durch die Arbeit etwas zur Ehrung von Gottes Namen und zum Nutzen des Nächsten beizutragen, was ihr den immer sich erneuernden Antrieb gibt.“[9]

„Diese grundsätzliche Einstellung, sich gegenüber seinem Beruf und der in ihm zu leistenden Arbeit verpflichtet zu fühlen, speziell der Gedanke vom ‚Gottesdienst‘ im Beruf, führte zur Herausbildung einer großen Berufstreue, eines Ernstes zugleich im Beruf, zu einer erhöhten Arbeitsamkeit, sowie zu einer Steigerung des Pflichtgefühls.“[10]

Es kommt somit in dem Begriff „Beruf“ jenes Zentraldogma aller protestantischen Religionsgemeinschaften zum Ausdruck, welches als einziges Mittel, Gott wohlgefällig zu leben, nicht eine Überbietung der innerweltlichen Sittlichkeit durch mönchische Askese, sondern ausschließlich die Erfüllung der innerweltlichen Pflichten kennt, wie sie sich aus der Lebensstellung des einzelnen ergeben, die dadurch eben sein „Beruf“ wird.

Bisher bestand ja im Mittelalter eine Vorrangstellung des Mönchtums, die den Ruf zum Mönchtum höher wertete als den Ruf innerhalb des gewöhnlichen Lebens. Der Mönch, der versuchte, das Gebot Christi ganz zu erfüllen, und damit vor allen Dingen das Gebot der Gottesliebe, versuchte, die Richtung des Gemüts auf Gott so unverrückbar festzuhalten, daß jeder Augenblick des Lebens durch den Gottesgedanken nicht nur bestimmt, sondern womöglich ausgefüllt war. Die Bedingung dafür war eine völlige Loslösung von der

9 Holl, Karl, Gesammelte Aufsätze zur Kirchengeschichte, Bd. 1, 2. u. 3. Auflage, Tübingen 1923, S. 262-263

10 Schifferdecker, Paul Heinz, Der Berufsgedanke bei Luther, Heidelberg 1932, S. 51

Welt. Wer sein ganzes Denken ununterbrochen auf Gott hin sammeln sollte, der durfte sich weder durch die Geschäfte eines Berufs noch auch durch die Neigungen des Bluts ablenken lassen. Arbeit als Handarbeit war nicht nur gestattet, sondern gefordert. Aber sie dient nur der Vermeidung des Müßiggangs, und sie wird – vom Lesen und Verfassen erbaulicher Schriften abgesehen – auf solche Verrichtungen beschränkt, wo ein rein mechanischer, die innere Sammlung nicht störender Vollzug möglich war. Dies führte im Mönchtum zum Ideal der außerweltlichen Askese, einem rationalisierten, sittlich geordneten Ethos, das nur die Hinwendung zu Gott zum Ziel hatte.

Das Bezeichnende ist, daß hier der Gedanke der Berufung mit dem Selbstbewußtsein eines bestimmten einzelnen Standes verschmilzt. Nur der Mönch hat eine Berufung (wie oben schon erwähnt). Dem gegenüber standen die weltlichen Stände, die an die Vorrangstellung des Mönchtums in keinster Weise heranreichten.

Luther hatte sich im Laufe seiner Arbeiten auch mit dem Mönchtum auseinandergesetzt. Als er, seit dem Jahre 1518, bezüglich „des Kernstücks der geltenden Gesellschaftsordnung, bezüglich der Kirche, davon überzeugt (war), daß sie einer gründlichen Reformation bedürfe“[11], „wurde ihm sofort spürbar, wie wenig seine Anweisung, innerhalb des überkommenen Berufs ‚zu tun, was vor die Hand kommt‘, tatsächlich ausreichte. Denn nun erwies es sich, daß nicht jeder Beruf, in dem einer stand, auch zu billigen war. Was Luther schon seit 1518 dem Papst gegenüber empfunden hatte, wenn er ihn als Antichrist bezeichnete, das wiederholt sich ihm in kleinerem Maßstab, aber praktisch mit nicht geringerer Wirkung gegenüber dem katholischen Priestertum und dem Mönchtum. Im Blick auf diese Stände muß Luther anerkennen, daß es innerhalb der bestehenden Ordnung auch ‚sündige‘ Stände gibt. Bereits auf der Wartburg hat Luther diesen Schluß gezogen und ausdrücklich neben Räuberei und Wucher ‚Papst, Kardinal, Bischoff (sic!), Priester, Mönch, Nonnenstand‘ unter dieses Urteil gestellt.“[12]

Luther gewann im Laufe der Zeit immer mehr entscheidende Einwände gegen das Mönchtum, die schließlich zu dessen völliger Verwerfung führte, und der Glaube an eine besondere Berufung des Mönchs fiel für ihn damit endgültig dahin. Den entscheidenden Einwand gab der Gedanke, daß man sich im Mönchtum dem Dienst am Nächsten entzieht. „Für ihn (Luther; d. Verf.) waren die untätigen Mönche lieblose Egoisten, die zum Gemeinwohl nichts beitrügen und deshalb auch vor Gott keine Gnade fänden.“[13]

---

11 Holl, Karl, Gesammelte Aufsätze zur Kirchengeschichte, Bd. 1, 2. u. 3. Auflage, Tübingen 1923, S. 242

12 Ebd., S. 242-243

13 Koesters, Paul-Heinz, Ökonomen verändern die Welt, 4. Auflage, Hamburg 1984, S. 151

Weber schreibt in diesem Zusammenhang: „Die mönchische Lebensführung ist nun nicht nur zur Rechtfertigung vor Gott selbstverständlich gänzlich wertlos, sondern sie gilt ihm auch als Produkt egoistischer, den Weltpflichten sich entziehender Lieblosigkeit. Im Kontrast dazu erscheint die weltliche Berufsarbeit als äußerer Ausdruck der Nächstenliebe und dies wird in allerdings höchst weltfremder Art und in einem fast grotesken Gegensatz zu Adam Smiths bekannten Sätzen insbesondere durch den Hinweis darauf begründet, daß die Arbeitsteilung jeden einzelnen zwinge, für a n d e r e zu arbeiten. (...) Die Erfüllung der innerweltlichen Pflichten sei unter allen Umständen der einzige Weg (...), Gott wohlzugefallen, (...) sie und nur sie [sei] Gottes Wille (...) und (...) deshalb [gelte] jeder erlaubte Beruf vor Gott schlechterdings gleich viel (...).“[14]

„Durch die Pflichterfüllung im Beruf leistet der Mensch zugleich gläubigen Gehorsam gegen Gott, und sie ist die Grundlage eines vollen Gottvertrauens. Der Beruf bietet die Sphäre und die Form dar, in denen man Gott im eigentlichen Sinne dienen soll. Luther bezeichnet jedes ehrliche berufliche Wirken in Staat und Gesellschaft als Gottesdienst.“[15]

Und Luther selbst schreibt in diesem Zusammenhang:

„Siehe zunächst, daß du an Christus glaubest und getauft seiest. Danach siehe auf dein Amt und Beruf. Ich bin zu predigen berufen. Wenn ich nun Gottes Wort predige, so tue ich ein heilig Werk, daran Gott Wohlgefallen hat. Bist du Vater, Mutter: glaube an Jesus Christus, so bist du ein heiliger Vater und eine heilige Mutter. Verhöre des Morgens deine Kinder, laß sie beten, strafe, stäupe sie. Siehe, wie es im Hause zugeht und wie man kocht. Das sind lauter heilige Werke, denn du bist dazu berufen. Das heißt ein heiliges Leben, welches in Gottes Wort und in der Berufung hingehet.“[16]

Jeder ist in seinem Stand zu einem bestimmten Dienst für Gott und den Nächsten berufen. Das geringste Tun als Berufsarbeit wird somit, wie in oben angeführtem Zitat schon deutlich wird, ein göttliches Werk:

---

14 Weber, Max, a.a.O., S. 71

15 Schifferdecker, Paul Heinz, a.a.O., S. 28

16 Luther, Martin D., Kritische Gesamtausgabe, Bd. 37, Weimar 1925, S. 480, zit. in: Aland, Kurt (Hrsg.), Lutherlexikon, 4. Auflage, Göttingen 1983, S. 39

„Ein armes maidlin/ (das) eines jungen kinds wartet und treulich thuet/ was yhr befohlen ist", steht vor Gott gleich da wie: „ein pfaff/ (der) ynn einer gulden Casel stehet."[17]

Nach Luthers Anschauung macht Gott keinen Unterschied zwischen dem Beruf einer Magd und dem eines Pfarrers und erkennt somit die geringste Berufsarbeit als gleichwertig an.

Diese sittliche Qualifizierung des weltlichen Berufslebens ist eine der folgenschwersten Leistungen der Reformation und also speziell Luthers.

In der Literatur wurde nun von mehreren Seiten Kritik an dieser Erörterung Webers bezüglich des Zusammenhangs der protestantischen Ethik mit dem „Geist" des Kapitalismus und vor allem auf die hier dargestellte Herleitung aus dem Berufsbegriff Luthers, der, wie schon erwähnt, eine Neuschöpfung darstellt[18], geübt. In diesem Zusammenhang soll nur auf zwei Kritiken eingegangen werden, die dem Verfasser wesentlich erscheinen.

Die eine Kritik stammt von Nikolaus Paulus, der in dem Beitrag „Zur Geschichte des Worts Beruf"[19] die Neuschöpfung des Berufsbegriff und des Wortes „Beruf" durch Luther bezweifelt. Er führt in diesem Zusammenhang Karl Holl an, der in seiner Abhandlung „Die Geschichte des Worts Beruf"[20] „die irrige, bisher in protestantischen gelehrten Kreisen weitverbreitete Auffassung nun auch (...) [preisgibt]. Zunächst räumt er (...) ein, daß der Gedanke eines weltlichen Berufs schon von den deutschen Mystikern, also nicht erst von Luther ‚entdeckt' worden sei; zudem betont er (...), daß nach Luthers eigenem Zeugnis ‚zu seiner Zeit das Wort Ruf bereits allgemein im Sinn von Stand verwendet wurde'. (...) Auch das Wort Berufung wurde damals schon in demselben Sinn gebraucht, wie wir von Zwingli erfahren."[21]

Allerdings äußert er sich dann in der Weise, daß, „ob statt des Wortes Ruf oder Berufung für Stand oder Lebensaufgabe auch der gleichlautende Ausdruck Beruf bisweilen gebraucht wurde, (...) dahingestellt bleiben [mag]."[22]

Er geht auch kurz darauf ein, daß Luther „in einer Predigt der Kirchenpostille vom Jahre 1522 zum erstenmal Beruf anstatt wie bisher im Sinn von Berufung als gleichbedeutend mit Stand oder Amt verwendet. Holl sieht darin eine durch Luther vorweggenommene Weiterbildung der Wortform mit ‚tie-

---

17 Luther, Martin D., Kritische Gesamtausgabe, Bd. XXX I, 179, Weimar 1925, zit. in: Vontobel, Klara, Das Arbeitsethos des deutschen Protestantismus, Bern 1946, S. 7

18 Siehe auch S. 255, vor allem Fußnote 6

19 Paulus, Nikolaus, Zur Geschichte des Worts Beruf, in: Historisches Jahrbuch der Görres-Gesellschaft, 45. Jahrgang, Heft 2/3, 1925, S. 308-316

20 Holl, Karl, Gesammelte Aufsätze zur Kirchengeschichte, Bd. 3, Tübingen 1928, S. 189-219

21 Paulus, Nikolaus, a.a.O., S. 308

22 Ebd.

fergreifendem Sinn'. Es ist jedoch keineswegs sicher, daß der Ausdruck Beruf im Sinn von Stand zuerst von Luther gebraucht worden sei. Sollte indessen dies tatsächlich der Fall sein, so wäre es ganz belanglos, da ja die gleichlautenden Worte Ruf und Berufung vorher schon in demselben Sinne gebraucht worden waren."[23]

Paulus' Kritik ist, wie aus den zitierten Stellen zu ersehen ist, relativ schlecht fundiert und in der Argumentation nicht schlüssig

Er stellt in seinem Beitrag des weiteren noch einige Überlegungen an, wie es sich denn mit dem lateinischen Wort „vocatio" verhalte, ob dieser Ausdruck schon vor Luther im Sinn von Stand Verwendung gefunden hat, also in den älteren, lateinischen Bibeln. Diese Überlegungen sind nach Meinung des Verfassers recht interessant, sollen jedoch hier nicht weiter verfolgt werden.

Die zweite Kritik ist jüngeren Datums und stammt von dem Japaner Tatsuro Hanyu[24]. Sie bezieht sich auf Webers Herleitung seines Beweises für den Entstehungsprozeß des puritanischen Begriffs „Calling" in England in „Die Protestantische Ethik und der Geist des Kapitalismus", der ja in der Behauptung mündet, daß jedes allen vorwiegend protestantischen Völkern eigentümliche, dem Wort „Beruf" ähnlich gefärbte Wort gerade unter dem Einfluß des lutherischen Übersetzungswortes „Beruf" in den Profansprachen aller protestantischen Völker geboren sein soll.

Hanyus Kritik ist sehr detailliert und schwierig und bezieht sich auf die Quellenbehandlung Webers, die dem Begriff „Calling" und dessen Entstehung und Weiterentwicklung zugrunde liegt und zu Webers oben genannter Argumentation führt.

Hanyu wendet sich zunächst gegen die (angeblich) alleinige Entstehung des Begriffs „Calling" innerhalb des englischen Sprachgebiets aufgrund der englischen Übersetzungen in I. Kor. 7, 20. Er erläutert, daß, „wie in der Einleitung (seiner Abhandlung; d. Verf.) gesehen, (...) Weber in seiner Erörterung über die Entstehung des Begriffs ‚Calling' in den englischen Bibelübersetzungen zwar I. Kor. 7, 20, aber merkwürdigerweise gar nicht Jesus Sirach 11, 20 u. 21 [erwähnt]. Auf der anderen Seite behauptet Weber, wie gesehen, daß es nicht die lutherische Übersetzung ‚Beruf' in I. Kor. 7, 20, sondern in Jesus Sirach 11, 20 u. 21 ist, die den dem deutschen Wort ‚Beruf' ‚in seinem heutigen w e l t l i c h gemeinten Sinn' entsprechenden Ausdruck in der Profansprache aller protestantischen Völker erschafft."[25]

23 Ebd.

24 Hanyu, Tatsuro, Max Webers Quellenbehandlung in der „Protestantischen Ethik" – Der Begriff „Calling", in: Zeitschrift für Soziologie, Jahrgang 22, Heft 1, Stuttgart 1993, S. 65-75

25 Ebd., S. 67

Diese Darstellung ist nicht korrekt. Weber erwähnt in seiner Erörterung über die Entstehung des Begriffs „Calling“ in den englischen Bibelübersetzungen sowohl I. Kor. 7, 20 als auch Jesus Sirach 11, 20 u. 21. Es ist sogar so, daß sich Weber dabei ausdrücklich auf Jesus Sirach 11, 20 u. 21 bezieht, während er I. Kor. 7, 20 nur beiläufig erwähnt. Auf S. 65 in „Die Protestantische Ethik und der Geist des Kapitalismus“ schreibt er, daß „es (das Wort „Beruf“; d. Verf.) (...) in der lutherischen Bibelübersetzung zuerst an einer Stelle des Jesus Sirach (11, 20 u. 21) ganz in unserem heutigen Sinn verwendet zu sein [scheint].“ Auch in der Fußnote zu diesem Satz schreibt er, daß „die lutherische Übersetzung bei dieser Sirachstelle (...), soviel ich sehe, der erste Fall [ist], in welchem das deutsche Wort ‚Beruf‘ ganz in seinem heutigen rein weltlichen Sinn gebraucht wird.“ Dies zitiert Hanyu seltsamerweise selbst in seiner Abhandlung.[26]

Weber erwähnt, daß Luther an einer Stelle des Jesus Sirach für einen bestimmten Ausdruck das Wort „Beruf“ nicht verwendet, während er es an einer anderen Stelle für einen anderen Ausdruck jedoch verwendet. In diesem Zusammenhang führt er I. Kor. 7, 20 an, da „die Brücke zwischen jenen beiden anscheinend ganz heterogenen Verwendungen des Wortes Beruf bei Luther (...) die Stelle im ersten Korintherbrief und ihre Übersetzung [schlägt].“[27] Die entsprechende Stelle in I. Kor. 7, 20 ist z.T. noch mit „Ruf“ übersetzt, worauf Weber in seiner Erläuterung auch hinweist.

Weber erwähnt I. Kor. 7, 20 nur an dieser Stelle und in diesem Zusammenhang, wobei er jedoch ausgiebig auf ihn eingeht. Die Erläuterungen über die Entstehung des Begriffs „Calling“ in derselben Fußnote folgen auf diese Erörterung von I. Kor. 7, 20, die jedoch in keinem direkten Zusammenhang zu dieser stehen.

Hanyu kritisiert des weiteren die von Weber angeführten Übersetzungen des Begriffs „Calling“ in den englischen Bibeln. Er erläutert, daß, „wenn die lutherische Übersetzung bei der Sirachstelle 11, 20 u. 21, wie Weber behauptet, ‚der erste Fall, in welchem das [deutsche] Wort »Beruf« ganz in seinem heutigen rein weltlichen Sinn gebraucht wird,‘ sein soll, und ‚dann sehr bald‘ durch diese lutherische Bibelübersetzung bei jener Sirachstelle der ‚Ausdruck ähnlicher Färbung‘ ‚für das, was wir »Beruf« (im Sinne von Lebensstellung, umgrenztes Arbeitsgebiet) nennen,‘ ‚in der Profansprache aller protestantischen Völker‘ angenommen worden sein soll, (...) es zu allererst untersucht werden [müßte], wie die betreffenden Stellen in Jesus Sirach 11, 20 u. 21 in den profansprachlichen Bibeln aller protestantischen Völker übersetzt werden. Denn, wenn das lutherische Übersetzungswort ‚Beruf‘, wie Weber be-

26 Ebd., S. 66

27 Weber, Max, a.a.O., S. 67, Fußnote 2

hauptet, jedes entsprechende Wort in der Profansprache aller protestantischen Völker hervorbringt, dann müssen diese Wörter zuerst als Übersetzungswörter an jenen Sirachstellen vorkommen."[28]

Aus diesem Grunde untersucht Hanyu, wie Jesus Sirach 11, 20 u. 21 in den englischen Bibeln übersetzt werden. Er stellt fest, daß es, „soviel ich weiß, (...) keine englische Bibel [gibt], die die betreffenden Stellen in Jesus Sirach 11, 20 u. 21, wo Luther das Wort ‚Beruf' verwendet, mit dem Wort ‚calling', das nach Weber im Englischen dem ‚Beruf' entsprechen soll, übersetzt. Die Stellen, die Luther mit dem den Sinn als ‚weltliche Berufe' einschließenden und zugleich auf eine religiöse Vorstellung von Gott gestellten Aufgabe hindeuteten Wort ‚Beruf' übersetzt, übertragen die englischen Bibelübersetzer in Jesus Sirach 11, 20 eindeutig mit dem Wort ‚worke', das gar keine solche religiöse Vorstellung enthält, und in 11, 21 mit dem Wort ‚estate', (...) *oder* mit dem Wort ‚labour', (...) *oder* mit dem Wort ‚place' (...). Alle drei Übersetzungen enthalten keine religiöse Vorstellung einer von Gott gestellten Aufgabe, wie Weber behauptet."[29]

Hanyu stellt in diesem Zusammenhang noch die Behauptung auf, daß Weber bei seinen Ausführungen zu diesem Thema die Originalbibeln gar nicht nachgeschlagen hat, sondern daß er sich an irgendeine Sekundärliteratur anlehnt (wahrscheinlich „The Oxford English Dictionary", 1. Auflage, 1933, oder dessen Vorgänger, „A New English Dictionary on Historical Principles", 1893). Hierauf soll jedoch nicht weiter eingegangen werden.

Hanyu schlußfolgert nun, daß „das Webersche Argument, daß unter dem Einfluß des lutherischen Übersetzungswortes ‚Beruf' in Jesus Sirach 11, 20 u. 21 auch im englischen Sprachgebiet der Ausdruck dem deutschen Wort ‚Beruf' ähnlicher Färbung, bzw. ‚calling' entstehen soll, (...) infolgedessen nicht zu halten [ist]."[30]

Diese Kritik und Schlußfolgerung scheint zu recht zu bestehen und es besteht die Frage, ob Webers Argumentation in diesem Punkt nicht einem Irrtum unterliegt. Andererseits aber führt Hanyu an einer Stelle seiner Abhandlung auch aus, daß „‚The Bishop's Bible' (1568) (...) die betreffende Stelle nicht mit ‚vocation', sondern mit ‚calling' [übersetzt]."[31] Somit scheint auch seine Kritik nicht unbedingt ganz schlüssig.

Zurückzuweisen ist jedoch Hanyus generelle Schlußfolgerung in der Schlußbemerkung seiner Abhandlung, daß „sein (Webers; d. Verf.) Beweis für den Entstehungsprozeß des puritanischen Begriffs ‚calling' in England, (...),

28 Hanyu, Tatsuro, a.a.O., S. 69
29 Ebd., S. 69-70
30 Ebd., S. 70
31 Ebd., S. 71

sich schließlich in einen verwandelt, der seine eigentliche Behauptung in der PE („Die protestantische Ethik und der Geist des Kapitalismus"; d. Verf.) widerlegt: daß jedes allen vorwiegend protestantischen Völkern eigentümliche, dem Wort ‚Beruf' ähnlich gefärbte Wort gerade unter dem Einfluß des lutherischen Übersetzungswortes ‚Beruf', und zwar nicht des in I. Kor. 7, 20, sondern ausgerechnet des in Jesus Sirach 11, 20 u. 21, in den Profansprachen aller protestantischen Völker geboren sein soll."[32]

Diese Schlußfolgerung ist eindeutig zu weit gefaßt. Sie mag vielleicht – nach Hanyus Darlegung – für das englische Sprachgebiet zutreffen, für die anderen protestantischen Völker trifft sie sicherlich nicht zu.

Dazu vermerkt schon Weber, daß „vor den lutherischen Bibelübersetzungen (...), wie die Lexika ergeben und die Herren Kollegen Braune und Hoops mir freundlichst bestätigten, das Wort ‚Beruf', holländisch: ‚beroep', englisch: ‚calling', dänisch: ‚kald', schwedisch: ‚kallelse' in k e i n e r der Sprache, die es jetzt enthalten, in seinem heutigen w e l t l i c h gemeinten Sinn vor[kommt]."[33] Weber gibt damit einige Begriffe der protestantischen Völker an, in denen das dem Wort „Beruf" ähnliche Wort in der jeweiligen Sprache durch die Bibelübersetzung Luthers seinen Eingang gefunden hat.

Das gleiche weist z.B. der Übersetzer Egon Franz, der das Buch „Luthers Lehre vom Beruf" (Titel der Originalausgabe: „Luthers lära om kallelsen") von Gustav Wingren[34] aus dem Schwedischen übersetzt hat, in seinem „Vorwort des Übersetzers" im gleichen Buch nach: „Diese Tatsache des ‚Berufs als Berufung' von Gott ist im Schwedischen treffend wiedergegeben mit ‚kallelse', das auch heute noch die irdische Arbeit als Berufung von Gott verstehen läßt."[35]

Wenn Hanyus Darlegung zutreffen sollte, daß der Ausdruck dem deutschen Wort „Beruf" ähnlicher Färbung bzw. „Calling" im englischen Sprachgebiet nicht unter dem Einfluß des lutherischen Übersetzungswortes „Beruf" entstanden ist, so taucht natürlich die Frage auf, auf wen dann das Auftauchen und die Weiterentwicklung des Wortes „Calling" und vor allem des Wortsinns in Richtung auf ein der lutherische Bibelübersetzung des Wortes ‚Berufs' entsprechendes Wort zurückzuführen ist. Denn Weber äußert sich in der Weise, „daß für England die Cranmersche Bibelübersetzung die Quelle des puritanischen Begriffs ‚calling' im Sinn von Beruf = trade ist, hat schon Murray s. v. calling zutreffend erkannt (Hanyu kritisiert allerdings auch diese Stelle und hält sie für nicht zutreffend; d. Verf.). Schon Mitte des 16. Jahrh. findet sich

32 Ebd., S. 74
33 Weber, Max, a.a.O., S. 65, Fußnote 2
34 Wingren, Gustav, Luthers Lehre vom Beruf, München 1952
35 Ebd., S. 6

calling in jenem Sinn gebraucht, schon 1588 sprach man von ‚unlawful callings', 1603 von ‚greater callings' im Sinne von ‚höhere' Berufe usw."[36] Auch im weiter oben genanntem Zitat erwähnt Weber ja schon „das Wort ‚Beruf', (...), englisch: ‚calling'" in diesem Sinn. Dieser Frage müßte in weiteren Untersuchungen nachgegangen werden.

Desweiteren soll nun auf die weitere Entwicklung des Berufsbegriffs bei Luther eingegangen werden.

In den ersten Jahren seiner reformatorischen Tätigkeit herrschte bei ihm in bezug auf die Art der innerweltlichen Tätigkeit eine der paulinischen eschatologischen Indifferenz verwandte Anschauung vor: man kann in jedem Stande selig werden, es ist auf der kurzen Pilgerfahrt des Lebens sinnlos, auf die Art des Berufes Gewicht zu legen. Das Streben nach materiellem Gewinn, der den eigenen Bedarf übersteigt, muß deshalb als Symptom mangelnden Gnadenstandes erscheinen und direkt als verwerflich gelten, da dies ja nur auf Kosten anderer möglich erscheint. Mit steigender Verflechtung in die Händel der Welt geht jedoch eine steigende Schätzung der Bedeutung der Berufsarbeit Hand in Hand. Der konkrete Beruf des einzelnen wird nun damit für Luther zugleich zunehmend zu einem speziellen Befehl Gottes an den einzelnen, der diese konkrete Stellung, in die ihn göttliche Fügung gewiesen hat, zu erfüllen hat.

Die objektive historische Ordnung, in die der einzelne von Gott hineingestellt ist, wird für Luther im Laufe der Zeit immer mehr zum direkten Ausfluß göttlichen Willens. Und somit führt die nunmehr immer stärkere Betonung des Providentiellen auch in den Einzelvorgängen des Lebens zunehmend zu einer dem „Schickungs"-Gedanken entsprechenden traditionalistischen Färbung. Der einzelne soll daher grundsätzlich in dem Beruf und Stand bleiben, in den ihn Gott gestellt hat, und sein irdisches Streben in den Schranken dieser seiner gegebenen Lebensstellung halten.

Zunächst war der ökonomische Traditionalismus also Ergebnis paulinischer Indifferenz, wogegen er später immer stärker das Resultat des immer intensiver gewordenen Vorsehungsglaubens wurde, der den bedingungslosen Gehorsam gegen Gott mit der bedingungslosen Fügung in die gegebene Lage identifizierte.

So blieb also bei Luther der Berufsbegriff traditionalistisch gebunden. Der Beruf ist das, was der Mensch als göttliche Fügung hinzunehmen, worin er sich zu schicken hat. Diese Färbung übertönt den auch vorhandenen anderen Gedanken, daß die Berufsarbeit eine oder vielmehr die von Gott gestellte Aufgabe sei. Der Wegfall der Überbietung der innerweltlichen durch asketische

36 Weber, Max, a.a.O., S. 69, Fußnote 2

Pflichten, verbunden aber mit Predigt des Gehorsams gegen die Obrigkeit und der Schickung in die gegebene Lebenslage, war hier also zunächst der einzige ethische Ertrag.

Der Berufsbegriff im lutherischen Sinne war für die Entwicklung des heutigen Berufsbegriffs und damit des heutigen „Berufsmenschen" zwar von maßgebender Bedeutung, jedoch nicht direkt ausschlaggebend. Wesentlich war in diesem Zusammenhang der Calvinismus für die weitere Entwicklung des Berufsgedanken und damit auch des kapitalistischen „Geistes".

Bei allem, was der Calvinismus (und auch das Luthertum) für die Entwicklung einer rationalisierten, sittlich geordneten Ethik im Alltagsleben und im Beruf und somit für die Entwicklung des kapitalistischen „Geistes" geleistet haben, darf nie übersehen werden, daß bei keinem der Reformatoren ethische Reformprogramme jemals der zentrale Gesichtspunkt gewesen sind. Sie waren keine Vertreter humanitärer sozialer Reformbestrebungen oder Kulturideale. Der einzige Angelpunkt ihres Lebens war das Seelenheil, die „certitudo salutis". Um diese allein drehte sich alles. Auch Weber weist darauf hin, daß man es sich heute nicht mehr vorstellen kann, wie sehr die Menschen im Mittelalter auf das Jenseits ausgerichtet waren und sich somit ständig mit ihrem Seelenheil beschäftigten. Ohne die zu jener Zeit alles überragende Macht des die Menschen beherrschenden Gedanken an das Jenseits ist keine die Lebenspraxis ernstlich beeinflussende sittliche Erneuerung ins Werk gesetzt worden.

Als charakteristischstes Dogma des Calvinismus galt damals und gilt im allgemeinen auch heute die Prädestinationslehre. Sie beschreibt Gott als einen allmächtigen und allwissenden Weltregierer, in dessen unerforschlichem Ratschluß schon seit Ewigkeiten festgelegt ist, wer in den Himmel und wer in die Hölle kommt. Das bedeutet, daß Gottes Gnade durch das Verhalten des einzelnen nicht veränderbar ist. Der von vornherein Verdammte bleibt verdammt, auch wenn er auf Erden Gutes tut und seine Sünden aufrichtig bereut.

Wie konnte nun eine solche Lehre ertragen werden, in einer Zeit, welcher das Jenseits nicht nur wichtiger, sondern in vieler Hinsicht auch sicherer war, als alle Interessen des diesseitigen Lebens? Wenn Gott sich nicht freut über die Heimkehr des Sünders, wenn ihn die gute Tat, das Opfer, nicht „bewegt", weil alles schon beschlossen ist, mußte ja alsbald für jeden einzelnen Gläubigen die Frage entstehen und alle anderen Interessen in den Hintergrund drängen: Bin ich denn erwählt? Und wie kann ich dieser Erwählung sicher werden?

Calvins Antwort darauf war: Äußerlich unterscheidet sich der Erwählte nicht vom Verlorenen. Doch ein Merkmal für die Erwähltheit (Gnadenstand) kann die Beharrlichkeit sein, mit der man trotz aller Verzweiflung Gott glaubt und ihm die Treue hält. „Es wird (...) schlechthin zu (sic!) Pflicht gemacht, sich für erwählt zu halten, und jeden Zweifel als Anfechtung des Teufels abzuweisen, da ja mangelnde Selbstgewißheit Folge unzulänglichen Glaubens, also unzulänglicher Wirkung der Gnade sei."[37]

Die brutale Ungewißheit, die in dieser Lehre steckt, führte in der damaligen Zeit zu einem Gefühl einer unerhörten inneren Vereinsamung des einzelnen Individuums. „In der für die Menschen der Reformationszeit entscheidendsten Angelegenheit des Lebens: der ewigen Seligkeit, war der Mensch darauf verwiesen, seine Straße einsam zu ziehen, einem von Ewigkeit her feststehenden Schicksal entgegen. Niemand konnte ihm helfen."[38]

Es scheint zunächst fraglich, wie sich mit jener Tendenz zur innerlichen Lösung des Individuums aus den sozialen Banden, mit denen die Welt es umfangen hält, die unbezweifelbare Überlegenheit des Calvinismus in der sozialen Organisation verknüpfen konnte. Sie folgt, so seltsam es zunächst erscheint, aus der spezifischen Färbung, welche die christliche „Nächstenliebe" unter dem Druck der inneren Isolierung des einzelnen durch den calvinistischen Glauben annehmen mußte.

Die Welt ist dazu bestimmt, der Selbstverherrlichung Gottes zu dienen, und der erwählte Christ ist dazu da, den Ruhm Gottes in der Welt durch Vollstreckung seiner Gebote an seinem Teil zu vermehren. Gott will die soziale Leistung des Christen, denn er will, daß die soziale Gestaltung des Lebens seinen Geboten gemäß und so eingerichtet werde, daß sie jenem Zweck entspreche. Die soziale Arbeit des Calvinisten in der Welt ist lediglich Arbeit „in majorem gloriam Dei". Diesen Charakter trägt daher auch die Berufsarbeit, die im Dienste des diesseitigen Lebens der Gesamtheit steht.

Schon bei Luther fanden wir die Ableitung der arbeitsteiligen Berufsarbeit aus der „Nächstenliebe". Aber was bei ihm ein unsicherer, rein gedanklicher Ansatz blieb, wurde nun bei den Calvinisten ein charakteristischer Teil ihres ethischen Systems. Die „Nächstenliebe" äußert sich, da sie ja nur Dienst am Ruhme Gottes, nicht der Kreatur sein darf, in erster Linie in Erfüllung der durch die von Gott geschaffenen zweckvollen Ordnungen der Welt gegebenen Berufsaufgaben, und sie nimmt dabei einen eigentümlichen sachlich-unpersönlichen Charakter an: den eines Dienstes an der rationalen Gestaltung des uns umgebenden gesellschaftlichen Kosmos. Denn die wunderbar zweckvolle Gestaltung und Einrichtung dieses Kosmos, welcher ja nach der Offenbarung der Bibel und ebenso nach der natürlichen Einsicht augenscheinlich darauf zugeschnitten ist, dem „Nutzen" des Menschengeschlechts zu dienen, läßt die Arbeit im Dienst dieses unpersönlichen gesellschaftlichen Nutzens als Gottes Ruhm fördernd und also gottgewollt erkennen.

---

37 Ebd., S. 105
38 Ebd., S. 93-94

Gottes Ruhm läßt sich somit durch harte Arbeit vermehren, jedoch kann dies nur der Erwählte, nicht aber der Verdammte. Denn Gott will nicht, daß gute Werke geschehen, sondern er bewirkt sie gleichsam persönlich in den Menschen. Wenn folglich eine gute Arbeit gelingt, so bedeutet dies, daß Gott seine Hand im Spiel hatte. Da er sich jedoch nur um die Erwählten, nicht aber um die Verdammten kümmert, muß die gute, gelungene Arbeit ein Zeichen für das sein, wonach der religiöse Mensch strebt: Die Gnadengewißheit. Das wesentliche ist hier somit, daß gute Werke zwar ungeeignet sind als Mittel zur Erlangung der ewigen Seligkeit, daß sie jedoch unentbehrlich sind als Merkmale der Erwähltheit. Sie sind das technische Mittel, nicht, um die Seligkeit zu erkaufen, sondern, um die Angst um die Seligkeit loszuwerden. Im beruflichen Erfolg zeigt sich somit das äußere Zeichen für Erwähltheit.

Aber nicht nur aus diesem Grunde wurde die berufliche Arbeit für Calvinisten wichtig. Auch um den Versuchungen des Alltags – des „Fleisches" – zu widerstehen, sind Mühe und Anstrengung im Beruf geeignete Mittel (siehe auch das Sprichwort: „Müßiggang ist aller Laster Anfang").

Hier zeigt sich auch die von Weber immer wieder betonte Verwandtschaft zwischen der asketischen Lebensführung innerhalb des Protestantismus und speziell des Calvinismus und der Askese innerhalb des Mönchtums. Beide Askesen sind „rational", die eine ist jedoch innerweltlich, die andere außerweltlich ausgerichtet. Der Grund für die Verwandtschaft besteht darin, daß jede auf dem Boden des biblischen Christentums stehende Askese notwendig gewisse wichtige gemeinsame Züge haben muß, und des weiteren, daß überhaupt jede Askese irgendwelchen Bekenntnisses bestimmte probate Mittel zur „Abtötung" des Fleisches benötigt. Nach Weber hat die außerweltliche Askese des Mönchtums für die innerweltliche Askese des Calvinismus sozusagen den Boden bereitet.

Der Calvinismus hat damit zu einer „Form religiöser Schätzung des sittlichen H a n d e l n s "[39] geführt, wie es sie vielleicht nie wieder intensiver gegeben hat. Der Calvinismus verlangte von den Menschen nicht einzelne „gute Werke", sondern eine zum System gesteigerte Werkheiligkeit. Von dem in der katholischen Kirche praktizierten, echt menschlichen Auf und Ab zwischen Sünde, Reue, Buße, Entlastung, neuer Sünde oder von einem durch zeitliche Strafen abzubüßenden, durch kirchliche Gnadenmittel zu begleichenden Saldo des Gesamtlebens war keine Rede.

Die ethische Praxis des Alltagsmenschen wurde so ihrer Plan- und Systemlosigkeit entkleidet und zu einer konsequenten Methode der ganzen Lebensführung ausgestaltet, die zu einem asketischen Lebensstil führte, der eine

39 Ebd., S. 113

an Gottes Willen orientierte rationale Gestaltung des ganzen Daseins bedeutete. Denn nur in einer fundamentalen Umwandlung des Sinns des ganzen Lebens in jeder Stunde und jeder Handlung konnte sich das Wirken der Gnade als einer Enthebung des Menschen aus dem „status naturae" in den „status gratiae" bewähren. Das Leben des „Heiligen" war ausschließlich auf ein transzendentes Ziel, die Seligkeit, ausgerichtet, aber eben deshalb in seinem diesseitigen Verlauf durchweg rationalisiert und beherrscht von dem ausschließlichen Gesichtspunkt, Gottes Ruhm auf Erden zu mehren.

„Diese Rationalisierung der Lebensführung innerhalb der Welt im Hinblick auf das Jenseits war die Wirkung der Berufskonzeption des asketischen Protestantismus."[40]

Damit war der neuzeitliche Berufsmensch geboren. In dem unentwegten Bemühen, Gnadengewißheit zu erlangen und Gottes Ruhm zu mehren, ordnete er seine ganze Lebensführung der Arbeit unter. Er entwickelte einen ungeheueren Fleiß, und – was den „Geist" des Kapitalismus gleichfalls ausmacht – er ging bei seiner Pflichterfüllung rational vor. Denn der berufliche Erfolg und damit die Gnadengewißheit waren um so größer, je intelligenter man eine Arbeit anpackte.

Der gesteigerte Arbeitswille führte nun jedoch zur Anhäufung von Reichtümern, die sittlich bedenklich und z.T. auch verdammt waren. Daraus ergab sich die Frage: Was tun mit dem Reichtum, der zum Luxus verführt, also der geforderten strengen, asketischen Lebensführung widerspricht, obwohl oder gerade wenn er ein Resultat dieser Lebensführung und des mit in diese Lebensführung einbezogenen Berufsgedanken ist?

Die Antwort war die folgende: Es ist nicht sündhaft, reich zu sein. Sondern in Sünde fällt nur, wer sich auf seinem Vermögen ausruht und es zur Befriedigung seiner lasterhaften Begierden mißbraucht.

„Das sittlich wirklich Verwerfliche ist nämlich das Ausruhen auf dem Besitz, der Genuß des Reichtums mit seiner Konsequenz von Müssigkeit und Fleischeslust, vor allem von Ablenkung von dem Streben nach ‚heiligem' Leben. Und nur weil der Besitz die Gefahr dieses Ausruhens mit sich bringt, ist er bedenklich. Denn die ‚ewige Ruhe der Heiligen' liegt im Jenseits, auf Erden aber muß auch der Mensch, um seines Gnadenstands sicher zu werden, ‚wirken die Werke dessen, der ihn gesandt hat, solange es Tag ist'. Nicht Muße und Genuß, sondern nur Handeln dient nach dem unzweideutig geoffenbarten Willen Gottes zur Mehrung seines Ruhms. Zeitvergeudung ist also die erste und prinzipiell schwerste aller Sünden. Die Zeitspanne des Lebens ist unendlich kurz und kostbar, um die

40 Ebd., S. 163

eigene Berufung ‚festzumachen'. Zeitverlust durch Geselligkeit, ‚faules Gerede', Luxus, selbst durch mehr als der Gesundheit nötigen Schlaf – 6 bis höchstens 8 Stunden – ist sittlich absolut verwerflich. (…) Wertlos und eventuell direkt verwerflich ist (…) auch untätige Kontemplation, mindestens wenn sie auf Kosten der Berufsarbeit erfolgt. Denn sie ist Gott m i n d e r wohlgefällig als das aktive Tun seines Willens im Beruf. Überdies ist für sie der Sonntag da, und es sind (…) immer diejenigen, die in ihrem Berufe müßig sind, welche auch für Gott keine Zeit haben, wenn die Stunde dafür da ist."[41]

Ebenso ist die Arbeit von Gott vorgeschriebener Selbstzweck des Lebens überhaupt. Der paulinische Satz: „Wer nicht arbeitet, soll nicht essen", gilt bedingungslos und für jedermann. Die Arbeitsunlust ist Symptom fehlenden Gnadenstandes. Auch der Besitzende soll nicht essen ohne zu arbeiten, denn auch wenn er zu Deckung seines Bedarfs eigentlich nicht arbeiten muß, weil er genügend Geld besitzt, so besteht doch für ihn ebenso wie für den Armen Gottes Gebot, dem er zu gehorchen hat. „Denn für jeden ohne Unterschied hält Gottes Vorsehung einen Beruf (calling) bereit, den er erkennen und in dem er arbeiten soll, und dieser Beruf ist nicht wie im Luthertum eine Schikkung, in die man sich zu fügen und mit der man sich zu bescheiden hat, sondern ein Befehl Gottes an den einzelnen, zu seiner Ehre zu wirken."[42]

Auch soll man einem geregelten Beruf nachgehen, also einer geordneten, regelmäßigen Tätigkeit, da Arbeitsleistungen außerhalb eines festen Berufs meist nur unstete Gelegenheitsarbeit ist und man somit mehr Zeit mit Faulenzen als mit der Arbeit zubringt. „‚Und er (der Berufsarbeiter) wird seine Arbeit i n O r d n u n g vollbringen, während ein anderer in ewiger Verwirrung steckt und sein Geschäft nicht Ort noch Zeit kennt ..... darum ist ein fester Beruf (‚certain calling', an anderen Stellen heißt es ‚stated calling') für jedermann das beste.'"[43] Die unstete Arbeit, zu welcher der gewöhnliche Gelegenheitsarbeiter gezwungen ist, ist meist ein unvermeidlicher, aber stets unerwünschter Zwischenzustand. Dem Leben des „Berufslosen" fehlt eben der systematisch-methodische Charakter, den die asketische Lebensführung und die damit verbundene Berufsgestaltung verlangt.

Was die Frage, ob jemand mehrere Berufe kombinieren dürfe, anbelangt, so wird diese unbedingt bejaht, solange es für das allgemeine Wohl oder das eigene zuträglich und niemandem sonst abträglich ist und wenn es nicht dazu führt, daß man in einem der kombinierten Berufe ungewissenhaft wird. Auch der Wechsel des Berufs wird keineswegs als an sich verwerflich angesehen,

41 Ebd., S. 167-168
42 Ebd., S. 172
43 Ebd., S. 174

wenn es nicht leichtfertig geschieht, sondern um einen Gott wohlgefälligeren und nützlicheren Beruf zu ergreifen.

Ein Merkmal der Nützlichkeit eines Berufs zeigt sich u.a. in der privatwirtschaftlichen „Profitlichkeit. Denn wenn (...) Gott (...) einem (...) eine Gewinnchance zeigt, so hat er seine Absichten dabei. Und mithin hat der gläubige Christ diesem Rufe zu folgen, indem er sie sich zunutze macht. ‚Wenn Gott Euch einen Weg zeigt, auf dem Ihr ohne Schaden für Eure Seele oder für andere in gesetzmäßiger Weise mehr gewinnen könnt als auf einem anderen Wege und ihr dies zurückweist und den minder gewinnbringenden Weg verfolgt, dann kreuzt Ihr einen der Zwecke Eurer Berufung (calling), Ihr weigert Euch, Gottes Verwalter (stewart) zu sein und seine Gaben anzunehmen, um sie für ihn gebrauchen zu können, wenn er es verlangen sollte. Nicht freilich für Zwecke der Fleischeslust und Sünde, wohl aber für Gott dürft Ihr arbeiten, um reich zu sein.‘ Der Reichtum ist eben nur als Versuchung zu faulem Ausruhen und sündlichem Lebensgenuß bedenklich und das Streben danach nur dann, wenn es geschieht, um später sorglos und lustig leben zu können. Als Ausübung der Berufspflicht aber ist es sittlich nicht nur gestattet, sondern geradezu geboten.“[44]

Die asketische Lebensführung und die damit verbundene Berufsgestaltung wirkte somit gegen den unbefangenen Genuß des Besitzes und beschränkte die Konsumtion, speziell die Luxuskonsumtion. Dagegen entlastete sie den Gütererwerb von den Hemmungen der traditionalistischen Ethik und sprengte die Fesseln des Gewinnstrebens, indem sie es nicht nur legalisierte, sondern direkt als gottgewollt ansah. Der Kampf gegen Fleischeslust und das Hängen an äußeren Gütern war eben kein Kampf gegen rationalen Erwerb, sondern gegen „irrationale“ Verwendung des Besitzes. Diese lag in dem zu verdammenden Luxus, anstelle der von Gott gewollten rationalen und utilitarischen Verwendung für die Lebenszwecke des einzelnen und der Gesamtheit.

Die religiöse Wertung der rastlosen, stetigen, systematischen und weltlichen Berufsarbeit als schlechthin höchstes asketisches Mittel und zugleich sicherste und sichtbarste Bewährung des Menschen und seiner Glaubensechtheit mußte somit der denkbar mächtigste Hebel der Expansion jener Lebensauffassung sein, die man als den „Geist“ des Kapitalismus bezeichnet.

Der Konsumverzicht zusammen mit der Entfesselung des Erwerbsstrebens führte dann zu einer menschlichen Eigenart, ohne die der „Geist“ des Kapitalismus oder auch der Kapitalismus selbst sich nicht hätte herausbilden können:

---

44 Ebd., S. 175-176

Zur Akkumulation von Kapital durch Konsumverzicht. Die Hemmungen, die dem konsumtiven Verbrauch des Erworbenen entgegenstanden, mußten ja seiner produktiven Verwendung als Anlagekapital zugute kommen. Es bildete sich somit der Typ des privat anspruchslosen Unternehmers heraus, der nichts anderes im Sinn hatte, als sein Vermögen zu vergrößern.

Schon Karl Marx hat in „Zur Kritik der Politischen Ökonomie"[45] in dem Kapitel „Schatzbildung" geschrieben:

„Der Schatzbildner ist übrigens, soweit sein Asketismus mit tatkräftiger Arbeitsamkeit verbunden ist, von Religion wesentlich Protestant und noch mehr Puritaner."[46]

Noch deutlicher führt Marx dies im 1. Band von „Das Kapital"[47] aus:

„Um das Gold als Geld festzuhalten und daher als Element der Schatzbildung, muß es verhindert werden zu zirkulieren oder als Kaufmittel sich in Genußmittel aufzulösen. Der Schatzbildner opfert daher dem Goldfetisch seine Fleischeslust. Er macht Ernst mit dem Evangelium der Entsagung. Andrerseits kann er der Zirkulation nur in Geld entziehn, was er ihr in Ware gibt. Je mehr er produziert, desto mehr kann er verkaufen. Arbeitsamkeit, Sparsamkeit und Geiz bilden daher seine Kardinaltugenden, viel verkaufen, wenig kaufen, die Summe seiner politischen Ökonomie."[48]

Die Anhäufung von Reichtümern, die zwar als reiner Zweck der Lebensführung und der Berufsarbeit verwerflich, als Frucht der asketischen Lebensführung und der damit verbundenen rastlosen Berufsarbeit aber der Segen Gottes war, führte natürlich zu einer Schwierigkeit, mit denen sich die Menschen auseinanderzusetzen hatten. Sie führte zu großen Versuchungen, die den asketischen, sittlichen und rationalen Lebensidealen widersprachen. Es war das gleiche Schicksal, welchem die Vorgängerin der innerweltlichen Askese, die klösterliche Askese des Mittelalters, immer wieder erlag. Wenn nämlich die rationelle Wirtschaftsordnung hier, an der Stätte streng geregelten Lebens und gehemmter Konsumtion, ihre Wirkung voll entfaltet hatte, so verfiel der gewonnene Besitz entweder direkt der Veradligung oder es drohte doch die klösterliche Zucht in die Brüche zu gehen. Zumeist mußte dann eine der zahlreichen „Reformationen" eingreifen.

---

45 Marx, Karl, Zur Kritik der Politischen Ökonomie, 11. Auflage, Berlin 1987
46 Ebd., S. 129
47 Marx, Karl, Das Kapital, Bd. 1, 30. Auflage, Berlin 1986
48 Ebd., S. 147

Auch bei der innerweltlichen asketischen, sittlich geordneten und rationalisierten Lebensführung ergab sich das Problem mit der säkularisierenden Wirkung des Besitzes.

Weber zitiert zu diesem Thema John Wesley, der sich folgendermaßen äußert:

„Ich fürchte: wo immer der Reichtum sich vermehrt hat, da hat der Gehalt an Religion in gleichem Maße abgenommen. Daher sehe ich nicht, wie es, nach der Natur der Dinge, möglich sein soll, daß irgendeine Wiedererweckung echter Religiosität lange Dauer haben kann. Denn Religion m u ß n o t w e n d i g sowohl Arbeitsamkeit (industry) als Sparsamkeit (frugality) erzeugen, und diese können nichts anderes als Reichtum hervorbringen. Aber wenn Reichtum zunimmt, so nimmt Stolz, Leidenschaft und Weltliebe in all ihren Formen zu. (...) So bleibt zwar die Form der Religion, der Geist aber schwindet allmählich."[49]

Der Calvinismus sowie auch andere reformatorische Bewegungen entfalteten ihre volle ökonomische Wirkung, deren Bedeutung für die wirtschaftliche Entwicklung ja in erster Linie in ihren asketischen Erziehungswirkungen lag, erst dann, nachdem der Höhepunkt des rein religiösen Enthusiasmus bereits überstiegen war, die Anspannung des Suchens nach dem Gottesreich sich allmählich in nüchterne Berufstugend aufzulösen begann und die religiöse „Wurzel" langsam abstarb und utilitarischer Diesseitigkeit Platz machte.

Somit entstand ein spezifisch bürgerliches Berufsethos. Der bürgerliche Unternehmer stand in dem vollen Bewußtsein, daß ihm Gottes Gnade sicher war, solange er sich geschäftlich korrekt verhielt, einen untadeligen Lebenswandel führte und seinen Reichtum nicht verschwendete. Und ihm zur Seite stand eine Arbeiterschaft, die gleichfalls ein asketisches Dasein führte und in der Arbeit einen gottgewollten Lebenszweck sah. Diese Menschen waren nüchtern, gewissenhaft und – sozial gesehen – friedfertig. Denn sie lebten in dem Glauben, daß die ungleiche Verteilung der Güter auf dieser Welt ein Werk Gottes sei, der mit diesen Unterschieden ebenso wie mit der nur partikulären Gnade seine geheimen, uns unbekannten Ziele verfolgte.

Die in der innerweltlichen Askese vertretene Ansicht der Arbeit im Beruf als vorzüglichstes, ja sogar oft einzigstes Mittel, des Gnadenstandes sicher zu werden, führte dazu, daß das ausschließliche Streben nach dem Gottesreich durch die Erfüllung der Arbeitspflicht als Beruf und die strenge Askese, welche die Kirchenzucht naturgemäß gerade den besitzlosen Klassen aufnötigte, die

49 Southey, Leben Wesleys, Kap. 29, zit. in: Weber, Max, a.a.O., S. 196-197

Produktivität der Arbeit im kapitalistischen Sinn des Wortes ungemein fördern mußte. Die Behandlung der Arbeit als „Beruf" wurde für den modernen Arbeiter ebenso charakteristisch wie für den Unternehmer die entsprechende Auffassung des Erwerbs.

Es soll nun noch kurz dargelegt werden, wie Luthertum und Calvinismus, bei allen Gemeinsamkeiten, die sie miteinander verbanden, doch sehr bald ganz bedeutend auseinandergingen.

Es verteilten sich bei beiden reformatorischen Bewegungen die beiden Grundverschiedenheiten der Askese, die metaphysisch-gefühlsmäßige Entwertung der Sündenwelt und die methodische Disziplinierung der Sinnlichkeit. Das erste war die asketische Stimmung des Luthertums, die das Jammertal der Sündenwelt bedauerte, aber im übrigen, in der Rechtfertigung Gottes gewiß und in den Sakramenten mit Christi Gegenwart gespeist, sie fröhlich und getrost liegen ließ, in sie sich fügend und schickend, die christliche Liebe in der Berufstreue erweisend, die Ergebnisse Gott überlassend und die durch die Sündenwelt hindurchbrechende göttliche Schöpfungsherrlichkeit gelegentlich mit Dank genießend.

Das Luthertum, das in allem Elend selig ist, hat keine Systematik und nimmt die Empfindungen, wie sie kommen, die Weltangst und den Weltüberdruß, aber auch den dankbaren Genuß der Gottesgaben; vom einen wie vom anderen hängt nichts ab, da in der Rechtfertigung die Welt überwunden ist.

Ganz anders steht der Calvinismus zur Welt. Der Mensch kann seiner Auffassung nach nicht die Welt im Prinzip verneinen und im einzelnen genießen. Diese Systemlosigkeit widerspricht seinem reflektierenden und systematischen Geist. Er kann nicht die Welt mit ihren Greueln liegen lassen und sich der fertigen Seligkeit getrösten. Dieser Quietismus geht gegen seinen Drang zu handeln und diese Fertigkeit gegen seine Orientierung an dem Ziel der erst zu erreichenden Seligkeit.

Daraus ergibt sich nun eine innerweltliche Askese, die planmäßig und im weitesten Umfang alle weltlichen Mittel anerkennt, aber sie nur zu Mitteln ohne jeden eigenen Selbstwert herabsetzt, um durch sie durch den Calvinismus festgelegte, für den einzelnen Menschen der damaligen Zeit erstrebenswerte Ziele im Jenseits zu erreichen. Der Weg aber, alles Weltliche zum bloßen Mittel herabzusetzen, ist eine rigorose Disziplin des Trieblebens, eine Brechung alles bloß instinktmäßigen Gefühls und die Einschränkung alles Sinnenlebens auf das Notwendige und Nützliche, die Selbsterziehung und Selbstkontrolle zu einem heiligen Leben nach dem Gesetz Gottes.

Hierin ist jene Verbindung praktischen Sinnes und kühlen Utilitarismus mit jenseitiger Lebensorientierung, planmäßiger Bewußtheit und systematischen Strebens mit gänzlicher Uninteressiertheit am Genuß des Ergebnisses begründet, die den Calvinismus auszeichnet.

Das ergibt ein lebhaftes politisches Interesse, aber nicht um des Staates willen. Desweiteren eine emsige wirtschaftliche Arbeit, aber nicht um des Reichtums willen. Eine eifrige Organisation, aber nicht um des irdischen Glückes willen und schließlich eine unausgesetzte, die Sinnlichkeit disziplinierende Arbeit, aber nicht um des Arbeitsobjektes willen. Die Verherrlichung Gottes, die Gewinnung der mit der Erwählung als Ziel gesetzten Seligkeit, dies ist der alleinige Zweckgedanke dieser Ethik, dem sich dann auch alle ihre formalen Eigentümlichkeiten unterordnen.

Um diese Unterscheidung zwischen Luthertum und Calvinismus zusammenzufassen, kann man sagen, „dort (im Luthertum; d. Verf.) die Ruhe *in* Gott, die unio mystica, gepaart mit Passivität, stimmungsmäßiger Innerlichkeit und ‚Schickung' in die Ordnungen der ‚Welt'; hier (im Calvinismus; d. Verf.) die Bewährung *vor* Gott, eine zum System gesteigerte Werkheiligkeit, gepaart mit Aktivität, systematischer Selbstkontrolle, insbesondere Affektkontrolle, und die Ordnungen der ‚Welt' als Aufgabe, die gemäß dem göttlichen Willen, sei es friedlich, sei es gewaltsam, umzugestalten sind."[50]

Hier stellt sich somit der Unterschied Luthertum–Calvinismus in den polaren Begriffen „Gefühl" und „Rationalität", Betrachten oder Kontemplieren und Handeln dar.

Zum Schluß dieser Darstellung der Sicht des Berufs als Berufung von Max Weber soll noch kurz auf die heutige Anschauung und Bedeutung der asketischen Lebensführung und der damit verbundenen Berufsauffassung eingegangen werden.

Wesentlich ist in diesem Zusammenhang, daß sich, wie schon weiter oben erwähnt, die in der Zeit der Entstehung des Berufsbegriffes an rein religiösen Zielen wie der Erreichung der Seligkeit orientierte Berufsauffassung im Laufe der Zeit in eine nüchterne Berufstugend verwandelte und die religiösen „Wurzeln" langsam abstarben. Denn was unsere heutige Wirtschaft anbelangt, so spielt die Religion darin keine wesentliche Rolle mehr.

Der Gedanke an die zu erreichende Seligkeit im Jenseits ist heute nicht mehr so weit verbreitet und wichtig wie damals. Übriggeblieben von der ursprünglich aus religiösen Gesichtspunkten heraus entstandenen Entwicklung des „Geistes" des Kapitalismus sind aber die „neurotischen" Eigenschaften der asketischen Lebenshaltung, die den Kapitalismus weiter in Schwung halten. So vermehrt der Reiche immer noch sein Vermögen, der Berufsmensch ist noch immer fleißig, und an die Stelle der göttlichen ist eine „kapitalistische Moral"

---

50 Schluchter, Wolfgang, Religion und Lebensführung, Bd. 2, Frankfurt 1988, S. 81

getreten, die den Begriff der Erwähltheit beibehalten hat. Denn in den Gnadenstand der sozialen Anerkennung – wenn man das sozialkritisch sieht – kommt in der westlichen Welt gewöhnlich nur derjenige, der wohlhabend ist und viel leistet. Arbeitslose zum Beispiel gehören nicht zu den Erwählten.

An diesem Punkt soll Weber noch ein letztes Mal zu Wort kommen:

„Der Puritaner w o l l t e Berufsmensch sein, – wir m ü s s e n es sein. Denn indem die Askese aus den Mönchszellen heraus in das Berufsleben übertragen wurde und die innerweltliche Sittlichkeit zu beherrschen begann, half sie an ihrem Teile mit daran, jenen mächtigen Kosmos der modernen, an die technischen und ökonomischen Voraussetzungen mechanisch-maschineller Produktion gebundenen, Wirtschaftsordnung erbauen, der heute den Lebensstil aller einzelnen, die in dies Triebwerk hineingeboren werden – n i c h t n u r der direkt ökonomisch Erwerbstätigen –, mit überwältigendem Zwange bestimmt und vielleicht bestimmen wird, bis der letzte Zentner fossilen Brennstoffs verglüht ist. Nur wie ‚ein dünner Mantel, den man jederzeit abwerfen könnte', sollte nach Baxters Ansicht die Sorge um die äußeren Güter um die Schultern seiner Heiligen liegen. Aber aus dem Mantel ließ das Verhängnis ein stahlhartes Gehäuse werden. Indem die Askese die Welt umzubauen und in der Welt sich auszuwirken unternahm, gewannen die äußeren Güter dieser Welt zunehmende und schließlich unentrinnbare Macht über den Menschen, wie niemals zuvor in der Geschichte. Heute ist ihr Geist – ob endgültig, wer weiß es? – aus diesem Gehäuse entwichen. Der siegreiche Kapitalismus jedenfalls bedarf, seit er auf mechanischer Grundlage ruht, dieser Stütze nicht mehr. (...) Als ein Gespenst ehemals religiöser Glaubensinhalte geht der Gedanke der ‚Berufspflicht' in unserm Leben um. Wo die ‚Berufserfüllung' nicht direkt zu den höchsten geistigen Kulturwerten in Beziehung gesetzt werden kann – oder wo nicht umgekehrt sie auch subjektiv einfach als ökonomischer Zwang empfunden werden muß –, da verzichtet der einzelne heute meist auf ihre Ausdeutung überhaupt. (...) Niemand weiß noch, wer künftig in jenem Gehäuse wohnen wird und ob am Ende dieser ungeheuren Entwicklung ganz neue Propheten oder eine mächtige Wiedergeburt alter Gedanken und Ideale stehen werden, o d e r aber – wenn keins von beiden – mechanisierte Versteinerung, mit einer Art von krampfhaftem Sich-wichtig-nehmen verbrämt."[51]

51 Weber, Max, a.a.O., S. 203-204

2. Säkularisierte Sicht des Berufs als Berufung

In diesem Kapitel soll eine säkularisierte Sicht des Berufs als Berufung dargestellt werden. Der Verfasser dieser Abhandlung hat diese Sicht des Berufs als Berufung im Laufe der Jahre selbst entwickelt.

Geht man von der Berufswahl in der heutigen Zeit aus, und geht man von einem Menschen aus, der als höchsten Schulabschluß das Abitur hat, so bedeutet dies doch, daß diesem Menschen zunächst einmal alle Wege einer Berufsausbildung offenstehen. Er hat die Möglichkeit, eine Lehre zu absolvieren, ein Fachhochschulstudium oder ein Studium an einer wissenschaftlichen Hochschule zu ergreifen, oder er kann beides miteinander kombinieren, d.h. zuerst eine Lehre machen und dann ein Hochschulstudium anschließen. Er kann auch eine Ausbildung an einer sogenannten Berufsakademie ergreifen oder was es sonst noch für Möglichkeiten einer beruflichen Ausbildung gibt. D.h., daß ihm sozusagen der Weg offensteht, welchen Beruf er ergreifen will, in welche Richtung er in beruflicher Hinsicht gehen will. Er hat die Möglichkeit, mit einer Berufsausbildung (Lehre) zufrieden zu sein und „seinen" Weg gefunden zu haben, oder er strebt einen akademischen Beruf an, der zu einem Diplomabschluß, vielleicht sogar zu einem Doktortitel oder einer anschließenden Professur führt.

Dies alles steht ihm offen, sofern er nicht aus bestimmten Gründen gezwungen ist, einen bestimmten Beruf zu ergreifen, z.B. aus finanziellen Gründen, wenn er recht bald auf finanzielle Einkünfte angewiesen ist, vielleicht eine Familie zu ernähren hat und aus diesem Grund vielleicht keine langwierige akademische Berufslaufbahn beschreiten kann oder will, sondern sich mit einer beruflichen Ausbildung in einer Lehre begnügt.

Oder daß er – was heutzutage nicht mehr so häufig vorkommt – von seinen Eltern unter Druck gesetzt wird, eine bestimmte Berufslaufbahn zu beschreiten, eine andere, die ihm vielleicht eher zusagt, aber nicht. Das kann unter Umständen der Fall sein, wenn der Jugendliche noch finanziell von seinen Eltern abhängig ist und sich somit eher eine bestimmte Meinung über seine Berufswahl aufreden läßt, anstelle sich selbst eine solche zu bilden und demgemäß auch zu handeln – was ihm wegen der finanziellen Abhängigkeit aber eben nicht immer möglich ist.

Eine andere Möglichkeit wäre noch, daß der Jugendliche in gewisser Weise in psychischer Hinsicht von seinen Eltern abhängig oder mit ihnen verbunden ist, so daß ihm eventuell noch die nötige innere Reife fehlt, um eine so weitreichende Entscheidung wie die über seine Berufswahl zu treffen. Der Jugendliche hat vielleicht aufgrund seines Entwicklungsstandes und seines Noch-nicht-Erwachsener-sein, aber auch nicht mehr Kind sein, also Jugendlicher,

Heranwachsender zu sein, vielleicht auch noch gerade in der Phase der Pubertät, Schwierigkeiten, eine ihm entsprechende Berufswahl zu treffen.

Dies alles können Schwierigkeiten sein, die einer freien Entscheidung über eine Berufswahl im Wege stehen, so daß die Berufswahl unter Zwängen, Druck, Auflagen usw., also nicht mehr frei erfolgt und dem Jugendlichen somit nicht mehr alle Wege für einen Beruf offen stehen.

Diese genannten Schwierigkeiten, die zu einer Berufswahl unter Zwang oder Druck führen, sollen hier nicht beachtet, d.h. beiseite gelassen werden. Es geht hier nur um die Situation, in der ein Jugendlicher frei von äußeren Zwängen, sei es finanziellen, sei es von elterlicher Seite oder auch anderen, entscheiden kann.

Diese freie Berufswahl hat, um dies nur noch kurz zu erwähnen, natürlich auch zu einem bestimmten Grade jemand, der nicht über den Schulabschluß Abitur verfügt, sondern vielleicht nur über den Schulabschluß Mittlere Reife oder auch den Hauptschulabschluß. Nur ist es hier so, daß sich von vornherein die Wahl der möglichen Berufe einschränkt, beim Hauptschulabschluß noch deutlicher als beim Abschluß der Mittleren Reife. Aber auch in diesem Fall ist es so, wenn auch dem Jugendlichen nicht mehr die Möglichkeit frei steht, jeden beliebigen Beruf zu ergreifen, so kann er doch in einem gewissen Rahmen unter einer großen Anzahl von Berufen frei wählen.

Und denjenigen, die über einen Schulabschluß Mittlere Reife oder einen Hauptschulabschluß verfügen und mit den ihnen „angebotenen“ Beruf nicht zufrieden sind, d.h. einen anderen Beruf erstreben, der ihnen mehr zusagt, der aber nicht mit diesem Schulabschluß zu erreichen ist, steht die Möglichkeit der Weiterbildung z. B. in Form des zweiten Bildungsweges offen oder auch, wie in letzter Zeit des öfteren diskutiert und in einigen Bundesländern auch schon angeboten wird, die Möglichkeit, ohne Abitur zu studieren, nach Vorweis einer abgeschlossenen Berufsausbildung, einer bestimmten Anzahl von Berufsjahren und dem Bestehen einer Eingangsprüfung an der gewünschten Universität oder Fachhochschule.

Nun soll jedoch des weiteren, wie eingangs schon erwähnt, von einem Jugendlichen mit dem Schulabschluß Abitur ausgegangen werden.

Wenn der Jugendliche frei wählen kann, wird sich für ihn wahrscheinlich im Laufe der Zeit eine Anzahl von Berufsmöglichkeiten herauskristallisieren, die ihn interessieren, die seinen vielleicht jeweils verschiedenartigen Fähigkeiten entsprechen und die er damit in die engere Wahl nehmen wird.

Nun ist die Frage, aufgrund welcher Überlegungen der Jugendliche eine Auswahl bestimmter Berufe trifft, die für ihn vielleicht in Frage kommen. Es wird mit Sicherheit so sein, daß für den einen nur der eine und ganz bestimmte Beruf in Frage kommt. Für einen anderen kommt eventuell der Beruf, sagen wir, des Krankenpflegers oder ein Studium der Architektur in Frage. Ein anderer stellt sich entweder den Beruf eines Bankkaufmanns oder ein Studium der Chemie vor.

Gleichzeitig werden diese Jugendlichen sicherlich Berufe kennen, die sie mit Sicherheit nicht wählen würden. Der eine würde niemals Beamter werden, der andere niemals Arzt, ein anderer wieder könnte sich niemals den Beruf eines Lehrers vorstellen.

Was führt einen Jugendlichen dazu, eine bestimmte Anzahl von Berufen in die engere Wahl zu nehmen, andere aber von vornherein oder nach eingehender Prüfung auszuscheiden?

Nun, unter dem Gesichtspunkt, daß der Jugendliche frei entscheiden kann, wird er seine Wahl aufgrund seiner Neigungen, Interessen und Fähigkeiten, aber auch der Möglichkeiten des beruflichen Weiterkommens und der finanziellen Möglichkeiten treffen. In diesem Zusammenhang werden jedoch wahrscheinlich seine persönlichen Neigungen, Interessen, seine Begabung und seine Eignung für einen Beruf im Vordergrund stehen.

Wahrscheinlich wird niemand – auch wenn er z.B. auf größtmöglichsten Verdienst aus ist – einen Beruf ergreifen, in dem er sehr viel Geld verdienen kann, der ihm aber von seinen Neigungen oder Interessen her nicht liegt und ihm nicht zusagt. Schon J. Bern. Krier hat in seinem Buch „Der Beruf"[52] in dem Kapitel über „Die Vorteile des echten und die Nachteile des verfehlten Berufs" darauf hingewiesen, daß der verfehlte Beruf das Leben erschwert, den Frieden raubt, den Erfolg hindert, oft Unheil stiftet und häufig zu einem Sündenleben führt. Niemand wird somit allein aufgrund dessen, daß ihm ein gutes berufliches Weiterkommen oder ein hohes finanzielles Einkommen zugesichert wird, einen Beruf ergreifen, wenn dieser völlig gegen seine eigenen Neigungen und Interessen geht. Denn schließlich hat derjenige diesen Beruf meistens ein Leben lang auszuüben.

Geht man nun davon aus, daß ein Jugendlicher aufgrund seiner persönlichen Neigungen und Interessen eine bestimmte Anzahl von Berufen in eine engere Wahl einbezieht, so ergibt sich die Frage, worauf sich seine Neigungen und Interessen begründen, d.h. wo sie herkommen oder wie sie entstanden sind.

Der Jugendliche geht in diesem Zusammenhang doch von gewissen psycho-physischen, vielleicht auch genetischen, d.h. vererbten, Gegebenheiten aus. Sollte er z.B. den Beruf des Krankenpflegers oder des Arztes in die engere Berufswahl mit einbeziehen, so doch wahrscheinlich unter dem Gesichtspunkt, weil er gerne Menschen helfen möchte, sich um sie kümmern und sie – im

52 Krier, J. Bern., Der Beruf, 3. Auflage, Freiburg 1899, S. 35-44

Falle des Berufs des Krankenpflegers – pflegen möchte. Desweiteren muß er, das setzen diese beiden Berufe – ebenso wie alle anderen ärztlichen oder pflegerischen Berufe – voraus, gern mit Menschen zu tun und an dieser Arbeit mit Menschen Freude haben. Dies sind Dinge, besser gesagt eigentlich Anlagen, die zu der Person oder Persönlichkeit eines Menschen dazugehören, zu seinem Charakter, die ihn auszeichnen.

Vielleicht hat der Jugendliche – was des öfteren vorkommt – einen Elternteil, Vater oder Mutter, der selbst Arzt ist, und so lernt er von klein auf an, wie sich die Arbeit seines Vaters oder seiner Mutter gestaltet. Vielleicht, indem der Vater oder die Mutter zu Hause beim Mittagstisch über Patienten aus der Praxis erzählt, oder indem er oder sie zu Patienten oder auch Notfällen gerufen wird.

Sicherlich kann dann hier auch eine genetische Komponente mitspielen, wenn der Jugendliche einen ärztlichen oder pflegerischen Beruf in die engere Berufswahl mit einbezieht oder sich für einen solchen Beruf entscheidet. Denn sollte schon ein Elternteil die psychische Veranlagung haben, gut mit Menschen umgehen zu können, d.h. die nötige psychische Stabilität, Kommunikationsfähigkeit, Empathie usw. zu besitzen, so kann dies durchaus der Fall sein, daß sich diese Anlagen weitervererben und den Sohn oder die Tochter sozusagen für gewisse Berufe schon „prädestinieren".

In umgekehrte Sinn kann natürlich auch ein Jugendlicher die Veranlagung haben, daß er nicht gut mit Menschen umgehen kann, daß er sich für einen ärztlichen oder pflegerischen Beruf nicht eignet. Der deutlichste Fall wäre, daß jemand kein Blut sehen kann oder dabei vielleicht sogar kollabiert. Derjenige würde sich sicherlich nur in den seltensten Fällen, sollte er dennoch wider allem Erwarten die Neigung und das Interesse an einem ärztlichen oder pflegerischen Beruf verspüren, einen solchen Beruf ergreifen wollen. In den meisten Fällen wird dies jedoch unmöglich sein.

Was hier über Veranlagungen oder Anlagen gesagt wurde, also psychophysische, evtl. auch vererbte Gegebenheiten, soll deutlich machen, daß ein Jugendlicher, der eine Berufswahl trifft oder eine Anzahl von Berufen in eine engere Wahl einbezieht und dabei – verständlicherweise – nach seinen Neigungen und Interessen geht, immer von Befähigungen, Vorlieben und Begabungen ausgeht, die ihm zum Zeitpunkt der Berufswahl – wie schon erwähnt – persönlich zu eigen sind, die zu ihm gehören, die ihn als Person auszeichnen. Dies trifft sowohl für Fähigkeiten oder Interessen zu, die ihm vielleicht von klein auf angehören, d.h. eventuell vererbt sind, als auch für solche, die sich der Jugendliche erst im Laufe seiner Entwicklung angeeignet hat oder die vielleicht auch auf ein bestimmtes, einschneidendes Erlebnis in seinem Leben zurückzuführen sind.

Es soll noch kurz angemerkt werden, daß die Berufswahl natürlich nur aufgrund von Befähigungen oder Interessen erfolgen kann, die zum jeweiligen Zeitpunkt der Berufswahl vorhanden sind oder sich herauskristallisiert haben, d.h. die den Jugendlichen zu eben diesem Zeitpunkt in seiner Person auszeichnen und seinen Charakter kennzeichnen. Denn schließlich ist es vorstellbar, daß diese Vorlieben und Befähigungen sich im Laufe des Lebens, vielleicht nach 10 oder 20 Jahren geändert haben können und er sich zu einem solchen Zeitpunkt dann, wäre er vor dieselbe Wahl gestellt, vielleicht anders entscheiden würde. Daß sich diese im Laufe des Lebens ändern können, trifft natürlich zu, doch ist es sicherlich auch so, daß gewisse charakterliche Eigenschaften, Veranlagungen und auch Interessen im Alter der Berufswahl schon ausreichend gefestigt sind, so daß aufgrund derer eine Berufswahl möglich ist. Meistens verfestigen sich diese Eigenschaften und Interessen im Laufe der Jahre ja auch noch.

Es ist ja ganz deutlich – um noch einmal darzulegen, daß es sich bei den Befähigungen und Interessen um Anlagen handelt, die eine Person auszeichnen, d.h. zu ihr gehören –, daß man, um z.B. einen musikalischen Beruf ergreifen zu können, entsprechende musikalische Begabung haben muß. Für einen künstlerischen Beruf trifft dies ebenso zu, genauso wie für technische oder mathematisch ausgerichtete Berufe. Oder z.B. für einen handwerklichen Beruf. Für gewisse Berufe ergeben sich diesbezüglich manchmal auch Überschneidungen. Für den Beruf des Zahnarztes wird sich sicherlich nur jemand entscheiden, der *sowohl* mit Menschen umgehen kann, *als auch* gute handwerkliche Fähigkeiten besitzt (man sagt nicht umsonst von Zahnärzten, daß sie gute „Handwerker" seien) *und* sich schließlich für Zahnmedizin interessiert, denn schließlich wird er damit einen Großteil seines Lebens verbringen. Ähnliches kann man vielleicht auch von dem Facharzt der Chirurgie sagen („Handwerker").

Eine freie Entscheidung eines Jugendlichen aufgrund seiner ihm eigenen Neigungen, Fähigkeiten, Interessen, Begabungen und Anlagen, die ganz zu seiner eigenen Person gehören, bedeutet doch schließlich auch, wenn man diesen Gedanken weiterverfolgt, daß er sich in gewisser Hinsicht nicht anders entscheiden *kann* als in der Weise, wie er sich entscheidet, d.h. für einen bestimmten Beruf oder auch eine bestimmte Anzahl von Berufen, die er zunächst in die engere Wahl nimmt. Ansonsten würde er ja gegen seine eigene „Natur" entscheiden, entgegen seine eigenen Befähigungen, Neigungen und Interessen, die seine Person zu einem Teil ja auszeichnen.

J. Bern. Krier schreibt dazu in seinem Buch „Der Beruf"[53] im Vorwort zur ersten Auflage:

„Welches ist der mir von Gott gegebene Beruf? Dieses ist die wichtigste Frage im Leben des (...) Jünglings. Von ihrer richtigen oder unrichtigen Lösung hängt Freude oder Trauer, Zufriedenheit oder Mißmut, Glück oder Unglück, Ehre oder Schmach für das ganze Leben ab. Mancher edle Jüngling, der mit den reichsten und glänzendsten Gaben des Geistes und des Herzens ausgerüstet war und den Wohlgeruch christlicher Tugend verbreitete, wurde in seinem Aufschwunge gehemmt, in seiner Kraft gebrochen, weil er in blindem Leichtsinn und jugendlichem Ungestüm seinem Leben eine falsche Richtung gegeben, in welcher weder dem Geiste noch dem Herzen die zuträgliche Nahrung zufloß. Die herrlichsten Anlagen mußten nunmehr nutzlos verkümmern und verkrüppeln, und die schönen Erwartungen, welche Religion, Gesellschaft und Familie an ihn zu stellen berechtigt waren, wurden getäuscht."

Geht man nun davon aus, daß ein Jugendlicher aufgrund seiner Befähigungen, Neigungen und Interessen nicht anders *kann*, als einen bestimmten Beruf zu ergreifen oder auch eine bestimmte Anzahl von Berufen zunächst in die engere Wahl zu nehmen, um sich dann für einen Beruf zu entscheiden, so könnte man doch auch sagen, daß er im Endeffekt zu einem bestimmten Beruf *berufen* ist, da er sich eben nicht anders entscheiden kann (dies stellt ja keine Unfreiheit dar, sondern nur eine „notwendige" Wahl unter allen dem Jugendlichen angebotenen Berufen). In dieser Darstellung tritt somit ebenfalls, wie im ersten Kapitel dieser Abhandlung über Max Webers Sicht des Berufs als Berufung, der Begriff der „Berufung" oder des „Berufs als Berufung" auf, diesmal jedoch in einer Art säkularisierten Form der Darstellung.

„Beruf ist Arbeit, lebenslängliches, innerlich zusammenhängendes Schaffen und Fortwirken, ergriffen aus Be-Ruf, unter dem Gebot einer inneren Stimme, d.h. aus selbstloser Hingabe an die durch Arbeit zu verwirklichenden Menschenzwecke, unter *dem Zwang der eigenen Natur*, die nur durch d i e s e und keine andere Arbeit sich entfalten kann und allein durch solche Entfaltung beglückt wird."[54]

„Unter Beruf versteht man die Laufbahn, den Stand, die besondere Lebensstellung, welche die göttliche Vorsehung jedem Menschen hienieden an-

53 Ebd. , S. V

54 Fischer, Aloys, Über Beruf, Berufswahl und Berufsberatung als Erziehungsfragen, Leipzig 1918, S. 19-20. Kursive Hervorhebung durch den Verfasser (dieser Abhandlung), gespreizte Hervorhebung durch Aloys Fischer.

gewiesen hat. Man nennt diese einem jeden eigentümliche Lebensstellung B e r u f , weil Gott jeden gleichsam mit Namen r u f t , um ihm seinen eigenen Platz anzuweisen. In seiner unendlichen Weisheit und väterlichen Liebe sieht Gott nämlich die verschiedenen Abstufungen in der Gesellschaft; um sie auszufüllen, erschafft Er (sic!) Menschen, denen Er die notwendigen, diesen Stellen entsprechenden Anlagen und Gnaden giebt (sic!), so daß von Seiner Seite jeder Mensch für einen Stand bestimmt ist. Gott verfährt hier wie ein guter Hausvater, der jedem Kinde und Dienstboten d i e Stellung im Haushalte, d i e Arbeit anweist, welche seiner Kraft und Leistungsfähigkeit entspricht; wie ein General, der jeden Soldaten auf d e n Posten schickt, der seinem Mute und seiner Tapferkeit zusagt; wie der Fürst, der dem Unterthanen (sic!) d a s Amt anvertraut, für welches er ihn genugsam (sic!) ausgebildet weiß; wie der Gärtner, der jeden Baum in d a s Erdreich pflanzt, in welches er gehört; wie der Baumeister, der die Steine so zubereiten läßt, wie es die ihnen zugedachte Stelle fordert; wie der Uhrmacher, der jedes Rädchen dem ihm zukommenden Platze anpaßt und es dort einsetzt, wo es thätig (sic!) ins Werk eingreifen kann."[55]

Am deutlichsten kann man sich den „Beruf als Berufung" in der hier dargestellten säkularisierten Sicht an dem Beispiel des Berufs des Arztes vorstellen. Vielleicht hat man schon einmal davon gehört, oder vielleicht kennt man auch einen solchen Arzt in seinem Bekanntenkreis, daß sich jemand zu diesem Beruf berufen fühlt und ihn deswegen ergriffen hat. Vielleicht hat er schon in jungen Jahren gemerkt, daß er gerne Menschen helfen möchte, ihr Leid und ihre Sorgen lindern möchte, sich bei ihren körperlichen Erkrankungen sich um sie kümmern will und fühlte sich deshalb, „unter dem Zwang der eigenen Natur"[56], dazu berufen, diesen und keinen anderen Beruf zu ergreifen. Nur hier kann er sich verwirklichen und den Menschen in seinem Beruf einen Nutzen bringen.

Vorstellbar ist diese Sicht z.B. auch bei einem Politiker, auch wenn das Ansehen des Politikers in der heutigen Zeit ziemlich gelitten hat und nur sehr wenige einem Politiker beim Ergreifen dieses Berufs wirklich hehre Absichten unterstellen. Es gab und gibt jedoch mit Sicherheit zu jeder Zeit solche Menschen, die den Beruf des Politikers ergriffen haben oder ergreifen, weil sie den Menschen helfen, soziale Mißstände ändern und die Lebensbedingungen der Menschen verbessern wollen. Sie tun dies, indem sie in die Politik gehen, da sie dort die besten Möglichkeiten zur Veränderung von Mißständen sehen. Somit kann sich auch ein Politiker zu seinem Beruf berufen fühlen, aus einem

55 Krier, J. Bern., a.a.O., S. 3-4
56 Siehe Fußnote 54

inneren Antrieb oder Impuls heraus, Menschen zu helfen und etwas für sie zu tun.

Der „Beruf als Berufung" ließe sich noch durch andere Beispiele verdeutlichen, und am deutlichsten wird diese Darstellung, wenn man sich überlegt, daß eigentlich jeder Beruf eine „Berufung" darstellt, sofern derjenige, der sich für einen Beruf zu entscheiden hat, eine freie Wahl ohne finanzielle oder sonstige Zwänge hat, in der er ganz seinen Befähigungen, Neigungen und Interessen nachgehen kann. (Wahrscheinlich ließe sich auch bei einer z.B. durch finanzielle oder sonstige Zwänge eingeschränkten Wahl darlegen, daß ein dann ausgewählter Beruf eine Art von Berufung sein könnte, aber diese Darlegung dürfte wohl doch recht schwierig werden. Auf sie soll hier nicht näher eingegangen werden.)

Georg Simmel äußert sich in seinem Buch „Soziologie" dazu in folgender Weise:

„Bei höherer Ausbildung des Begriffs (des Berufs; d. Verf.) zeigt er die eigenartige Struktur: daß einerseits die Gesellschaft eine ‚Stelle' in sich erzeugt und bietet, die zwar nach Inhalt und Umriß von andern unterschieden ist, aber doch prinzipiell von Vielen ausgefüllt werden kann und dadurch sozusagen etwas Anonymes ist; und daß nun diese, trotz ihres Allgemeinheitscharakters, von dem Individuum auf Grund eines inneren ‚Rufes', einer als ganz persönlich empfundenen Qualifikation ergriffen wird. Damit es überhaupt einen ‚Beruf' gäbe, muß jene, wie auch immer entstandene, Harmonie zwischen dem Bau und Lebensprozeß der Gesellschaft auf der einen Seite, den individuellen Beschaffenheiten und Impulsen auf der andern, vorhanden sein. Auf ihr als allgemeiner Voraussetzung ruht schließlich die Vorstellung, daß für jede Persönlichkeit eine Position und Leistung innerhalb der Gesellschaft bestehe, zu der sie ‚berufen' ist, und der Imperativ, so lange zu suchen, bis man sie findet."[57]

Der „Beruf als Berufung" in der heutigen, säkularisierten Sicht kann nun natürlich auch unter einem religiösen Gesichtspunkt gesehen werden, womit der Kreis zu Max Webers Sicht des Berufs als Berufung geschlossen wäre. Denn wenn man ein gläubiger Mensch ist und sich die Frage stellt, wozu man in seinem Leben auserwählt ist, welche Stellung in seinem Leben Gott für einen vorgesehen hat, z.B. als Vater, Bruder, Ehemann usw., so gehört zu dieser Frage natürlich auch diejenige nach dem Beruf, zu welchem Beruf man berufen oder auch „auserwählt" ist. Dies klingt ja schon in dem auf S. 282 angeführten Zitat von J. Bern. Krier an, wo er sich über „die besondere Lebensstel-

57 Simmel, Georg, Soziologie, Leipzig 1908, S. 44-45

lung, welche die göttliche Vorsehung jedem Menschen hienieden angewiesen hat“, äußert.

Klara Vontobel hält in ihrem Buch „Das Arbeitsethos des deutschen Protestantismus“[58] allerdings dagegen, daß der Beruf, in seinem ursprünglichen Sinne verstanden, die Berufswahl ausschließt. Bei einem Ruf, der von Gott mit solch autoritativer Geltung an den Menschen ergeht, gibt es kein Wählen, sondern nur ein Hören oder Nichthören, Gehorsam oder Ungehorsam. Der Mensch hat sozusagen nicht zu entscheiden, welche Arbeit er verrichten will, sondern ob er seine Arbeit gläubig oder ungläubig tun will. Ihrer Meinung nach ist es allerdings so, daß eine Berufung nicht ohne Rücksicht auf die Fähigkeiten des Berufenen erfolgt, denn das Gemeinwesen hat Interessen daran, den rechten Mann an den rechten Platz zu stellen.

Vontobel ist gleichsam der Anschauung, daß erst dann, wenn der Berufende nicht mehr außerhalb des Menschen ist, sondern in der Stimme der menschlichen Vernunft spricht, der Mensch seinen „Beruf“ wählen kann, indem er prüft, vergleicht und nach seinen Neigungen und Interessen geht. Die Berufswahl als freie Entscheidung ist für den deutschen Protestantismus erst in der Zeit der Aufklärung möglich, wo sowohl die Autorität eines transzendenten Gottes als auch die Autorität der weltlichen Obrigkeit in Frage gestellt wird. Nun ist die eigene Individualität der ausschlaggebende Faktor. Die Berufsarbeit wird zu einem der Mittel, diese zu entfalten, zum größtmöglichen Nutzen der eigenen Person und der Gesamtheit. Wenn Vontobel diese Darstellung mit dem Satz schließt, daß „die Berufswahl (...) erst möglich [ist], nachdem der eigentliche Sinn vom Beruf als Berufung nicht mehr verstanden wird“[59], so kann ihr insgesamt gesehen nicht zugestimmt werden.

Auch wenn diese Darstellung der säkularisierten Sicht des Berufs als Berufung eine These des Verfassers darstellt, die noch nicht nachgeprüft ist – wenn das überhaupt erfolgen kann, da sie vielleicht mehr eine Anschauungs- oder „Glaubens“-Sache wiedergibt –, und auch die oben erwähnte religiöse Anschauung dieser säkularisierten Sicht zu dieser These gehört, so können doch von verschiedener Seite Einwände gegen Vontobels Darstellung erhoben werden.

Wenn eine Berufung durch Gott nur stattfinden kann, wenn Gott als der Berufende außerhalb des Menschen ist, somit eine eigentliche Berufswahl nicht stattfinden kann, diese jedoch erst dann wirklich erfolgen kann, wenn statt der Berufung durch Gott z.B. die innere Stimme der Vernunft spricht, so kann doch hier der gläubige Mensch einwenden, ob denn nicht auch die Vernunft des Menschen von Gott gegeben ist. Eine Berufswahl aufgrund einer

58 Vontobel, Klara, Das Arbeitsethos des deutschen Protestantismus, Bern 1946
59 Ebd., S. 122

„vernünftigen" Überlegung und Entscheidung anhand seiner Befähigungen, Neigungen und Interessen wäre dann auch eine Berufung, die von Gott erfolgt ist.

Eine weiterer Einwand wäre z.B. die in den heutigen protestantischen Sprachen vorhandenen Wörter für den Begriff des „Berufs", die ja alle noch den religiösen Inhalt einer von Gott erfolgten Berufung in einen Beruf enthalten, wie es auf S. 264 in dem Zitat von Egon Franz über den schwedischen Begriff „kallelse" wiedergegeben ist. Auch wenn sich der Inhalt der Berufsbegriffe in den heutigen protestantischen Sprachen – wie im 1. Kapitel dieser Abhandlung dargestellt – aus der Bibelübersetzung Luthers herleiten läßt und somit historische Ursachen hat, färbt dieser Inhalt doch auf die heutige Zeit ab und bleibt in den einzelnen Völkern nicht ohne eine direkte Wirkung.

Aus diesen Gründen – zu denen noch weitere hinzugezählt werden könnten – bleibt der Verfasser bei der weiter oben dargestellten Anschauung der säkularisierten Sicht des Berufs als Berufung und – in Anknüpfung an Webers Sicht des Berufs als Berufung – der Möglichkeit ihrer religiösen Ausdeutung.

Diese Darstellung soll mit einem Zitat Webers geschlossen werden, das auch schon im Kapitel 1 angeführt wurde (S. 270) und welches diese Darlegung untermauern soll:

„Denn für jeden ohne Unterschied hält Gottes Vorsehung einen Beruf (calling) bereit, den er erkennen und in dem er arbeiten soll, und dieser Beruf ist nicht wie im Luthertum eine Schickung, in die man sich zu fügen und mit der man sich zu bescheiden hat, sondern ein Befehl Gottes an den einzelnen, zu seiner Ehre zu wirken."[60]

60 Weber, Max, a.a.O., S. 172

3. Bibliographie

A. Monographien

Aland, Kurt, Hilfsbuch zum Lutherstudium, 3. Auflage, Witten 1970
Barge, Hermann, Luther und der Frühkapitalismus, in: Schriften des Vereins für Reformationsgeschichte, Nr. 168, Jahrgang 58, Heft 1, Gütersloh 1951
Bauer, Karl, Luther bei Troeltsch und bei Holl, in: Theologische Blätter, 33. Jahrgang, 1923, Heft 2, S. 36-39
Bendix, Reinhard, Max Weber – Das Werk, München 1964
Buchenwald, D. Georg, Luther-Kalendarium, 2. Auflage, Leipzig 1929
Conrad, Wolfgang/Streeck, Wolfgang (Hrsg.), Elementare Soziologie, 2. Auflage, Opladen 1982
Eger, Karl, Die Anschauungen Luthers vom Beruf, Gießen 1900
Eisenstadt, Shmuel Noah, Die Protestantische Ethik und der Geist des Kapitalismus, in: Kölner Zeitschrift für Soziologie und Sozialpsychologie, 22. Jahrgang 1970, S. 1-23 (Teil I) und S. 265-299 (Teil II)
Fischer, Aloys, Über Beruf, Berufswahl und Berufsberatung als Erziehungsfragen, Leipzig 1918
Guardini, Zum Begriff des Berufs, in: Akademische Bonifatius-Korrespondenz, Jahrgang 35, 1919, Heft 1, S. 29-41
Hanyu, Tatsuro, Max Webers Quellenbehandlung in der „Protestantischen Ethik" – Der Begriff „Calling", in: Zeitschrift für Soziologie, Jahrgang 22, Heft 1, S. 65-75, Stuttgart 1993
Holl, Karl, Gesammelte Aufsätze zur Kirchengeschichte, Bd. 1, 2. u. 3. Auflage, Tübingen 1923; Bd. 3, Tübingen 1928
Hufnagel, Gerhard, Kritik als Beruf, Frankfurt 1971
Käsler, Dirk, Einführung in das Studium Max Webers, München 1979
Klügl, Johann, Die protestantische Ethik und die Entstehung des Kapitalismus, in: Wissenschaftliche Zeitschrift der Friedrich-Schiller-Universität Jena, Gesellschafts- und Sprachwissenschaftliche Reihe 19 (1970), S. 591-595
Kocka, Jürgen, Kontroversen über Max Weber, in: Neue politische Literatur 21 (1976), S. 281-301
Koesters, Paul-Heinz, Ökonomen verändern die Welt, 4. Auflage, Hamburg 1984
Kretzmer, Hartmut, Calvinismus versus Demokratie respektive „Geist des Kapitalismus"?, Oldenburg 1988
Krier, J. Bern., Der Beruf, 3. Auflage, Freiburg 1899
Luther, Martin D., Kritische Gesamtausgabe, 10. Bd, 1. Abt., 2. Hälfte, Weimar 1925

Lüthy, Herbert, Protestantismus und Kapitalismus, in: Merkur, 19. Jahrgang, Nr. 203, Heft 2, S. 101-119 (Teil I) und Nr. 204, Heft 3, S. 226-242 (Teil II), Köln/Berlin 1965

Mann, Fritz Karl, Beruf und Erwerb, in: Kölner Vierteljahreshefte für Sozialwissenschaften, 2. Jahrgang, Heft 4, S. 38-56, München 1922

Marcuse, Herbert, Ideengeschichtlicher Teil, in: Institut für Sozialforschung, Studien über Autorität und Familie, S. 136-228, Paris 1936

Marx, Karl, Zur Kritik der Politischen Ökonomie, 11. Auflage, Berlin 1987

Ders., Das Kapital, Bd. 1, 30. Auflage, Berlin 1986

Marx, Karl/Engels, Friedrich, Über Religion, 4. Auflage, Berlin 1987

McNeill, John T., Thirty Years of Calvin Study, in: Church History, Bd. 17, Heft 3, 1948, S. 207-240

Mommsen, Wolfgang J., Neue Max-Weber-Literatur, in: Vierteljahresschrift für Sozial- und Wirtschaftsgeschichte, Bd. 53 (1966), S. 92-96

Ders., Neue Max-Weber-Literatur, in: Historische Zeitschrift 211 (1970), S. 616-630

Nelson, Benjamin, The Idea of Usury, 2. Auflage, Chicago 1969

Paulus, Nikolaus, Zur Geschichte des Worts Beruf, in: Historisches Jahrbuch der Görres-Gesellschaft, 45. Jahrgang, Heft 2/3, 1925, S. 308-316

Pesch, Heinrich, Christliche Berufsidee und „kapitalistischer Geist“, in: Stimmen aus Maria-Laach, Bd. 75 (1908), S. 523-531

Rachfahl, Felix, Kalvinismus und Kapitalismus, in: Internationale Wochenschrift für Wissenschaft, Kunst und Technik, Bd. 3, 1909, S. 1217ff.

Ders., Nochmals Kalvinismus und Kapitalismus, in: Internationale Wochenschrift für Wissenschaft, Kunst und Technik, Bd. 4, 1910, S. 689ff.

Recktenwald, Horst Claus (Hrsg.), Geschichte der politischen Ökonomie, Stuttgart 1971

Schifferdecker, Paul Heinz, Der Berufsgedanke bei Luther, Heidelberg 1932

Schluchter, Wolfgang (Hrsg.), Max Webers Sicht des okzidentalen Christentums, Frankfurt 1988

Ders., Religion und Lebensführung, Bd. 2, Frankfurt 1988

Seyfarth, Constans/Schmidt, Gert, Max Weber Bibliographie, Stuttgart 1977

Seyfarth, Constans/Sprondel, Walter M. (Hrsg.), Seminar: Religion und gesellschaftliche Entwicklung, Frankfurt 1973

Simmel, Georg, Soziologie, Leipzig 1908

Troeltsch, Ernst, Aufsätze zur Geistesgeschichte und Religionssoziologie, Tübingen 1925

Ders., Die Kulturbedeutung des Calvinismus, in: Internationale Wochenschrift für Wissenschaft, Kunst und Technik, Bd. 4, 1910, S. 449ff.

Ders., Die Soziallehren der christlichen Kirchen und Gruppen, Aalen 1961

Uhlhorn, Gerhard, Der irdische Beruf des Christen, Hannover 1890
Vontobel, Klara, Das Arbeitsethos des deutschen Protestantismus, Bern 1946
Weber, Max, Die protestantische Ethik I, 4. Auflage, Hamburg 1975; II, 4. Auflage, Gütersloh 1982
Ders., Gesammelte Aufsätze zur Religionssoziologie I, 5. Auflage, Tübingen 1963; II, 3. Auflage, Tübingen 1963; III, 3. Auflage, Tübingen 1963
Ders., Gesammelte Aufsätze zur Soziologie und Sozialpolitik, 2. Auflage, Tübingen 1988
Ders., Gesammelte Aufsätze zur Wissenschaftslehre, 4. Auflage, Tübingen 1973
Ders., Politik als Beruf, in: Ders., Gesammelte Politische Schriften, 5. Auflage, Tübingen 1988
Ders., Wirtschaftsgeschichte, 3. Auflage, Berlin 1958
Ders., Wissenschaft als Beruf, in: Ders., Gesamtausgabe, Bd 17, S. 49-111, Tübingen 1992
Weiß, Johannes, Max Weber heute, Frankfurt 1989
Wingren, Gustav, Luthers Lehre vom Beruf, München 1952
Zwingerle, Arnold, Die verspätete Rezeption, in: Der Staat 13 (1974), S. 536-554

B. Bibelwerke

Deutsche Bibelgesellschaft, Das Neue Testament. Nach der Übersetzung Martin Luthers, Stuttgart 1984
Ders., Die Bibel in heutigem Deutsch, Stuttgart 1982
Luther, Martin D., Die gantze Heilige Schrifft Deudsch, Bd. 2, München 1972
Württembergische Bibelanstalt, Die heilige Schrift, Stuttgart 1961

C. Nachschlagewerke

Aland, Kurt (Hrsg.), Lutherlexikon, 4. Auflage, Göttingen 1983
Bibliographisches Institut, Duden Etymologie, Mannheim 1963
Galling, Kurt (Hrsg.), Die Religion in Geschichte und Gegenwart, 3. Auflage, Tübingen 1957
Hartfiel, Günter/Hillmann, Karl-Heinz, Wörterbuch der Soziologie, 3. Auflage, Stuttgart 1982
Poenicke, Klaus, Duden Wie verfaßt man wissenschaftliche Arbeiten?, 2. Auflage, Mannheim 1988

Deutschland in der Nachkriegszeit 1945-1949. Bürokratie, Militär, Parteien, Wirtschaft: Neubeginn oder Restauration?

Inhaltsverzeichnis

1. Einleitung

„Die Bundesrepublik Deutschland ist eine neue staatliche Formation in der Geschichte der Deutschen. Sie unterscheidet sich wesentlich in ihrer Verfassung und politischen Ordnung, in ihrer Sozial- und Wirtschaftsstruktur, in ihrer politischen Kultur und den dominanten Wertorientierungen von Kaiserreich, der Weimarer Republik und dem nationalsozialistischen Herrschaftssystem.“[1]

So schreibt M. Rainer Lepsius in seinem Artikel „Die BRD in der Kontinuität und Diskontinuität historischer Entwicklungen“ in dem Sammelband „Die Sozialgeschichte der BRD“, den er zusammen mit Werner Conze herausgibt. An anderer Stelle schreibt er jedoch auch:

„Zugleich aber steht sie jedoch in der Tradition des Deutschen Volkes: politisch, sozial, wirtschaftlich und kulturell. Sie ist kein ‚Neustaat‘, und noch viel weniger eine ‚neue Gesellschaft‘ oder gar eine ‚neue Kultur‘. Sie ist durch historische Entwicklungen geprägt und versteht sich auch in ihrem Selbstbewußtsein als Erbe der deutschen Geschichte.“[2]

Anhand von vier gesellschaftspolitischen Bereichen soll untersucht werden, inwiefern die Entwicklung in der unmittelbaren Nachkriegszeit etwas völlig Neues oder einen Rückgriff auf schon einmal Dagewesenes darstellt. Dabei wird vorwiegend die Entwicklung in den Westzonen näher untersucht, die Entwicklung in der sowjetischen Besatzungszone (SBZ) wird bei einigen der vier gesellschaftspolitischen Bereichen nur am Rande erwähnt.

2. Bürokratie

Die amerikanischen und britischen Besatzer kamen aus Ländern ohne festgefügtes Berufsbeamtentum. Besonders die Amerikaner tendierten dazu, die obrigkeitsstaatlich-bürokratische Tradition Deutschlands für dessen illiberalen und undemokratischen Weg verantwortlich zu machen. „Den deutschen Beamten wurde u.a. Kommandopraxis und Kastengeist, blinder Gehorsam und unbesehene Gleichsetzung von Gesetz und Recht, fehlende Gleichberechti-

1 Lepsius, M. Rainer/Conze Werner (Hrsg.), Sozialgeschichte der Bundesrepublik Deutschland, 2. Auflage, Stuttgart 1985, S. 11

2 Ebd.

gung der Geschlechter im öffentlichen Dienst und mangelnde Trennung von Beamten- und Abgeordnetenstellen zum Vorwurf gemacht."[3]

Es galt „als die entscheidende Aufgabe", diese „Kontinuität der preußisch-deutschen Machtorganisation, die sich von der Monarchie über die Weimarer Zeit bis zum Dritten Reich behauptet hatte, von Grund auf und für Dauer zu beseitigen."[4] Daher war die Entnazifizierung als politischer Reinigungsprozeß konzipiert, der als Bestandteil der Demokratisierung Vorbedingung der Rehabilitation Deutschlands war.

Die Besatzungsmächte hatten sich im Sommer 1945 in Potsdam auf folgende Regelung geeinigt: „Alle Mitglieder der nazistischen Partei, welche mehr als nominell an ihrer Tätigkeit teilgenommen haben, (...) sind aus den öffentlichen oder halböffentlichen Ämtern (...) zu entfernen. Diese Personen müssen durch Personen ersetzt werden, welche nach ihren politischen und moralischen Eigenschaften fähig erscheinen, an der Entwicklung wahrhaft demokratischer Einrichtungen in Deutschland mitzuwirken."[5]

Mit der Entnazifizierung wurde in allen vier Besatzungszonen gleich nach der Kapitulation begonnen. Trotz der gemeinsamen Regelung wurde sie jedoch in allen vier Besatzungszonen mit unterschiedlichem Eifer und Erfolg gehandhabt. Auch die Anfang Januar 1946 erlassene Direktive des alliierten Kontrollrates zur einheitlichen, für alle Besatzungszonen verbindliche Regelung der Entnazifizierung konnte diese unterschiedliche Handhabung nicht beenden.

Die Amerikaner waren am strengsten vorgegangen und zeigten großen Elan, Härte und Perfektionsstreben. Sie unterzogen den öffentlichen Dienst einer gründlichen „Säuberung". Die bestehenden Bedingungen wurden im Sommer 1945 noch verschärft. Alle Beamten, die vor dem 1. Mai 1937 der NSDAP oder ihren Gliederungen beigetreten waren, oder, unabhängig vom Zeitpunkt ihres Eintritts in die Partei, ein Parteiamt bekleidet hatten, wurden aus dem Dienst entlassen. Die Entnazifizierungsdirektive von 7. Juli 1945 verzeichnete nicht weniger als 136 verbindliche Ausschluß- und Entlassungskategorien. Schuldirektoren, Polizeiwachtmeister und Straßenbahnschaffner wurden gleichermaßen suspendiert. Von 18 000 Volksschullehrern in Bayern, um nur ein Beispiel zu nennen, verlor mehr als die Hälfte ihre Stellen.

---

3 Kocka, Jürgen, 1945 – Neubeginn oder Restauration?, in: Stern, Carola/Winckler, Heinrich August (Hrsg.), Wendepunkte deutscher Geschichte, Frankfurt/Main 1979, S. 153

4 Eschenburg, Theodor, Der bürokratische Rückhalt, in: Löwenthal, R./Schwarz, H.-P. (Hrsg.), Die 2. Republik, Stuttgart 1974, S. 67

5 Potsdamer Abkommen, in: Ellwein, Thomas/Hesse, Joachim Jens, Das Regierungssystem der Bundesrepublik Deutschland, 6. Auflage, Opladen 1987, S. 464-465

Zur Ermittlung des Personenkreises, der den Nationalsozialismus in besonderer Weise moralisch und materiell unterstützt hatte, hatten die Amerikaner den viel beschworenen Fragebogen eingeführt, der schon während des Krieges von zuständigen Stellen in den USA erstellt worden war. Jeder Inhaber einer höheren Position mußte diesem Fragebogen so ziemlich alle Details seines Lebenslaufes anvertrauen, das Körpergewicht ebenso wie religiöse Bindungen, Vorstrafen, die Einkommensentwicklung für jedes Jahr ab 1931, die Vermögensverhältnisse, berufliche Karriere, Militärdienst, Auslandsreisen usw. Auf 131 Fragen war wahrheitsgetreu Antwort verlangt, Auslassung und Unvollständigkeit war als Delikt gegen die Militärregierung mit Strafe bedroht. Das Kernstück des sechsseitigen Fragebogens bildeten die Positionen 41 bis 95, unter denen detaillierte Auskünfte über die Mitgliedschaft in nationalsozialistischen Organisationen, von der NSDAP angefangen bis zum „Werberat der Deutschen Wirtschaft", gefordert waren. Richter, Staatsanwälte, Notare und Rechtsanwälte mußten einen Ergänzungs-Fragebogen ausfüllen, dessen erste Frage z.B. auf die Mitgliedschaft im Volksgerichtshof zielte und in dem nach beruflichen und privaten Verbindungen zu Gestapo-Beamten und nach Art und Zahl der geführten Prozesse gefragt wurde.

Anfang Dezember 1945 waren bei den Dienststellen der amerikanischen Militärregierung ungefähr 900 000 Fragebogen eingegangen. Mehr als zwei Drittel waren schon geprüft worden mit dem Ergebnis, daß über 140 000 Personen sofort aus ihren Positionen entlassen wurden. Fast ebenso viele wurden als minder gefährliche Nazi-Sympathisanten eingestuft, und rund 4 000 aktive Nazi-Gegner waren auch entdeckt worden.

Die Durchführung der Entnazifizierung lag in der US-Zone bis zum Frühjahr 1946 in der Zuständigkeit der Militärregierung. Zunächst beschränkte sich die Säuberung auf die Überprüfung der Fragebögen. Die ärgsten Nazis fielen in die Kategorie „Automatischer Arrest", dann kamen die NS-Aktivisten, die aus ihren Stellungen entlassen werden mußten, nach ihnen die harmloseren Fälle, denen „Entlassung empfohlen" wurde und schließlich die Mitläufer, die ihre Stellung behalten durften. Es gab auch die beiden positiven Einstufungen „kein Beweis für nationalsozialistische Aktivität" und das deluxe-Etikett „Antinationalsozialistische Aktivität bewiesen".

Die ständige Erweiterung des Säuberungsprogramms über die eigentlichen Führungspositionen hinaus schuf allerdings im Lauf der Zeit beträchtliche Probleme, so z.B. einen erheblichen Personalmangel in der Verwaltung aufgrund der zahlreichen Entlassungen – im Frühjahr 1946 waren es bereits 300 000. Zum anderen gestaltete sich die Untersuchung wegen der hohen Zahl der angelegten Kategorien derart schwierig, daß eine unübersehbare Anzahl von strittigen Fällen differenzierter zu behandeln war. Sie, und der langsam zunehmende „Verwaltungsmangel" aufgrund des zu geringen Reservoirs an unbelastetem qualifiziertem Personal, brachte das von Haus überzogene Entnazifizierungsprogramm zu Fall. Denn das rechtsstaatliche Prinzip individueller Beurteilung verbot die schematische Anwendung von Unterscheidungskriterien, die in dieser Situation allein praktikabel schienen.

Zweckmäßigkeit gewann nun Vorrang vor Perfektionismus. Bei den Amerikanern setzte sich die Erkenntnis durch, daß es notwendig sei, die Entnazifizierung in deutsche Zuständigkeit zu überführen und die negativ-repressive Personalsäuberung durch die Sieger in einen Selbstreinigungsprozeß der Deutschen umzuwandeln. Im Frühjahr 1946 übergaben die Amerikaner das Entnazifizierungsverfahren an deutsche Stellen weiter. Mit dem am 5. März 1946 verabschiedeten „Gesetz zur Befreiung von Nationalsozialismus und Militarismus" („Befreiungsgesetz") war eine für die Länder der US-Zone einheitliche rechtliche Grundlage geschaffen. Man versuchte sich nun zwischen Strafe und Diskriminierung und der als notwendig empfundenen Rehabilitierung zu bewegen. Die durch das Rehabilitierungsstreben, das in den kommenden Monaten stärker zunahm, betriebene Umwidmung von Schuldigen in Unschuldige zeigte, daß die Amerikaner mit zu großem Elan oder Rigorismus an die Entnazifizierung des deutschen Volkes herangegangen waren und diskreditierte ihr Ansehen und das des Entnazifizierungsverfahrens in der deutschen Öffentlichkeit.

Zahlreiche deutsche Politiker engagierten sich bei der Miteinbeziehung deutscher Stellen in den Entnazifizierungsprozeß, da sie die Absicht hegten, auf diese Weise vielleicht den Kreis der Betroffenen reduzieren zu können. Zudem erschien es die einzige Möglichkeit, Einfluß auf das Verfahren zu gewinnen und eventuell die Möglichkeit zu haben, zahlreiche, kaum gerechtfertigte Inhaftierungen zu revidieren und das Beschäftigungsverbot von Hunderttausenden von unentbehrlichen Arbeitskräften zu lockern.

Zunächst wurde in den Ländern der amerikanischen Zone Ministerien für die politische Befreiung eingerichtet, die von der amerikanischen Militärregierung beaufsichtigt wurden. Erneut versuchte man, die deutsche Bevölkerung über Fragebogen zu erfassen. Von 13 Millionen erwachsenen Deutschen, die den Fragebogen ausgefüllt hatten, erwiesen sich etwas weniger als ein Drittel, nämlich 3,5 Millionen, als vom Befreiungsgesetz betroffen. Anklage erhoben wurde vor Spruchkammern, die Laiengerichte und öffentliche Kläger waren, 545 Spruchkammern und über 22 000 Bedienstete gab es Mitte 1946 in der US-Zone. Die Angeklagten mußten aufgrund der von den Amerikanern eingeführten umgekehrten Beweislast den Nachweis des Nichtbetroffenseins oder geringerer Schuld selbst erbringen. Bis zur Erteilung rechtskräftiger Urteile war den Betroffenen z.B. Beschäftigungsverbot auferlegt. Abgeurteilt wurden die Angeklagten, wenn ihre Schuld eindeutig erwiesen war, nach fünf Kategorien: I. Hauptschuldige, II. Belastete, III. Minderbelastete, IV. Mitläufer, V. Entlastete.

Es war bald ersichtlich, daß auch die Spruchkammern dieser Anzahl von Beschuldigten nicht gewachsen waren. Zum einen war ja jeder Fall individuell zu würdigen, zum anderen war es möglich, Berufung einzulegen. Um das Verfahren abzukürzen, stellten die Spruchkammern gegen die Weisungen der Militärbehörden die Überprüfung der sogenannten „schweren Fälle“ zurück und zogen die weniger Belasteten vor. Ein wenig Entlastung brachte die Jugendamnestie vom August 1946, die ab Jahrgang 1918 galt, und die Weihnachtsamnestie von 1946, die Kriegsbeschädigte und sozial Schwache begünstigte.

Das Entnazifizierungsverfahren, hatte es die deutsche Bevölkerung bisher mehrheitlich eigentlich nicht in Frage gestellt, sank 1946 in seinem Ansehen. Immer mehr zeichnete sich die unglaubliche Unkenntnis der Alliierten von den Lebensbedingungen im nationalsozialistischen Deutschland und den Konsequenzen, die die totale Verflechtung von Staat und Partei für den einzelnen mit sich brachte, ab. Aber auch Mängel beim Verfahren des Entnazifizierungsprozesses, wie ungleichmäßige Durchführung, Korruption oder Mißbrauch des Verfahrens aus Konkurrenzneid, waren Anlaß zur Kritik. Vor allem aber waren es der schleppende Gang der Verhandlungen und die Überzogenheit des Verfahrens, die zu Unbill führten.

1947 gingen die Alliierten schließlich dazu über, auf ein Ende der Entnazifizierung hinzuarbeiten. Ursache für diesen Wandel in der Entnazifizierungspolitik war die Änderung und Prioritätenverlagerung innerhalb der amerikanischen Politik. Aufgrund des sich verschärfenden Ost-West-Konflikts bemühte man sich nun mehr um den wirtschaftlichen und politischen Wiederaufbau des Landes, um eine funktionsfähige Verwaltung und um die Teilnahme der Bevölkerung an der Politik ihres Landes. Dieser Wiederaufbau war jedoch ohne das hierzu notwendige Personal nicht möglich. Eine Folge der veränderten Konstellation war daher, daß das Personal der ausländischen Militärregierungen aus allen Positionen, die Kontrollpositionen ausgenommen, zurückgezogen und durch deutsche Beamte ersetzt wurde – schließlich war, wie schon erwähnt, der größte Teil der deutschen Beamtenschaft im Rahmen des Entnazifizierungsprozesses aus ihrem Dienst entlassen worden bzw. hatte noch die Verhandlung vor den Spruchkammern zu erwarten und unterlag somit dem Beschäftigungsverbot. Man setzte also alles daran, die Rehabilitierung voranzutreiben.

Im Frühjahr 1948 lockerte man die Kontrollen und führte sogar Schnellverfahren ein, um das Verfahren zu beschleunigen und abzuschließen. Gerade dies diskreditierte jedoch wieder die Entnazifizierung bei der deutschen Bevölkerung, denn als man zu einer Lockerung des Verfahrens überging, waren nach den weniger Beschuldigten die „schweren Fälle", also Beschuldigte, die den Kategorien I und II zuzurechnen waren, an der Reihe, die meistens ziemlich glimpflich davon kamen. In vollkommener Umkehr der Fronten versuchten nun Befreiungsministerien und Spruchkammern, die Liquidierung der Entnazifizierung zu verlangsamen. Aber die Tendenzwende in der amerikanischen Politik beendete das Verfahren rasch und führte damit – entgegen dem ursprünglichen Ziel der Alliierten – zu einer Restauration des traditionellen Beamtentums und damit beträchtlicher Eliten in den Bereichen Verwaltung, Justiz und Hochschulen.

Am 15. Dezember 1950 verabschiedete der Deutsche Bundestag Richtlinien zum Abschluß der Entnazifizierung in den Ländern der Bundesrepublik, denen zuletzt Bayern am 11. August 1954 im Rahmen von Abschlußgesetzen entsprach.

So führte in der amerikanischen Zone nach anfänglichem Rigorismus in der Säuberung des deutschen Volkes, der zu Tausenden von Massenentlassungen in der Verwaltung des ehemaligen Deutschen Reiches führte, die Absicht zum raschen wirtschaftlichen und politischen Aufbau Deutschlands nach 1947 zum fast vollständigen Wiedereinsetzen der „alten" Beamten in den Verwaltungsapparat Nachkriegsdeutschlands.

Im Gegensatz zur amerikanischen Zone wurde das Entnazifizierungsverfahren in der britischen Zone weniger systematisch und kategorisch betrieben. Die Briten betrachteten – wie auch die Franzosen – das Entnazifizierungsverfahren mehr als personelle Säuberung und nicht als generelle Durchleuchtung der Gesinnung aller über 18jährigen von Geburt an. Das Schwergewicht lag daher dabei, die Eliten auszuwechseln, also die personellen Spitzen des NS-Regimes zu treffen, wobei ganze Berufsgruppen von der Entnazifizierung ausgenommen wurden, weil sie für die Aufrechterhaltung der Lebensmittelversorgung, zur Sicherstellung des Energiebedarfs oder für bestimmte andere Funktionen unentbehrlich galten. Versorgungsschwierigkeiten und anhaltende Notstände vor allem im Bergbau gaben im Frühjahr 1946 sogar den Ausschlag dafür, auf Entnazifizierungsmaßnahmen in den einzelnen Wirtschaftszweigen teilweise oder ganz zu verzichten.

Das amerikanische Entnazifizierungsverfahren wurde im Oktober 1946 durch die Kontrollratsdirektive Nr. 38 auf die anderen Zonen übertragen. Die Briten – ebenso die Franzosen – übernahmen zwar das Spruchkammerverfahren, sahen aber von dem Grundsatz der Schuldvermutung, der Einführung des automatischen Berufsverbotes und der Notwendigkeit, die ganze Bevölkerung per Fragebogen zu erfassen, ab. Sie zögerten zwar, die Verantwortung für die

Entnazifizierung in ähnlichem Umfang wie in der amerikanischen Zone den Deutschen zu übertragen, überführten sie dann jedoch im Herbst 1947 in deutsche Hände.

Auch in der französischen Zone beschränkten sich die Maßnahmen zur Entnazifizierung auf die Ausschaltung der nationalsozialistischen Eliten im öffentlichen Leben und in der Wirtschaft. Den Franzosen kam es mehr auf eine leistungsfähige Verwaltung an und sie gaben somit einer Kooperation in praktischen Fragen des Wiederaufbaus den Vorrang vor Bestrafung und politischer Säuberung. Sie verzichteten daher von Anfang an auf automatische Inhaftierung und allgemeines Berufsverbot. Verhaftungen wurden meist nur aufgrund deutscher Denunzierungen vorgenommen.

In der sowjetischen Besatzungszone (SBZ) wurde die Entnazifizierung am konsequentesten durchgeführt und am schnellsten abgeschlossen. Sie war ein Teil der drastischen Reformen des ganzen politischen, ökonomischen und sozialen Systems und schaltete, da sie ehemalige NSDAP-Mitglieder aus allen wichtigen Stellungen entfernte, eine westliche Stütze für eine Restauration der imperialistischen Verhältnisse aus. Nicht nur die Verwaltung war betroffen, sondern auch Justiz, Generalität und andere gesellschaftliche Gruppen.

Was die Verwaltung betrifft, so wurde in der SBZ mit dem Ende des 2. Weltkrieges die Beamtenverhältnisse für beendet erklärt und das Deutsche Beamtengesetz aufgehoben. Das Berufsbeamtentum als „unparteiische“ Dienstklasse des bürgerlichen Staates wurde somit beendet. Bis zum Dezember 1946 wurde die Entnazifizierung in der Sowjetzone nach unterschiedlichen Gesichtspunkten betrieben. Denn die Entnazifizierung oblag – unter Kontrolle der Sowjetischen Militäradministration (SMAD) – zunächst den Personalabteilungen der Landes- und Provinzialverwaltungen. Sie bestand hauptsächlich aus der Entlassung ehemaliger Parteigenossen aus dem öffentlichen Dienst. Erst Ende Oktober 1946 standen dann „Richtlinien für die Bestrafung der Naziverbrecher und die Sühnemaßnahmen gegen die aktivistischen Nazis“ zur Verfügung. Die nur nominellen Mitglieder der NSDAP sollten von Bestrafung und Sühneleistung ausgenommen sein, da man von ihnen erwartete, daß sie sich von dem Zurückliegenden abwenden und dem Neuen, dem Wiederaufbau eines neuen gesellschaftlichen Systems, zuwenden würden.

Die neuen Richtlinien enthielten sowohl das Element der Diskriminierung als auch der Rehabilitation. Die Bilanz, die sich aufgrund der Anwendung dieser neuen Richtlinien Ende 1946 ergab, konnte sich sehen lassen: So befanden sich z.B. im Land Sachsen unter 58 336 Angestellten des öffentlichen Dienstes nur noch rund 3 415 (5,9 %) ehemalige Nazis. In der sächsischen Landesregierung selbst gab es unter 2 520 Beschäftigten gerade 34 Amtsinhaber (1,3 %), die ein NSDAP-Parteibuch besessen hatten und unter den 2 280

Landräten, Oberbürgermeistern und Rätemitgliedern waren nur zehn ehemalige Nazis im Amt. Insgesamt waren 390 478 ehemalige NSDAP-Mitglieder entlassen bzw. nicht wieder eingestellt worden.

Anfang 1947 wurde das Entnazifizierungsverfahren neu organisiert. Auf der Ebene der Landes- bzw. Provinzialregierung wurden Entnazifizierungskommissionen gebildet, als oberste Instanz mit Kontroll- und Revisionsfunktion. Den Entnazifizierungskommissionen gehörten Vertreter der Parteien, der Gewerkschaften, der Vereinigung der Verfolgten des NS-Regimes, der Frauen- und Jugendausschüsse sowie der Industrie- und Handelskammern usw. an. Vor Ort wurde die Arbeit von Kreiskommissionen unter dem Vorsitz der Oberbürgermeister bzw. der Landräte getätigt.

Ebenso wie in der amerikanischen Besatzungszone machte sich schließlich auch in der SBZ immer stärker der Gedanke an Rehabilitierung breit. Durch Befehl 201 der SMAD vom 20. August 1947 wurde ihm Geltung verschaffen. Er sollte zur Rehabilitierung aller nomineller NSDAP-Mitglieder und zum baldigen Ende des Prozesses führen. Er enthielt z.B. die Rückgabe des Wahlrechts und des größten Teils der übrigen bürgerlichen Rechte an ehemalige nominelle NSDAP-Mitglieder. Außerdem übertrug er den deutschen Gerichten die Aburteilung der Nazi- und Kriegsverbrecher in Verbindung mit der Auflösung der meisten Entnazifizierungskommissionen. Bis zum März 1948 waren schließlich 520 734 Personen aus ihren Ämtern und Funktionen entlassen worden. Im Frühjahr 1948 wurde die Entnazifizierung von der SMAD feierlich als abgeschlossen erklärt.

Die Amerikaner unternahmen 1948/49 noch einmal den Versuch, ihre Entnazifizierungsabsichten durchzusetzen, als es um die Reformierung der deutschen Beamtengesetze und somit des öffentlichen Dienstes ging. Die Amerikaner wollten gewisse verhärtete Strukturen des öffentlichen Dienstes aufbrechen und das, was ihnen am deutschen Beamtentum fremd erschien, abändern. Sie verlangten deshalb z.B. die Änderung des Dienstverhältnisses mittels Dienstvertrag, die Ausschreibung freier Stellen und die Abschaffung der rechtlichen Unterschiede zwischen Beamten und Angestellten des öffentlichen Dienstes.

Im Oktober 1947 forderte das inzwischen entstandene Bipartite Controll Office (BICO) den am 25. Juni 1947 entstandenen Wirtschaftsrat auf, ein solches reformierendes Gesetz zu erarbeiten. Ein Übergangsgesetz vom 23. Juni 1948 brachte erste vorläufige Regelungen. Nach wie vor sollte aber das Deutsche Beamtengesetz sinngemäß unter Ausklammerung der Vorschriften, die auf nationalsozialistischen oder militärischen Anschauungen beruhten, weiter angewendet werden. Die Beratungen zogen sich über Jahre hinweg, erst am 18. Februar 1949 konnte man sich zur zweiten und dritten Lesung des Gesetzesentwurfs zusammensetzen. Dem kamen die Alliierten mit einem am 15. Februar 1949 von der Militärregierung beschlossenen Gesetz zuvor, was in der deutschen Öffentlichkeit angesichts des Gesetzesoktroi große Empörung hervorrief. Die Amerikaner hatte klare Absichten. Sie waren der Meinung, daß der öffentliche Dienst und die Personalverwaltung einer Reform mit dem Ziel der Beseitigung undemokratischer Methoden und unterschiedlicher Behandlungen bedürften, und wollten die gesetzliche Regelung dieser Neuformierung des öffentlichen Dienstes vor der Gründung der Bundesrepublik Deutschland, aber verbindlich für diese, abschließen. Die Deutschen dagegen wollten Zeit gewinnen und die Tradition des Berufsbeamtentums in den künftigen Staat hinüberretten.

Allerdings zogen auch hier die Amerikaner wieder den kürzeren. Das Militärgesetz blieb zwar formell in Kraft, wurde jedoch seit der Gründung der BRD nicht angewendet. Die Alliierte Hohe Kommission resignierte. Endgültig vom Tisch war das Besatzungsgesetz dann 1953, als der Bundestag das heute geltende Beamtengesetz verabschiedete, dessen Kern die Bestimmungen von 1937 sind. Diese Übernahme gehört zu den fragwürdigsten Grundlagen des gesetzlich restaurierten Berufsbeamtentums.

Auch die Beschlüsse des Parlamentarischen Rates, der von September 1948 bis Mai 1949 zur Erarbeitung einer vorläufigen Verfassung tagte, machten die von den Alliierten angesetzte Reform des öffentlichen Dienstes zunichte. Der Deutsche Beamtenbund hatte in weit über 100 Eingaben versucht, den Verlauf der Verhandlungen zu bestimmen. Die Zusammensetzung der Konstituante (61 % der Abgeordneten waren Beamte oder ehemalige Beamte, Richter oder Hochschullehrer) war für die Wünsche der Beamtenlobby außerordentlich günstig. Auch die Unterstützung der bürgerlichen Parteien half weitgehend zur Erfüllung der Wünsche des Deutschen Beamtenbundes. Der Deutsche Beamtenbund hatte am 29. Oktober 1948 drei grundsätzliche Forderungen eingereicht. Er verlangte erstens die institutionelle Garantie des Berufsbeamtentums, zweitens eine grundsätzliche Sperre gegen alle Bestrebungen, die Unterschiede zwischen Beamten und anderen Bediensteten der öffentlichen Verwaltungen aufzuheben, und drittens die Vorranggesetzgebung des Bundes über Grundsätze der Gestaltung des Beamtenrechts.

Mit dem von den Alliierten sozusagen „militärisch befohlenen" Beamtengesetz, das die Intentionen der gesetzgeberischen Mehrheit im Wirtschaftsrats in einigen wenigen Punkten offensichtlich störte, gelangte nur vorübergehend der Ansatz prinzipiellen Neudenkens in das deutsche Beamtenrecht. Der Bundesgesetzgeber griff später im wesentlichen wieder auf die Absichten der Gesetzgebungsmehrheit im Wirtschaftsrat zurück.

Die zum größten Teil gelungene Verankerung der Forderungen des Deutschen Beamtenbundes im Grundgesetz stellt sich daher als eine Fortführung der Tradition des Deutschen Beamtentums dar.

3. Militär

„Die totale Entwaffnung Deutschlands bewirkte, daß sich der Neuaufbau der politischen Ordnung ohne den Einfluß eines Offizierkorps mit politischem Eigenwillen vollzog – ein Eigenwille, der freilich schon von Hitlers Terror weitgehend gebrochen war – und daß der spätere Wiederaufbau einer Bundeswehr unter dem eindeutigen Primat der vorher festgelegten demokratischen Zivilregierung erfolgte, so daß jeder Ansatz zum Wiedererstehen einer Wehrmacht als Staat im Staate von vornherein ausgeschlossen war.“[6]

Eine der vordringlichsten Aufgaben, die sich die Alliierten Siegermächte nach der Kapitulation des Deutschen Reiches gesetzt hatten, war die völlige Entmilitarisierung Deutschlands. Bei der 2. Sitzung der Potsdamer Konferenz am 18. Juli 1945 waren sich die Alliierten einig darüber, „daß der deutsche Militarismus und Nazismus ausgerottet würde“.[7] Die Entwaffnung der Wehrmacht, ihre vollständige Auflösung als militärische Organisation, die Zerschlagung des Staates Preußen, um den Hort des Militarismus auszulöschen und die Ausschaltung bzw. Überwachung der gesamten Kriegsindustrie waren als Mittel gedacht, dieses Ziel zu erreichen.

Die Ausschaltung des deutschen Militarismus war ein Ziel, das trotz der langsam auftretenden Widersprüche zwischen Ost und West die Alliierten Besatzungsmächte in ihren Absichten einigte. Nach der Auflösung der deutschen Wehrmacht wurde jedoch die Uneinigkeit der Siegermächte erkennbar und mit dem Ende der alliierten Zusammenarbeit entfielen die Prämissen der Entmilitarisierungspolitik. Unter den Gesichtspunkten eines machtpolitischen Vakuums im Zentrum des europäischen Kontinents und der internationalen Konfrontation im Ost-West-Konflikt schien die deutsche Waffenlosigkeit bald mehr und mehr fragwürdig. Die weltpolitische Rivalität zwischen Ost und West – das beherrschende Strukturelement der internationalen Beziehungen seit der zweiten Hälfte der vierziger Jahre – schloß Deutschland nicht aus, vielmehr prägte es in ungewöhnlichem Maße die politische Lage in der Phase des Kalten Krieges. Langsam gewann das Sicherheitsbedürfnis in der inzwi-

---

6 Löwenthal, Richard, Bonn und Weimar – Zwei deutsche Demokratien, Frankfurt/Main 1979, S. 264f

7 Potsdamer Abkommen, a.a.O., S. 464

schen konstituierten Bundesrepublik Deutschland angesichts einer eventuellen, existenziellen Bedrohung aus dem Osten an Bedeutung.

Es verwundert daher nicht, daß Konrad Adenauer, der erste Bundeskanzler der neu begründeten Republik, im Laufe der Nachkriegszeit immer stärker für das Sicherheitskonzept einer eindeutigen Parteinahme für eine Westintegration und der umfassenden politischen Verbindung mit den westlichen Nachbarn eintrat. Zwei Ideen konkurrierten miteinander: Die einer atlantischen Option und die eines militärischen europäischen Zusammenschlusses. Der Gedanke an eine deutsche nationale Armee schied zunächst von vornherein aus. Der Schrecken des Krieges saß zu tief. Hier verbanden sich die pazifistisch oder gegen eine Wiederbewaffnung sich stellenden Gruppen in Deutschland mit dem in Westeuropa verbreiteten Ressentiment gegen das deutsche Militär. Zudem hatte die Alliierte Hohe Kommission, die ab April 1949 an die Stelle der Militärgouverneure der Besatzungszonen getreten war und nun die oberste Besatzungsbehörde darstellte, 1949 noch „jede Tätigkeit, die sich unmittelbar oder mittelbar damit befaßt, die Theorie, die Grundsätze oder die Technik des Krieges zu lehren, oder die darauf abzielt, irgendwelche kriegerischen Betätigungen vorzubereiten“[8], gesetzlich unter Strafe gestellt. Dennoch festigte sich bei Konrad Adenauer die Überzeugung, die „Erlangung der Souveränität“ und der Unabhängigkeit könnte nur „als Folge der Wiederaufrüstung“[9] erreicht werden.

Die Politik der engen, militärisch-politischen Verflechtung mit den westlichen Nachbarstaaten hätte im Konzept der Europäischen Verteidigungsgemeinschaft, wie es seit Ende 1950 in Paris verhandelt und entwickelt wurde, ihren größten Erfolg gehabt, wenn diese Lösung die französischen Vorbehalte hätte abbauen können. Doch Frankreich versperrte sich einer solchen Lösung; zu oft war es Opfer einer deutschen Aggression gewesen. Selbst das Argument, europäische Integration bedeute zugleich größtmögliche Kontrolle der Deutschen, konnte die Bedenken nicht zerstreuen. Frankreich mißtraute einer deutschen militärischen Aufrüstung.

Der Beitritt der Bundesrepublik Deutschland am 8. Mai 1955 zur NATO, der nordatlantischen Verteidigungsorganisation, beendete schließlich diese Überlegungen. Dieser Beitritt zur NATO führte jedoch aus dem internationalen Kontrollbedürfnis heraus zu weitgreifenden Einschränkungen der politischen Handlungsfreiheit der BRD. Erst die völkerrechtliche Legitimierung der Verpflichtung, deutsche Militärverbände sowohl dem internationalen Verteidigungssystem der NATO einzugliedern als auch die Rüstung qualitativ und

8 Gesetz Nr. 16 vom 6. Dezember 1949, Amtsblatt der Alliierten Hohen Kommission, 19. Dezember 1949

9 Adenauer, Konrad, Erinnerungen 1949-53, Frankfurt 1976, S. 332

quantitativ zu begrenzen, ließ die Alliierten im Deutschlandvertrag sich bereit erklären, einen wesentlichen Teil ihrer durch die Kapitulation errungenen Macht in Deutschland an die BRD zurückzugeben. Dies führte schließlich im Mai 1955 zur Übertragung der Souveränität an die BRD. Im Jahre 1956 wurden dann die ersten 1 000 Freiwilligen der Bundeswehr einberufen. Der Aufbau der Bundeswehr begann.

Es sollte sich bald zeigen, daß die Befürchtungen vieler, der deutsche Militarismus werde sich beim Wiederaufbau einer deutschen Armee wieder entwickeln, unnötig waren. Zwar entwickelten sich in den zuständigen beratenden militärischen Kreisen bald Positionen, die man vereinfacht als „Reformer“ und „Traditionalisten“ bezeichnen könnte, so daß schon in der Planungs- und Vorbereitungsphase der Bundeswehr vieles ambivalent behandelt wurde. Es hatte sich jedoch jede Übernahme von Struktur- oder Ideologiemerkmalen der militärischen Vorläufer der Bundeswehr an negativen Symbolwerten wie dem Preußischen-Militarismus- oder dem Staat-im-Staate-Syndrom zu messen.

Es ist etwas fundamental Neues in der deutschen Militärgeschichte, daß die deutsche Gesellschaft mehrheitlich und über einen immerhin dreißigjährigen Zeitraum sich von dem eigenen, historisch gewohnten Bild ihrer Armee distanziert und neue Wertmaßstäbe an die deutschen Streitkräfte angelegt hat. Die anfänglichen Erörterungen über die innere Konzeption der Bundeswehr kreisten um das Problem, das Wiedererstehen jedes deutschen Militarismus zu verhindern. Kritische Hinweise auf das Verhältnis von Gesellschaft und Militär in Preußen und im Deutschen Reich seit 1871, das besonders von den Alliierten als „das klassische Musterbeispiel des Militarismus“[10] abgelehnt wurde, stärkten die deutschen Anstöße zur Neuorientierung. Für die Bewältigung dieser Aufgabe gewann im Amt Blank das Konzept der „Inneren Führung“ an Bedeutung. Unter dem prägenden Einfluß von Wolf Graf von Baudissin wurden in der Anfangsphase im Amt Blank wesentliche Grundlagen für eine Wehrverfassung auf demokratisch-pluralistischer Basis gelegt.

Die Zielsetzung der „Inneren Führung“ war weit gesteckt: „In dieser Lage wäre es sträflich, eine Restauration zu versuchen, aber wohl auch unangebracht, einen rein revolutionären Weg zu beschreiten, der alles bisherige ungeprüft über Bord wirft. Wir haben eine reformatorische Aufgabe vor uns, die in Anerkennung des historischen Gefälles dem neuen Staats- und Menschenbild gerecht wird und den speziellen Aufgaben der Streitkräfte im gegebenen Fall Rechnung trägt.“[11] Militär als gesellschaftlicher und politischer Anachronis-

10 Herzfeld, Hans, Staats-, Gesellschafts- und Heeresverfassung, in: Schicksalsfragen der Gegenwart. Handbuch politisch-historischer Bildung, Bd. 3, Tübingen 1958, S. 14

11 Referat von Graf von Baudissin vom 3. Dezember 1951, in: Baudissin, Wolf Graf von, Soldat für den Frieden, München 1970

mus sollte durch das Konzept der Integration von Militär und Gesellschaft in der demokratischen Republik überwunden werden. Neben der formalen verfassungsrechtlichen Bindung der Bundeswehr an die parlamentarischen, politischen Institutionen suchte man das innere Gefüge der Streitkräfte für die in der Gesellschaft herrschenden Wertvorstellungen und Prinzipien zu öffnen.

Die Umsetzung dieses Konzepts der Wehrverfassung und der Inneren Führung führte schließlich u.a. zum Soldatengesetz, zum Wahlrecht der Soldaten, zur Einschränkung der Macht- und Dienstbefugnisse der Vorgesetzten, zur Abschaffung der Militärgerichtsbarkeit, zur Trennung von Dienst und Freizeit und zu den Mitwirkungsrechten der Vertrauensleute bis hin zur Einsetzung eines Wehrbeauftragten des deutschen Bundestages.

Mit der Übertragung der grundlegenden Wertvorstellungen der Demokratie auf das Militär mußte es jedoch den Verlust ständischer, traditioneller Elemente – wie die militärische Gerichtsbarkeit oder ein eigenständisches Korpsleben, das zusammen mit Traditionsverbänden und Burschenschaften diese Traditionen in der Weimarer Republik weitervermittelt hatte und liberal-demokratische Tugenden nur sehr mühsam sich hatte entwickeln lassen – hinnehmen und den Primat des Politischen und, in Grenzen, des Zivilen als verbindlich akzeptieren. Eingriffe von Soldaten in die politischen Entscheidungsprozesse und die Übertragung militärischer Normen, Denk- und Verhaltensweisen auf die Gesellschaft wurden auf diese Weise beseitigt und weitgehend ausgerottet.

Das Konzept der demokratischen und pluralistischen Integration konzentrierte sich auf zweierlei: „Einmal die Einordnung der Streitkräfte in die freiheitlich-demokratische Verfassungsordnung und die Unterordnung unter den politischen Oberbefehl; zum anderen die Garantie der Grundrechte, die für den Soldaten nicht stärker eingeschränkt werden dürfen, als es die Erfüllung des militärischen Dienstes erfordert."[12]

Das Verhältnis der Bundeswehr zu Staat und Gesellschaft läßt sich auf seiner sozialen Ebene näher beschreiben. Die soziale Rekrutierung der militärischen Führungsgruppen kann als Indikator für den Grad der Integration des Militärs, seiner Werte und Verhaltensweisen in der zivilen Gesellschaft herangezogen werden. Das vorwiegend antidemokratische Denken des Offizierkorps hatte in der Weimarer Republik seine politischen Auswirkungen in Richtung einer gespaltenen Loyalität zu Staat und Republik gehabt. Bis zum Ende der Weimarer Republik gelang es nicht, die Armee der zivilen Gewalt zu unterstellen. Der Eigenständigkeitsanspruch der militärischen Spitzen begrenzte die Parlamentarisierung in Deutschland. Unheilvolle Entwicklungen gingen von

12 Bundesministerium der Verteidigung (Hrsg.), Weißbuch 1970. Zur Sicherheit der Bundesrepublik Deutschland und zur Lage der Bundeswehr, Bonn 1970, S. 121

diesem „Staat im Staate" vor allem 1914-18 und in der Endphase der Weimarer Republik aus.

Die Voraussetzungen dieser ideologischen Abkapselung des Offizierkorps von der Gesellschaft hatte darauf beruht, daß infolge des Verbots der allgemeinen Wehrpflicht durch den Friedensvertrag von 1919 im quantitativ kleinen Offizierkorps eine soziale Auslese im Sinne der Vorkriegszeit betrieben worden war und damit eine Selbstabgrenzung von der sozialen Pluralität zustande gebracht hatte. Dieses Phänomen eines eigenständig sich begreifenden militärischen Führungskorps hatte in Deutschland vor 1914 eine Chance gehabt, als die politische Ordnung dem Offizier einen gehobenen Platz in der Gesellschaft zugestand, der „eigene Ehre, eigenes Recht, eigene Gesinnung fordert, wo diese Auffassung des militärischen Berufs als eine der bürgerlichen Gesittung überlegene gültige Lebensform anerkannt wird."[13] Mehr als in den westlichen Ländern prägte das Leitbild des Offiziers große Teile des Bürgertums. Befehl und Gehorsam, Dienst, Pflicht und Treue rangierten höher auf der Wertskala als Gelassenheit und Toleranz, Kritik und Diskussion.

Diese Auffassung eines sozial-elitären Offizierkorps wirkte nach, obwohl sie im Massenheer der Aufrüstung seit 1934 und noch stärker des Krieges durch die Realität beseitigt gewesen zu sein schien. Denn was den zivilen Regierungen in Kaiserreich und Republik nicht gelungen war, Hitler gelang es: die Unterordnung des Generalstabs, seine Instrumentalisierung und personelle Umbildung in einem auch militärisch wahnwitzigem Krieg. Zum Blutzoll, den diese traditionale Führungsgruppe im Krieg zahlte, kam die ihren Nimbus kräftig zerstörende Niederlage hinzu.

Das deutsche Offizierkorps des ausgehenden 19. Jahrhunderts und der ersten Hälfte des 20. Jahrhunderts rekrutierte sich aus den sog. „erwünschten Kreisen" der Bevölkerung. Die Wilhelminische Personalpolitik zielte auf die Verbindung der bürgerlich-akademischen Gruppen im Offizierkorps mit der angestammten Beamtenschaft sowie den preußisch-aristokratischen Führungsschichten des Adels und der Landbesitzer. Die soziale Einseitigkeit innerhalb des Offizierkorps, die in einer Größenordnung von 70-80 % vor dem Ersten Weltkrieg feststellbar ist, nahm in der Weimarer Republik noch zu, wo sie fast 90 % betrug. Eine derartige soziale Abkapselung schloß die Integration der Reichswehr in die Republik und die Loyalität ihrer Führung gegenüber der Politik weitgehend aus.

Erst durch die schnelle Aufrüstung nach 1933 wurde die Gültigkeit der sozialen Rekrutierung aus den „erwünschten Kreisen" hinfällig. Trotz hoher Rekrutierungsraten nach altem Muster wurde die seit Jahrzehnten bestehende so-

13 Kehr, Eckart, Zur Genesis des königlich Preußischen Reserve-Offiziers, in: Wehler, Hans Ulrich (Hrsg.), Der Primat der Innenpolitik, Berlin 1965, S. 54

ziale Konsistenz innerhalb weniger Jahre, bis 1936, beseitigt, da mehr als die Hälfte des gesamten Offizierkorps durch die Übernahme von sogenannten Außenseitern – Polizisten, Reserveoffizieren und beförderten Unteroffizieren – den traditionellen Eingangs- und Auswahlprinzipien entzogen worden waren. Die soziale Homogenität des Offizierkorps löste sich auf. Die nationalsozialistische Herrschaft hatte die Identität des Offizierkorps auf dem Wege sozialer Auflösung von „unten" verändert. Im Krieg wurde diese Tendenz notwendigerweise verstärkt.

Die personelle Auswahl der Bundeswehr in den fünfziger Jahren bedeutet zunächst keine Fortsetzung der sozialen Entwicklung in der Wehrmacht, vielmehr bemühte man sich um die Wiederherstellung des sozialen Modells der Reichswehr. Die Selektionsprinzipien der „erwünschten Kreise" dienten dazu bis in die sechziger Jahre hinein als Orientierung. 1962 zählten 38 % und 1968 32 % der Leutnante dazu, bei der Gruppe der Generäle und Oberste betrug die Anzahl im Jahre 1967 sogar 57 %.

Erst seit Mitte der sechziger Jahre zeichnet sich der grundlegende soziale Wandlungsprozeß ab. Im Verlauf von kaum mehr als eineinhalb Jahrzehnten haben bis zum Ende der siebziger Jahre einzelne soziale Komponenten eine neue soziale Struktur der Offiziere der Bundeswehr geformt. Die Gruppe der Angestellten nimmt mit einem Anteil von 37,8 % (1980) an der Rekrutierung der Offiziere teil; bei den Beamten beträgt er im selben Jahr 26,5 %. Diese beiden Gruppen haben im Vergleichszeitraum ihren Platz und ihren Anteil gerade getauscht. Bei den Arbeitern beträgt der Anteil bemerkenswerte 20,2 %. Die Gruppe der Bauern, Handwerker und Selbständigen sank von etwa 26 % im Jahre 1967 auf weniger als 12 % im Jahre 1980. Der seit den siebziger Jahren die Zukunft der Bundeswehr bestimmende Nachwuchs des Offizierkorps unterscheidet sich in seiner sozialen Zusammensetzung wesentlich von seinen Vorgängern. Die Abkehr von den Idealen und Realitäten der traditionalen Selektions- und Rekrutierungsprinzipien hat anderen gesellschaftlichen Schichten den Zugang zu dieser Führungsgruppe der Bundeswehr ermöglicht.

4. Parteien

Der Zusammenbruch der nationalsozialistischen Herrschaft in Deutschland im Mai 1945 zog die Auflösung der politischen Organisationen und Institutionen des Deutschen Reiches nach sich. Soweit diese Auflösung sich nicht als Folge der politischen und militärischen Entwicklung von selbst ergab, wurde sie nach dem Einmarsch der alliierten Kriegsgegner von diesen vollzogen.

Die Siegermächte, vor allem die westlichen Mächte, waren sich u.a. darin einig, durch Entnazifizierung und Stärkung der lokalen Selbstverwaltung als Fundament eines demokratischen Gemeinwesens u.a. die Träger eindeutig politischer Positionen des Naziregimes aus den neu zu bildenden Führungsgruppen zu verbannen. Es wurde ein kontrolliert revolutionärer Wandel angestrebt, sozusagen eine künstliche Revolution, durch die einer demokratischen Gegenelite – hervorgehend aus Angehörigen des Widerstandes – die Chance eröffnet werden sollte, allmählich die Macht in dem aufzubauenden Staat zu übernehmen.

Es zeigten sich auch rasch Bemühungen, verschiedentlich bereits vor der Kapitulation, in Deutschland wieder demokratische politische Parteien aufzubauen. Es hatten sich vielerorts direkt nach Kriegsende oder sogar noch vor der Kapitulation des Deutschen Reiches sog. „Antifaschistische Ausschüsse" gebildet, die sich um eine Zusammenarbeit mit den Alliierten bemühten. Obwohl die Mitarbeit dieser deutschen demokratischen Gruppierungen beim Aufbau einer politischen und wirtschaftlichen Verwaltung von Nutzen gewesen wäre, wurde sie in der amerikanischen Besatzungszone durch die Direktive JCS 1067 des Wehrmachtgeneralstabs der Vereinigten Staaten verboten.

Die sowjetische Besatzungsmacht verhielt sich da anders: Sie arbeitete sofort mit den antifaschistischen Ausschüssen und den neu entstandenen Parteigruppen in ihrer Zone zusammen. Die sowjetische Militäradministration (SMAD) war auch die erste Besatzungsmacht, die am 10. Juni 1945 politische Parteien zuließ. In den Westzonen war jedoch jede parteipolitische Betätigung zunächst verboten. Politische Betätigung in der Zeit zwischen der Kapitulation des Deutschen Reiches und der offiziellen Billigung demokratischer Parteien durch die westlichen Alliierten erfolgte meist inoffiziell. Die alliierten Kontrollmächte legten das Verbot teilweise recht weit aus. So fand am 19. April 1945 eine Zusammenkunft sozialdemokratischer Politiker in Hannover statt, am 6. Mai am selben Ort gar die Gründung des Parteiortsvereins Hannover. Aber nicht nur die SPD war wieder zu aktivem politischen Leben erwacht, auch die künftige CDU bildete sich schon. Politiker des vormaligen Zentrums und der christlichen Gewerkschaften beschlossen bei einem Treffen am 16. Juni 1945 in Berlin und am 17. Juni in Köln die Gründung einer überkonfessionellen christlichen Partei. Am 26. Juni wurde in der sowjetischen Besatzungszone (SBZ) die „Christlich Demokratische Union Deutschlands" gegründet, die der Partei – zunächst nur als Oberbegriff – den Namen gab. Nur wenige Tage später, am 5. Juli 1945, wurde – ebenfalls in der SBZ – die „Liberal-Demokratische Partei Deutschlands" gegründet. Die KPD war schon am 11. Juni in Berlin neu konstituiert worden.

Nach wie vor war aber der Aufbau politischer Vereinigungen durch die restriktive Anordnung – das erwähnte Verbot – der Besatzungsmächte erschwert, denn die alliierten Mächte besaßen ja die ungeteilte Regierungsgewalt. Die Besatzungsmächte hatten wenige Überlegungen zur Deutschlandpolitik der Nachkriegszeit angestellt. Planungen zur Politik der Nachkriegszeit waren umstritten und unverbindlich, so daß jede Besatzungsmacht eine eigene Politik anhand der unterschiedlichen internationalen Interessen der jeweiligen Regierung verfolgte.

Erst die Potsdamer Konferenz im August 1945 brachte in einigen Punkten Klarheit und Beschlüsse zu gemeinsamen, auf gleiche Ziele ausgerichtete Handlungen. Die sowjetische Besatzungsmacht hatte die anderen Besatzungsmächte vermutlich in Zugzwang bzgl. der Billigung parteipolitischer Betätigung gebracht, denn man beschloß, in ganz Deutschland alle demokratischen politischen Parteien zu erlauben und zu fördern. Die amerikanische Besatzungsmacht gestattete dies noch im gleichen Monat, wenn zunächst auch nur auf Kreisebene, und die britische im September 1945. Frankreich, das an den Verhandlungen nicht teilgenommen hatte, willigte im Dezember 1945 ein.

Die Besatzungsmächte behielten sich zwei Rechte vor: Zum einen das Recht, Parteigründungen zu untersagen, zum anderen, den den Parteien jeweils zuzubilligenden größten Organisationsrahmen festzusetzen. Bei der sog. „Lizenzierung" einer Partei, also bei der Erlaubnis zur Gründung und Betätigung in der Öffentlichkeit, orientierten sich die zulassenden Behörden zumeist an der traditionellen Struktur des deutschen Parteiensystems vor 1933, d.h. sie lizenzierten Parteien, die sich ihrer politischen Gesamttendenz nach als bürgerlich, liberal, sozialdemokratisch oder kommunistisch einstufen ließen und bestimmten damit in grundlegender Weise die Zusammensetzung des sich bildenden deutschen Parteiensystems. Durch die Weigerung, politische Gruppierungen zuzulassen, deren Standort sich nicht auf Grund historischer Erfahrungen festlegen ließ, trug die alliierte Lizenzierungspolitik dazu bei, die Grundstruktur des Weimarer Parteiensystems unverändert wiederaufleben zu lassen und beeinflußte somit die politische und soziale Entwicklung bis in die Zeit der BRD hinein nicht unwesentlich.

Allerdings beeinflußte die Besatzungspolitik der Alliierten das neu entstehende Parteiensystem auch in der Weise, daß sie, weil sie in den größeren Gruppierungen SPD, CDU und KPD (erst später FDP) die entscheidenden Kräfte der künftigen deutschen Politik sahen, kleine Splitterparteien nicht zuließen. Eine genaue Wiederholung des Weimarer Parteiensystems konnte sich auf diese Weise nicht konstituieren. Ein Vielparteiensystem wie in der Weimarer Zeit war von den Besatzungsmächten nicht gewünscht. Auch die

FDP wurde von dieser Besatzungspolitik der Alliierten betroffen. Die Alliierten betrachteten die FDP zunächst als Splitterpartei und als 2. bürgerliche Partei nach der CDU und förderten sie daher anfangs wenig.

Bei fast allen Parteigründungen 1945/46 war die personelle Zusammensetzung der Parteiführungsgruppen ein Problem. Das Rekrutierungsreservoir für politische Führungskräfte bestand aus Politikern, die Verfolgte des totalitären Regimes waren, Überlebende aus Hitlers Gefängnissen und Konzentrationslagern, Mitgliedern des Widerstands, Exilierten und Kriegsgefangenen. Vielfach hatten die westlichen Militärregierungen sog. „weiße Listen" von Politikern aus der Weimarer Zeit, die als demokratisch und vertrauenswürdig angesehen wurden.

Entweder mittels dieser „weißen Listen" oder durch die Befragung von Intellektuellen, Verfolgten des Hitlerregimes oder dem Klerus gelangten die Alliierten zur Auswahl einer Vielzahl von Politikern, die während der Weimarer Republik den stärksten Parteien (SPD, KPD, Liberale, Christliche Demokraten und Konservative) angehört hatten und nun diese Positionen in ihren neuen Stellungen bewahrten oder weiterentwickelten. Es wurde auf diese Weise jedoch auch einer Anzahl von Intellektuellen sowie Angehörigen der freien Berufe, die noch keine politische Erfahrung besaßen, der Eintritt ins politische Leben ermöglicht.

Da jedoch in den meisten Fällen der Neuformierung der politischen Elite Politiker aus der Weimarer Zeit wichtige Kristallisationskerne bildeten, war auf diese Weise die Gefahr einer Fortsetzung der Politik der Weimarer Zeit gegeben. Die Aufgaben dieser Politiker lagen im Aufbau politischer Organisationen, die arbeitsfähig und imstande waren, sich ihre Teilnahme am politischen Entscheidungsprozeß zu erkämpfen, und in der Entwicklung politischer Leitlinien und Ziele, die die Lage der Bevölkerung verbessern und Anspruch auf Realisierbarkeit erheben konnten. In dem Maße, wie die alliierten Besatzungsmächte Kompetenzen abtraten, kam den neu entstehenden Parteien eine Schlüsselstellung zu in der Kandidatenaufstellung für Kommunal- und Landtagswahlen, in der Regierungsbildung, in der Arbeit in den Fraktionen, in der Verfassungsgebung und in der Rekrutierung von Führungspersonal. Die Politiker stimmten darin überein, die im Zeitraum der Weimarer Republik begonnene parlamentarisch-demokratische Entwicklung wieder aufzunehmen und fortzuführen. Mit dieser Zielsetzung entsprachen sie prinzipiell auch den Vorstellungen der alliierten Besatzungsmächte.

Bei der Betrachtung der Parteigründungen in den Jahren 1945/46 muß man unterscheiden zwischen der Wiedergründung von Parteien, die bereits in der Weimarer Zeit existiert hatten, und der Neugründung von Parteien, die historisch gesehen ein Novum darstellten, da sie an keine Tradition anknüpften.

Die beiden Arbeiterparteien SPD und KPD erschienen am frühesten. Bei ihnen handelte es sich um Wiedergründungen. Im Gegensatz zur Weimarer Zeit, wo ein scharfer Konfrontationskurs gegenüber der SPD kennzeichnend war für die KPD, hatten sich die wichtigsten Kräfte beider Parteien angesichts der Erfahrung des Nationalsozialismus im Exil in den Nachkriegsjahren angenähert und waren sich freundlicher gesonnen. Beide Parteien hatten in der Weimarer Zeit über einen voll ausgebauten Parteiapparat und einen umfangreichen Mitglieder- und Wählerstamm verfügt. Sie konnten daher in den ersten Nachkriegsjahren programmatisch wie organisatorisch rasch an ihre alte Tradition anknüpfen. Bei der SPD hatte der Parteivorstand von 1933 bis 1945 im Exil weiteramtiert. Die Parteiarbeit war während des Krieges zum Teil verdeckt weitergeführt worden, was ihr den Aufbau gerade der unteren und mittleren Parteiorganisationsebenen erleichterte.

Ein Vorteil beider Parteien war, daß sie unter den deutschen Parteien vor 1933 am deutlichsten den Widerstand gegen die Nationalsozialisten artikuliert hatten. Ebenso waren ihre Mitglieder nach 1933 am heftigsten der Verfolgung bzw. Vertreibung ins Ausland ausgesetzt. Beide Parteien konnten daher bei den alliierten Besatzungsbehörden auf ein großes Maß an Entgegenkommen und Förderung hoffen, was vor allem der KPD zu einer überdurchschnittlichen Ausgangsposition in den Westzonen verhalf. Der Schwerpunkt der Wiedererstehung der KPD lag allerdings in der Ostzone. Sie erfolgte – wie schon erwähnt – am 11. Juni 1945 in Berlin. Die ehemaligen KPD-Funktionäre, die nach der Kapitulation des Hitlerregimes aus ihrem Moskauer Exil nach Berlin zurückgekehrt waren, erfuhren dort eine besondere Förderung durch die SMAD. Dies war jedoch auch von Nachteil für die KPD, denn da sie sich im Verlauf der Nachkriegsjahre immer mehr als willfähriger Handlanger der Sowjetunion erwies, war sie damit in den Westzonen bald zur Bedeutungslosigkeit verurteilt.

Die Wiedergründung dieser beiden Parteien stellt eine Kontinuität des Weimarer Parteienspektrums dar. Eine Kontinuität bei den kleinen Splitterparteien, wie z.B. die in den zwanziger Jahren von der SPD und KPD abgespaltenen Sozialistischen Arbeiterpartei (SAP) oder Kommunistischen Partei-Opposition (KPO) besteht nicht. Diese Splitterparteien bildeten sich nicht wieder.

Am 21./22. April 1946 vollzog sich in der SBZ unter dem Druck der SMAD der Zusammenschluß von KPD und SPD zur Sozialistischen Einheitspartei Deutschlands (SED). Die Frage des Zusammengehens von SPD und KPD war in fast allen Zonen diskutiert und in den Westzonen schließlich von der SPD abgelehnt worden. Die SMAD bevorzugte jedoch eine Vormachtstellung der KPD und so vollzog sich, als die KPD sich schließlich zu einer gewissen Stärke entwickelt hatte, die Fusion von SPD und KPD zu einer Einheitspartei aller Sozialisten.

Bei den liberalen Parteigruppen handelt es sich um eine bedingte Parteienneugründung. Die liberalen Parteigruppierungen konnten zwar ideell an eine lange Tradition in der deutschen Politik anknüpfen, ein Rückgriff auf organisatorische Traditionen war ihnen aber nicht möglich. Denn die locker strukturierten Parteiapparate der bis 1933 existierenden liberalen Honorationenparteien waren in der nationalsozialistischen Zeit auseinandergefallen und boten ihnen keine Hilfe beim Aufbau von neuen Parteiorganisationen. Die liberalen Parteiorganisationen mußten sich auch fragen, ob eine Wiederbelebung der organisatorischen Vielfalt wie in der Weimarer Republik ratsam wäre, denn der in der unmittelbaren Nachkriegszeit sichtbare Trend zu großen Massenparteien stellte eine größere Differenzierung von liberalen Parteiorganisationen in Frage.

Zunächst jedoch knüpften die liberalen Gruppierungen an ihre Tradition der organisatorischen Dezentralisierung an. In der SBZ entstand am 5. Juli 1945 die „Liberal-Demokratische Partei Deutschlands“ (LDPD), in Württemberg-Baden die „Liberale Deutsche Volkspartei", in Hessen die „Liberal-demokratische Partei", in der Französischen Besatzungszone die „Demokratische Partei“ und in Nordrhein-Westfalen die „Freie Demokratische Partei“. Im Frühjahr 1946 konnten sich die liberalen Gruppierungen in der britischen und amerikanischen Besatzungszone erstmals auf zonaler Ebene zusammenschließen. Erst im Dezember 1948 erfolgte schließlich in Heppenheim an der Bergstraße der Zusammenschluß zur FDP. Die liberalen Gruppierungen folgten damit dem allgemeinen Trend zu einer einheitlichen Parteiorganisation, womit aber die traditionellen Konflikte zwischen der national-liberalen und der links-liberalen Richtung keineswegs aufgehoben waren.

Eine wichtige Neugründung, trotz der alten Tradition des Antikommunismus, die sie in ideeller und organisatorischer Hinsicht rücksichtslos und lange erfolgreich fortsetzten und benutzten, bildeten die überkonfessionell-christlichen Gruppierungen, in denen sich christliche, konservative und liberale Strömungen vereinigten, die vor 1933 getrennt und gegeneinander agiert hatten. Als „Christlich Demokratische Union Deutschlands“ in den gesamten Westzonen bzw. „Christlich-Soziale Union“ in Bayern bildeten sie bald die größte Sammelstelle des bürgerlichen Parteilagers.

Die bayerische CSU unterschied sich nicht so sehr in den allgemeinen Gründungsintentionen von der CDU als in der stärkeren Betonung des Föderalismus bayerischer Spielart. Die politische und soziale Ideologie der bayerischen Partei entsprang den gleichen Wurzeln wie bei den Unionsgründungen in anderen Teilen Deutschlands. Die überkonfessionell-christlichen Gruppierungen orientierten sich am Zentrum der Weimarer Zeit, jedoch nicht als rein katholische Partei, sondern bewußt beide christliche konfessionelle Strömungen miteinbeziehend. Die Idee eines politischen Zusammengehens beider Konfessionen war nicht neu, nur bisher nicht realisiert worden. Die Erfahrungen während der nationalsozialistischen Herrschaft, während der die Existenz der Kirche bedroht gewesen war, und das Wiederaufkommen des Kommunismus und des Sozialismus in der Nachkriegszeit hatte die Bereitschaft zur Zusammenarbeit wachsen lassen.

Bis zum Januar 1946 waren in allen Besatzungszonen Parteigründungen der CDU/CSU entstanden. Die CDU der Ostzone mußte 1948 unter dem Zwang der SMAD den Kontakt zur CDU der Westzonen abbrechen.

1945/46 entstanden noch weitere, vor allem kleine Parteigründungen, deren Anzahl aufgrund der restriktiven Lizenzierungspolitik der Besatzungsmächte gering blieb. Zudem hatten diese vorwiegend dem bürgerlichen Lager entstammenden Parteien Schwierigkeiten, sich gegen das Erstarken der CDU/CSU zu behaupten. Der überkonfessionell-christliche Sammlungsgedanke hinderte vielerorts die Weiterentwicklung der kleinen Parteien. So erging es z.B. dem im Oktober 1945 wiedergegründeten Zentrum. Es gelangte über die Rolle einer Splitterpartei nicht hinaus.

Eine ähnliche Entwicklung nahmen einige regionale Parteigründungen, so die im März 1946 auf Landesebene zugelassene Wirtschaftliche Aufbau-Vereinigung (WAV) des wirrköpfigen Demagogen Alfred Loritz. Sie löste sich 1953 wieder auf.

Einzig die 1948 auf Landesebene in Bayern gegründete Bayernpartei und die 1946 in Niedersachsen gegründete Niedersächsische Landespartei (NLP) spielten eine Zeit lang eine Rolle. Die Bayernpartei, die an monarchistisch-bayerische Traditionen anknüpfte, war in den ersten Nachkriegsjahren eine große Konkurrenz für die CSU. Durch ihre auf Bayern beschränkte Verbreitung war sie für das Gesamtparteiensystem der Westzonen allerdings von keiner großen Bedeutung. Die Niedersächsische Landespartei war in den Jahren 1946-49 nur für den Raum Niedersachsen von Bedeutung. 1947 dehnte sie sich auch auf andere deutsche Länder aus und nahm dann den Namen Deutsche Partei (DP) an. Nach 1949 gewann sie dann als Deutsche Partei auch durch bundespolitische Koalitionen mit der CDU/CSU größeren Einfluß.

Um die Verbreitung der verschiedenen, 1945 vielfach ohne gegenseitige Kenntnis entstandenen Parteigruppen gleicher oder ähnlicher politischer Tendenz zu größeren Organisationen mit einheitlicher Benennung möglich zu machen, war eine Aufhebung oder Lockerung der Organisationsbeschränkungen durch die Alliierten notwendig und – parteiintern als Voraussetzung für das Gelingen der angestrebten Fusions- und Integrationsprozesse – eine Bereinigung der programmatischen Unterschiede und der Führungsfrage. Unangenehm war, daß man sich mit diesem Vorhaben nach dem ab 1946 bzw. 1948 erzwungenen Abbruch der Zusammenarbeit mit den Parteien in der SBZ auf die Westzonen beschränken mußte.

Die ständig zunehmende politische Kooperation und organisatorische Verflechtung zwischen den einzelnen Landesparteien der CDU, SPD und FDP führten schließlich zur Einrichtung verschiedener Organisations- und Koordinationsrahmen in Form von Gesamtparteien bzw. Arbeitsgemeinschaften. So bestand die CDU bis zu ihrem ersten Bundesparteitag in Goslar im Herbst 1950 aus einer Vereinigung selbständiger Parteien gleichen Namens, die im Sekretariat der „Arbeitsgemeinschaft der CDU/CSU Deutschlands", das im August 1946 in Königstein gegründet worden war, zusammenfanden.

Dieser Zusammenschluß in Form von Gesamtparteien bzw. Arbeitsgemeinschaften bedeutete zunächst noch keineswegs die tatsächliche Entstehung zentralisierter deutscher Parteiorganisationen. Es verschwanden zwar parallel zum Bedeutungsverlust der Besatzungszonen die zonalen Parteieinrichtungen, doch blieben nach wie vor die Landesparteien die bestimmenden politischen Gruppen. Die Gesamtparteien bzw. Arbeitsgemeinschaften der Landesparteien gewährleisteten jedoch die Präsenz der politischen Parteien in allen Regionen der Westzonen. Als Folge entstanden in den deutschen Ländern in ihrer Zusammensetzung aus CDU bzw. CSU, SPD, FDP und KPD sehr einheitliche Parteiensysteme und in allen deutschen Landtagen sehr einheitliche Parteienlandschaften. Diese parteipolitische Affinität der Länder war eine der wesentlichsten Voraussetzungen für die dann rasch in Gang kommende politische Entwicklung zur Bundesrepublik Deutschland.

Bei der Verfassung des Grundgesetzes vom September 1948 bis Mai 1949 zeigte sich, daß auch hier die beratenden zuständigen Politiker des Parlamentarischen Rates die Erfahrungen aus der Weimarer Zeit vor Augen hatten, als sie die einzelnen Punkte des Grundgesetzes erstellten. „Das Trauma des Zusammenbruchs der Weimarer Demokratie war 1948/49 noch frisch, der Wunsch nach einer verbesserten Neuauflage des Weimarer Systems durch eine wehrhafte und nicht krisenanfällige Demokratie war verständlich."[14] Man versuchte, aus der Erfahrung zu lernen. Eine Konsequenz, aber auch ein Novum war daher die konstitutionelle Verankerung der Parteien im Grundgesetz. Den Parteien wurde eine „mitwirkende Funktion" bei der politischen Willensbildung zuerkannt. Gleichzeitig waren in die Verfassung auch Min-

14 Benz, Wolfgang, Von der Besatzungsherrschaft zur Bundesrepublik, Frankfurt/Main 1985, S. 234

destbestimmungen zur Organisation der politischen Parteien aufgenommen worden. Die von vielen begrüßte oder beklagte „Mediatisierung des Volkes“[15] durch die Parteien erwies sich wiederum als stabilisierender Mechanismus, bei dem die plebiszitären Elemente der Artikulation politischen Willens im vorkonstitutionellen Raum aufgefangen, grundsätzlich aber nicht negiert werden.

Beim ersten Bundestagwahlkampf 1949 zeigte sich das Bild der neu entstandenen deutschen „Parteienlandschaft“ und der Trend zur Massenpartei schon recht deutlich. Je 1/3 der Gunst der Wähler fielen auf CDU/CSU, auf die SPD und auf die FDP und die kleineren Parteien. CDU/CSU, SPD, FDP und KPD waren auch die einzigen Parteien, die in allen Ländern der drei Westzonen kandidierten. In mehreren Ländern vertreten waren die Deutsche Konservative Partei/Deutsche Rechtspartei (DKP/DRP), die Radikalsoziale Freiheitspartei (RFS) und die Deutsche Partei (DP). Auf einzelne Länder beschränkt waren die Regionalparteien, wie z. B. die Bayernpartei und die WAV in Bayern, der Südschleswigsche Wählerverband (SSW) in Schleswig-Holstein, die Rheinisch-Westfälische Volkspartei (RWVP) und regionale Interessengruppen wie die „Notgemeinschaft“ in Württemberg-Baden, die „Vereinigung der Fliegergeschädigten (und Sparer)“ in den Hansestädten und die verworren-neutralistische „Sammlung zur Tat“ in Baden und Württemberg-Hohenzollern.

Daß die kleinen Parteien in diesem ersten Bundestagswahlkampf noch einen relativen Erfolg zu verzeichnen hatten, war weniger Symptom für die Wiederkehr der Weimarer Zersplitterung des politischen Willens als für die Ratlosigkeit vieler angesichts unkontrollierter Zustände. Von dieser Unsicherheit und Zukunftsangst profitierte auch die KPD, der trotz einer Übereinstimmung in der antikommunistischen Einstellung aller anderen Parteien und der Mehrheit der Bevölkerung dennoch 1,3 Millionen Stimmen zu 15 Mandaten im Bundestag verhalfen.

In vieler Hinsicht ließ sich sogar bei der ersten Bundestagswahl 1949 ein an die Weimarer Republik anschließendes Vielparteiensystem feststellen. Vergleicht man die Ergebnisse der Reichstagswahl 1928 (im Gebiet der späteren Bundesrepublik) als der letzten „Normalwahl“ vor dem Durchbruch des Nationalsozialismus mit denen der Wahl zum 1. Bundestag im Jahre 1949, wird – bei Zusammenfassung zu politischen Hauptströmungen – eine frappierende Kontinuität des Wählerverhaltens sichtbar: Die Linke veränderte(n) sich von 35, 5 auf 34,9 %, die Liberalen von 13,5 auf 11,9 %, christliche Mitte und Konservative (Z, BVP, DNVP; Z, CDU/CSU) von 34 auf 34,1 %, Regional-Konservative von 3,2 auf 8,2 %, die extreme Rechte schließlich (NSDAP, Völ-

15 Weber, Werner, Spannungen und Kräfte im westdeutschen Verfassungssystem, Stuttgart 1958, S. 21f.

kische; DRP) von 3,8 auf 1,8 % der gültigen Stimmen. Da auch gebietsspezifisch eine entsprechende Kontinuität auftrat, deuten diese Ergebnisse auf eine massive Rückkehr der Wähler in ihre politischen Traditionslager hin.

Grafik 1: Ergebnisse der Bundestagswahl 1949

Parteien	Stimmenanteil
CDU/CSU	31
SPD	29,2
FDP/DVP/BDV	11,9
KDP	5,7
BP	4,2
DP	4
Z	3,1
WAV	2,9
DReP/DKP	1,8
NG	1
RSF	0,9
SSW	0,3
EVD/SzT	0,2
RVP/RWVP	0,2
Unabhängige	3,8

Abkürzungen der Parteinamen:

BDV	Bremer Demokratische Volkspartei
BP	Bayernpartei
DP	Deutsche Partei
DKP	Deutsche Konservative Partei
DReP	Deutsche Rechtspartei
DVP	Demokratische Volkspartei
EVD	Europäische Volksbewegung Deutschlands
NG	Nationale Gemeinschaft
RSF	Radikal-Soziale Freiheitspartei
RVP/RWVP	Rheinische Volkspartei/Rheinisch-Westf. Volkspartei
SSW	Südschleswigscher Wählerverband
SzT	Sammlung zur Tat
WAV	Wirtschaftliche Aufbauvereinigung
Z	Zentrum

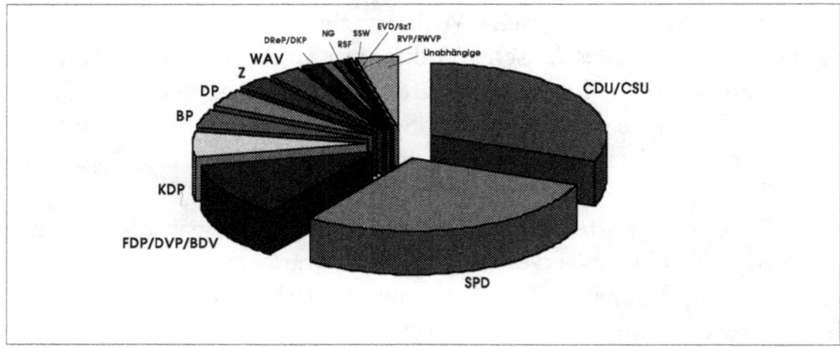

Quelle: Kleßmann, Christoph, Die doppelte Staatsgründung, 4. Auflage, Bonn 1986, S. 437-438

Grafik 2: Genealogie der Parteien

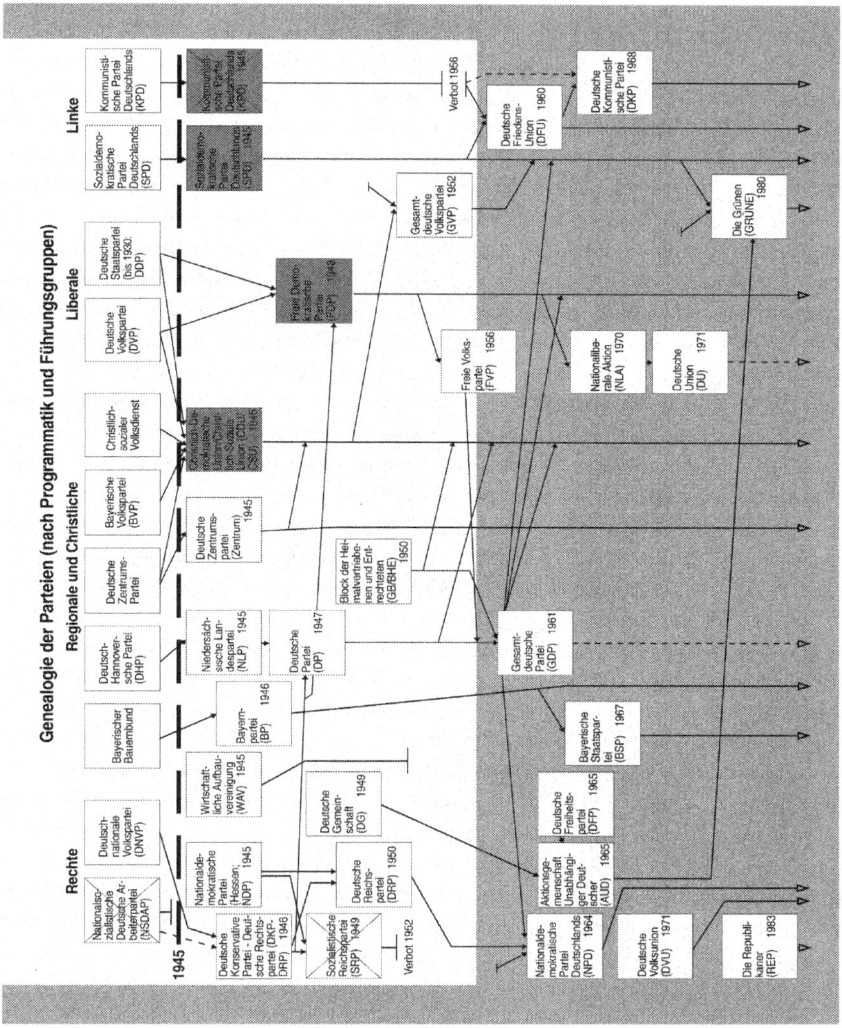

Quelle: Der Verfasser

Dennoch, die Erfolgsbilanz der großen Parteien – hin zu ihrer Entwicklung zu Massenparteien (zumindest bei CDU/CSU und SPD) in den fünfziger Jahren – ließ sich hier schon erkennen: die CDU/CSU bekam 31 % aller Stimmen, die SPD 29,2 % und die FDP/BDV/DVP 11,9 %. In den kommenden Jahren sollten sich diese Zahlen zum Teil noch weiter erhöhen (Bundestagswahl 1953: CDU/CSU 45,2 %, SPD 28,8 %, FDP 9,5 %).

Die beiden großen Parteigruppen CDU/CSU und SPD entwickelten in der Folgezeit eine Integrationskraft, die in der deutschen Parteienlandschaft vor dem 2. Weltkrieg keinesgleichen hat und den Erfolg des demokratischen Systems der Bundesrepublik Deutschland mitbegründete. Speziell die SPD löste sich nach 1945 aus ihrer Vergangenheit und vollzog einige Wandlungen. Seit dem Bad Godesberger Programm von 1959 bekennt sich die SPD zur sozialen Marktwirtschaft, räumt der Kirche gesellschaftliche Macht ein und erkennt die Westintegration an. Zudem hat sie sich von der marxistischen Ideologie losgesagt, ihre tendenzielle Begrenzung auf die Lohnarbeiterschaft als einziger Wählerbasis überwunden und sich den Mittelschichten, vor allem den Angestellten und Beamten, geöffnet. Sie steht damit in deutlicher Abgrenzung und Weiterentwicklung zur SPD der zwanziger und dreißiger Jahre mit ihrer damals fast starren Fixierung auf Marxismus und Arbeiterschaft.

Bei der Betrachtung der Entwicklung der Parteien in den ersten Nachkriegsjahren 1945-49 kristallisiert sich keine durchgehende Linie der Kontinuität oder Diskontinuität heraus. Ein Kontinuum zur Weimarer Republik findet man bei der Wiederbesetzung der neuen Führungspositionen mit vorwiegend Politikern aus der Weimarer Zeit. Auch die Parteienlandschaft zeigt Ähnlichkeiten mit der der Weimarer Republik, allerdings ohne das Wiederaufleben der zahlreichen Splitterparteien. Eine deutliche Diskontinuität findet man in dem Entstehen und der Gründung der CDU/CSU. Sie sind neu im deutschen Parteiensystem. Auch die konstitutionelle Verankerung der Parteien im Grundgesetz besitzt vorher nichts Vergleichbares, ebenso wie die dann folgende langsame Weiterentwicklung der neuen Parteien zu großen Volks- oder Massenparteien mit breiter Wählerbasis aus allen gesellschaftlichen Schichten.

Die Entwicklung der Parteien in den Westzonen in den Nachkriegsjahren 1945-49 vollzog sich somit zunächst unter Zuhilfenahme der Erfahrungen und bestehenden Strukturen der Weimarer Zeit, verlief dann aber eigenständig.

Die Entwicklung der Parteien in der SBZ stellt seit der Gründung der SED eine völlige Diskontinuität dar.

5. Wirtschaft

Nach der Kapitulation des Hitler-Regimes im Mai 1945 lag das Deutsche Reich in Trümmern. Was die Wirtschaftsordnung anbelangt, so fand man ein fast völlig zerstörtes Transportsystem vor. Der Zerstörungsgrad der wichtigsten deutschen Industrien lag allerdings nur bei 10-20 %. Die Ernährungslage war sehr schlecht.

Die amerikanische Generalstabsdirektive JCS 1067 vom 25. April 1945, die noch stark vom Morgenthau-Plan beeinflußt war – Umwandlung Deutschlands in ein Land mit vorwiegend land- und weidewirtschaftlichem Charakter –, verbot zunächst Schritte zum wirtschaftlichen Wiederaufbau oder zur Erhaltung und Stärkung der deutschen Wirtschaft in der amerikanischen Besatzungszone. Diese strenge Direktive wurde dann jedoch durch das Potsdamer Abkommen gemildert.

Die Alliierten einigten sich Anfang August 1945 darauf, Deutschland als wirtschaftliche Einheit zu betrachten. Man beschloß „die Beseitigung oder Kontrolle der gesamten deutschen Industrie, die für eine Rüstungsproduktion benutzt werden könnte."[16] Das bedeutete ein Verbot der Produktion von Kriegsgerät, Munition, Flugzeugen und Schiffen und die Überwachung der Produktion von Metallen, Chemikalien, Maschinen usw. Wiedergutmachungsleistungen für erfolgte Kriegsschäden wurden in zweierlei Form beschlossen: zum einen die Beschlagnahmung des Auslandsvermögens und der Gold- und Devisenbestände, zum anderen industrielle Demontage und Benutzung deutscher Arbeitskräfte. Jede Besatzungsmacht sollte aus ihrer Besatzungszone Reparationsleistungen entnehmen. Die Sowjetunion erhielt wegen der ungleich größeren Kriegsschäden zusätzlich 10 % der für die künftige deutsche Friedenswirtschaft unnötigen deutschen Industriebestände aus den Westzonen ohne Gegenleistung und weitere 15 % gegen Lieferung von vor allem Nahrungsmitteln und Rohstoffen.

Die sowjetische Besatzungsmacht begnügte sich nicht nur damit, Fabrikanlagen zu demontieren und abzutransportieren, sondern überführte auch viele Betriebe nach ihrer Enteignung in sowjetische Aktiengesellschaften (SAG), die später Besitz der DDR wurden. Viele der etwa 33 Millionen Kriegsgefangenen in der sowjetischen Besatzungszone (SBZ) wurden noch jahrelang im Osten zu Arbeiten herangezogen, während die Amerikaner und Briten unmittelbar nach Kriegsende mit der Freilassung ihrer Kriegsgefangenen begonnen hatten.

---

16 Potsdamer Abkommen, a.a.O., S. 465f.

Die Reparationsabsprachen gingen Hand in Hand mit Begrenzungen der Produktionskapazitäten, da all das, was das von den Besatzungsmächten zu definierende Niveau der künftigen deutschen Friedenswirtschaft überstieg, entfernt und vernichtet werden sollte. Insgesamt sollte die Warenproduktion auf einen Stand gebracht werden, der zur Erzielung eines „mittleren Lebensstandards der europäischen Staaten“[17] ausreichend sei. Dies hätte in etwa dem Stand der deutschen Industrieproduktion im Jahre 1932, dem Tiefpunkt der Weltwirtschaftskrise mit damals 6 Millionen Arbeitslosen, entsprochen.

Ein weiteres Ziel war die Dezentralisierung der deutschen Wirtschaft durch die „Vernichtung der bestehenden übermäßigen Konzentrationen der Wirtschaftskraft, dargestellt insbesondere durch Kartelle, Syndikate, Trusts und andere Monopolvereinigungen“.[18] Die Auflösung des Chemie-Giganten „I.G. Farben“ in seine Einzelunternehmen BASF, Agfa, Caselle Farbenwerke, Chemische Werke Hüls, Bayer AG, Farbwerke Hoechst, Duisburger Kupferhütte, Dynamit Nobel AG u.a.m. ist ein Beispiel für eine erfolgreiche Dezentralisierung. Ansonsten schwächte sich der Dezentralisierungsprozeß im Lauf der Jahre stark ab. Die Entflechtung der sechs größten Bankengruppen, an ihrer Spitze Deutsche, Dresdner und Commerzbank, wurde z.B. Anfang der fünfziger Jahre wieder rückgängig gemacht. Auch die beabsichtigte Bodenreform wurde nur in der SBZ mit Erfolg durchgeführt, in den westlichen Besatzungszonen wandte man sich bald von ihr ab, da man Siedlungsland für Landarbeiter und Flüchtlinge benötigte.

Da man sich in Potsdam nicht z.B. auf einheitliche Produktionskapazitätsbegrenzungen hatte einigen können, holte man dies im Industrieniveauplan vom 26. März 1946 nach. Er regelte, welchen Umfang die deutsche Nachkriegswirtschaft haben durfte und welches Ausmaß der Kapazitätsabbau zugunsten der Reparationslieferungen haben würde.

Schon nach kurzer Zeit zeigte sich, daß die für alle Besatzungszonen einheitliche Regelungen nicht eingehalten wurden, da jede Besatzungsmacht darüber hinaus eigene Vorstellungen in Bezug auf Wirtschaftspolitik hatte. Nachdem vor allen Dingen die Sowjetunion ihre vereinbarten Lieferungen aus der Ostzone in die Westzone im Tausch gegen Reparationsgüter schuldig geblieben war und die einzelnen Besatzungszonen immer mehr „auseinanderzudriften“ drohten, ordnete der Militärgouverneur der amerikanischen Besatzungszone, General Clay, einen Demontagestop an. Er sollte der Wiederherstellung der im Potsdamer Abkommen verankerten wirtschaftlichen Einheit Deutschlands und des einheitlichen Vorgehens der vier Besatzungsmächte dienen. Aus diesem Grund schlug der amerikanische Außenminister

17 Ebd.
18 Ebd.

Byrnes am 11. Juni 1946 auf der Außenministerkonferenz in Paris eine Konfusion der vier Besatzungszonen zu einem einheitlichen ökonomischen Gebilde ohne politische Qualität vor. Nur die Briten nahmen diesen Vorschlag an, die Franzosen und Sowjetrussen lehnten ab. Obwohl nicht geplant, war dies schon der erste Schritt zur Teilung Deutschlands in zwei unterschiedliche staatliche Gebilde.

Am 2. Dezember 1946 fand die Unterzeichnung des Abkommens über die wirtschaftliche Verschmelzung der amerikanischen und britischen Besatzungszonen zur Bizone statt. Offiziell trat das Bizonenabkommen am 1. Januar 1947 in Kraft. Die französische Besatzungszone kam 1948 hinzu („Trizone"). Die Vereinigung zur Bizone und das damit verbundene Interesse an einem einheitlichen Wirtschaftsgebiet Deutschlands zeigte schon die geänderte ökonomische Politik Amerikas im Hinblick auf die Wirtschaft Deutschlands. Nachdem die Besatzungsmächte nach der Kapitulation Deutschlands eine Zeit lang die Bewirtschaftungspolitik der Nationalsozialisten weitergeführt hatten, wollten nun die Amerikaner den Wiederaufbau einer eigenständigen Wirtschaftsordnung in Deutschland. Deutschland sollte seine Wirtschaft selbst aufrechterhalten können. Dieses Vorhaben bezog sich nun allerdings nur auf die Westzonen bzw. die Bizone und verlief ohne Einbeziehung der SBZ.

Diesem Zweck der eigenen Aufrechterhaltung der Wirtschaft Deutschlands wurde die neue Direktive JCS 1779 vom 11. Juli 1947 gerecht, die auf eine Erhöhung des Lebensstandards in Deutschland und auf die baldmöglichste Errichtung einer sich selbst erhaltenden deutschen Wirtschaft abzielte.

Über die Art der Wirtschaftsform war konkret nichts ausgesagt. In weiten Teilen der deutschen Bevölkerung waren antikapitalistische Bestrebungen im Gange. Nicht nur Kommunisten und Anhänger der Sozialdemokratie waren Befürworter von Sozialismus, Sozialisierung und Gemeinwirtschaft, auch große Teile der CDU standen für diese wirtschaftspolitische Richtung. Einig waren sich diese Gruppierungen in der Frage der sofortigen Sozialisierung der Grundstoffindustrien. So stimmten z.B. Ende 1946 in Hessen 72 % der Wähler für einen Verfassungsartikel, der die sofortige Sozialisierung der Grundstoffindustrien, der Banken, der Energiewirtschaft und des Versicherungsgewerbes vorsah. Ähnliches verlief in Bremen, Nordrhein-Westfalen und Bayern.

Doch diese Sozialisierungsbestrebungen fanden dann doch keinen Niederschlag in Verfassungstexten. Sie scheiterten zum einen an der Haltung der Besatzungsmächte, vor allem der Amerikaner, die jegliche Sozialisierung als Präjudizierung einer bestimmten Wirtschaftsform verboten, zum anderen am fehlenden entschlossenen Eintreten der deutschen Gruppierungen für ihr Anliegen. Ausschlaggebend war aber ersteres.

Die Amerikaner wollten die Präjudizierung einer bestimmten Wirtschaftsform verhindern, da sie die Ausgestaltung und rechtliche Verankerung der Wirtschaft einer deutschen Zentralregierung vorbehalten wollten. Eine Sozialisierung konnte aus diesem Grund als eine Gefährdung des wirtschaftlichen Wiederaufbaus gelten. Deshalb suspendierten sie z.B. auch die Sozialisierungsbestimmungen der Hessischen Verfassung. Genauso erging es Bremen, Nordrhein-Westfalen und Bayern. Da die USA mittlerweile aufgrund ihres ungebrochenen ökonomischen und militärischen Potentials die dominante westliche Besatzungsmacht in Bezug auf die Bizone darstellte, war es ihr möglich, dieses Verbot zu erlassen.

Nur die britische Enteignungs- und Entflechtungspolitik in der Ruhr-Montan-Industrie führte zur Verankerung britischer Sozialisierungsbestrebungen. Die Briten, die in dieser Zeit im eigenen Land umfangreiche Sozialisierungen durchführten und somit Sozialisierungsbestrebungen näher standen als die Amerikaner, beschlagnahmten am 17. November 1945 den Krupp-Konzern und alle Kohlebergwerke der britischen Zone. Die vorgesehene Überführung in Gemeineigentum fand allerdings nicht statt. Man verständigte sich statt dessen im August 1947 mit den Amerikanern, die auch hier keine Präjudiz schaffen wollten, die Sozialisierung um fünf Jahre hinauszuschieben und sog. Treuhandverwaltungen einzurichten. Mit der Gründung der Bundesrepublik im Jahre 1949 wurde dies jedoch auch hinfällig. Als einziges Erbe der britischen Besatzungspolitik blieb schließlich das Mitbestimmungsmodell in der Montanindustrie (fünf Vertreter der Kapitaleigner, fünf der Arbeitnehmer, ein neutraler „elfter" Mann), das 1951 durch Bundesgesetz bestätigt wurde und eine wichtige Voraussetzung für die Durchsetzung ähnlicher Mitbestimmungsregelungen in allen Großunternehmungen ein Vierteljahrhundert später war.

Es ist sehr fraglich, ob die rechtliche Verankerung der Sozialisierungsbestrebungen in der 1949 gegründeten Bundesrepublik Bestand gehabt hätte, denn die Amerikaner schufen durch das Verbot von Präjudizierung einer bestimmten Wirtschaftsordnung gleichsam eine Präjudizierung, indem sie ihr eigenes Wirtschaftsmodell sozusagen als Grundlage ihres Präjudizierungsverbots heranhahmen.

Mit Beginn der Auseinandersetzung zwischen der Sowjetunion und den USA richteten die USA ihr Augenmerk auf die „Wiederherstellung gesunder wirtschaftlicher Verhältnisse, ohne die es keine politische Stabilität und keinen Frieden geben kann."[19] Der wirtschaftliche Wiederaufbau Deutschlands stand im Zuge einer erhöhten Produktion und eines erhöhten Exports eng in Zu-

19 Außenminister G.C. Marshall, Juni 1947, Harvard University, wiedergegeben in: Europa-Archiv, 2. Jg., Juli-Dezember 1947

sammenhang mit dem Wiederaufbau der Wirtschaft ganz Europas, da Deutschland bis vor dem Krieg in engen Handelsverbindungen mit seinen Nachbarländern gestanden hatte.

Die USA entwickelten ein umfangreiches Hilfsprogramm, das am 5. Juni 1947 verkündet wurde. Der Marschall-Plan, offiziell genannt European Recovery Program (ERP), hatte einen Gesamtumfang von 17 Milliarden Dollar, wovon bis 1951/52 ca. 1,56 Milliarden Dollar nach Westdeutschland flossen. Die Marshallplanhilfe erhöhte natürlich das schon vorhandene Übergewicht der Amerikaner in Westdeutschland merklich und machte es nur noch fraglicher, ob nun in Westdeutschland noch eine den Amerikanern unsympathische Wirtschaftsform entstehen konnte.

Zur gleichen Zeit aber hatte sich in deutschen Kreisen, vor allem in der CDU, eine Abwendung von sozialistischen Gesichtspunkten ergeben. Die konservativen Kreise traten nun stärker hervor. Statt der Sozialisierungsbestrebungen vertraten sie einen strikt liberal-marktwirtschaftlichen Kurs. Vor allem der seit März 1948 amtierende Direktor des Wirtschaftsrates der Bizone, Ludwig Erhard, hatte sich in dieser Richtung profiliert. Da die CDU im Wirtschaftsrat die Mehrheit besaß, ließ sich dieser neue Kurs leicht durchsetzen, zumal er den Absichten der Amerikaner für die wirtschaftliche Neuordnung entsprach.

Dieser neue marktwirtschaftliche Kurs orientierte sich zunächst am Konzept des „Ordo-Liberalismus“, wie er vor allem von Walter Eucken entwickelt worden war. Die CDU übernahm dann einige Zeit später unter Hinzunahme einer sozialpolitischen Komponente den von Prof. Alfred Müller-Armack geprägten Begriff „Soziale Marktwirtschaft“. Die „Soziale Marktwirtschaft“ stellte einen modifizierten Wirtschaftsliberalismus dar, der sich zwischen dem alten liberalistischen Wirtschaftsprinzip des Laissez-faire und einer alles regelnden staatlichen Ordnungstätigkeit bewegte und kompensatorische Elemente für sozial Schwächere enthält.

Als Vorbedingung für eine wirtschaftliche Sanierung Deutschlands und der Einführung der „Sozialen Marktwirtschaft“ war eine Währungsreform notwendig, die für eine reale Preis-Produktion-Relation sorgen sollte. Da diese Währungsreform vermutlich nur die drei westlichen Zonen betreffen würde, wäre damit die Währungseinheit Deutschlands beendet. Dies würde einen weiteren Schritt hin zur Teilung Deutschlands darstellen. Eine Einigung in der Währungspolitik der vier Besatzungsmächte im Herbst 1947 oder gar im Frühjahr 1948 war sehr unwahrscheinlich.

Nach langen Debatten der Alliierten der drei Westzonen u.a. um die Art der Durchführung der Währungsreform fand schließlich am 20. Juni 1948 in den Westzonen die Währungsreform statt. Über Nacht wurde in den Westzonen die „Deutsche Mark“ einziges gültiges Zahlungsmittel. An jeden Bewohner der drei Westzonen wurde ein einmaliger „Kopfbetrag“ bis zu 60 DM in bar im Umtauschverhältnis 1:1 ausgezahlt, alle sonstigen Altgeldguthaben wurden zu 50 % im Verhältnis 10:1, zu 50 % im Verhältnis 100:6,5 umgetauscht. An Gewerbetreibende und Angehörige freier Berufe wurde nach der Anzahl der Arbeitnehmer sowie nach der Höhe der vom Anspruchsberechtigten unterhaltenen Altgeldguthaben ein „Geschäftsbetrag“ ausgezahlt (u.a. 600 DM je Arbeitnehmer).

Die Sowjetunion geriet durch diese Währungsreform sozusagen in Zugzwang und führte deshalb 3 Tage später, am 23. Juni 1948, in der Ostzone und in Ost-Berlin ebenfalls eine Währungsreform durch.

Mit der Währungsreform war dann in den drei Westzonen eine einschneidende Wirtschaftsreform verbunden, die das Ende der Bewirtschaftungspolitik darstellte und die „Soziale Marktwirtschaft“ einführte. Das wichtigste Gesetz war das am 24. Juni 1948 erlassene „Gesetz über die wirtschaftlichen Leitsätze nach der Geldreform“, das u.a. „der Freigabe aus der Bewirtschaftung (...) vor ihrer Beibehaltung“ und „der Freigabe der Preise (...) vor der behördlichen Festsetzung“ den Vorzug gab. Gleichzeitig wurde per Gesetz eine vorläufige Neuordnung der wichtigsten deutschen Steuergesetze vorgenommen, die am 20. April 1949 durch ein zweites Gesetz abgeschlossen wurde. Die Neuordnung ermöglichte umfangreiche Abschreibungsmöglichkeiten, die als Investitionsanreize für Unternehmen gedacht waren. Das am 21. August 1948 vom Wirtschaftsrat erlassene „DM-Bilanzgesetz“ ermöglichte eine grundlegende Neubewertung der Sach- und Geldwerte der Unternehmen in DM-Währungseinheiten und bewirkte im Endeffekt eine praktisch verlustlose Umstellung der Sachwerte. Das im August 1948 erlassene „Soforthilfegesetz“ war eine erste sozialpolitische Maßnahme gegen verteilungspolitische Ungleichheiten infolge der Währungsumstellung.

In der Übergangszeit waren Teilbewirtschaftung und behördliche Preisfestsetzung in einigen Bereichen notwendig, bis sich die neue Wirtschaftsreform 1948/49 schließlich durchgesetzt hatte. Diese Vorformung und Vorgabe der neuen Wirtschaftsreform machte es 1949 – nach ersten Erfolgen – den Wählern leichter, sich zwischen den einzelnen Wirtschaftsmodellen zu entscheiden.

Die neue Wirtschaftsordnung stellt sowohl ein Novum als auch eine Kontinuität oder auch Restauration alter Zustände dar. Zwar ist die deutsche Wirtschaftsordnung bis fast zur Mitte des 20. Jahrhunderts gleichermaßen durch eine tendenzielle Zunahme sowohl der staatlich-bürokratischen als auch der privatwirtschaftlich-bürokratischen Lenkung gekennzeichnet gewesen – der Höhepunkt wurde unstreitig während der NS-Zeit erreicht –, wobei jeweils die Kriege und die Weltwirtschaftskrise einen massiven Schub in diese Richtung gebracht hatten, während in der Weimarer Zeit zunächst gegenüber der Kriegswirtschaft ein gewisser Abbau erfolgt ist. Unzweifelhaft hat sich aber die bis zum totalen Krieg herrschende Grundtendenz der Bewegung, sieht man von den ersten Jahren der Besatzungsherrschaft ab, nach dem Zweiten Weltkrieg zunächst nicht fortgesetzt, im wesentlichen sogar zurückgebildet. Insofern findet man hier einen „Bruch“ in der Geschichte. Nichtsdestotrotz zeigt sich dennoch eine Kontinuitätslinie, insofern als in großem Umfang auf frühere marktwirtschaftliche Ordnungsmuster zurückgegriffen worden ist. Das absolut Neue an der seit 1949 existierenden „Sozialen Marktwirtschaft“ ist das „Soziale“, die sozialpolitische Komponente. Sie entstand als soziales Korrektiv u.a. aus der seit der infolge der Weltwirtschaftskrise Anfang der dreißiger Jahre verschärften Kritik am bis dahin bekannten liberal-kapitalistischen System.

6. Bibliographie

Adenauer, Konrad, Erinnerungen 1949-53, Frankfurt 1976

Außenminister G. C. Marshall, Juni 1947, Harvard University, in: Europa-Archiv, 2. Jg., Juli-Dezember 1947

Becker, Josef/Stammen, Theo/Waldmann, Peter (Hrsg.), Vorgeschichte der Bundesrepublik Deutschland, 2. Auflage, München 1987

Benz, Wolfgang, Potsdam 1945, München 1986

Ders., Von der Besatzungsherrschaft zur Bundesrepublik, Frankfurt/Main 1985

Bundesministerium der Verteidigung (Hrsg.), Weißbuch 1970. Zur Sicherheit der Bundesrepublik und zur Lage der Bundeswehr, Bonn 1970

Eschenburg, Theodor, Der bürokratische Rückhalt, in: Löwenthal, R./Schwarz, H.-P. (Hrsg.), Die 2. Republik, Stuttgart 1974

Gesetz Nr. 16 vom 6. Dezember 1949, Amtsblatt der Alliierten Hohen Kommission, 19. Dezember 1949

Hartwich, Hans-Hermann, Sozialstaatspostulat und gesellschaftlicher status quo, Köln 1970

Herzfeld, Hans, Staats-, Gesellschafts- und Heeresverfassung, in: Schicksalsfragen der Gegenwart. Handbuch politisch-historischer Bildung, Bd. 3, Tübingen 1958

Kehr, Eckart, Zur Genesis des königlich Preußischen Reserve-Offiziers, in: Wehler, Hans Ulrich (Hrsg.), Der Primat der Innenpolitik. Berlin 165

Kleßmann, Christoph, Die doppelte Staatsgründung, 4. Auflage, Bonn 1986

Kocka, Jürgen, 1945 – Neubeginn oder Restauration?, in: Stern, Carola/Winckler, Heinrich August (Hrsg.), Wendepunkte deutscher Geschichte, Frankfurt/Main 1979, S. 141-168

Lepsius, M. Rainer/Conze, Werner (Hrsg.), Sozialgeschichte der Bundesrepublik Deutschland, 2. Auflage, Stuttgart 1985

Löwenthal, Richard, Bonn und Weimar – Zwei deutsche Demokratien, in: Löwenthal, Richard, Gesellschaftswandel und Strukturkrise, Frankfurt/Main 1979, S. 257-277

Mintzel, Alf/Oberreuther, Heinrich (Hrsg.), Parteien in der Bundesrepublik Deutschland, Bonn 1990

Ploetz, A. G., Weltgeschehnisse der Nachkriegszeit 1945-1957, Würzburg 1957

Potsdamer Abkommen, in: Ellwein, Thomas/Hesse, Joachim Jens, Das Regierungssystem der Bundesrepublik Deutschland, 6. Auflage, Opladen 1987, S. 463-469

Referat von Graf von Baudissin vom 3. Dezember 1951, in: Baudissin, Wolf Graf von, Soldat für den Frieden, München 1970
Rudzio, Wolfgang, Das politische System der Bundesrepublik Deutschland, 2. Auflage, Opladen 1987
Stöss, Richard (Hrsg.), Parteien-Handbuch, 2 Bde., Opladen 1983
Weber, Werner, Spannungen und Kräfte im westdeutschen Verfassungssystem, Stuttgart 1958

Der Idealtypus bei Max Weber

Inhaltsverzeichnis

1. Einleitung

In dieser Abhandlung soll die idealtypische Begriffsbildung bei Max Weber dargestellt werden. Es wird ausgegangen von einem kleinen Exkurs über ältere Entwicklungen der idealtypischen Begriffsbildung vor Max Weber, die zum einen bei Autoren zu finden sind, die zur Zeit Max Webers – also um die Jahrhundertwende vom 19. zum 20. Jahrhundert – ihre methodologischen Arbeiten veröffentlichten und die idealtypische Begriffsbildung Max Webers vorbereiteten, also z.B. Menger, Wundt, Dilthey, Windelband, Rickert und Simmel; zum anderen läßt sich die idealtypische Begriffsbildung auch schon viel früher feststellen, bei Autoren wie von Thünen, Goethe oder auch Montesquieu.

Danach soll die eigentliche Entwicklung des Idealtyps bei Max Weber dargestellt werden, wie er ihn in seinen Schriften, und hier vor allem in den „Gesammelte Aufsätze zur Wissenschaftslehre“[1], entwickelt hat.

Schließlich sollen zwei Beispiele die Bildung von Idealtypen darlegen, zum einen der idealtypische Begriff des „Kapitalismus“, wie ihn Weber definiert hat, und dann die idealtypische Begriffsbildung in der neueren Volkswirtschaftslehre, genauer der Inflationstheorie.

2. Exkurs: Ältere Entwicklungen der idealtypischen Begriffsbildung

„Der ‚Idealtypus‘ oder die idealtypische Methode ist weder eine Erfindung Max Webers noch von ihm als solche ausgegeben worden, wenn auch das Wort in der Bedeutung, in der es in die Methodologie der Sozialwissenschaften eingegangen ist, von ihm zuerst verwendet und gewissermaßen geprägt wurde“, schreibt Judith Janoska-Bendl in ihrer Untersuchung „Methodologische Aspekte des Idealtypus“[2]. „(...) schon vor Max Weber bzw. vor den methodischen Reflexionen der Jahrhundertwende [wurde] in den Wissenschaften idealtypisch vorgegangen, wenn auch nicht in Wax (sic!) Webers erkenntnistheoretisch besonnener Weise.“[3]

In den methodologischen Arbeiten der Jahrhundertwende wurde in vielfältiger Weise der idealtypischen Begriffsbildung von Weber vorgearbeitet, ohne daß die jeweiligen Autoren den Begriff „Idealtypus“ ausdrücklich benutzt hät-

1 Weber, Max, Gesammelte Aufsätze zur Wissenschaftslehre, 7. Auflage, Tübingen 1988
2 Janoska-Bendl, Judith, Methodologische Aspekte des Idealtypus, Berlin 1965, S. 17
3 Ebd., S. 10

ten. In diesem Zusammenhang sind solche Autoren wie Carl Menger, Wilhelm Dilthey, Wilhelm Wundt, Wilhelm Windelband, Heinrich Rickert und Georg Simmel zu nennen.[4] Auf sie soll im folgenden jedoch nicht weiter eingegangen werden, da hier keine Auseinandersetzung in methodologischen Fragen von Weber mit diesen Autoren, mit denen er sich ausführlich z.T. in den „Gesammelte Aufsätze zur Wissenschaftslehre"[5] auseinandergesetzt hat, erfolgen soll. Sondern es sollen einige Autoren behandelt werden, die die idealtypische Begriffsbildung schon lange vor Weber angewendet hatten – allerdings ohne jeweils den Begriff des „Idealtypus" zu verwenden.

Verschiedentlich hat man den Idealtypus Webers als Fortführung der Erkenntnislehre René Descartes bezeichnet oder auch das Erbe der Philosophie Immanuel Kants und Friedrich Wilhelm Nietzsches im Weberschen Idealtypus dargelegt.[6]

Nachweisen läßt sich die idealtypische Begriffsbildung bei Johann Heinrich von Thünen in seinem Werk „Der isolierte Staat" von 1826, der folgendermaßen beginnt:

„Man denke sich eine sehr große Stadt in der Mitte einer fruchtbaren Ebene gelegen, die von keinem schiffbaren Flusse oder Kanal durchströmt wird. Die Ebene selbst bestehe aus einem durchaus gleichen Boden, der überall der Kultur fähig ist. In großer Entfernung von der Stadt endige sich die Ebene in eine unkultivierte Wildnis, wodurch dieser Staat von der übrigen Welt gänzlich getrennt wird …"[7]

Von Thünen hatte für seine Methode, komplizierte Probleme mit Hilfe gedanklicher Konstruktionen zu durchdenken, keinen Namen. Er war sich aber darüber im klaren, „daß die ‚von der Wirklichkeit abweichenden Voraussetzungen' notwendig sind, um einzelne der vielen ‚gleichzeitig wirkenden Potenzen … für sich darzustellen und zum Erkennen zu bringen'. Er hielt ‚diese Form der Anschauung … für das Wichtigste' in seinem ganzen Werk."[8]

---

4 Menger, Carl, Untersuchungen über die Methode der Socialwissenschaften und der Politischen Ökonomie insbesondere, Leipzig 1883; Dilthey, Wilhelm, Einleitung in die Geisteswissenschaft, Leipzig 1883; Wundt, Wilhelm, Logik, Zweiter Band: Methodenlehre, Stuttgart 1883; Windelband, Wilhelm, Kritische oder genetische Methode?, 1883, abgedruckt in: Präludien, Tübingen 1903; Rickert, Heinrich, Die Grenzen der naturwissenschaftlichen Begriffsbildung, Tübingen 1902; Simmel, Georg, Probleme der Geschichtsphilosophie, Leipzig 1892, und 2. Auflage, Leipzig 1905. Alle Werke genannt nach: Machlup, Fritz, Idealtypus, Wirklichkeit und Konstruktion, in: Ordo, Bd. 12, 1960-61, S. 21-57

5 Weber, Max, a.a.O.

6 Vgl. Dieckmann, Johann, Die Rationalität des Weberschen Idealtypus, in: Soziale Welt, 18. Jg. (1967), Heft 1, S. 29-40

7 Thünen, Johann Heinrich von, Der isolierte Staat, Rostock 1826, S. 1, zit. in: Machlup, Fritz, a.a.O., S. 21

8 Machlup, Fritz, a.a.O., S. 1

Wahrscheinlich hätte von Thünen hundert Jahre später von einer Fiktion, einem Idealtypus im Weberschen Sinne oder einem Modell gesprochen. Im Falle des Idealtypus entspricht die von Thünensche Darstellung inhaltlich jedenfalls genau der Formulierung, mit der Weber später seinen Idealtypus definiert hat. Die in von Thünens Werk oben beschriebene Stadt als ein isoliertes Wirtschaftsgebiet, umgeben von einer „unkultivierten Wildnis", also ohne Außenhandel, ohne Schiffsverkehr und unter Annahme des „durchaus gleichen Bodens", was nur der fiktiven Abstraktion von tatsächlich beobachtbaren Verschiedenheiten diente, war eine wirklichkeitsfremde Fiktion zur gedanklichen Isolierung der vorgegebenen Probleme.

In einem Brief an seinen Bruder erklärte von Thünen 1860, welche Absichten er bei der Konzipierung des „isolierten Staates" hatte. Er will ihn als eine „,Form der Anschauung' verstanden wissen. Er glaubt, in ihm einen ‚Apparat zur Beobachtung der ökonomischen Kräfte wie der leere Raum zur Beobachtung physischer Kräfte' konstruiert und vorgestellt zu haben. Er versteht ihn als eine ‚bildliche Darstellung, die den Überblick erleichtert und erweitert', als einen Spiegel, den die Theorie hinstellt, um in ihm die verworrenen und sich kreuzenden Linien der Erscheinung in reiner Perspektive sichtbar werden zu lassen."[9]

Von Thünen fügt seiner Darstellung des „isolierten Staates" noch weitere Annahmen hinzu, und einige Annahmen waren anscheinend auch stillschweigend vorausgesetzt. Besonders wichtig waren die Annahme des Gewinnstrebens und der unbeschränkten Konkurrenz, da ansonsten das Handeln der Einwohner seines isolierten Staates nicht eindeutig genug bestimmt gewesen wäre.

Worauf es hier ankommt, ist, daß es sich bei dieser Fiktion des „isolierten Staates" um die Methode des Durchdenkens von Problemen mit Hilfe wirklichkeitsfremder Annahmen handelt. Weber hat es in ähnlicher Weise formuliert, nämlich, „um die wirklichen Kausalzusammenhänge zu durchschauen, k o n s t r u i e r e n w i r u n w i r k l i c h e"[10].

Auch Goethe hatte schon in seinen naturwissenschaftlichen Abhandlungen mit Nachdruck idealtypisches Denken und Zuhilfenahme der „exakten Phantasie" empfohlen. Er sprach von „Idee" und „Urbild". „Kein organisches Wesen ist ganz der Idee, die zugrunde liegt, entsprechend; hinter jedem steckt die höhere Idee."[11] Goethes Überlegungen u.a. sollen die Anfänge der idealtypischen Begriffsbildung dargestellt haben. „*Goethes* morphologische Forschung und

9 Hufnagel, Gerhard, Kritik als Beruf, Frankfurt 1971, S. 224

10 Weber, Max, a.a.O., S. 287. Die Hervorhebungen, auch in anderen Zitaten, sind – soweit nicht anders vermerkt – vom jeweiligen Autor.

11 Goethe, Johann Wolfgang von, Biedermann 4, S. 267, zit. in: Machlup, Fritz, a.a.O., S. 24

Schillers ästhetische Spekulation sind der Anfang der typologischen Betrachtungsart, die später für die geistesgeschichtliche Forschung ... eine so große Rolle gespielt hat, vor allem in Deutschland. Die Methode besteht darin, daß die Grundzüge herausgehoben werden, so daß ein ideelles Schema entsteht, ein Idealtypus, der in der Wirklichkeit nicht vorkommt."[12]

Ein Autor, bei dem sich die idealtypische Begriffsbildung jedoch auch schon findet und der zeitlich noch Goethe vorausgeht, ist Montesquieu. Teilweise wird Montesquieu als „einer der Lehrmeister der Soziologie"[13] bezeichnet, obwohl es den Begriff „Soziologie" zur Zeit Montesquieus noch gar nicht gab, da dieser erst von Auguste Comte geprägt wurde. Montesquieu war jedoch der erste, der in seinem Werk „Vom Geist der Gesetze" eine Regierungsformenlehre entwickelte, in der das politische System und die Gesellschaftsform eng miteinander verknüpft sind – im Gegensatz zur klassischen politischen Philosophie, in der eine Theorie der Regierungsformen ohne Rücksicht auf die Organisation der Gesellschaft entwickelt worden war.

Es wird auch gesagt, daß Montesquieu „der erste Denker ist, der den Gedanken des historischen ‚Idealtypus' gefaßt, und der ihn klar und sicher ausgeprägt hat."[14] Die Absicht Montesquieu ist es, die Geschichte verständlich zu machen. Er will das historisch Gegebene, das sich ihm in einer fast unbegrenzten Fülle von Sitten und Gebräuchen, Ideen, Gesetzen und Institutionen darbietet, verstehen. Der Ausgangspunkt seiner Forschung ist diese scheinbar zusammenhanglose Vielfalt. Sie soll durch eine gedachte Ordnung ersetzt werden. Ebenso wie Weber will Montesquieu also von einem inkohärenten Tatbestand zu einer vernünftigen Ordnung vorstoßen.

Montesquieu faßte die Vielfalt der Sitten und Gebräuche sowie die der Ideen in einer kleinen Zahl von Typen zusammen und schuf damit im „Vom Geist der Gesetze" eine politische und soziologische Typenlehre. Die Fülle der Individualitäten wird überschaubar durch die „‚idealtypische' Betrachtungsweise"[15]. „Ich habe die Prinzipien aufgestellt, und ich habe gesehen, wie die Einzelfälle sich ihnen wie von selbst einordneten."[16]

---

12 Viëtor, Karl, Goethe, Berlin 1949, S. 384, zit. in: Machlup, Fritz, a.a.O., S. 24

13 Aron, Raymond, Hauptströme des soziologischen Denkens, Bd. 1, Köln 1971, S. 23

14 Cassirer, Ernst, Die Philosophie der Aufklärung, Tübingen 1932, S. 281

15 Ebd., S. 283

16 Caillois, Roger (Hrsg.), Œuvres complètes de Montesquieu, Bd. 2, Paris 1949-1951, S. 229, zit. in: Maier, Hans/Rausch, Heinz/Denzer, Horst, Klassiker des politischen Denkens, Bd. 2, 5. Auflage, München 1987, S. 53

Montesquieu gelangte in seiner Regierungsformenlehre zu drei Idealtypen:

- Der Stadtstaat der Aristokratie als einem kleinen Staat, der entweder in den Formen der Republik, der Aristokratie oder der Demokratie regiert wird.
- Die auf den Gesetzen und der Mäßigung beruhende europäische Monarchie, für die die Differenzierung der Ordnungen wesentlich ist.
- Die asiatische Despotie als einem Staat mit ungeheuren Ausmaßen, in der ein Einzelner mit absoluter Macht regiert. In der Despotie ist die Religion die einzige Schranke für die Willkür des Souveräns. Die Gleichheit ist in der Despotie zwar wiederhergestellt, aber sie ist eine Gleichheit der Ohnmacht aller.

Was Montesquieu darlegen will, ist, daß die politischen Gebilde wie Republik, Aristokratie, Demokratie, Monarchie oder Despotie keine bloßen Aggregate sind, die aus bunt zusammengewürfelten Einzelheiten bestehen, sondern daß jedes von ihnen gewissermaßen präformiert und Ausdruck einer bestimmten Struktur ist. Diese Struktur verbirgt sich allerdings, solange man nur bei der bloßen Betrachtung der politischen Phänomene stehen bleibt. Denn hier gleicht keine Gestalt der anderen, es herrscht eine gänzliche Heterogenität und eine fast schrankenlose Variabilität. Sobald man jedoch von den Erscheinungen zu den Prinzipien und von der Mannigfaltigkeit der empirischen Gestalten zu den bildenden Kräften zurückgeht, erkennt man „mitten in der Fülle der Republiken d i e Republik, in den zahllosen historischen Monarchien d i e Monarchie wieder“[17]. Montesquieu versucht zu zeigen, daß das Prinzip, auf dem die Republik beruht und dem sie ihren Bestand verdankt, die bürgerliche „Tugend“ (vertu – ganz in der Nachfolge Machiavellis) ist, während die Monarchie auf dem Prinzip der Ehre und die Despotie auf dem Prinzip der Furcht gegründet ist. Hier zeigt sich als die eigentliche, wesentliche Differenz die Differenz der Antriebe, der geistig-sittlichen Impulse, von denen jedes Gemeinwesen gestaltet und durch die es bewegt wird. „Zwischen der Natur einer bestimmten Staatsform und ihrem Prinzip besteht der Unterschied, daß die Natur eines Staatswesens es zu dem macht, was es ist; während sein Prinzip das ist, was seine Handlungen bestimmt. Die eine besteht in seiner besonderen Struktur; das andere beruht auf den menschlichen Leidenschaften, die es in Bewegung setzen.“[18]

Montesquieu ist sich über die eigentümliche logische Beschaffenheit der auf diese Weise eingeführten Grundbegriffe völlig im klaren. „Er sieht in

17 Cassirer, Ernst, a.a.O., S. 281

18 L'Esprit des Lois, livr. III, chap. 1, zit. in: Cassirer, Ernst, a.a.O., S. 282

ihnen keineswegs bloße Abstraktionsbegriffe, die eine rein gattungsmäßige Allgemeinheit besitzen, die nur gewisse gemeinsame Züge herausheben und festhalten wollen, wie sie sich an den tatsächlichen Erscheinungen vorfinden. Er will in ihnen vielmehr, über eine solche empirische Allgemeinheit hinaus, eine Allgemeinheit, eine Universalität des S i n n s feststellen, der sich in den einzelnen staatlichen Formen ausdrückt; er will die innere Regel sichtbar machen, von der sie beherrscht und geleitet sind. Daß in keinem Einzelgebilde diese Regel völlig rein zum Ausdruck kommt, daß sie sich in keiner historischen Einzelheit vollständig und genau verwirklichen kann: das tut ihrer Bedeutung keinen Abbruch. Wenn er den verschiedenen Staatswesen je ein eigenes Prinzip zuweist, wenn er das Wesen der Republik auf der Tugend, das Wesen der Monarchie auf der Ehre beruhen läßt usf., so darf dieses Wesen niemals mit dem konkreten empirischen Dasein verwechselt werden; es drückt sich in ihm eher ein Sollen, denn ein Sein aus."[19]

Montesquieu hat somit mit der „idealtypischen" Betrachtungsweise eine neue Methodik der Sozialwissenschaften begründet, auch wenn er den Begriff des „Idealtyps" nicht verwendete. Diese Betrachtungsweise, die er einführte und die er zuerst mit Sicherheit handhabte, ist als solche nicht wieder aufgegeben worden. Sie ist vielmehr erst in der Soziologie des neunzehnten und zwanzigsten Jahrhunderts[20] zu ihrer allseitigen Entfaltung gelangt, u.a. durch die weiterführende Entwicklung bei Max Weber.

3. Der Idealtypus bei Max Weber

„Max Webers Idealtypus ist eine anerkannte – und umstrittene Kategorie (...)."[21] Im folgenden soll in enger Annäherungen an Webers Werk die Entwicklung des Idealtypus dargelegt werden und an einigen idealtypischen Begriffen aus Webers Werk erklärt werden.

Bevor Weber an eine Definition des Idealtypus ging, entwickelte er vor allem in den „Gesammelte Aufsätze zur Wissenschaftslehre" in Auseinandersetzung mit Roscher und Knies[22] seine methodologischen Begriffsbildungen. Nach Weber ist der „Terminus ‚Begriff' heute so umstritten wie je, (...) hier wie weiterhin für j e d e s durch logische Bearbeitung einer anschaulichen

19 Cassirer, Ernst, a.a.O., S. 282

20 Siehe S. 332, oben, und Fußnote 4

21 Janoska-Bendl, Judith, a.a.O., S. 7

22 Weber, Max, Roscher und Knies und die logischen Probleme der historischen Nationalökonomie, in: Ders., Gesammelte Aufsätze zur Wissenschaftslehre, 7. Auflage, Tübingen 1988, S. 1-145

Mannigfaltigkeit zum Zwecke der Erkenntnis des Wesentlichen entstehende, wenn auch noch so individuelle Gedankengebilde gebraucht. Der historische ‚Begriff' Bismarck z.B. enthält von der anschaulich gegebenen Persönlichkeit, die diesen Namen trug, die für unsere Erkenntnis wesentlichen Züge, hineingestellt als einerseits bewirkt, andererseits wirkend in den gesellschaftlich-historischen Zusammenhang."[23] Hier taucht schon der Begriff des für die Erkenntnis Wesentlichen an der Mannigfaltigkeit der Kulturerscheinungen auf, der bei der Definition des Idealtypus wieder erscheinen wird.

Weiterhin schreibt Weber in ähnlicher Weise, daß „die logische Bearbeitung dieser unendlich mannigfaltigen Totalitäten (...), um historische, nicht durch Abstraktion entleerte Begriffe zu bilden, aus ihnen die für den konkreten Zusammenhang, der jeweils zur Erörterung steht, bedeutungsvollen Bestandteile" herausheben müßte. „Er [Roscher] weiß, daß eine Auslese aus der Mannigfaltigkeit des anschaulich Gegebenen in der Richtung nicht des Gattungsmäßigen, sondern des ‚historisch' Wesentlichen ihre [der historischen Begriffsbildung] Voraussetzung ist."[24]

Zu den von Roscher in diesem Zusammenhang genannten Parallelismen von beobachteten historischen Erscheinungen, die „durch stetige Beobachtung schließlich zum logischen Range von ‚Naturgesetzen' erhoben werden können"[25], schreibt Weber, daß „die notwendige Bearbeitung jener Parallelismen unter den alleinigen Zweckgesichtspunkt gestellt werden [müßte], die charakteristische Bedeutung einzelner konkreter Kulurelemente in ihren konkreten, der ‚inneren Erfahrung' verständlichen Ursachen und Wirkungen bewußt werden zu lassen. Die Parallelismen selbst könnten dann lediglich Mittel sein zum Zweck des Vergleichs mehrerer historischer Erscheinungen miteinander in ihrer vollen Individualität zur Entwicklung dessen, was an einer jeden einzelnen von ihnen das Charakteristische ist. Sie wären ein Umweg von der unübersehbaren und deshalb ungenügend verständlichen individuellen Mannigfaltigkeit des anschaulich Gegebenen zu einem nicht minder individuellen, aber infolge des Heraushebens der für uns bedeutsamen Elemente übersehbaren und deshalb verständlichen Bilde derselben. Sie wären mit anderen Worten eins von vielen möglichen Mitteln zur Bildung individueller Begriffe. Ob und wann die Parallelismen aber ein geeignetes Mittel zu diesem Zweck sein könnten, wäre durchaus problematisch und nur für den einzelnen Fall zu entscheiden. Denn dafür, daß gerade das

---

23 Ebd., S. 6, Fußnote 6
24 Ebd., S. 11
25 Ebd., S. 12

Bedeutsame und in den konkreten Zusammenhängen Wesentliche in dem gattungsmäßig in den Parallelismen Erfaßbaren enthalten wäre, ist natürlich a priori nicht die geringste Wahrscheinlichkeit gegeben."[26] Auch diese Darstellung der Parallelismen, die mit dem Begriff des Idealtypus nicht viel gemeinsam haben, sondern vielleicht eher den methodologischen Überlegungen zur Bildung des Idealtypus vorausgehen, enthält einige Ausführungen, die bei der Definition des Idealtypus wieder auftauchen werden.

Um nun zu Webers Definiton des Idealtypus zu kommen, ist es wesentlich zu sehen, daß es sich hierbei nach Weber um eine „Begriffsbildung [handelt], welche den Wissenschaften von der menschlichen Kultur eigentümlich und in gewissem Umfang unentbehrlich ist"[27]. Der Begriff des Idealtypus ist somit nach Weber den Kulturwissenschaften als methodologisches Werkzeug inhärent.

Weber begreift den Idealtypus als „gedankliche Konstruktion zur Messung und systematischen Charakterisierung von individuellen, d.h. in ihrer Einzigartigkeit bedeutsamen Zusammenhängen – wie Christentum, Kapitalismus usw. (...)"[28]. Die gedankliche Konstruktion besteht in der einseitigen Steigerung der entscheidenden Gesichtspunkte sozialer Einzelerscheinungen. Infolge der Überbetonung einzelner Züge eines sozialen Phänomens ist der Idealtypus ein in sich einheitliches Gedankengebilde, das in der Wirklichkeit nur annäherungsweise anzutreffen ist und daher „utopischen" Charakter hat. Weber nennt ein solches Verfahren der Steigerung und Synthese konstitutiver Elemente daher auch „Utopie"[29], „Phantasiegebilde", „Konstruktion"[30] oder auch „rein idealen Grenzbegriff"[31]. Diese Namen sollen unzweideutig aussprechen, daß es sich um artifizielle Gebilde handelt, eben um Gedanken-Produktionen, nicht um Reproduktionen von Wirklichkeit. Der Idealtypus abstrahiert nämlich von der Wirklichkeit durch „einseitige Steigerung eines oder einiger Gesichtspunkte und durch Zusammenschluß einer Fülle von diffus und diskret, hier mehr, dort weniger, stellenweise gar nicht, vorhandenen Einzelerscheinungen, die sich jenen einseitig herausgehobenen Gesichtspunkten fügen, zu einem in sich einheitlichen Gedankenbilde"[32].

26 Ebd., S. 14

27 Weber, Max, Gesammelte Aufsätze zur Wissenschaftslehre, 7. Auflage, Tübingen 1988, S. 190

28 Ebd., S. 201

29 Ebd., S. 190 u. S. 191

30 Ebd., S. 190

31 Ebd., S. 194

32 Ebd., S. 191

„Gedankenbilder" sind die Idealtypen jedoch auch noch in einem weiteren Sinne: Es sind gedankliche Entwürfe auf „Gedanken" hin. Die Steigerung und Synthese der bestimmten Elemente von Wirklichkeit orientiert sich in ihrem Vollzug an „Ideen". „Ganz in der gleichen Art kann man (...) die ‚Idee' des ‚Handwerks' in einer Utopie zeichnen, indem man bestimmte Züge, die sich diffus bei Gewerbetreibenden der verschiedensten Zeiten und Länder vorfinden, einseitig in ihren Konsequenzen gesteigert zu einem in sich widerspruchslosen Idealbilde zusammenfügt und auf einen Gedankenausdruck bezieht, den man darin manifestiert findet."[33] Zielpunkt der „Steigerung" und einheitsstiftendes „Prinzip"[34] der Synthese ist also die leitende „Idee" eines Orientierungs- und Handlungszusammenhangs.

Der Zweck des Idealtypus besteht bei Weber somit darin, nicht das Gattungsmäßige, Durchschnittliche, sondern im Gegenteil die Eigenart der Kulturerscheinungen zum Bewußtsein zu bringen. Die idealtypischen Konstruktionen tragen der Individualität der historischen Erscheinungen, die von Weber als historische Individuen begriffen werden, Rechnung. „Wo immer die kausale Erklärung einer ‚Kulturerscheinung' – eines ‚historischen Individuums', wie wir im Anschluß an einen in der Methodologie unserer Disziplin schon gelegentlich gebrauchten und jetzt in der Logik in präziser Formulierung üblich werdenden Ausdruck sagen wollen – in Betracht kommt, da kann die Kenntnis von Gesetzen der Verursachung nicht Zweck, sondern nur Mittel der Untersuchung sein."[35]

Die idealtypischen Konstruktionen erheben keinen Anspruch auf Allgemeingültigkeit im Sinne der Naturgesetze. Während das Naturgesetz im Sinne Webers generell gültig sein muß, ist das Schema der idealtypischen Begriffsbildung für ihn keineswegs allgemeingültig. Wenn eine bestimmte historische Erscheinung in der Wirklichkeit mit Hilfe eines bestimmten Idealtypus nicht hinreichend erklärt werden oder in ihn eingeordnet werden kann, so ist entweder der Idealtypus für diesen Zweck der Untersuchung unbrauchbar und man muß einen anderen Idealtypus verwenden, oder der Idealtypus ist nicht richtig für den Zweck der Untersuchung konstruiert. Ein Idealtypus kann somit niemals durch eine Erscheinung in der Wirklichkeit, die sich ihm nicht einordnen läßt, falsifiziert werden, wie es in den Naturwissenschaften der Fall ist, wenn ein einziger einer Theorie widersprechender Fall eintritt und somit die Theorie widerlegt.[36]

---

33 Ebd.

34 Ebd.

35 Ebd., S. 178

36 Ebd., siehe S. 203, unten

Genauso kann es der Fall sein, daß von einer „Idee" (s.o.) nicht nur ein Idealtypus, sondern mehrere, sich zum Teil widersprechende Idealtypen gebildet werden, die zudem vielleicht auch keine in der empirischen Wirklichkeit zu findende Entsprechung haben, die jedoch alle zur Hypothesenbildung herangezogen werden. Weber schreibt in diesem Zusammenhang: „Nun ist es möglich, oder vielmehr es muß als sicher angesehen werden, daß mehrere, ja sicherlich jeweils sehr zahlreiche Utopien dieser Art sich entwerfen lassen, von denen keine der anderen gleicht, von denen erst recht keine in der empirischen Wirklichkeit als tatsächlich geltende Ordnung der gesellschaftlichen Zustände zu beobachten ist, von denen aber doch jede den Anspruch erhebt, eine Darstellung der ‚Idee' der kapitalistischen Kultur zu sein, und von denen auch jede diesen Anspruch insofern erheben kann, als jede tatsächlich gewisse, in ihrer Eigenart bedeutungsvolle Züge unserer Kultur der Wirklichkeit entnommen und in ein einheitliches Idealbild gebracht hat. Denn diejenigen Phänomene, die uns als Kulturerscheinungen interessieren, leiten regelmäßig dieses unser Interesse – ihre ‚Kulturbedeutung' – aus sehr verschiedenen Wertideen ab, zu denen wir sie in Beziehung setzen können. Wie es deshalb die verschiedensten ‚Gesichtspunkte' gibt, unter denen wir sie als für uns bedeutsam betrachten können, so lassen sich die allerverschiedensten Prinzipien der Auswahl der in einen Idealtypus einer bestimmten Kultur aufzunehmenden Zusammenhänge zur Anwendung bringen."[37]

Idealtypische Konstruktionen und Geschichte sind für Weber zwei streng zu scheidende Dinge. Die gedankliche Konstruktion ist das Mittel, um einen historischen Vorgang planvoll in gültiger Weise seinen wirklichen Ursachen zurechnen zu können. Sie hat die Bedeutung eben eines „rein idealen Grenzbegriffes (...), an welchem die Wirklichkeit zur Verdeutlichung bestimmter bedeutsamer Bestandteile ihres empirischen Gehaltes gemessen, mit dem sie verglichen wird"[38]. „In seiner begrifflichen Reinheit ist dieses Gedankengebilde nirgends in der Wirklichkeit empirisch vorfindbar, es ist eine Utopie, und für die historische Arbeit erwächst die Aufgabe, in jedem einzelnen Falle festzustellen, wie nahe oder wie fern die Wirklichkeit jenem Idealbilde steht (...)."[39]

Im Idealtypus werden Zusammenhänge unter Verwendung der Kategorie der objektiven Möglichkeit konstruiert. Der Hypothesenbildung soll durch den Idealtypus die Richtung gewiesen werden. Der Idealtypus ist nicht selbst Hypothese, er ist vielmehr ein Mittel zur Hypothesenbildung. Das idealtypische

37 Ebd., S. 192
38 Ebd., S. 194
39 Ebd., S. 191

Gedankengebilde ist für Weber nie Endpunkt der empirischen Erkenntnis, sondern heuristisches Mittel oder Darstellungsmittel.

In der Soziologie konstruiert Weber den Idealtypus des zweckrationalen Handelns, um soziales Handeln, d.h. sinnhaft am Verhalten anderer orientiertes eigenes Verhalten, in der empirischen Wirklichkeit begrifflich fassen zu können. Dieser Idealtypus muß jedoch „stets (...) s i n n adäquat konstruiert"[40] sein. „Die Konstruktion eines streng zweckrationalen Handelns also dient in diesen Fällen der Soziologie, seiner evidenten Verständlichkeit und seiner – an der Rationalität haftenden – Eindeutigkeit wegen, als T y p u s (‚Idealtypus'), um das reale, durch Irrationalitäten aller Art (Affekte, Irrtümer) beeinflußte Handeln als ‚Abweichung' von dem bei rein rationalem Verhalten zu gewärtigenden Verlaufe zu verstehen."[41]

Die historisch konstatierbare, die Menschen beherrschende Idee und diejenigen Bestandteile der historischen Wirklichkeit, aus welcher der ihr korrespondierende Idealtypus sich abstrahieren läßt, sind beides zunächst grundverschiedene Dinge. Es kommt nun jedoch hinzu, daß „jene die Menschen einer Epoche beherrschenden, d.h. diffus in ihnen wirksamen ‚Ideen' s e l b s t , sobald es sich dabei um irgend kompliziertere Gedankengebilde handelt, mit begrifflicher Schärfe wiederum nur i n G e s t a l t e i n e s I d e a l t y - p u s " erfaßt werden können, „weil sie empirisch ja in den Köpfen einer unbestimmten und wechselnden Vielzahl von Individuen leben und in ihnen die mannigfachsten Abschattierungen nach Form und Inhalt, Klarheit und Sinn erfahren"[42]. Am einfachsten ist dies noch, wenn es sich bei der „Idee" um leicht in Formeln zu fassende theoretische Leitsätze oder klar zu formulierende sittliche Postulate handelt. Wesentlich ist auf jeden Fall, daß der empirisch-historische Vorgang in den Köpfen der Menschen, der – rückblickend gesehen – die Bedeutung einer solchen „Idee" ausmacht, regelmäßig als ein psychologischer angesehen werden muß. Der idealtypische Charakter einer solchen „Idee" zeigt sich noch deutlicher, wenn die zugrundeliegenden Leitsätze und Postulate den Menschen gar nicht mehr bekannt sind, obwohl diese den aus der „Idee" logisch folgenden oder durch Assoziation ausgelösten Gedanken noch nachhängen. In diesem Fall ist die historisch ursprünglich zugrunde liegende „Idee" entweder abgestorben oder nur in ihren Konsequenzen in die Breite gedrungen. Noch entschiedener tritt nach Weber der idealtypische Charakter einer „Idee" hervor, wenn die zugrundeliegenden Leitsätze nicht völlig bewußt oder auch nicht in der Form klarer Gedankenzusammenhänge angenommen wurden. „Je umfassender die Zusammenhänge sind, um deren

40 Ebd., S. 560
41 Ebd., S. 544f.
42 Ebd., S. 197

Darstellung es sich handelt, und je vielseitiger ihre Kulturbedeutung gewesen ist, desto mehr nähert sich ihre zusammenfassende systematische Darstellung in einem Begriffs- und Gedankensystem dem Charakter des Idealtypus, desto weniger ist es möglich, mit einem derartigen Begriffe auszukommen, desto natürlicher und unumgänglicher daher die immer wiederholten Versuche, immer neue Seiten der Bedeutsamkeit durch neue Bildung idealtypischer Begriffe zum Bewußtsein zu bringen."[43]

Es kann auch der Fall eintreten, daß „Ideen", aus denen Idealtypen gebildet wurden, über ihre Bedeutung als logisches Hilfsmittel hinaus zu „vorbildlichen Typen" werden, die etwas enthalten, „was (...) das (...) ‚Wesentliche', weil dauernd Wertvolle ist"[44]. In diesem Fall handelt es sich bei den „Ideen" um Ideale, aus denen heraus die Wirklichkeit wertend beurteilt wird. „Es handelt sich hier nicht mehr um den rein theoretischen Vorgang der Beziehung des Empirischen auf Werte, sondern um Werturteile (...)"[45]. Es liegt somit keine idealtypische Begriffsbildung mehr vor. Der Unterschied zwischen diesen beiden grundverschiedenen Bedeutungen der „Ideen" ist nach Weber bei der historischen Arbeit sehr wesentlich.

Idealtypen können auch nicht nur für historische Individuen, also relativ „statische" Begriffe, konstruiert werden, sondern auch für Entwicklungen. Diese Konstruktionen können nach Weber ganz erheblichen heuristischen Wert haben. Er gibt in diesem Zusammenhang auch ein Beispiel: „Man kann z.B. zu dem theoretischen Ergebnis gelangen, daß in einer streng ‚handwerksmäßig' organisierten Gesellschaft die einzige Quelle der Kapitalakkumulation die Grundrente sein könne. Daraus kann man dann vielleicht – denn die Richtigkeit der Konstruktion wäre hier nicht zu untersuchen – ein rein durch bestimmte einfache Faktoren: – begrenzter Boden, steigende Volkszahl, Edelmetallzufluß, Rationalisierung der Lebensführung, – bedingtes Idealbild einer Umbildung der handwerksmäßigen in die kapitalistische Wirtschaftsform konstruieren. Ob der empirisch-historische Verlauf der Entwicklung tatsächlich der konstruierte gewesen ist, wäre nun erst mit Hilfe dieser Konstruktion als heuristischem Mittel zu untersuchen im Wege der Vergleichung zwischen Idealtypus und ‚Tatsachen'."[46]

---

43 Ebd., S. 198
44 Ebd., S. 199
45 Ebd.
46 Ebd., S. 203

Weber stellt auch eine „Musterkarte“ der Möglichkeiten „gedanklicher Bildungen“[47] auf, die jedoch keinen Anspruch auf Vollständigkeit erheben soll:

- Gattungsbegriffe
- Idealtypen
- idealtypische Gattungsbegriffe
- Ideen im Sinne von empirisch in historischen Menschen wirksamen Gedankenverbindungen
- Idealtypen solcher Ideen
- Ideale, welche historische Menschen beherrschen
- Idealtypen solcher Ideale
- Ideale, auf welche der Historiker die Geschichte bezieht
- theoretische Konstruktionen unter illustrativer Benutzung des Empirischen
- geschichtliche Untersuchung unter Benutzung der theoretischen Begriffe als idealer Grenzfälle.

Eine strenge Klassifikation ist mit dieser Auflistung sicherlich nicht bezweckt. Vielmehr wird hier das Spektrum der Möglichkeiten umrissen, welches z.B. von einer bestimmten Form der Begriffsdefinition bis zu entwickelten theoretischen Gebilden reicht. Das Verbindende aller dieser und aller außerdem denkbaren Möglichkeiten ist an dem zentralen Fall „Idealtypus von Ideen“ abzulesen, wie es weiter oben auch erläutert wurde.

Zusammenfassend kann hier noch einmal in fünf Punkten das Wesentlichste an der idealtypischen Begriffsbildung dargelegt werden:

1. Der Idealtypus ist ein genetischer Begriff, d.h. er löst aus einem Bündel von Merkmalen jene heraus, die für bestimmte „Kulturbedeutungen“ als ursächlich wesentlich angesehen werden. Dieser Zusammenhang soll „rein“ konstruiert werden.
2. Der Idealtypus ist selbst keine Hypothese, er will der Hypothesenbildung jedoch die Richtung weisen. Er ist somit nicht durch eine Überprüfung an der historischen Realität „falsifizierbar“ – eine zu geringe „Adäquanz“ zu empirischen Sachverhalten und für eine bestimmte Erkenntnisabsicht zwingen jedoch zu stetigen Entwicklungen neuer idealtypischer Konstruktionen.
3. Der Idealtypus dient als ein heuristisches Mittel zur Anleitung empirischer Forschung, indem er mögliche Gesichtspunkte der Fremd- und Selbstdeutung gesellschaftlichen Handelns formuliert. Dadurch soll eine Strategie

47 Ebd., S. 205

ermöglicht werden, die die unendliche, sinnlose Mannigfaltigkeit empirischer Daten durch Bezug auf einen gedachten („idealen") Zusammenhang ordnet. Die Brauchbarkeit einer idealtypischen Konstruktion wird an ihrem „Erfolg" für die Erkenntnis gemessen.

4. Der Idealtypus dient der Systematisierung empirisch-historischer Wirklichkeit, indem deren Abstand von der typisierten Konstruktion interpretativ „gemessen" wird. Der Idealtypus ist Konstruktion – aber diese Konstruktion wird aus der Wirklichkeit abgeleitet und ständig mit der Wirklichkeit, unter Einsatz von „Phantasie" und nomologischem Wissen des Forschers, kontrolliert. Die ständige Rekonstruktion und Neuentwicklung von Idealtypen soll eine Annäherung von rein nomothetischer und idiographischer, von rein kausal erklärender und rein individualisierend verstehender Methode ermöglichen und beide miteinander vermitteln.
5. Die Ergebnisse, die mit Hilfe des idealtypischen Vorgehens für ein Erklären und Verstehen von historischen Erscheinungen produziert werden, unterliegen einem nie abzuschließenden Umdeutungsprozeß. „(...) es gibt Wissenschaften, denen ewige Jugendlichkeit beschieden ist, und das sind alle *historischen* Disziplinen, alle die, denen der ewig fortschreitende Fluß der Kultur stets neue Problemstellungen zuführt. Bei ihnen liegt die Vergänglichkeit *aller*, *aber* zugleich die Unvermeidlichkeit immer *neuer* idealtypischer Konstruktionen im Wesen der Aufgabe."[48]

Weber hat bei seinen Darlegungen über die Definition des Idealtypus immer wieder die idealtypische Begriffsbildung an Beispielen erläutert. An einer Stelle in den „Gesammelte Aufsätze zur Wissenschaftslehre" schreibt er, daß es „Idealtypen von Bordellen so gut wie von Religionen"[49] gibt. Sehr oft kommt er jedoch auf das Beispiel des „Grenznutzengesetzes"[50] in den Wirtschaftswissenschaften zu sprechen. Die Gesetze in den Wirtschaftswissenschaften haben nach Weber alle den Charakter eines Idealtypus. „Oder aber (...) sie [die konstruktiven Gedankengebilde des Idealtypus] können (...) idealtypische Konstruktionen generellen Charakters sein, wie die ‚Gesetze' der abstrakten Nationalökonomie, welche unter der Voraussetzung streng rationalen Handelns die Konsequenzen bestimmter ökonomischer Situationen gedanklich konstruieren."[51] Die sich um die Jahrhundertwende bildende Grenz-

48 Ebd., S. 206
49 Ebd., S. 200
50 Ebd., S. 140, 190, 202
51 Ebd., S. 130

nutzenschule, aus der das „Grenznutzengesetz" hervorging, wird folgendermassen beschrieben:

„Während der Historismus in der Nationalökonomie unter Vernachlässigung der ökonomischen Theorie in der zweiten Hälfte des 19. Jahrhunderts seinen Höhepunkt erreichte, begann gleichzeitig der Versuch, von anderen wissenschaftstheoretischen Grundlagen ausgehend, die offenbar in historischer Beschreibung verharrende Wirtschaftswissenschaft der Historischen Schule zu ersetzen oder zumindest durch andere mögliche Verfahren der Forschung zu ergänzen. Die Ergebnisse der hier einsetzenden Neuorientierung sollten Forschungsweise und Operationsfeld der Wirtschaftswissenschaft entscheidend verändern. Ausgehend von der neubegründeten Erfahrungswissenschaft Psychologie tritt die subjektive Wertlehre in den Mittelpunkt der Betrachtung. Beurteilten Klassiker und Sozialisten den Wert eines Gutes nach den Kosten oder der aufgewendeten Arbeit (objektive Wertlehre), so wird jetzt der Wert eines Gutes von den subjektiven Nutzenschätzungen der individuellen Bedürfnisbefriedigung abgeleitet. Sind aber solche subjektiven Nutzenschätzungen Grundlagen des ökonomischen Wertes, lassen sich keine absoluten Werturteile mehr fällen, der Wert ist veränderlich, je nach den höchstpersönlichen Nutzenvorstellungen. Die menschlichen Bedürfnisse werden damit zum Bestimmungsfaktor des Gebrauchswertes eines Gutes (...)."[52]

Die Österreichische oder Wiener Schule der Grenznutzenlehre wurde von dem Wiener Nationalökonom Carl Menger gegründet, der in Deutschland als Gegner von Gustav von Schmoller im sog. „Methodenstreit" bekannt geworden war. Die Auseinandersetzung ging um die Notwendigkeit einer systematischen Theorie. Menger[53] vertrat das abstrakt-deduktive Vorgehen seiner Grenznutzentheorie gegen die historisch-induktive Verfahrensweise der historischen Schule unter von Schmoller. Weber hat mit diesem Hintergrund und aus der Fortführung dieser Überlegungen sein Konzept des Idealtypus entwikkelt und vermutlich aus diesem Grund des öfteren Bezug zu den „Gesetzen" der Nationalökonomie und dem Grenznutzengesetz genommen.

Auch das sog. „Greshamsche Gesetz" – irrtümlich benannt nach dem englischen Finanzpolitiker Sir Thomas Gresham, das besagt, daß schlechtes Geld das gute besonders bei Doppelwährung (Gold und Silber oder Papier- und Metallgeld nebeneinander) aus dem Umlauf verdrängt, weil das letztere gehortet wird – wird von Weber erwähnt, das „eine rational evidente Deutung

52 Winkel, Harald, Die Volkswirtschaftslehre der neueren Zeit, 4. Auflage, Darmstadt 1994, S. 1
53 Vgl. Menger, Carl, a.a.O.

menschlichen Handelns bei gegebenen Bedingungen und unter der idealtypischen Voraussetzung rein zweckrationalen Handelns“[54] ist.

Aber nicht nur die „Gesetze“ der Nationalökonomie werden im Zusammenhang mit der Konstruktion von Idealtypen genannt, auch andere „Ideen“ werden beispielhaft erwähnt. So äußert sich Weber zur idealtypischen Begriffsbildung des „Christentums“ folgendermaßen: „Diejenigen Bestandteile des Geisteslebens der einzelnen Individuen in einer bestimmten Epoche des Mittelalters z.B., die wir als ‚das Christentum‘ der betreffenden Individuen ansprechen dürfen, würden, w e n n wir sie vollständig zur Darstellung zu bringen vermöchten, natürlich ein Chaos unendlich differenzierter und höchst widerspruchsvoller Gedanken- und Gefühlszusammenhänge aller Art sein, trotzdem die Kirche des Mittelalters die Einheit des Glaubens und der Sitten sicherlich in besonders hohem Maße durchzusetzen vermocht hat. Wirft man nun die Frage auf, was denn in diesem Chaos d a s ‚Christentum‘ des Mittelalters, mit dem man doch fortwährend als mit einem feststehenden Begriff operieren muß, gewesen sei, worin d a s ‚Christliche‘, welches wir in den Institutionen des Mittelalters finden, denn liege, so zeigt sich alsbald, daß auch hier in jedem einzelnen Fall ein von uns geschaffenes reines Gedankengebilde verwendet wird. Es ist eine Verbindung von Glaubenssätzen, Kirchenrechts- und sittlichen Normen, Maximen der Lebensführung und zahllosen Einzelzusammenhängen, die w i r zu einer ‚Idee‘ verbinden: eine Synthese, zu der wir ohne die Verwendung idealtypischer Begriffe gar nicht widerspruchslos zu gelangen vermöchten.“[55]

Und in einem weiteren Beispiel bezieht sich Weber auf die idealtypische Begriffsbildung des „Geistes des Kapitalismus“, die wesentlich ist für seine Studie über „Die protestantische Ethik und der ‚Geist‘ des Kapitalismus“[56]: „Jedenfalls aber konnte in vorliegendem Fall, bei einer sehr komplexen historischen Erscheinung, zunächst nur von dem *anschaulich Gegebenen* ausgegangen werden und allmählich, durch Ausscheiden des für den notwendig isolierend und abstrahierend gebildeten Begriff ‚Unwesentlichen‘, dieser zu gewinnen versucht werden. Demgemäß verfuhr ich so, daß ich zunächst 1. die von niemandem bisher bezweifelte Tatsache der auffällig starken Kongruenz von Protestantismus und modernem Kapitalismus: kapitalistisch orientierter Berufswahl, kapitalistischer ‚Blüte‘, durch Beispiele in Erinnerung rief, sodann 2. illustrativ einige Beispiele vorführte für *solche* ethischen Lebensmaximen

54 Weber, Max, Gesammelte Aufsätze zur Wissenschaftslehre, 7. Auflage, Tübingen 1988, S. 549

55 Ebd., S. 197

56 Weber, Max, Die Protestantische Ethik und der Geist des Kapitalismus, in: Ders., Gesammelte Aufsätze zur Religionssoziologie, Bd. 1, 9. Auflage, Tübingen 1988, S. 17-206

(FRANKLIN), die wir unzweifelhaft als von ‚kapitalistischem Geist' zeugend beurteilen, und die Frage stellte, wodurch sich diese ethischen Lebensmaximen von abweichenden, speziell von den Lebensmaximen des Mittelalters, unterscheiden, und dann 3. die Art, wie solche seelische Attitüden sich zu dem Wirtschaftssystem des modernen Kapitalismus kausal verhalten, wiederum durch Beispiele zu *illustrieren* suchte, wobei ich 4. auf den ‚Berufs'-Gedanken stieß, dabei an die längst (insbesondere durch GOTHEIN) festgestellte ganz spezifische Wahlverwandtschaft des Calvinismus (und daneben des Quäkertums und ähnlicher Sekten) zum Kapitalismus erinnerte, und gleichzeitig 5. aufzuzeigen suchte, daß unser heutiger Begriff des Berufs irgendwie *religiös* fundiert sei. Damit ergab sich dann das Problem (...): wie verhält sich der Protestantismus in seinen einzelnen Abschattierungen zur Entwicklung des Berufsgedankens in seiner spezifischen Bedeutung für die Entwicklung derjenigen *ethischen* Qualitäten des Einzelnen, welche seine Eignung für den Kapitalismus beeinflussen."[57]

Um die Konstruktion des Idealtypus bei Weber und die angeführten Beispiele abzuschließen, sei zum Schluß noch auf den Idealtypus des „Staates" eingegangen, zu dem sich Weber nur am Rande äußert: „Wenn wir fragen, was in der empirischen Wirklichkeit dem Gedanken ‚Staat' entspricht, so finden wir eine Unendlichkeit diffuser und diskreter menschlicher Handlungen und Duldungen, faktischer und rechtlich geordneter Beziehungen, teils einmaligen, teil regelmäßig wiederkehrenden Charakters, zusammengehalten durch eine Idee, den Glauben, an tatsächlich geltende oder gelten sollende Normen und Herrschaftsverhältnisse von Menschen über Menschen. Dieser Glaube ist teils gedanklich entwickelter geistiger Besitz, teils dunkel empfunden, teils passiv hingenommen und auf das mannigfaltigste abschattiert in den Köpfen der Einzelnen vorhanden, welche, wenn sie die ‚Idee' wirklich selbst klar als solche d ä c h t e n , ja nicht erst der ‚allgemeinen Staatslehre' bedürften, die sie entwickeln will." Auch hier trifft also zu, daß „der wissenschaftliche Staatsbegriff (...) stets eine (idealtypische) Synthese"[58] ist.

57 Weber, Max, Methodologische Schriften, Frankfurt 1968, S. 163f.

58 Weber, Max, Gesammelte Aufsätze zur Wissenschaftslehre, 7. Auflage, Tübingen 1988, S. 200

4. Zwei Beispiele der idealtypischen Begriffsbildung in den Wirtschaftswissenschaften

Wie im vorherigen Abschnitt schon erwähnt wurde, sind die Begriffe und Gesetze, die von den Wirtschaftswissenschaften aufgestellt werden, für Weber alle Idealtypen. „Solche idealtypische Konstruktionen sind z.B. die von der reinen Theorie der Volkswirtschaftslehre aufgestellten Begriffe und ‚Gesetze'. Sie stellen dar, wie ein bestimmt geartetes, menschliches Handeln ablaufen w ü r d e , w e n n es streng zweckrational, durch Irrtum und Affekte ungestört, und w e n n es ferner ganz eindeutig nur an einem Zweck (Wirtschaft) orientiert wäre."[59] Weber hat dies an dem Begriff des „Kapitalismus" deutlich gemacht, den er als Idealtypus eindeutig definierte. Aber auch in der modernen Volkswirtschaftslehre läßt sich an den dort verwendeten Theorien und Gesetzen leicht zeigen, inwiefern Webers Annahme zutrifft.

4.1. Webers idealtypischer Begriff des „Kapitalismus"

Bei der Definition des Idealtypus „Kapitalismus" bezieht sich Weber auf den modernen, neuzeitlichen „Kapitalismus", nicht auf die schon zu früheren Zeiten bestandenen Arten von „Kapitalismus". Er geht zunächst so vor, daß er einen ‚kapitalistischen' Wirtschaftsakt einen solchen nennt, der auf Erwartung von Gewinn durch Ausnützung von Tauschchancen und somit formell friedlichen Erwerbschancen beruht. Wo kapitalistischer Erwerb dann rational erstrebt wird, da ist das entsprechende Handeln an einer Kapitalrechnung orientiert. Um „Kapitalismus" handelt es sich dann, wenn die erwerbswirtschaftliche Bedarfsdeckung einer Menschengruppe auf dem Wege eines speziell rationalen kapitalistischen Betriebes mit einer Kapitalrechnung stattfindet, d.h. in einem Erwerbsbetrieb, der seine Rentabilität rechnerisch durch das Mittel der modernen Buchführung und die Aufstellung der Bilanz kontrolliert.

Weber stellt für das Bestehen des neuzeitlichen „Kapitalismus" die folgenden, allgemeinen Voraussetzungen[60] auf:

1. Appropriation aller sachlichen Beschaffungsmittel (Grund und Boden, Apparate, Maschinen, Werkzeuge usw.) als freies Eigentum an autonome private Erwerbsunternehmungen.

59 Ebd., S. 548

60 Vgl. Weber, Max, Wirtschaftsgeschichte, 3. Auflage, Berlin 1958, S. 238ff.; ders., Gesammelte Aufsätze zur Religionssoziologie, Bd. 1, 9. Auflage, Tübingen 1988, S. 4ff.

2. Markfreiheit, d.h. Freiheit des Marktes von irrationalen Schranken des Verkehrs. Diese Schranken können
   a.) ständischer Natur sein, wenn ständisch eine bestimmte Art der Lebensführung vorgeschrieben oder der Konsum ständisch typisiert ist, oder
   b.) durch ständisches Monopol gegeben sein, wenn z.B. der Bürger kein Rittergut besitzen oder der Ritter oder Bauer kein Gewerbe betreiben darf, also weder freier Arbeits- noch freier Gütermarkt besteht.
3. Rationale, d.h. im Höchstmaß berechenbare und daher mechanisierte Technik, und zwar der Produktion wie des Verkehrs, und nicht nur der Herstellungs-, sondern auch der Bewegungskosten der Güter.
4. Rationales, d.h. berechenbares Rechnen. Der kapitalistische Wirtschaftsbetrieb muß sich, wenn er rational wirtschaften soll, darauf verlassen könne, daß berechenbar judiziert und verwaltet wird.
5. Freie Arbeit, d.h. daß Personen vorhanden sind, die nicht nur rechtlich in der Lage, sondern auch wirtschaftlich genötigt sind, ihre Arbeitskraft frei auf dem Markt zu verkaufen. Im Widerspruch zum Wesen des Kapitalismus steht es, und seine Entfaltung ist unmöglich, wenn eine solche besitzlose und daher zum Verkauf ihrer Arbeitsleistung genötigte Schicht fehlt, ebenso, wenn nur unfreie Arbeit besteht.
6. Trennung von Haushalt und Betrieb, also Trennung der Werk- oder Verkaufsstätten von der Behausung.
7. Rechtliche Sonderung von Betriebsvermögen und persönlichem Vermögen.
8. Streben nach immer erneutem Gewinn: nach Rentabilität.
9. Kommerzialisierung der Wirtschaft, worunter der allgemeine Gebrauch der Wertpapierform für Anteilsrechte an Unternehmungen und ebenso für Vermögensrechte zu verstehen ist.
10. Spekulation, die jedoch erst dann Bedeutung erhalten kann, wenn Vermögen die Form von übertragbaren Wertpapieren annimmt. Die Rationalisierung der Spekulation stellt die Börse dar.

All diese Inhalte liegen dem Idealtypus des modernen, neuzeitlichen „Kapitalismus" zugrunde und bedingen ihn. „Dieses Gedankenbild vereinigt bestimmte Beziehungen und Vorgänge des historischen Lebens zu einem in sich widerspruchslosen Kosmos g e d a c h t e r Zusammenhänge" und ist „durch g e d a n k l i c h e Steigerung bestimmter Elemente der Wirklichkeit gewonnen"[61].

---

61 Weber, Max, Gesammelte Aufsätze zur Wissenschaftslehre, 7. Auflage, Tübingen 1988, S. 190

4.2. Idealtypische Begriffsbildung in der neueren Inflationstheorie der Volkswirtschaftslehre

In der neueren Inflationstheorie der Volkswirtschaftslehre spielt seit einiger Zeit immer mehr die Erwartungsbildung der Wirtschaftssubjekte bzgl. der Inflation eine Rolle, d.h. die Bestimmungsgründe der erwarteten Inflation. In diesem Zusammenhang werden in der Inflationstheorie zwei Hypothesen verwendet, um die erwartete Inflation zu erklären: Die der adaptiven Erwartungen und die der rationalen Erwartungen.

Die Hypothese der adaptiven Erwartungen besagt, daß die Inflationserwartungen auf dem vergangenen Verhalten der Inflation basieren. So könnte unter adaptiven Erwartungen die erwartete Inflationsrate des nächsten Jahres gleich der Inflationsrate des vorausgegangenen Jahres sein. Die adaptive Erwartungsannahme könnte natürlich auch komplizierter sein, z.B. wenn die erwartete Inflationsrate gleich einem Durchschnittswert der Inflationsraten der letzten drei Jahre ist. Auf alle Fälle ist für die adaptive Erwartungsbildung maßgebend, daß sich die Wirtschaftssubjekte bzgl. der erwarteten Inflation an den oder der vergangenen Inflationsrate(n) orientieren.

Wenn man von der Annahme ausgeht, daß die erwartete Inflationsrate des nächsten Jahres gleich der Inflationsrate des vorausgegangenen Jahres ist, dann könnte man diese adaptive Erwartungsbildung auch in einer Formel darstellen.

Ausgehend von der Formel für die (kurzfristige) Phillipskurve[62], die die Beziehung zwischen Arbeitslosigkeit und Inflationsrate in einer Volkswirtschaft angibt:

$$p = e\,(u^* - u) + b\,p^e$$

ergibt sich unter der Annahme der adaptiven Erwartungsbildung:

$$p^e = p_{-1}$$

dann folgende Formel für die Phillipskurve:

$$p = e\,(u^* - u) + b\,p_{-1}$$

62 Die Phillipskurve soll hier nicht weiter erläutert werden. Nur soviel zur Darstellung der Formel: p steht für die Inflation, wobei p_e die erwartete Inflation und (unter der adaptiven Annahme) p_{-1} die Inflation in der vorherigen Periode darstellt, e mißt die Reaktionsstärke der Entwicklung der Nominallöhne auf die Arbeitslosigkeit, u ist die Arbeitslosigkeit, wobei u für die tatsächliche Arbeitslosigkeit und u* für die natürliche Arbeitslosigkeit steht, und b stellt den Realisationskoeffizienten dar (Realisation des Inflationsausgleichs in den Tarifverhandlungen).

Man sieht, wie die adaptive Erwartungsbildung in die Formel mit einfließt.

Die rationale Erwartungsbildung geht davon aus, daß es für die Determinanten der erwarteten Inflation keine Formel gibt, die unabhängig vom tatsächlichen Verhalten der Inflation ist. Sie besagt, daß die Wirtschaftssubjekte alle relevanten und (ökonomisch) verfügbaren Informationen verwenden, um die zukünftige Inflationsrate zu prognostizieren. Sie beziehen also alle Informationen z.B. der führenden Wirtschaftsinstitute einer Volkswirtschaft mit in ihre Erwartungsbildung ein und legen somit ihre Erwartungen so fest, daß sie mit der Prognose übereinstimmen, die aus dem Wirtschaftsmodell folgt, das die prognostizierende Variable festlegt. Die rationale Erwartungsbildung impliziert, daß den Wirtschaftssubjekten bei der Prognose der Inflationsrate keine systematischen Fehler unterlaufen.

Im Falle der rationalen Erwartungsbildung würde sich die oben erwähnte Phillipskurve nicht ändern, sondern würde die Form beibehalten:

$$p = e(u^* - u) + b\,p^e$$

Wesentlich für die hier dargestellten Hypothesen ist jedoch, daß es sich bei ihnen bei genauerer Betrachtung um zwei Extremfälle handelt, die in der Wirklichkeit nicht vorkommen. Es ist wohl einleuchtend, daß sich die Wirtschaftssubjekte weder völlig an einer von z.B. Wirtschaftsinstituten prognostizierten künftigen Inflationsrate orientieren, also rationale Erwartungen haben, noch daß sie sich völlig an der zurückliegenden Inflationsrate orientieren werden und annehmen, die zukünftige, erwartete Inflationsrate entspräche eben der zurückliegenden, also adaptive Erwartungen haben. Sondern der reale Ablauf wird sehr wahrscheinlich der sein, daß sich die Wirtschaftssubjekte bei ihrer Erwartungsbildung irgendwo zwischen beiden Extremen bewegen werden, also beide Möglichkeiten der Erwartungsbildung in ihre Erwartungsbildung mit einbeziehen werden.

Diese beiden Hypothesen sind somit idealtypische Begriffsbildungen, also gedankliche Konstruktionen, die „in (ihrer) (...) begrifflichen Reinheit (...) nirgends in der Wirklichkeit empirisch vorfindbar“[63] sind, und die die Bedeutung von rein idealen Grenzbegriffen haben, „an (welchen) (...) die Wirklichkeit zur Verdeutlichung bestimmter Bestandteile ihres empirischen Gehaltes g e m e s s e n , mit (denen) (...) sie v e r g l i c h e n wird“[64]. Die beiden Hypothesen dienen dazu, daß in der Volkswirtschaftslehre unter der Annahme eines wirklichkeitsfremden, zweckrationalen Handelns der Wirtschaftssubjekte

63 Weber, Max, Gesammelte Aufsätze zur Wissenschaftslehre, 7. Auflage, Tübingen 1988, S. 191

64 Ebd., S. 194

– also daß sich Menschen nur in einer bestimmten Weise und nicht anders verhalten – mit diesen Formeln Berechnungen und Prognosen ermöglicht werden.

5. Fazit

Webers Idealtypus wird bis in die heutige Zeit hinein verwendet. In einem Artikel über das Super-Wahljahr '94 wird geschrieben, daß „die sachlichen Gegensätze (...) 1972 ungemein ins Personelle gesteigert [wurden]: Willy Brandt gegen Rainer Barzel, Charisma gegen ölige Verschlagenheit, Moral gegen Heuchelei – die idealtypische Vergröberung zu Gut gegen Böse bedeutete ein Debüt im deutschen Wahlkampf"[65]. Weber war jedoch nicht der erste, der eine idealtypische Begriffsbildung verwendete, schon lange vor ihm haben andere Autoren diese Begriffsbildung für ihre Werke verwendet, um bestimmte Typisierungen vorzunehmen und um die Wirklichkeit an diesen Idealtypen besser messen und erfassen zu können. Jedoch hatten diese Autoren nie den Begriff des „Idealtypus" bei ihren Darlegungen verwendet, auch wenn sie methodologisch ganz in der Weise der idealtypischen Begriffsbildung vorgingen. Weber darf somit als der erste genannt werden, der den Begriff des „Idealtypus" explizit verwendete und definierte und ihn somit in die Methodologie der Sozialwissenschaften einführte. Auch wenn der Idealtypus in der Folgezeit nach Weber vielfach kritisiert und auch erweitert worden ist, worauf in dieser Abhandlung nicht eingegangen wurde, darf man doch nicht Webers Bemühungen um eine klar umrissene Definition bzw. Begriffsbildung verkennen, die er für die Sozialwissenschaften wesentlich hielt.

Anhand eines längeren Zitats von Weber soll das „Verhältnis von Begriff und Begriffenem"[66] dargelegt werden und der andauernde Versuch, die Wirklichkeit mit Begriffen – und auch Idealtypen – zu fassen:

„Stets wiederholen sich die Versuche, den ‚eigentlichen', ‚wahren' Sinn historischer Begriffe festzustellen, und niemals gelangen sie zu Ende. Ganz regelmäßig bleiben infolgedessen die Synthesen, mit denen die Geschichte fortwährend arbeitet, entweder nur relativ bestimmte Begriffe, oder, sobald Eindeutigkeit des Begriffsinhaltes erzwungen werden soll, wird der Begriff zum abstrakten Idealtypus und enthüllt sich damit als ein theoretischer, also

65 Spörl, Gerhard, Sehnsucht nach Stabilität, in: Spiegel-Spezial, Super-Wahljahr '94, Nr. 1/1994, S. 24

66 Weber, Max, Gesammelte Aufsätze zur Wissenschaftslehre, 7. Auflage, Tübingen 1988, S. 207

‚einseitiger' Gesichtspunkt, unter dem die Wirklichkeit beleuchtet, auf den sie bezogen werden kann, der aber zum Schema, in das sie restlos e i n g e - o r d n e t werden könnte, sich selbstverständlich als ungeeignet erweist. Denn keines jener Gedankensysteme, deren wir zur Erfassung der jeweils bedeutsamen Bestandteile der Wirklichkeit nicht entraten können, kann ja ihren unendlichen Reichtum erschöpfen. Keins ist etwas anderes als der Versuch, auf Grund des jeweiligen Standes unseres Wissens und der uns jeweils zur Verfügung stehenden begrifflichen Gebilde, Ordnung in das Chaos derjenigen Tatsachen zu bringen, welche wir in den Kreis unseres I n t e r e s s e s jeweils einbezogen haben. Der Gedankenapparat, welchen die Vergangenheit durch denkende Bearbeitung, das heißt aber in Wahrheit: denkende U m b i l - d u n g , der unmittelbar gegebenen Wirklichkeit und durch Einordnung in diejenigen Begriffe, die dem Stande ihrer Erkenntnis und der Richtung ihres Interesses entsprachen, entwickelt hat, steht in steter Auseinandersetzung mit dem, was wir an neuer Erkenntnis aus der Wirklichkeit gewinnen können und w o l l e n . In diesem Kampf vollzieht sich der Fortschritt der kulturwissenschaftlichen Arbeit. Ihr Ergebnis ist ein steter Umbildungsprozeß jener Begriffe, in denen wir die Wirklichkeit zu erfassen suchen. Die Geschichte der Wissenschaften vom sozialen Leben ist und bleibt daher ein steter Wechsel zwischen dem Versuch, durch Begriffsbildung Tatsachen gedanklich zu ordnen, – der Auflösung der so gewonnenen Gedankenbilder durch Erweiterung und Verschiebung des wissenschaftlichen Horizontes, – und der Neubildung von Begriffen auf der so veränderten Grundlage."[67]

Dem ist abschließend nur hinzuzufügen, daß in genau dieser Hinsicht Webers Entwicklung des Idealtypus ein Beitrag darstellt zur Begriffsbildung in den Sozialwissenschaften – oder wie Weber es in diesem Zusammenhang nennt, „Kulturwissenschaften" – und zum Vergleichen, Messen und schließlich – ganz im Sinne Webers – auch Verstehen der Wirklichkeit.

67 Ebd., S. 206f.

6. Bibliographie

Aron, Raymond, Hauptströme des soziologischen Denkens, Bd. 1, Köln 1971

Bodenstedt, Adolf Andreas, Idealtypus und soziale Wirklichkeit, in: Soziale Welt, 17. Jg. (1966), Heft 1, S. 79-91

Burger, Thomas, Max Weber's Theory of Concept Formation, Durham 1976

Cassirer, Ernst, Die Philosophie der Aufklärung, Tübingen 1932

Dieckmann, Johannes, Die Rationalität des Weberschen Idealtypus, in: Soziale Welt, 18. Jg. (1967), Heft 1, S. 29-40

Dornbusch, Rüdiger/Fischer, Stanley, Makroökonomik, 5. Auflage, München 1992

Flug, Otto, Die soziologische Typenbildung bei Max Weber. Ihre logischen Grundlagen und ihr methodischer Aufbau, in: Jahrbuch der Philosophischen Fakultät der Georg August-Universität zu Göttingen, 1923, S. 78-79

Friedrich, Carl Joachim, Die Politische Wissenschaft, Freiburg 1961

Hartfiel, Günter/Hillmann, Karl-Heinz, Wörterbuch der Soziologie, 3. Auflage, Stuttgart 1982

Hoefnagels, Harry, Max Webers Kategorien der verstehenden Soziologie: Eignen sie sich zum Verstehen der sozialen Wirklichkeit?, in: Soziale Welt, 15. Jg. (1964), Heft 2, S. 140-150

Hufnagel, Gerhard, Kritik als Beruf, Frankfurt 1971

Janoska-Bendl, Judith, Methodologische Aspekte des Idealtypus, Berlin 1965

Käsler, Dirk, Einführung in das Studium Max Webers, München 1979

Ders., Max-Weber-Bibliographie, in: Kölner Zeitschrift für Soziologie und Sozialpsychologie, 27. Jg. (1975), S. 703-730

Machlup, Fritz, Idealtypus, Wirklichkeit und Konstruktion, in: Ordo, Bd. 12, 1960-61, S. 21-57

Maier, Hans/Rausch, Heinz/Denzer, Horst (Hrsg.), Klassiker des politischen Denkens, Bd. 2, 5. Auflage, München 1987

Meyers Lexikonredaktion (Hrsg.), Das Neue Duden-Lexikon, Bd. 4, 2. Auflage, Mannheim 1989

Poenicke, Klaus, Duden Wie verfaßt man wissenschaftliche Arbeiten?, 2. Auflage, Mannheim 1988

Prewo, Rainer, Max Webers Wissenschaftsprogramm, Frankfurt 1979

Schütz, Alfred, Der sinnhafte Aufbau der sozialen Welt, 2. Auflage, Frankfurt 1981

Seyfarth, Constans/Schmidt, Gert, Max Weber Bibliographie, Stuttgart 1977

Spiegel-Verlag (Hrsg.), Spiegel-Spezial, Super-Wahljahr ’94, Nr. 1/1994

Standop, Ewald, Die Form der wissenschaftlichen Arbeit, 13. Auflage, Heidelberg 1990

Startz, Richard, Übungsbuch zu Dornbusch/Fischer, Makroökonomik, 5. Auflage, München 1993

Twenhöfel, Ralf, Handeln, Verhalten und Verstehen, Königstein, 1985

Weber, Max, Gesammelte Aufsätze zur Wissenschaftslehre, 7. Auflage, Tübingen 1988

Ders., Gesammelte Aufsätze zur Religionssoziologie, Bd. 1, 9. Auflage, Tübingen 1988

Ders., Methodologische Schriften, Frankfurt 1968

Ders., Wirtschaftsgeschichte, 3. Auflage, Berlin 1958

Weiß, Johannes, Max Webers Grundlegung der Soziologie, München 1975

Winkel, Harald, Die Volkswirtschaftslehre der neueren Zeit, 4. Auflage, Darmstadt 1994

[illegible]

Übersicht über alle Seminararbeiten

Politikwissenschaft

Der Bundesrat – Stellung, Geschichte, Organisation und Aufgaben

Universität Heidelberg
Institut für Politische Wissenschaft
Proseminar: Das politische System der Bundesrepublik Deutschland
Leiter: Prof. Dr. Manfred Schmitt
Referent: Thomas Biedermann
Wintersemester 1987/88

Des Gesetzgebungsverfahren der EG

Universität Heidelberg
Institut für Politische Wissenschaft
Proseminar: Die Europäische Gemeinschaft – Von den Römischen Verträgen zum Binnenmarkt 1993
Leiter: Dr. Wolfgang Merkel
Referent: Thomas Biedermann
Sommersemester 1992

Kritik der Demokratisierung von gesellschaftlichen Subsystemen

Universität Heidelberg
Institut für Politische Wissenschaft
Oberseminar: Demokratietheorie
Leiter: Prof. Dr. Klaus von Beyme
Referent: Thomas Biedermann
Wintersemester 1993/94

Der Vergleich bei Emile Durkheim und Max Weber

Universität Heidelberg
Institut für Politische Wissenschaft
Oberseminar: Der Vergleich in der Politikwissenschaft
Leiter: Prof. Dr. Dieter Nohlen
Referent: Thomas Biedermann
Wintersemester 1994/95

Das Konzept der Volkspartei
Universität Heidelberg
Institut für Politische Wissenschaft
Oberseminar: Parteientheorien
Leiter: Prof. Dr. Klaus von Beyme
Referent: Thomas Biedermann
Sommersemester 1995

Die DKP
Universität Hamburg
Institut für Politische Wissenschaft
Hauptseminar: Kleinparteien im bundesdeutschen Parteiensystem
Leiter: Dr. Thomas von Winter
Referent: Thomas Biedermann
Zusammen mit Romano Römer
Wintersemester 1997/98

Internet in China
Universität Hamburg
Institut für Politische Wissenschaft
Hauptseminar: Informationsgesellschaft – Information Highway – Elektronische Demokratie. Analysen aus verschiedenen Ländern
Leiter: Prof. Dr. Hans-J. Kleinsteuber
Referent: Thomas Biedermann
Sommersemester 1999

Die Vereinten Nationen als Weltstaat?
Universität Hamburg
Institut für Politische Wissenschaft
Hauptseminar: Internationale Umweltpolitik
Leiter: Dr. Cord Jakobeit
Referent: Thomas Biedermann
Sommersemester 1999

Soziologie

Dieter Wirth: Die Familie in der Nachkriegszeit. Desorganisation oder Stabilität?

Universität Heidelberg
Soziologisches Institut

Proseminar:	Strukturwandel der Familie in Deutschland
Bereich:	Person und soziales System
Leiter:	Dr. Hans-Peter Müller
Referent:	Thomas Biedermann

Sommersemester 1988

Die politische Kultur der Bundesrepublik Deutschland – Untersuchung anhand dreier Beispiele

Universität Heidelberg
Institut für Soziologie

Proseminar:	Sozialstruktur der Bundesrepublik Deutschland
Bereich:	Sozialstruktur und politische Ordnung der Bundesrepublik Deutschland
Leiter:	Thomas Schwinn
Referent:	Thomas Biedermann

Wintersemester 1992/93

Der Berufungsgedanke in der Sicht Max Webers und in einer säkularisierten Sichtweise

Universität Heidelberg
Institut für Soziologie

Seminar:	Max Webers Religions- und Rechtssoziologie – eine vergleichende Analyse
Bereich:	Spezielle Soziologie: Kultursoziologie
Leiter:	Prof. Dr. Karlheinz Schneider
Referent:	Thomas Biedermann

Wintersemester 1993/94

Deutschland in der Nachkriegszeit 1945-1949. Bürokratie, Militär, Parteien, Wirtschaft: Neubeginn oder Restauration?

Universität Heidelberg
Institut für Soziologie

Seminar: Gesellschaftlicher Umbruch in Deutschland 1945
Bereich: Probleme gesellschaftlicher Entwicklung
Leiterin: Prof. Dr. Uta Gerhardt
Referent: Thomas Biedermann
Sommersemester 1994

Der Idealtypus bei Max Weber
Universität Heidelberg
Institut für Soziologie
Seminar: Methodologie und Handlungstheorie bei Max Weber
Bereich: Soziologische Theorien
Leiter: Prof. Dr. Wolfgang Schluchter
Referent: Thomas Biedermann
Sommersemester 1994

www.ingramcontent.com/pod-product-compliance
Lightning Source LLC
Chambersburg PA
CBHW070544270326
41926CB00013B/2200

* 9 7 8 3 9 8 0 6 2 5 6 0 9 *